경영학의 이해

양춘희 · 권용만 · 김효진 · 조은영 공저

三 英 社

Preface

현대 사회에서 기업의 영향력은 날로 커지고 있다. 기업은 다양한 제품과 서비스를 공급함으로써 인간 생활환경의 기본을 형성하고, 고용을 창출하며, 사회에 봉사와 공헌을 행한다. 개별 기업활동이 모여 국가의 경제적 토양을 마련하며 한 국가의 선진화와 국력을 결정하게 된다.

나아가 글로벌 기업활동은 인종, 언어, 문화, 종교를 초월하여 사람과 세계를 연결하는 촉매 역할을 한다. 세계시장에 선보이는 기업과 제품은 국가의 이미지와 동일시되고 있다. 즉, 한국 기업과 제품을 접하며 세계인들은 한국을 평가하게 되는 것이다. 이와 같이 기업의 영향력은 경제 영역 뿐 아니라 사회 제반 분야에 깊이 작용하고 있으며, 국민의 삶의 질을 날로 변화·발전시키고 있다.

경영학은 이렇듯 중요한 기능을 수행하는 기업을 연구 대상으로 하는 실용학문으로서 타학문에 비해 짧은 역사에도 불구하고 현재 학문적 기반과 저변이 가장 발달한 학문 영역으로 자리잡고 있다. 경영학은 현실에 존재하는 복잡한 조직인 기업을 분석하고 설명하기 위해서 다양한 인접학문이 응용된 종합과학이자 융합학문적인 성격을 가진다. 동시에 시대가 변화함에 따라 새로운 해석과 시도가 필요한 기업경영의 원리와 기법을 소개하기 위해 새로운 이론이 주기적으로 등장하고 있다. 이런 관점에서 경영학은 다른 어떤 학문보다 융통성 있고 활력 있는 학문이라고 볼 수 있다.

경영학에 대한 학문적 수요 또한 지속적으로 확대되는 추세이다. 다양한 명칭의 경영관련 학과가 대학별로 설치되어 있으며, 경영학을 복수 전공하는 학생 수도 증가하고 있다. 또 이미 취업해서 현직에 종사하는 사람들도 새로운 경영기법이나 트렌드를 알기 위해서, 재취업이나 창업을 준비하는 사람들도 관심 분야에 대한 정보와 지식을 알기 위해 각종 경영관련 강좌나 서적을 찾고 있다. 이렇듯 학생, 직장인, 일반인 등 다양한 계층에서 각자의 목적을 가지고 실물경제의 핵심인 기업을 체계적으로 이해하고자 경영학을 학습하고 있다.

지식의 수명주기가 단축되면서 기존의 경영 이론과 사례에 대한 지속적인 보충이 필요한 것도 경영학의 한 특성을 이룬다. 경영학은 현실 속에 존재하는 기업을 반영하고 분석하는 학문이므로 변화하는 기업을 이해하기 위해 학문의 내용도 지속적으로 진화하고 새로운 지식을 접하는 것이 중요하기 때문이다.

본서는 저자들이 그간 쌓아온 사회 경력과 대학 강의 및 학생 지도 경험을 토대로 대학에서 경영학을 처음 접하는 학생들이 필수적으로 학습해야 할 기업경영의 원리와 핵심 요소들을 체계적으로 구성하여 집필하였다. 각 장별로 본문의 이해를 돕기 위한 각종 사진자료와 경영사례 및 칼럼도 함께 수록하였다.

본서의 구성체계를 살펴보면 다음과 같다. 먼저 제1부 『경영의 기초』 편은 7개의 장으로 구성되어 있다. 제1장 「기업경영의 본질」에서는 경영학의 연구 대상인 기업과 경영의 의미에 대해 설명하고 있다. 제2장 「경영학의 성격」에서는 경영학이 가지는 학문적 특징과 체계성에 대해 살펴보았다. 제3장 「경영이론의 발전과정」에서는 경영학의 학문적 발달과정과 학파별 특성에 대해 소개하고 있다. 제4장 「경영 환경」에서는 기업을 둘러싼 내외부 환경이 어떤 의미와 영향을 미치는지 알아보고 있다. 제5장 「사회적 책임과 기업윤리」는 날로 증가하고 있는 기업의 사회적 역할에 대해 살펴보고 있다. 제6장 「기업가 정신과 창업」 및 제7장 「중소기업과 벤처경영」에서는 기업운영의 출발점을 이루는 모험가 정신과 창업의 과정, 기업의 절대적인 비중을 차지하는 중소기업의 중요성과 역할에 대해 소개하였다.

다음으로 제2부 『경영관리의 실제』 편은 6개의 장으로 구성되어 있다. 제8장 「경영관리 과정」에서는 기업경영을 운영하는 순환 원리에 해당하는 계획 · 조직화 · 지휘 · 통제 활동의 개념과 내용에 대해 다루고 있다. 제9장 「경영전략과 의사결정」 및 제10장 「리더십과 동기유발」에서는 경영자가 수행해야 할 전략 수립과 의사결정 역할, 조직구성원에 대한 영향력 행사와 동기유발 기능에 대해 소개하고 있다. 제11장 「커뮤니케이션, 인간관계, 조직문화」에서는 경영조직 내부에 존재하는 구성원들 간의 관계와 소통, 문화적 요소의 의미와 파급효과에 대해 살펴보고 있다. 제12장 「세계화와 글로벌 경영」에서는 오늘날 국경을 초월하여 이루어지는 글로벌 경영의 의미와 추진전략, 실행 단계에 대해 알아보았다. 끝으로 제13장 「경영혁신과 혁신적 경영기법」에서는 기업 성장과 도약의 전기를 마련하는 경영혁신의 개념과 기법에 대해 소개하고 있다.

본서가 경영학을 체계적으로 접하고자 하는 학생과 일반인에게 흥미와 기초적 지식을 제공하며 향후 심화 학습으로 나아가기 위한 지침서가 되기를 희망한다. 끝으로 집필 과정에서 사진자료를 수집하는데 남서울대 김시현, 유현정 학생의 도움이 컸으며, 대학교재에서 아직은 흔치 않은 원색인쇄 출판을 흔쾌히 수락하고 제작에 심혈을 기울여주신 삼영사 고성익 부사장님과 편집부 직원들의 열정과 노고에 깊은 감사를 전한다.

2013년 2월

저자 일동

Contents

PART 2 경영관리의 실제 / 225

CHAPTER 09 경영전략과 의사결정 / 281

PART 1

경영의 기초

Chapter 01

기업 경영의 본질

학습목표

1. 경영의 개념에 대하여 이해할 수 있다.
2. 경영시스템을 구성하는 내용이 어떤 것인지 알 수 있다.
3. 경영의 추구원리와 경영마인드에 대하여 이해할 수 있다.
4. 기업의 본질과 기업에 대한 관점이 어떻게 변화해 왔는지 알 수 있다.
5. 경영자의 유형과 경영자에게 요구되는 관리기술이 무엇인지 알 수 있다.

Key-word 경영, 경영시스템, 경영추구 원리, 경영마인드, 기업, 경영자, 기업 이해관계자, 경영자 역할, 기업 유형

CHAPTER 01

기업경영의 본질

제 1 절 경영의 개념

1.1 경영의 의미

경영이란 일정한 제도적 환경 하에서 경영수단을 활용하여 다수인의 협동으로 경제재의 생산 및 배급을 지속적으로 수행하는 동태적인 구성체라고 할 수 있다. 경영학의 초기 학자인 폴렛(M. P. Follett)은 경영이란 '다른 사람을 통하여 무엇인가를 달성하는 기술(the art of getting things done through people)'이라고 정의하였고, 드러커(P. Drucker)는 '조직의 방향을 제시하고 리더십을 통해 조직의 제자원을 어떻게 활용할 것인가를 정하는 것'이라고 정의하였다.[1)]

폴렛(M. P. Follett)

드러커(P. Drucker)의 저서

경영은 조직체의 목적을 설정하는 과정이며, 고도의 업무수행을 위한 조직의 제자원의 효율적이고 효과적사용에 관한 의사결정을 행하는 행동이라 하겠다.[2)] 이러한 경영활동은 최고경영자뿐만 아니라 여러 유형의 경영자에게 필요한 활동이며, 비영리 조직의 목표와 성과를 달성하기 위해서도 필요한 보편적 활동이다. 우리가 일상적으로 사용하고 있는 행정경영 · 학교경영 · 교회경영 등의 용어에서 볼 수 있는 바와 같이 경영의 개념은 폭넓게 적용되고 있다.

또한 경영은 일정한 제도적 환경 속에서 이루어지고 있다. 제도적 환경이란 단순히 자본주의 또는 사회주의라는 경제체제 환경뿐 아니라 생산기술, 시장경제, 법률과 정치적 영향 등 모든 환경적 조건을 포함한다. 경영은 이러한 복잡한 제도적 환경 속에서 운영되는 것이다.

Management is the process of integrating resources and tasks toward the achievement of stated organizational goals.
The term **management** refers to the process of getting things done, effectively and efficiently, through and with other people.

경영은 동태적인 구성체로서 일정한 목적을 달성하기 위해서 의식적이고 합목적적인 의지가 작용하고 있기 때문에, 경영은 동태적인 구성체라고 할 수 있다. 그런데 중요한 것은 이러한 경영활동은 기업가나 경영자 개인의 개인적 활동에 의해서 이루어지는 것이 아니고 다수인의 경영 관리자 · 감독자 · 작업자로서 구성되는 집단 활동을 통해서 이루어지는 것이다.

현대 경영의 관심은 개별경제주체들 중에서도 특히 영리를 목적으로 활동하는 기업에 있다. 기업에 대한 종합적인 이해와 이러한 기업 활동이 어떻게 수행되고, 어떻게 합리적으로 관리해야 하는가에 관한 행동원리를 종합 과학적 입장에서 다루어 이를 하나의 지식체계로 정리한 것으로서, 일반적으로 경영을 말할 때는 기업경영을 의미하는 것으로 이론과학인 동시에 응용과학이고, 과학(science)인 동시에 기술(art)이다.[3)]

또한 경영활동은 조직 목표를 효과적이고 효율적으로 달성하기 위하여 조직 내 작업 활동을 조정하는 활동으로 정의 할 수 있다. 여기서 효율적(efficient)이라는 것은 최소한의 투입으로 최대한의 산출을 얻는 것을 의미한다. 즉, 효율적이라는 것은 자원의 낭비 없이 일을 바르게 한다는 것이다(doing things right). 경영자들은 최소한의 자원을 다루므로 자원을 효율적으로 사용하여야 한다.

그러나 효율적인 것만으로 충분하지는 않다. 경영은 효율성과 더불어 효과성에도 관심을 가져야 한다. 효과적(effective)이라는 것은 바른 일을 하는 것(doing the right thing)을 의미한다. 즉, 경영은 조직의 목표 달성에 도움을 주는 작업 활동이 이루어지도록 하여야 한다는 것이다.

경영의 구체적 내용을 다음과 같은 몇 가지 핵심 요소들에 대한 질문을 통해 답을 찾음으로써 이해할 수 있다.

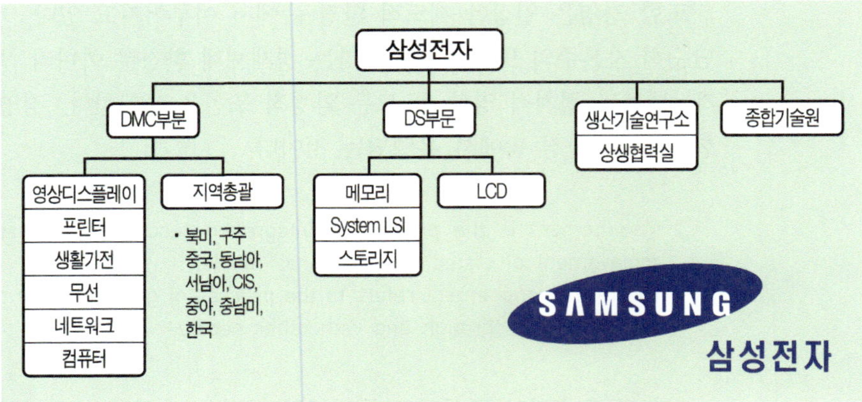

최고의 경영을 추구하기 위한 삼성전자의 조직도

첫째, 조직의 목표, 즉 기대되는 경영성과는 무엇인가?

둘째, 조직의 활동무대가 되는 경영환경은 무엇인가?

셋째, 자원을 투입 · 조정 · 통합하는 관리기능은 어떻게 이루어지는가?

넷째, 조직의 목표 혹은 성과를 달성하기 위해 조직이 수행하는 구체적 활동은 무엇인가? 등이다

1.2 경영 시스템의 이해

경영을 구성하는 이상의 핵심 요소들은 시스템 모형을 통해 쉽게 설명될 수 있다. 경영은 하나의 시스템으로서 기업조직은 내부 환경과 외부환경으로부터 투입된 자원을 관리기능과 조직 활동을 통한 변환 과정을 거쳐 다양한 형태의 경영 성과를 산출한다. 이러한 경영과정은 경영성과에 대한 피드백을 통해 순환적으로 반복된다.

기업조직을 둘러싼 환경과 지속적으로 상호작용하는 시스템을 개방 시스템(open system)이라고 부른다. 경영시스템 모형에서, 시스템에 투입(inputs)된 자원은 조직의 내부 환경으로부터 투입된 인적자원, 재무적 자원, 물적 자원, 정보적 자원과 조직의 외부 환경에서 투입된 시장, 정치, 사회, 경제 ,기술적 측면의 환경적 정보들이다.

변환과정(transformation process)은 관리기능(관리과정)과 조직 활동으로 이루어져 있고, 관리기능은 의사결정을 바탕으로 한 계획수립, 조직화, 지휘(리더

도표 1-1 경영시스템의 이해 모형

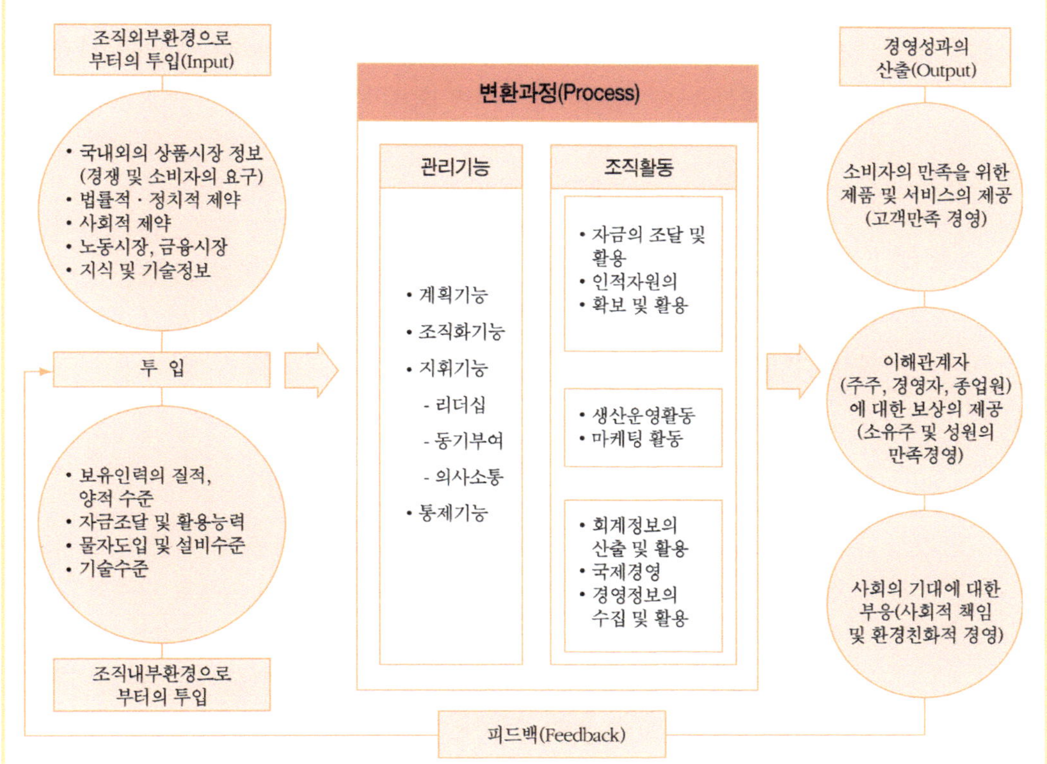

자료 : H. Mintzberg, 1973, The Nature of Managerial Work, Harper & Row, New York.

십, 동기유발, 의사소통을 통한 지휘) 및 통제의 기능으로 구성된다. 또한 조직 활동에서 생산과 마케팅 활동은 기본적 활동이며, 인적자원 및 자금조달과 활용, 회계정보와 경영정보 등은 지원적 활동이다.

끝으로 경영활동의 산출(outputs)이라 할 수 있는 경영성과로는 첫째, 제품과 서비스 제공을 통한 고객만족, 둘째, 이해관계자(주주, 협력업체, 경영자, 종업원)에 대한 적절한 보상의 제공, 셋째, 사회에 대한 부응 정도(사회적 책임) 등이 그것이다. 이러한 경영과정은 피드백(feedback)을 통해 순환 반복되어진다.

1.3 경영자원과 추구원리

경영에 필요한 자원을 경영자원이라고 한다. 경영자원이란 생산품이나 서비스와 같은 최종산출물을 생산하기 위하여 소요되는 여러 종류의 투입 요소를 말한다. 이러한 투입요소는 대개 하드웨어적 측면에서 인적 자원, 물적 자원, 재화적 자원이 필요하고, 소프트웨어적 측면에서는 정보와 전략이 필요하다.

모든 경제체제는 기본적으로 토지, 노동력, 자본, 기술 등의 자원으로 시작한다. 이들 자원은 전 세계적으로 보나 특정 국가로 보나 일정기간에는 늘 한정성을 가진다. 이들 한정 자원을 사회의 이익에 사용하는 것이야말로 모든 경제체제가 지향하는 주요 과제인 것이다.[4)]

1) 경영 자원

① 토지(material)

부동산은 모두 기본 자원이 된다. 토지에는 농작을 위한 들판, 도시의 공장부지, 자투리 땅 등이 포함된다. 해양 또한 토지의 일부로 간주되고, 철광석이나 석유와 같은 제조업의 원재료는 토지의 산물인 것이다.

농업, 임업, 어업 등의 기본산업도 토지에 직접 의존하고 있다. 자원으로서의 토지는 그 양과 이용 정도에서 명백히 한계를 가진다.

② 노동력(man)

모든 종류의 근로에 참여할 수 있는 인적자원은 국가의 노동력을 구성한다. 기업체에 고용되어 있는 수많은 사람들이나 자영을 하는 사람도 모두 국가의 노동력을 구성한다. 우리나라는 15세 이상 연령의 민간 노동력을 경제

자본시장의 대표적 상징인 뉴욕 증권거래소(New York Stock Exchange)

활동가능인구로 보고, 조사기간 중 취업되어 있는 인구수의 비중을 경제활동참가율이라 한다.

③ 자본(money)

재화와 용역의 생산 활동을 지원하는데 사용되는 부는 자본이라 할 수 있다. 간단한 예를 들면 사업을 시작하기 위해 축적시킨 돈은 자본이 될 수 있다. 자본은 돈, 제품, 재능 등 다양한 형태로 존재하며, 그것이 더 많은 부를 창출시키기 위해 사용된다면 어떤 종류의 부도 자본으로서의 자격을 가진다.

④ 기술(technology)

기술은 재화나 용역을 생산함에 있어 사용되는 방법을 언급하는 것으로, 주로 기계나 전자와 관련된 것으로 생각되기 쉽지만 기계를 넘어서 과학이나 지식에도 적용할 수 있으며, 매우 중요하고도 유용한 경제적 자원이 된다.

첨단기술을 상징하는 반도체 칩

IT 기술의 대표기업 마이크로소프트

⑤ 지식(Knowledge)과 정보(Information)

기업의 경쟁력은 지식과 정보에 의해서 좌우된다고 할 만큼 지식·정보의 중요성이 강조되고 있다. 지식과 정보는 기업에 있어 인적 자원이나 자본의 중요성 못지않게 중요한 자산이며, 정보사회와 지식기반 사회가 진전될수록 그 중요성은 더욱 높아질 것이다.[5] 경영자는 항상 새로운 지식의 발생에 관심을 가져야 할 뿐만 아니라, 기업내부에서 발생하는 내부정보와 기업외부에서 발생하는 외부환경정보를 신속·정확하게 파악하고 이를 전략적으로 사용할 수 있어야 한다.

2) 경영의 추구원리

경영의 추구원리는 경영 목적을 달성하기 위한 지침이다. 일반적으로 경영의 추구 원리는 영리성 원칙을 중심으로 삼는다. 왜냐하면 기업의 본질적인 목적이 이윤추구에 있기 때문이다. 따라서 이윤추구를 그 주축으로 삼는 영리성 원칙이 경영지도 원리의 근본이 된다.

경영현장에서 경영이란 단어와 관리라는 단어가 의미상 구분 없이 사용되는 경우가 많다. 경영(business management)이라는 개념과 관리(administration)라는 개념을 구분하여 사용할 것인가 아닌가에 대해서는 통일된 견해는 없다. 그러나 논리적 편의상 경영을 관리보다 포괄적인 개념으로 간주하고, 관리라는 개념 대신 경영이라는 개념을 사용하고자 한다. 경영을 상위의 개념으로, 관리를 하위의 개념으로 파악하여 설명하면 다음과 같다.

경영은 목적을 설정하는 기능이고, 관리는 그 목적을 지향하여 노력하는 기능으로 보는 것이다. 이 경우 경영은 관리보다 상위적인 개념으로서 조직화, 장기 경영계획 수립 및 운영방침의 결정, 외부의 이해집단과의 이해관계 조정과 같은 거시적 · 포괄적 · 유기적인 행동이며 경영수뇌부와 관련된 업무이다. 관리란 경영에 비해 하위적인 개념으로서 경영계획이나 방침을 효율적으로 수행하기 위하여 제 자원을 적절히 배치, 지시, 감독하는 미시적 · 지엽적 · 단기적 · 기계적인 실천기능으로서 경영의 하층구조와 관련된 업무라고 할 수 있다.

또한 경영과 관리를 경영계층과 관련시켜 정의하는 견해도 있다. 경영이란 최고경영층의 전략적 · 정책적 결정을 가리키며, 관리는 중간경영층이나 감독계층의 일상적 업무결정을 말한다. 경영과 관리의 개념상의 차이가 있다고 보는 시작을 종합하면, 경영은 상위적이고 기획적인 개념으로, 관리는 하위적이며 실천적 개념으로 보는 것이 타당하다고 본다.

① 효과성(effectiveness)

경영의 문제를 다룰 때 우리는 흔히 '효과적이다' 혹은 '효율적이다'라는 말을 자주 사용한다. 경영의 현상에 있어서는 경영자는 기업의 목표를 효과적이고도 효율적으로 달성해야 한다. 효과적 경영이란 말은 '바른 일을 하는 것(doing the right thing)', 즉 소기의 목표를 달성한 것을 의미한다. 다시 말하면 의도한 목표를 양적 · 질적으로 달성했는지의 여부이다.

예를 들면 공장장이 목표생산량을 기대한 수준의 품질을 유지하면서 계획기간 내에 달성한 것과 같다. 그러나 이 말은 목표달성을 위해 사용된 자원의 크기는 고려하지 않고 있다. 자원을 낭비하더라도 목표만 달성하면 일단은 효과적이라고 볼 수 있다. 즉, 구체적으로 측정할 수 있는 목표의 완수여부를 두고 산출측면에서 하는 표현이다.

② 효율성(efficiency)

효율적 경영이란 투입한 노력에 비해 어느 정도의 결과를 얻었느냐의 문제이다. 이것은 경제학자들이 이야기하는 생산성의 개념과 유사하며 목표달성에 들어간 비용을 고려하는 개념이다. 즉, 투입량에 대한 산출량의 비율 최소한의 투입으로 최대한의 산출을 얻는 것으로 표현되며 이 비율이 커질수록 효율적인 경영이라고 할 수 있다. 즉, 효율적이라는 것은 자원의 낭비없이 '일을 바르게 한다는 것이다(doing things right)'. 예를 들어 적지의 교량폭파 임무를 부여받는 중대장이 교량 폭파 임무를 100% 완수했다 하더라도 부하들이 많이 전사했다면 경영성과에서 차이가 난다고 보아야 할 것이다. 기업의 경우에서도 생산목표를 달성할 때 인건비가 많이 들었다든지 안전사고가 많이 발생했다면 그 경영은 효율적이었다고 볼 수는 없다. 어떤 회사에서 의류를 효율적으로 생산한다고 해도 디자인이나 색상이 유행에 뒤져 소비자들로부터 외면당하고 그 결과 판매목표를 달성할 수 없었다면 이 또한 효율적이었다고 할 수 없는 것이다.

모기업인 신세계의 유통 노하우(효과와 효율)를 추구하여 성공한 이마트

③ 효과와 효율의 관계

효과적인 경영이 반드시 효율적인 경영이 되는 것은 아니다. 판매목표를 달성하기 위해 마케팅 비용을 엄청나게 지출했다면 효과적인 경영을 하였다

고 할 수 없다. 유능한 경영자는 효과적이고도 효율적인 경영을 해야 함을 알 수 있다. 경영에 있어서 효과성과 효율성을 논할 때 궁극적으로 중요한 것은 효과성과 효율성의 균형을 잃지 않는 것이다. 일을 제대로 할 것인가(Doing things right)와 올바른 일을 할 것인가(Doing the right thing)를 논할 때 일을 효율적으로 할 수 있는 능력도 중요하지만 더 어려운 것은 정작 해야 할 일을 찾는 것이다.[6] 피터 드러커(Peter Drucker)는 이것을 두고 '일을 잘하는 것과 해야 할 일을 하는 것'으로 구분하면서, 경영자는 올바른 일을 완벽하게, 즉 효과적이면서도 효율적인 경영이 되도록 노력하는 사람이라고 보았다.

| 도표 1-2 | 경영의 효과성과 효율성

목표달성정도 \ 자원의 활용상태	나쁨	좋음
높음	효과적/비효율적 자원의 일부가 낭비됨	효과적/효율적 목표달성 및 자원활용 높은 생산성 영역
낮음	비효과적/비효율적 목표는 달성되지 못함 자원이 낭비됨	비효과적/효율적 자원의 낭비 없음 목표는 달성 못함

자료 : 윤종훈 외, 2007, 경영학원론, 학현사

1.4 경영마인드

한편, 경영지도 원리의 실천적 하부 개념으로 바람직한 경영적 사고, 즉 합리적 경영마인드의 필요성이 부각되고 있다. 합리적인 경영마인드를 갖추기 위해서는 경영마인드의 핵심 3요소, 즉 고객중심 마인드, 경쟁우위 마인드, 가치극대화 마인드에 대한 개념 정립이 요구되는데 그 내용은 다음과 같다.

도표 1-3 경영마인드의 핵심요소

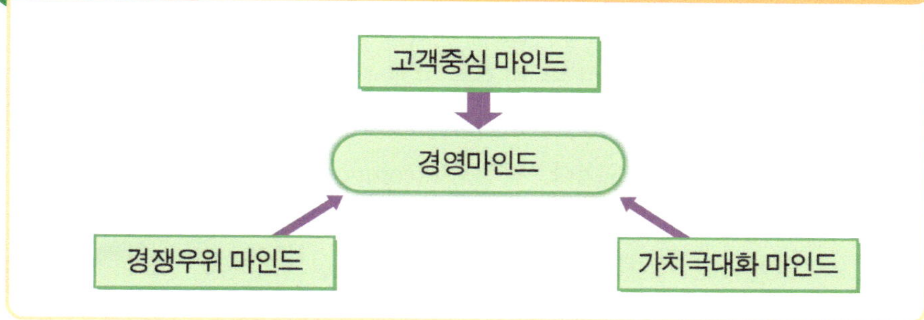

1) 고객중심 마인드

고객중심 마인드란 경영자가 조직을 경영하는데 있어서 고객이 누구인지를 먼저 규명하고, 이에 따라, 고객에게 최선, 최상의 제품이나 서비스를 우선적으로 제공하려 하는 개념, 태도 등을 의미한다. 즉, 고객에게 제공되는 제품이나 서비스가 최상으로 이루어지게 하여 고객만족을 실현하려는 경영활동상의 가치를 의미하는 것이다. 근래에는 고객중심 마인드의 목적이 고객만족을 넘어서 고객감동, 고객성공을 목표로 하기에 이르고 있을 만큼 고객중심의 경영활동의 중요성이 부각되고 있다. 그리고 최근, 이러한 고객의 개념은 최종소비자는 물론 주주, 종업원까지도 포함하는 의미로 확대되는 경향을 띠고 있다.

고객만족 경영 : 미스터피자의 점포 앞 시연

2) 경쟁우위 마인드

폭스바겐 : 자동차 기술의 핵심역량을 보유한 대표적 자동차 제조업체

경쟁조직과 비교해 어떻게 하면 상대적으로 더 큰 만족을 고객에게 제공할 수 있는가를 모색하는 것이 경쟁우위 마인드이다. 경쟁우위(competitive advantage)는 어느 특정한 기업이 다른 기업들과의 경쟁에서 우위를 설 수 있는지의 여부를 판단할 때 사용하는 개념이다. 경쟁우위를 점할 수 있는 원천으로는 가치창출 활동(value activities)과 핵심역량(core competence)의 구비 등을 들 수 있다.[7)]

이때 가치창출 활동은 창조적인 경영활동을 의미하고 핵심역량은 기업의 경쟁력 확보에 결정적인 역할을 하는 중요한 경영자원을 의미한다고 할 수 있다. 자사가 보유한 특정 경영 자원이 타사에 비해 경쟁우위를 가지려면 그

| 도표 1-4 | 경쟁우위와 핵심역량의 관계

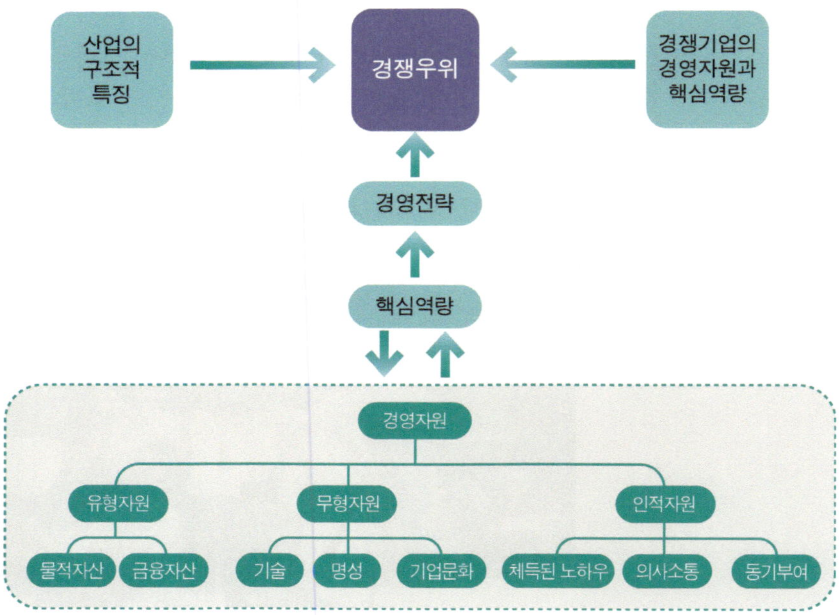

자료 : 장세진, 2012, 경영전략, 박영사

자원이 타사들이 갖지 못한 희소한 자원이어야 한다. 즉, 타 기업들이 그 기술과 자원을 쉽게 획득, 모방할 수 있다면 그것은 더 이상 핵심역량 요인이 될 수 없는 것이다. 한편, 이러한 경쟁우위 마인드 속에는 전략적 사고(strategic thinking)라는 개념이 포함되어 있는데 이것은 경쟁 상대 기업을 이길 수 있는 방안, 방책의 수립과 관련되는 개념이다.

3) 가치극대화 마인드

기업의 가치를 극대화하기 위해서는 일반적으로 최적의 이윤 획득을 추구하여 바람직한 경영성과를 달성하거나, 기업 경영성과에 대한 우호적 전망 등을 통하여 기업의 주가를 높여 재무적 역량을 크게 하거나, 기업이미지 향상이나 연구개발 등을 통하여 브랜드나 특허권 등 무형자산의 가치를 높이는 등의 제 방안들이 강구될 수 있다.[8] 기업 경영에 있어서 기업 가치의 극대화를 추구하는 것은 매우 중요한 것으로 경영활동상 필수적으로 요구되는 사항일 것이다.

최고의 브랜드 가치를 유지하고 있는 코카콜라

제 2 절 기업의 개념

자본주의 경제체제에서 기업은 국민경제를 구성하는 단위이며, 우리의 삶에 필요한 제품 및 서비스를 생산, 판매하는 등의 경제활동을 수행하는 조직체이다. 따라서 경영학의 연구대상인 기업조직은 국민경제시스템에서 중추적 역할을 담당하는 시스템으로서 경영학에서 관심을 갖는 기업의 관점에서 보면 '다수의 인간들이 그들의 공통된 목표를 달성하기 위하여 투입에 비해 보다 많은 산출을 생산한다는 경제성의 원칙에 입각하여 운영되는 유기적인 행동의 집합체'라고 정의할 수 있다.

2.1 기업의 본질

국민경제를 구성하는 기본단위이자, 경영학의 주된 연구 대상인 기업은 제품이나 서비스를 생산, 판매하는 조직시스템으로서 하나의 실체이며 영속적인 존속(going concerns)을 기본 전제로 한다. 이와 같이 계속적인 존속을 위해서 기업은 사회적 분업에 의한 역할들을 효과적으로 수행해 갈 수 있어야 한다.

기업 조직이 사회 속에서 수행하는 역할을 살펴보면 다음과 같다.

첫째, 기업은 경제적 역할로서 재화와 서비스를 경제적으로 생산하여 공급할 수 있는 생산경제단위이다. 여기서 말하는 생산이란 효용가치를 창출, 부가하는 모든 유형과 무형의 제품 활동을 말한다. 기업은 우리의 의식주를 해결하고 삶의 질을 높이는 데 필요한 재화를 생산 · 공급해 준다는 점에서 우리에게 필요하고 중요한 것이다.

둘째, 기업은 이윤을 추구하는 경제적 주체로서, 수익성 추구라는 공통의 목표 속에서 기업자원을 효율적이고 효과적으로 사용하여 사회가 필요로 하는 가치와 효용을 창출하는 생산기능을 주로 담당하여, 그 결과로 얻어지는 이윤의 추구를 기업의 목표로 삼고 있다.[9] 따라서 기업이 이러한 역할을 효과적으로 수행하지 못할 경우, 존속에 필요한 이윤은 보장될 수 없는 것이다.

셋째, 기업은 이해 조정 기관으로서 사회적 역할을 수행해야 한다. 〈도표 1–5〉에서 보는 바와 같이 기업은 조직 내부의 종업원 및 이해적 요구를 가지고 있는 주주, 채권자, 노동조합, 경쟁기업, 소비자, 지역사회 등과 같은 여러 이해관계자 집단(stakeholder)과의 상호작용 내지는 상호의존 관계를 가지면서 사회제도로서의 성격을 가지고 있다.[10] 이러한 측면에서 기업은 내 · 외부집단과 지속적으로 상호작용을 하는 시스템이라고 할 수 있다. 기업은 성과를 각 참가자에게 배분함으로써 인간의 경제적 욕구를 충족시키는 경제시스템인 동시에 경영과정에서 사회적 만족을 창출하여 이를 각 참가자에게 배분함으로써 인간의 심리적 · 사회적 동기를 만족시키는 사회시스템이다. 이러한 역할을 소홀히 하면 해당기업의 장기적 존속은 위협받게 될 것이다.

넷째, 기업은 생산 및 관리기술 등과 관련된 기술개발과 기술혁신의 역할과 대외기관 및 노사문제의 해결 등과 관련된 정치적 역할도 수행하게 된다. 특히 기업이 생산에서 판매에 이르는 무수한 과정 속에서 경쟁우위적인 독창적인 기술을 보유하고 있지 않다면 그 기업은 존립할 수 없게 된다. 따라서 기업은 환

도표 1-5 기업과 이해관계자와의 관계

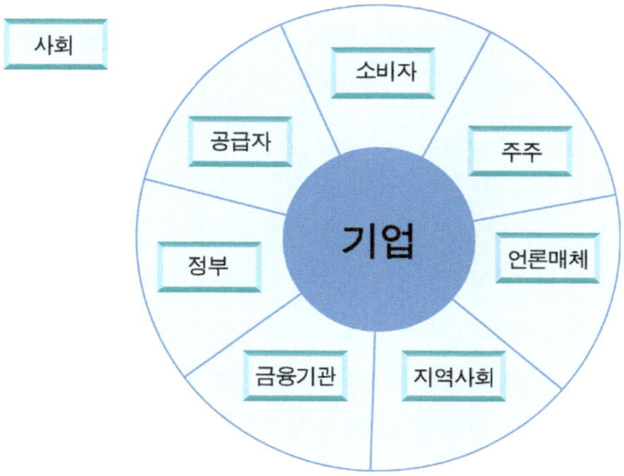

경의 변화에 대처할 수 있는 기술개발 능력을 보유하고 있어야 한다.

2.2 기업의 성격

기업은 이윤추구를 목적으로 제품과 서비스를 제공함으로써 인간의 필요와 욕구를 만족시키게 된다. 모든 기업체는 인간의 욕구를 만족시키고, 재화와 용역을 제공하며, 이윤을 추구한다는 공통점을 가진다. 한편, 이윤획득을 기대하며 개인자본을 투하하는 사기업은 정부가 출자하고 운영하며 공익추구를 목표로 하는 공기업과는 다르다.

기업과 경영의 관계를 명백히 구별하기는 어렵지만, 일반적으로 다음과 같이 요약할 수 있다.

첫째, 기업은 경영의 소유단위이고, 경영은 기업의 생산단위이다. 이것은 경영을 경제적 단위로서 생산을 목적으로 하는 생산경제단위로 파악하는 것으로서 경영은 경제적 급부를 생산하는 생산경제이며 경제성이라는 수단의 합리적 선택을 목표로 한다는 것이다.

둘째, 경영은 하나의 일반적 조직체이고, 기업은 경영의 특수한 형태(a special type of management)이다. 즉, 기업은 모두가 경영이지만 경영의 대상 전부가 기업은 아니라는 것이다. 이러한 의미에서 경영을 기업보다 상위의 개념 또는 광범위한 개념으로 이해하려는 것이다.

셋째, 경영은 기업목적달성의 수단이다. 이것은 기업이 영리경제이며, 경영은 이에 대한 인적 · 물적 기초를 부여하는 기술적 단위로 경영을 기업의 종속적 지위에 두는 견해이다. 즉, 기업목적달성의 수단으로 보려는 것이다.

넷째, 기업은 법률적 · 경제적 · 재무적 단위이고, 경영은 기술적 · 조직적 의사결정단위이다. 이것은 경영을 기업의 목적을 실현하는 기술적 기초 및 그 조직으로 보는 것이다. 즉, 경영과정 그 자체를 하나의 합목적적인 기술적 체계로 보려는 것이다.

다섯째, 기업의 지도 원리는 수익성 또는 영리성이라 할 수 있다면, 경영의 지도 원리는 경제성 또는 생산성이다.

이러한 견해를 종합하면 경영은 기업에 있어서 구체적이고 실제적인 활동이 되는 것으로 원료 · 기계 · 노동력 등 모든 생산요소를 결합하여 재화와 용역을 생산 · 판매하는 활동이 계속적으로 영위되도록 하는 조직체로서 존재하는 것이다. 따라서 기업은 생산경제 단위이고 경영은 조직적 통일체의 속성을 가지게 된다.

2.3 기업에 대한 관점의 변화

1) 생산 중심적 개념

산업화 초기에는 효과적인 대량생산에 관심이 높던 시기로 동일한 제품을 균일한 품질로 반복 생산하는 표준화(standardization) 성향이 높아 기업의 역할이 대량생산을 통한 경제성 추구에 초점이 맞춰졌다. 생산 중심적인 기업은 제품생산의 효율성을 높이고 유통망을 확보하는 데 노력을 집중한다. 수요가 공급을 초과하는 상황에서는 제품의 정확한 용도나 장점보다는 제품 획득이 우선이므로 기업은 생산량 증대에 우선 더욱 노력하게 된다. 즉, 대량생산(mass production)에 초점을 맞추는 것으로서 테일러의 과학적 관리법이나 포드 자동차의 컨베이어 시스템이 그 대표적 예라고 할 수 있다.

2) 마케팅 중심적 개념

개인소득 증가와 더불어 개인의 성향과 기호가 다양하게 나타나기 시작하면서 기업의 입장에서는 소비자들의 다양한 필요와 욕구에 부응하는 차별화를 통해 경쟁력이 필요하게 되었다. 즉, 기업이 만든 제품과 서비스가 제대로 팔리지 않으면 결국 기업은 문을 닫을 수밖에 없다는 것이다. 기업이 커다란 가치를 지닌 산출물을 생산하더라도 이용하고자 하는 고객, 즉 소비자가 이를 찾고, 구매하고, 소비해 주지 않는다면 기업은 원활하게 돌아갈 수 없고, 기업은 영속적일 수 없게 된다는 것이다.

이러한 고객지향 개념은 판매자의 욕구보다는 구매자의 욕구에 초점을 둔다. 피터 드러커는 이러한 기업의 역할에 대해 '기업은 고객을 창출하는 존재'라고 단적으로 표현하였다.

3) 인간중심의 개념

앨빈 토플러(Albin Toffler)는 산업사회가 정보화 사회로 변화하는 과정에서 기업을 둘러싼 사회 환경이 변화함에 따라 기업의 운명도 크게 바뀌리라고 예측하였다. 즉, 산업사회에서는 기업이 건물과 공장을 자산으로 삼아 인적 자원과 물적 자원을 비용으로 투입하여 이윤을 창출하였다고 한다면, 지식과 정보화 시대에서는 사람들이 창조적인 두뇌활동을 벌여 새로운 아이디어를 내놓고 이를 기초로 하여 가치가 창조될 것이기 때문에, 사람이야말로 건물과 공장을 대신해서 이윤창조활동에 가장 중요한 자산이 되는 것이다.[11] 따라서 '기업의 사명은 사람의 능력을 개발하는 것'이어야 한다는 입장이 강조된다.

도표 1-6 기업을 보는 관점의 변화

생산중심적 개념	마케팅중심적 개념	인간중심의 개념
기업의 사회적 책임은 이윤을 극대화 하는 것	기업의 역할은 고객을 창출하는 것	기업의 사명은 사람의 능력을 개발하는 것

2.3 기업의 형태

기업형태(forms of enterprise)란 기업의 종류로서 생산경제에 활용되는 생산수단의 소유와 경영지배의 구조적 관계를 나타내는 것이다. 즉, 기업형태는 출자, 경영, 지배의 관계를 의미하는 것이다. 이때 '출자'란 기업창설시 기업의 자본을 거출하는 것이고, '경영'이란 기업설립 후 기업조직을 운영하는 것이고, '지배'란 기업조직의 운영을 담당할 경영진의 임면 및 자본운용에 대한 지배감독권을 의미한다.

기업의 소유 형태를 선택함에 있어 고려되어야 할 주요한 요인은 기업의 성격, 재무조건, 주주의 구성 등이다. 기업의 형태를 분류하는 기준은 기업자본의 출자 측면에서 본 법률적 형태와 경영활동의 입장에서 출자에 수반되는 책임부담의 측면에서 본 경제적 형태로 대변된다.

기업 형태는 크게 개별기업의 단독 형태와 복수의 개별기업들이 모여 이루어진 복합 형태로 나눌 수 있다. 단독 형태는 다시 사기업, 공기업, 공사혼합기업 형태로 나누어지고, 복합형태 또한 구체적으로 분류될 수 있다.

그리고 사기업도 기업의 참여자가 단수냐 복수냐에 따라 단독기업과 공동기업으로 분류되며, 공동기업도 그 기업의 특성상 구성원의 인적 유대와 자본적 특성 중 어느 것이 중요하느냐에 따라 인적 공동기업과 자본적 공동기업으로 분류된다.

협동조합 형태를 제외하고 상법상 회사는 책임 형태에 따라 주식회사, 합명회사, 합자회사 및 유한회사 등으로 나누어진다.

1) 개인기업

자본의 출자가 한 개인에 의해 이루어지고 소유되어진 기업 형태를 말한다. 소유주(owner)는 해당기업의 모든 활동을 관리, 통제하며 이를 통해 발생한 이윤 혹은 손실이나 채무 등 모든 결과에 대하여 무한 책임을 진다. 개인 기업은 사용인이 많아도 출자와 경영이 소유주 한 사람에게 집중되어 있음이 그 특징이다.[12)]

개인기업의 장점은 ① 간단한 설립과 해체, ② 신속한 의사결정, ③ 이익의 독점을 통한 동기부여 및 적극적 경영, ④ 기밀유지 등이며, 단점으로는 ① 부채 및 손실에 대한 무한책임, ② 실패시 지속가능성 희박, ③ 자본

도표 1-7 기업의 종류

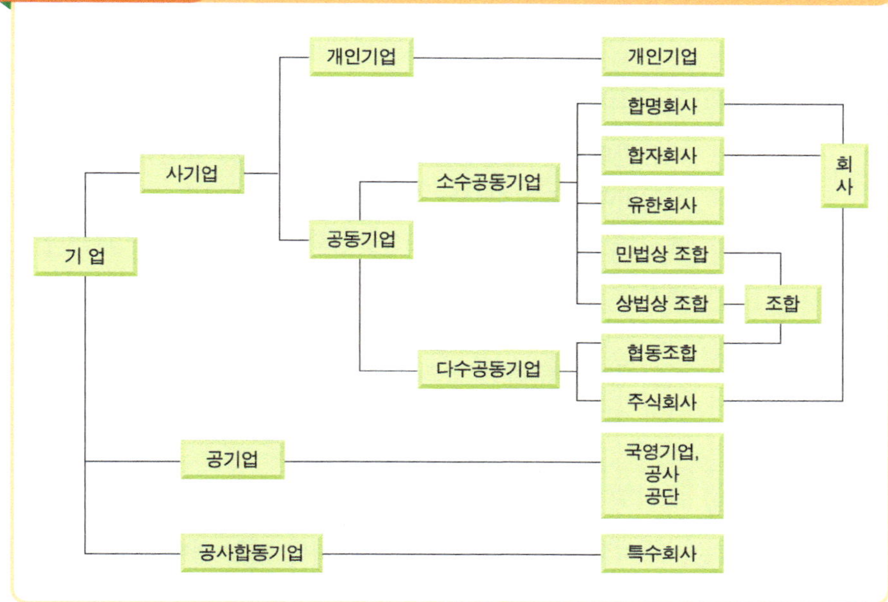

조달 원천(financial resources)의 제한 등이 있다.

2) 합명회사

2명 이상의 출자자가 공동으로 출자하여 기업의 채무에 대해 사원 전원이 연대하여 무한책임을 지는 기업형태이다. 정관에 별도의 규정이 없는 한 참여자 모두가 업무를 집행할 권한과 책임을 가진다. 개인기업과 비슷하며 친밀한 관계에 있는 친인척 등 소수의 사람들이 인적 결합을 기초로 설립하는 인적회사라고 할 수 있다.

3) 합자회사

출자와 함께 경영에도 참여하는 무한 책임사원과 출자액을 한도로 책임을 지는 유한책임사원으로 구성되는 이원적 회사이다. 합자회사는 자본은 있으나 경영능력이 없는 사람과 자본은 없으나 경영능력이 있는 사람이 제휴하여 사업하기에 적합하다.

합자회사는 합명회사에 비해 자본조달 원천이 광범위해 합명회사의 발전적 형태로 생각할 수 있으나 현실적으로 소규모인 경우가 많다. 왜냐하면 합자회사의 유한 책임사원이 되기보다 주식회사의 주주가 되는 것이 더 현실적이고 경제적 보상 측면에서도 유리하기 때문이다.

4) 유한회사

유한회사는 일정한 지분을 가진 비공모 유한책임사원으로만 구성된 인적기업이다. 유한 회사는 사원 전원이 간접 유한 책임을 지는 자본단체라는 점에서 인적회사와 구별되고 주식회사의 특징과 동일하지만, 규모가 작고 폐쇄적일 뿐 아니라 지분의 양도에 제한이 있으며, 자본형성 방법에 법적 규제가 완화되어 주식회사와 구별되며 인적회사와 유사하다. 사원의 책임은 유한임에도 불구하고 법의 간섭이 비교적 완화되어 있다. 유한회사는 주식회사가 간이화된 형태로서 중소기업의 경영에 많이 이용된다.

5) 주식회사

주식회사는 소유와 경영이 분리된 기업 형태로 현대기업의 대표적 형태이다. 주식회사의 소유자를 주주라 부르며, 이들은 주주총회를 통하여 이사회(the board of director)의 구성원을 선임한다. 이사회는 기업의 목표를 심의, 결정하고 경영활동을 감독하며, 사장을 선임하고 회사임원의 임명을 승인한다. 주식회사는 불특정다수로부터 대량으로 자본을 조달할 수 있게 해주는 대규모의 기업법인체로서 주주는 회사에 투자한 투자액을 한도로 유한책임만을 진다. 따라서 주식회사는 자본의 증권화제도(securitization), 유한책임제도, 소유와 경영의 분리제도로 설명될 수 있다.

주식회사는 자본주의 경제의 대표적인 기업형태이다. 주식회사는 스스로가 갖는 특성 때문에 자본조달이 쉽게 가능하고, 기업규모의 대형화와 규모의 경제적 이익을 누릴 수 있게 되며, 경제발전과 성장에 괄목할 만한 기여를 할 수 있다.

주식회사 홍진경

HONGJINKYUNG Co.,Ltd

주식회사 나타내는 회사명

주식회사가 갖는 자본적 기업으로서의 특성은 다음과 같다.

첫째, 자본의 증권화제도이다. 이 제도는 기업이 발행하는 증권, 즉 주식(stock)을 발행하여 경영자금이 조달되는 제도를 말한다. 주식이라는 증권은 다수 소액이고 기업 밖의 자본시장에서 유통되며, 일단 주식의 발행은 자기자본으로 간주한다. 이러한 제도 때문에 투자자, 즉 주주는 투자이익이나 배당금에만 관심 있는 경우와, 출자자로서 경영참여에 관심 있는 사업주주와 단기차익에 관심 있는 투기주주 등으로 성격이 다른 이해집단이 존재한다.

둘째, 유한책임 제도이다. 주주는 출자액 한도 내에서 유한책임을 갖고 있어서 기타 채무변제 책임은 없다. 이러한 유한책임성은 많은 출자자를 모을 수 있게 하며, 소액주주가 고도로 분산되는 결과를 갖게 하여, 다음에 설명되는 소유와 경영의 분리가 실현되기가 용이해진다.

셋째, 소유와 경영의 분리이다. 주식회사는 투자자(출자자)와 전문경영자가 분리되어 있다. 경영자는 출자자를 대신하여 기업을 경영하므로 소유로부터 경영이 분리되어 있을 뿐 아니라, 경영자 지배라고 하는 특징이 있다. 또한 자본가의 권한이 위양되는 책임경영의 의미가 있는 것이 특징이다.

도표 1-8 주식회사의 경영체계

직위	주주	이사회	최고경영자	최고경영층	중간관리층	일선감독층
역할	임원선출	• 회사전반의 정책과 전략 • 고용책임	• 조직과 예측의 전반적 운영 책임	• 주요의사 결정 • 기타 업무사항 위임	• 운영에 관한 의사결정 • 종업원 감독	• 종업원 업무활동의 실질적인 지도감사

Corporation is the most common form of business organization, and one which is chartered by a state and given many legal rights as an entity separate from its owners. This form of business is characterized by the limited liability of its owners, the issuance of shares of easily transferable stock, and existence as a going concern.

6) 공기업

자유기업 제도에서는 민간인들이 출자한 사기업이 효율적인 경영의 바람직한 모델로 간주된다. 그러나 국가 재정수입 확보, 독점 방지, 사회적인 공공이익을 위하여 필요한 경우에는 국가나 지방자치단체가 직접 출자하고 운

도표 1-9 우리나라 대표 공기업 예시

관리 부처	시장형	준시장형	기금관리형	위탁집행형	기타공공기관
기획재정부		한국조폐공사			한국투자공사
문화체육관광부		한국관광공사			한국게임산업진흥회
지식경제부	한국가스공사 한국전력공사	한국석유공사 한국지역난방공사		대한무역투자진흥공사 한국전기안전공사 한국전력거래소 에너지관리공단	한국수력원자력(주)
보건복지가족부			국민연금공단		
국토해양부	인천 국제공항공사	LH주택공사 한국도로공사		대한지적공사	코레일개발(주)
금융위원회			한국자산관리공사 신용보증기금 한국주택금융공사	한국거래소	중소기업은행 한국산업은행
경찰청				도로교통공단	
중소기업청			중소기업진흥공단		
문화재청					한국문화재보호재단
법무부					대한법률구조공단
국방부					한국국방연구원

자료 : 2012 공공기관 알리오시스템(www.alio.go.kr) 참고

영하게 된다. 이러한 기업을 공기업이라고 하는데, 주로 국민생활 편의와 공공의 이익을 도모하기 위해 전기, 가스, 전신, 철도, 수도 등 민간 기업이 경영하기 어려운 사업영역과 국가정책적인 주택, 도로, 조폐 사업들로 구성된다.

7) 협동조합

소규모 생산자와 소비자는 시장에서 보다 큰 경쟁적 이점을 가지기 위해 결속하게 된다. 이러한 집단은 협동조합(cooperative)을 이루게 되는데 생산, 판매 또는 구매 기구가 공동으로 소유되며, 이윤추구보다는 주로 조합원에게 봉사할 목적으로 운영된다. 협동조합은 조합의 주체가 누구냐에 따라서 다음의 세 가지 유형으로 구분되고 있다.

| 도표 1-10 | 우리나라 협동조합 유형 예시

구 분	조 합 명
1차 산업 협동조합	농협, 수협, 산림조합, 엽연초조합
금융 부문 협동조합	신용협동조합(신협) 새마을금고 부산약사신용협동조합
소비 부문 협동조합	한국생활협동조합(생협) 한살림 생활협동조합 한밭 생활협동조합
중소기업 협동조합	한국출판업협동조합 한국자동차공업협동조합 중소기업중앙회협동조합 한국슈퍼마켓협동조합

금융 부문 조합기업인 새마을 금고

소비 부문 조합기업인 한살림

제 3 절 경영자의 개념

3.1 경영자의 의미

경영자는 경영의 주체이다. 즉 경영자는 계획 · 조직 · 지휘 · 통제의 관리기능을 보다 효율적으로 수행함으로써 조직의 목표를 집단적이고 체계적으로 성취할 수 있게 되는 것이다. 그러므로 경영자란 '다른 사람들(종업원)을 통하여 조직

의 목표달성을 위한 과업들을 수행하는 사람들'이라고 말할 수 있다.[13] 모든 경영자는 제자원을 활용하여 조직의 목표를 효과적이고 능률적으로 달성함으로써 최대의 이윤이나 가치를 창출하기 위해 노력한다.

그리핀(R. W. Griffin)은 경영자란 '조직의 인적 · 물적 · 금융적 · 정보적 자원을 계획하고, 조직하며, 지휘하고, 통제하는 사람'이라고 정의하고 있다. 경영자는 기업이 추구하는 목표를 달성하기 위해 생산, 마케팅, 인사, 재무, 회계, 정보 등과 관련된 활동을 의사결정을 통해 계획, 조직화, 지휘, 통제 등의 기능을 수행함으로써 추진해 가는 기업의 경영 주체가 곧 경영자인 것이다. 그들은 언제나 종업원들을 동기부여하고 기업의 전반적인 생산성 · 능률 · 효율성 · 서비스 · 품질 · 기술 등을 향상시킬 수 있는 방법을 탐색하지 않으면 안 된다.

3.2 경영자의 유형

경영자는 분류기준에 따라 다양하게 구분될 수 있으나 소유와 경영의 분리하는 관점에서 다음과 같은 세 가지 유형으로 구분되기도 한다.[14]

1) 소유경영자

산업화 초기에는 기업의 규모가 소규모이고 생산방법이 단순하였기 때문에 개인이 자본의 출자와 경영활동을 겸하는 경우가 대부분이었는데 이러한 경우의 경영자를 소유경영자라고 한다. 이들 소유경영자는 자본의 조달과 운용뿐만 아니라 위험부담, 의사결정, 지휘, 통제 등의 기능을 모두 담당하였으며, 따라서 투자자의 역할과 경영자의 전문 기능이 분화되지 않은 상태라고 볼 수 있다.

이와 같은 유형의 경영자는 오늘날 중소기업과 같은 비교적 소규모기업에서 찾아볼 수 있으며, 또한 그 기업조직이 대규모일지라도 자본의 대부분을 출자하고 동시에 경영자로서 기업조직의 경영에 직접 참여하고 있다면 그러한 경영자도 소유경영자인 것이다.

2) 고용경영자

생산방식이 점차 복잡해지고 경영활동의 내용이 복잡하게 됨에 따라, 경영활동의 내용도 생산과 판매의 기본활동에서 더욱 다양하게 되었다. 당초의 출자자인 소유경영자만의 능력으로 모든 경영활동을 담당할 수 없어짐에 따라, 다른 경영자를 고용하여 경영활동의 일부를 위양하게 되는데, 이와 같이 경영주의 위탁에 의해 그 대리인으로 일부 전문적 경영관리기능을 수행함으로써 경영주의 이익을 대변하는 사람을 고용 경영자라고 한다.

이러한 고용경영자는 기업가의 대리인으로서 그 성격상 출자자의 이익을 대표하므로 실질적인 소유경영자와 다름이 없어 보통 이들을 가리켜 지배인이라 하며 상법에 규정된 상업사용인의 성격을 가지는데, 이들이 주로 관리자로서 역할을 담당한다.

3) 전문경영자

경영규모의 대규모화, 복잡화된 생산수단의 관리, 다양화된 생산요소의 효율적 결합, 격변하는 환경에서의 창조적 적용 그리고 장기적인 전망의 필요 등 경영내용의 복잡화로 인하여 여러 가지 다양한 경영 직능을 합리적으로 수행하기 위해서는 단지 출자자란 자격만으로는 감당할 수 없었기 때문에 경영관리에 대한 전문적 지식, 풍부한 경험, 그리고 중후한 인품을 고루 갖춘 전문경영자가 필요하게 된 것이다.

특히 주식회사 제도의 발전과 더불어 주식이 광범위하게 분산되고, 주주총회가 형식적인 의결기관과 되어 실질적으로 경영자의 의사가 기업조직의 기본적 방침을 결정하게 됨에 따라 전문적 경영능력과 지식을 가진 전문경영자가 등장하게 된 것이다. 이와 같이 전문경영자의 등장은 기업조직의 소유와 경영의 분리를 가능하게 하였고, 오늘날 많은 기업에게 요구되는 이해자 집단(주주, 종업원, 고객 등)과 직접적인 관련이 있어서 기업의 경영성과에

전문경영인의 신화, GE의 잭웰치 회장

따라 그 영향이 크게 미치므로 이들은 사회기관인 기업이 사회적 책임을 완수하는 입장에서 경영활동을 통한 사회성과 공익성의 실현이 가속화 될 수 있는 계기가 되었다.

이와 같은 기능을 수행할 수 있는 경영자가 바로 전문경영자이며, 현대기업의 경영자란 흔히 이들을 의미한다.

3.3 경영자의 필요 능력

경영자가 성공적으로 경영의 목표를 달성하기 위해서는 경영자에게 요구되는 관리기술을 습득하여 이를 효과적으로 발휘할 수 있어야 한다. 경영자는 모름지기 혁신가로서 역할을 수행하여 기업성장을 도모해야 한다. 또한 경영자는 경영목표 달성을 위해 혼자서가 아니라 종업원들과 더불어 달성시켜 나가는 지휘관이며 동기유발자이어야 한다. 경영자에게는 사람을 이해하고, 환경의 근원을 통찰하는 안목이 요구되는 전인적 인물로서의 역할이 필요하다.

도표 1-11 경영자의 필요 능력

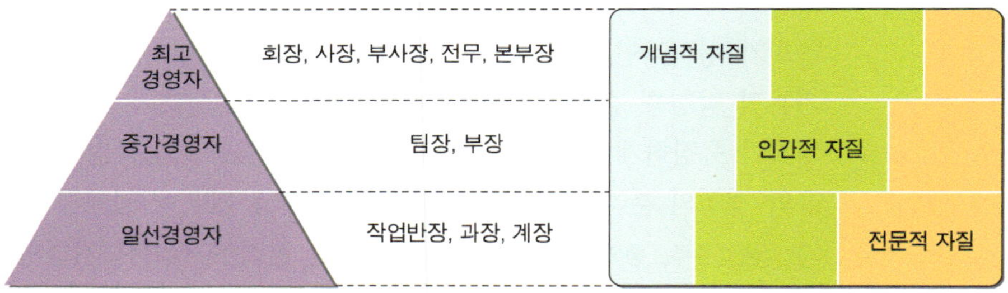

자료 : R .L Katz. 1995, Skills of an Effective Administrator.

경영자에게 요구되는 대표적인 능력으로는 첫째, 전문적 자질(technical skill), 둘째, 인간관계적 자질(human relational skill), 셋째, 개념적 혹은 통합적 자질(conceptual skill)로 대별해 볼 수 있다.[15)]

1) 전문적 자질

직무와 관련된 전문 기술은 직무 고유의 본원적인 활동이다. 즉, 업무수행에 필요한 전문적 지식이나 과업수행상의 도구, 기법, 절차 등을 활용하는 능력으로써 자신이 맡은 업무를 계획하고 조직하며 평가할 수 있는 기능적 능력을 뜻한다. 경영계층에 있어 하위계층으로 내려갈수록 전문적 기술의 중요성이 더 높아진다.

2) 인간관계 자질

인간관계 기술은 종업원을 선발하고 동기를 부여하며 리더십을 통해 영향력을 행사하는 등의 대인관계 능력을 뜻한다. 경영자는 여러 사람들과 더불어 기업목표실현을 위해 직무를 수행한다. 따라서 원만하고 포용력이 있는 경영자가 많은 갈등문제를 조정하고 해결할 수가 있다. 외부적으로 경영외부환경과의 접촉활동에서 필요한 대변자역할을 해야 한다. 기업의 이해관계집단인 소비자, 금융기관, 공급자, 정부, 주주들과의 관계에서 균형적인 시각을 갖는 것이 필요하다.

3) 개념적 자질

여러 다양한 조직 활동들을 전반적인 시각에서 통합, 조정함으로써 조직의 전체적 상황을 파악하고 환경적 변화에 대응하는 능력을 말한다. 더불어 조직 내부적으로 가진 문제점의 소재를 파악하여 그 정확한 원인을 신속하게 찾아 대처할 수 있는 능력도 의미한다. 직무를 종합하거나 분석하고, 기획하는 개념적 능력을 필요로 하는 것이 있다. 이러한 성질의 일을 수행하는 주체 역시 경영자이다.

경영계층을 막론하고 이러한 3가지 능력이 요구되지만 경영자 계층에 따라서 이들 능력의 상대적 중요성은 다르다.

3.4 경영자의 역할

경영자의 역할이란 조직의 직무 또는 직위로 인하여 수행해야 할 일련의 행동으로 경영자는 하위구성원들의 리더로서, 조직의 대변자로서 그리고 의사결정자로서의 역할을 수행한다고 이해되고 있다.

그러나 민츠버그(H. Mintzberg)는 경영자가 어떻게 시간을 소비하며, 어떠한 일을 하고 있느냐를 실증적 관찰 자료에 근거하여 핵심적 역할을 10가지로

존경받는 CEO의 대표인물, 빌 게이츠

혁신CEO의 대표인물, 스티브 잡스

제시하였다. 그에 따르면 경영자의 역할은 대인간의 역할에서 시작하여, 정보처리의 역할들로 역할이 확대되며, 그 다음에 의사결정의 역할을 수행하는 순차적인 순환관계를 갖는다. 또한 이러한 역할들은 서로 중복되는 영역들이 많고 상호보완적인 특성을 가진다. 이는 〈도표 1-12〉에 나타나 있으며 요약될 수 있다. 그는 어떤 계층의 경영자를 막론하고 공식적 권한과 지위로부터 비롯되는 개인관계 · 정보전달 · 의사결정 역할을 수행하고 있다고 주장한다.[16)]

| 도표 1-12 | 경영자의 역할

공식권한과 지위

↓

대인적 역할	→	정보적 역할	→	의사결정적 역할
• 외형적 대표자 • 리더 • 연락자	→	• 청취자 • 전파자 • 대변인	→	• 기업가 • 분쟁해결자 • 자원분배자 • 협상자

자료 : H. Mintzberg, 1989, Management : Inside Our Strange World of Organizations, London : The Free Press.

1) 대인관계 역할 (interpersonal role)

대인적 역할이란 경영자가 기업 내외의 많은 사람들과 접촉하고 원만한 관계를 계속적으로 원만히 운영, 유지하는 것으로 다음의 세 가지 역할과 관련된다.

첫째, 기업의 외형적 대표자(figurehead)로서의 역할이다. 한 단위조직의 장으로서 경영자는 방문자의 접견, 기업 입장의 발표, 종업원 설득 등의 의식적인 일을 수행함으로써 외형적 대표자로서의 역할을 하게 된다.

둘째, 리더(leader)로서의 역할이다. 종업원의 채용, 훈련, 동기유발 등을 담당하는 지휘자로서의 역할을 말한다.

셋째, 연락자(liaison)로서의 역할이다. 이는 기업 내에서는 동료, 기업 밖에서는 공급자나 고객 등과 같은 이해관계자 집단과 접촉함을 의미한다. 대인관계 역할은 사람들 사이의 관계와 관련된 것이다.

2) 정보전달 역할(informational role)

경영자의 직무에서 가장 중요한 업무는 정보를 수집, 전달하는 것이다. 사실 어느 경영자라도 올바른 결정을 내리기 위해서는 정보를 필요로 하며, 그의 부서 또는 기업 내의 다른 사람들 역시 경영자로부터 수신되는 정보와 경영자를 통해 전달되는 정보에 의존하고 있다.

경영자가 수행해야 할 정보적 역할은 다음과 같다.

첫째, 청취자(monitor)로서의 역할이다. 경영자는 조직 안팎으로부터 정보를 입수할 수 있는 위치에 있기 때문에 신속·정확하게 정보를 확보할 수 있고 종업원의 관심 밖에 있는 다양한 분야의 정보를 또한 수집하여야 한다. 이러한 역할을 통하여 그 회사에서 가장 정보에 밝은 사람이 되는 것이다.

둘째, 전파자(disseminator)로서의 역할이다. 이는 기업 내부의 하위계층에게 필요한 주요 정보를 전달해 주는 역할을 의미한다.

셋째, 대변인(spokesperson)으로서의 역할이다. 이는 그가 수집한 정보의 일부를 그 자신의 부서 혹은 기업외부의 사람들에게 전달해 주는 역할을 말한다.

3) 의사결정 역할(decisional role)

의사결정 역할은 수집된 정보를 바탕으로 기업과 관련된 내·외부의 문제에 대해 언제나 최종적인 결정을 요구받고 그 결과에 책임을 진다. 경영자는 조직의 의사결정시스템의 핵심으로 기업가, 분쟁 해결자, 자원 분배자 및 협상자의 역할을 수행하게 된다.

첫째, 기업가(entrepreneur)로서의 역할이다. 이는 경영자가 기업의 성장과 발전을 위해 솔선수범하며 창의적 노력을 하는 것이다.

둘째, 분쟁해결자(disturbance handler)로서의 역할이다. 이는 노사분규, 고객의 파산, 계약위반 등과 같이 기업내외에서 각종 애로사항이 발생했을 때 이에 대한 적극적 해결방안을 모색하는 것을 의미한다.

셋째, 자원분배자(resource allocator)로서의 역할이다. 이는 경영자가 그 기업의 자원을 어떻게 그리고 누구에게 배분할 것인가를 결정하는 역할이다. 자원배분의 의사결정이 현명하게 이루어질 때 경영성과가 커지게 되는 것이다.

넷째, 협상자(negotiator)로서의 역할이다. 이는 공급업자와 계약을 한다든지 노동조합과의 견해 차이를 해소한다든가 마케팅 전문가와 거래를 시작하는 등의 역할이다.

우리나라 대표적 경영자 : 삼성 이건희 회장과 현대자동차 정몽구 회장

경영사례

두산그룹의 경영

'먼저 궁리하고 앞서 진출하고 빨리 철수 하자.' 이는 두산그룹의 재도약을 진두지휘하였던 박용오 회장이 내건 '패스트 사이클 경영전략'이었다. 이는 또한 두산그룹을 일약 재계의 구조조정의 만든 엔진이기도 하다. 이와 같은 경영혁신을 통해 과거에 두산이 가지고 있었던 보수적인 기업문화를 '가치와 수익중심'의 기업문화로 탈바꿈할 수 있었다.

두산그룹은 개화기인 1896년 당시 보부상이었던 박승직이 설립한 포목점을 모태로 1946년에 두산상회를 설립하면서부터 현재의 그룹명인 두산이라는 사명을 사용하기 시작하였다. 이후 두산상회에서 무역업을 시작하면서부터 회사규모를 크게 확장하게 되었고 두산건설, 두산음료, 두산기계 등을 설립하였으며, 한국최초로 전문경영인 제도를 도입하는 등 성장을 가속화하였다.

그러나 이러한 그룹의 운영개혁에도 불구하고 두산의 각 계열사들은 건설과 유리 등을 제외하고는 영업실적이 매년 악화되고 있었다. 두산그룹의 주력사업이었던 OB맥주가 하이트맥주와의 경쟁에 밀리자, 경영상황은 계속 악화일로를 겪게 되었다. 이에 따라 사내 전반적으로 이러한 위기를 헤쳐가기 위한 새로운 사업전략이 필요하다는 인식을 갖게 되었다. 두산은 그룹 창립 100주년이었던 1996년을 기점으로 그룹의 현주소를 정확히 파악하고 미래를 향한 정확한 방향성을 확립하기 위해서 맥킨지(McKinsey Consulting)의 자문을 받아 1996년 1월 '트라이씨(Tri-C)'라는 태스크포스팀을 구성하였다.

전체 사업 현황

ISB기업 Infrastructure Support Business	CSB기업 Consumer & Service Business	부속기관
두산중공업	두산동아	연강재단
두산인프라코어	SRS코리아	두산아트센터
두산건설	두산생물자원	DLI(Dcosan Leadership Institufe)
두산엔진	오리콤	
두산DST	두산타워	
㈜두산	네오플럭스	
- 전자	두산베어스	
- 모트롤	두산큐벡스	
- 정보통신	두산캐피탈	
- 글로넷		
두산산업차량		

자료 : 두산그룹 홈페이지(www.doosan.com)

트라이씨팀이 약 2달 동안에 걸쳐서 두산그룹에 대한 실사를 한 결과, 가능한 빨리 현금흐름을 개선하여야 한다고 트라이씨팀은 판단하게 되었다. 따라서 두산그룹은 한계사업의 정리는 무엇보다 '수익성'이라는 원칙하에 이루어졌다.

1997년 9월 말에는 경영상의 어려움을 겪고 있었던 OB맥주를 KFC와 코카콜라 사업본부 들의 매출호조로 흑자를 지속하고 있었던 두산음료와 합병. 또한 합병 후인, 1997년 11월 음료사업을 미국 코카콜라에 4,322억 원을 받고 매각하였다. 음료사업은 1996년도 36억원의 당기순익을 내는 두산그룹의 주요 산업 중의 하나였음에도 불구하고, 음료사업이 코카콜라에 의존하는 종속적인 사업이란 점에서 미래성이 없다고 판단했기 때문이었다.

또한 두산은 자산에 대해서도 적극적인 매각을 실시하였다. 두산은 자산매각에 있어서 '제값을 못 받아도 과감하게 팔아라', '나에게 걸레면 남에게도 걸레다'라는 두 가지 원칙을 고수하였다. 이러한 원칙은 회사나 부동산을 팔 때는 가격이 생각보다 적게 매겨지더라도 과감히 팔아치우라는 것이다. 내가 걸레처럼 여기는 회사는 남이 가치 있게 볼 리가 없다는 것이다. 두산은 1996년 합작투자를 했지만 실질적인 경영권이 없는 한국 네슬레 보유지분을 매각하고, 한국 3M과의 합작투자 역시 매각했다. 또한 두산상사가 보유 중이던 한국코닥의 주식을 5백억 원에 합작선인 미국 코닥사에 매각하였다.

2000년대에는 그룹 미래의 성장엔진을 확보하기 위해 적극적으로 노력하였다. 먼저 두산그룹은 민영화를 추진하던 한국중공업의 인수에 뛰어들었다. 2005년에는 대우종합기계를 인수함으로써 두산그룹은 비로소 소비재 중심의 사업구조에서 산업기반시설, 건설, 기계장비, 에너지, 국방, 생산설비 등을 포함하는 방대한 인프라 지원사업(ISB : Infrastructure Support business) 중심의 사업구조로 전환하였다.

두산그룹은 2006년에 보일러 설계 및 엔지니어링 분야에서 원천기술을 보유한 영국의 밥콕(bobcock)과 루마니아 최대의 주 단조 업체인 크베너 IMGB를 인수하여 각각 두산밥콕과 두산 IMGB로 변경하고 두산중공업의 사업역량을 더욱 강화하였다. 또한 2007년에는 소형 건설장비부문에서 세계 1위인 밥캣(bobcat)을 인수하였다. 이를 통해 두산인프라코어는 소형부터 중대형에 이르는 제품 포트폴리오를 갖춘 세계적인 건설장비 기업으로 도약하였다. 또한 2008년에는 유압기계 전문회사인 동명모트롤(현 두산모트롤)과 노르웨이의 목시에지니어링(현 두산목시)를 인수함으로써 건설기계분야의 사업역량을 더욱 강화하였다. 2011년에는 인도의 화력발전시장에 진출하기 위해 첸나이웍스(Chennai Works)를 인수했다. 2011년에는 또한 독일의 친환경발전설비업체인 AE&E Lentjets를 인수하였다.

그러나 2008년 글로벌 금융위기의 결과, 밥캣의 영업환경이 악화되어 두산그룹의 주력계열사들인 (주)두산, 두산중공업, 두산인프라코어 등이 적자를 보았고, 이로 인해 두산그룹이 다시 유동성 위기설에 휘말리기도 했으나, 두산그룹은 성공적인 구조조정과 ISB 중심의 사업구조로의 전환을 통해 지속적인 성장을 보이고 있다는 점에서는 긍정적으로 평가할 만하다.

자료 : 박용만, 2012, 두산그룹의 성공사례, 한국전략경영학회(추계학술대회)

요 약

경영이란 일정한 제도적 환경 하에서 경영수단을 활용하여 다수인의 협동으로 경제재의 생산 및 배급을 지속적으로 수행하는 동태적인 구성체로서 다른 사람을 통하여 무엇인가를 달성하는 기술이다. 또한 경영활동은 조직 목표를 효과적이고 효율적으로 달성하기 위하여 조직 내 작업 활동을 조정하는 활동으로 정의 할 수 있다.

경영의 포괄적인 이해를 위해 경영 시스템의 모형이 필요하다. 조직의 목표와 환경으로부터의 투입과 변환과정 및 경영성과의 산출을 수행하는 것을 기본으로 한다. 경영에 필요한 자원을 경영자원이라고 하는데 토지, 노동력, 자본, 정보가 해당되고, 경영의 추구원리로는 효과성과 효율성을 지향한다. 합리적인 경영마인드를 갖추기 위해서는 고객중심 마인드, 경쟁우위 마인드, 가치극대화 마인드에 대한 개념 정립이 요구된다.

자본주의 경제체제에서 기업은 국민경제를 구성하는 단위이며, 우리의 삶에 필요한 제품 및 서비스를 생산. 마케팅 하는 등의 경제활동을 수행하는 조직체이다. 또한 기업은 이윤추구를 목적으로 제품과 서비스를 제공함으로써 인간의 필요와 욕구를 만족시키는 활동을 기업활동이라 한다.

기업을 보는 관점은 생산 중심적 개념, 마케팅 중심적 개념, 인간중심의 개념의 순서로 변화되어 왔으며 기업은 개인 기업, 합명회사, 합자회사, 유한회사, 주식회사, 공기업, 협동조합 등으로 나뉠 수 있다.

경영자는 경영의 주체이다, 즉, 경영자는 계획 · 조직 · 지휘 · 통제의 관리기능을 보다 효율적으로 수행함으로써, 조직의 목표를 집단적이고 체계적으로 성취할 수 있게 되는 것이다. 따라서 경영자란 '다른 사람들(종업원)을 통하여 조직의 목표달성을 위한 과업들을 수행하는 사람들'이다.

경영자는 분류기준에 따라 다양하게 구분될 수 있으나 소유와 경영의 분리하는 관점에서 다음과 같은 소유 경영자, 고용 경영자, 전문 경영자 세 가지 유형으로 구분되기도 한다.

경영자가 성공적으로 경영의 목표를 달성하기 위해서는 경영자에게 요구되는 관리기술을 습득하여 이를 효과적으로 발휘할 수 있어야 한다. 이것에는 전문적 기술, 인간관계 기술, 개념적 기술이 있다. 민츠버그가 제시한 경영자의 역할은 대인관계 역할, 정보전달 역할, 의사결정 역할이다.

토의주제

1. 자신이 대학에서 경영학을 전공하거나 또는 경영학 과목을 수강하게 된 동기에 대하여 생각해보고, 경영학 지식을 향후에 어떻게 활용할 것인지에 대하여 이야기해보자.
2. 경영마인드를 가진 사람과 그렇지 않은 사람의 결과는 매우 큰 차이를 가져온다. 어떠한 사유에서 그런지 성공한 사례를 들어 생각해보자.
3. 최근 언론 등에 소개된 기업들 가운데 가장 경영을 잘한 기업은 어떤 기업인지 생각해 보고 왜 그렇게 생각하는지 토의해보자.
4. 히딩크 전 한국축구팀 감독의 자질과 능력에 대해 떠올려보고, 기업경영에 어떻게 활용해 볼 수 있을지 이야기해보자.
5. 실제 조직의 경영자나 관리자를 만나서 그들이 기업이나 조직에서 일상적으로 수행하는 경영관리 역할에 대해 파악해보자.

참고문헌

1. 피터드러커, 이재규 편저, 2006, 경영키워드 365, 서울: 사과나무.
2. 김효진 외, 2010, 현대 경영의 이해, 비즈 프레스.
3. B. Wernerfelt, 1984, A resource-based view of the firm, Strategic Management Journal, pp. 171-180.
4. S. Zuboff, 1988, In the Age of the smart machine: The future of work and power, New York: Basic Books.
5. S. P. Robbins and M. Coulter, 2005, Management(9th ed), Prentice Hall, p. 8.
6. M. Porter, 1980, Competitive Strategy, New York: Free Press.
7. 조동성, 2005, Principles of Management, 서울경제경영.
8. D. A. Wren, 1994, The Evolution of Management Thought(4th ed), John Wiley & Sons, New York, p. 9.
9. K. Cameron, 1986, Effectiveness as paradox: Consensus and Conflict in conceptions of organization effectiveness, Management Science. pp. 539-553.
10. 오종석 외, 2008, 현대 경영학, 삼영사.
11. 김원수 편저, 1980, 체계 경영학사전, 법문사.
12. C. I. Barnard, 1938, The Function of the Executive, Mass : Cambridge, Harvard University Press.
13. C. Williams, 2003, Management(2nd ed), South-Western, p. 13.
14. R. L. Katz, 1995, Skills of an Effective Administrator.
15. H. Mintzberg, 1989, Management: Inside Our Strange World of Organizations, London: The Free Press.

Chapter 02

경영학의 성격

학습목표

1. 경영학을 학습하는 의미를 알 수 있다.
2. 경영학이 학문으로서 어떤 특성을 가지는지 이해할 수 있다.
3. 경영학의 형성에 기여한 인접 학문에 대해 알 수 있다.
4. 경영학 연구의 추구원리와 연구방법에 대해 알 수 있다.
5. 경영학의 학문 체계가 어떻게 구성되어 있는지 알 수 있다.

Key-word 경영학, 종합과학, 인접학문, 경제성, 수익성, 생산성, 효율성, 연구방법론, 파생경영학, 비영리조직

CHAPTER

02 경영학의 성격

제 1 절 경영학의 학습 목적

경영학은 어떤 사람이 학습하여야 하고, 어떤 이유로 하게 되는가? 그에 대한 답은 다른 학문의 수요자와 그 학습 목적과는 상당히 다르다고 말할 수 있다. 대개의 학문 수요자는 특정 분야별로 특정한 학습자가 형성되고 그 목적도 순수한 학문적 목적이 앞서는 것이 일반적이며, 특정 학문은 교양을 높이기 위한 수단이나 특정 직업적 진로를 준비하기 위해 활용된다.

그러나 경영학은 학습하는 수요자도 매우 광범위하고, 학습하는 목적도 매우 다양하다. 먼저 학습자 계층은 상경 교과를 학습하는 중고등학생에서부터 경영학을 전공 또는 복수전공하는 대학생이나 대학원생, 또 취업준비생, 직장인, 전직이나 재취업, 창업을 원하는 직장인, 퇴직준비자 또는 은퇴자, 광고 · 유통 · 인터넷상거래 · 금융 등 특히 변화가 많은 경영분야에 관련된 업무를 하는 사람, 기업과 경영자에 대해 흥미를 가지는 일반인 등 매우 폭넓다. 사실 경영학적 지식을 어느 정도 필요로 하지 않는 사람은 없다고 하는 것이 옳을 것이다.

한편 학습하는 목적에 있어서도 이론적 원리를 체계적으로 알고 응용하고자 하는 수준, 교양과 상식을 충족시키는 수준, 변화의 추세와 내용을 알고자 하는 수준, 실제 현장 사례를 분석하는 수준, 특정 업종별 전문지식을 선별적으로 수요하는 수준에 이르기까지 다양하다.

따라서 경영학을 학습하는 사람은 기업과 조직 경영에 대한 체계적인 이해를 필요로 하는 모든 사람이 될 수 있다. 현재는 취업을 대비하여야 하는 학생, 장래에 리더 또는 경영자를 목표로 하는 사람, 현재 직장에 다니지만 새로운 경영지식을 필요로 하는 사람, 실물경제에 대한 현장 감각을 필요로 하는 사람, 창업과 e-비즈니스 기회를 가지고자 하는 사람 모두가 대상이 될 수 있다. 따라서 경영학 지식을 필요로 하는 사람은 현재적으로도 잠재적으로도 매우 많아 학문적 수요층이 매우 두터운 학문이라 할 수 있다.

오늘날 급격한 환경변화와 노령화, 지식 수명주기 단축 등으로 평생학습 및 계속학습에 대한 필요성도 지속적으로 높아지고 있다. 변화하는 비즈니스 환경에 적응하여 직장생활을 원만히 영위하기 위해, 그리고 다른 취업 · 창업 기회를 가지기 위해서는 역시 변화하는 경영기법과 혁신 전략에 대한 체계적인 학습을 필요로 한다. 경영학에 대한 지식이 없는 사람뿐 아니라 경영학을 전공하였거나 지식이 충분한 사람들도 새로운 지식에 대한 필요성을 계속 가지는 것이다.

경영학 학습을 하는 경로도 다양하다. 대학의 경영학 수업뿐 아니라 기업에서 실시하는 직무 연수와 교육훈련, 사설 및 공공 고용관련 기관에서 제공하는 각종 교육이 있으며, 개인이 자부담으로 수강하는 각종 사이버 교육이나 평생교육 기관 등을 활용하여 각자가 필요로 하는 목적과 여건에 맞게 다양한 학습을 할 수 있다. 또 출판계의 상당 부분을 차지하고 있는 새로운 경영트렌드를 소개하는 경영학 관련 서적을 구독하는 것도 경영지식과 경제 상식을 높이는 좋은 방법이 될 수 있다.

경영학을 학습하는 목적을 정리하면 다음과 같다.[1)]

첫째, 사람과 자원을 관리하는 문제에 대한 통찰력을 키우고 방법을 체계적으로 알기 위해서이다.

둘째, 기업체 조직의 구조와 관리 문제를 더 잘 이해하기 위해서이다.

셋째, 더 좋은 의사결정 기술을 배우기 위해서이다.

넷째, 조직 속에서의 인간 행동을 이해하고 합리적으로 조정하기 위해서이다.

하버드 비즈니스 스쿨 : 1908년에 설립된 세계에서 가장 유명한 경영전문대학원

제 2 절 경영학의 학문적 특성

경영학은 조직경영을 연구대상으로 하는 사회과학이다. 즉, 조직경영에 대해 전체적으로 이해하고 이를 토대로 경영목표의 합리적인 달성을 위해 경영활동이 어떻게 수행되어야 하는가를 종합과학적 입장에서 하나의 지식체계로 정리한 학문이다.

오늘날 기업은 국민에게 필요한 재화와 서비스의 공급은 물론 고용 창조와 부의 증식 기회를 제공함으로써 국가경제 및 사회발전의 주축을 형성한다. 경영학은 이와 같은 기능을 수행하는 기업을 주요 대상으로 하여 자본주의의 이상적 발전에 필요한 기업경영의 실천적 이론과 기법을 연구하는 학문이라 할 수 있다.

경영학의 학문적 성격은 인간 사회의 여러 현상을 과학적 · 체계적으로 연구하는 경험과학인 사회과학의 한 분야이다. 사회과학은 인간과 인간의 관계인 사회 현상을 과학적인 연구 방법을 동원해 연구하는 학문 분야를 말한다. 사회과학은 사회현상을 실증적 방법에 따라 분석하여, 그 객관적 법칙을 명확히 하려는 학문의 총칭으로 정치 · 경제 · 행정 · 역사 등의 사회현상을 과학적으로 연구 · 분석하는 학문이다.[2)]

- 학문
  - 철학(윤리학, 미학, 종교학 등)
  - 과학
    - 형식과학(수학, 논리학 등)
    - 경험과학
      - 자연과학
      - 사회과학 … 경영학
      - 인문학

경영학은 현실의 기업을 연구대상으로 하는 실용학문이다

기업의 발달은 경영학의 학문적 수요를 증가시키고 있으며, 현실 속의 기업과 학문의 영역인 경영학은 상호기여적인 성격을 갖는다. 날로 심화되는 국제경쟁과 예측이 불가능한 불확실성의 시대에서 기업의 생존전략을 모색하기 위해 새로운 경영학 이론과 기법에 대한 이해가 절실히 요구된다.

경영학은 그 역사가 길지 않기 때문에 학문적 성격이라든가 본질에 대하여는 현재까지도 학설과 견해가 통일되어 있지 않다. 그러나 경영학이라는 학문이 종래의 경제학 또는 사회경제학과는 다른 고유의 문제와 방법을 갖는 것이 사실이다.

아래에서 경영학의 학문적 특성을 다양한 관점에서 살펴보고자 한다. 경영학은 이론적 학문인 동시에 실천적 학문으로서의 특성을 가지고, 과학으로서의 특성과 기술로서의 특성을 함께 가진다. 이러한 점에서 경영학은 응용과학이자 실천 학문으로서의 성격을 가진다. 또한 다양한 학문이 접맥된 종합과학적 성격을 가진다고 볼 수 있다.

2.1 이론성과 실천성

경영학의 이론학문적 특성은 경영학이 이론과학(theoretical science) 또는 순수과학(pure science)으로서의 특성을 갖는 것을 의미한다. 이는 경영학이 현재에 나타나고 있는 경영현상에 대한 이론적 연구방법을 통하여 경영현상에 나타나고 있는 공통적 속성을 하나의 원칙으로 정립해 나가는 학문임을 의미한다. 이러한 연구는 있는 그대로의 경영현상에 초점을 맞춘 것으로 기술과학(descriptive science)적 방법을 채택하게 된다. 기술과학이란 있는 그대로의 경영현상을 사실적으로 분석함으로써 거기에서 경영의 제원리를 논리적으로 정립해나가는 학문의 방법을 말한다.

반면 경영학의 실천학문적 특성은 경영학이 실천과학(practical science) 또는 응용과학(applied science)으로서의 특성을 가지는 것이다. 이는 기업이 가진 목적을 성취시키기 위하여 어떤 수단이나 방법을 선택하는 것이 가장 이상적이겠는가를 연구하는 학문임을 의미한다. 따라서 여기에서는 있는 그대로의 경영현상에 대한 단순한 기술이 아니라, 경영은 이렇게 전개되어야 한다고 하는 가치규범적인 차원에서 경영의 실천원리를 추구해 가는 학문인 것이다. 그러므로 규범과학(normative science)이 성립하게 된다.[3)]

경영학의 이론성과 실천성

위의 두 학문적 성격은 상호보완의 관계로서 다루어져야 한다. 경영학에서의 이론과 실천은 상호보완의 관계를 통하여 보다 큰 관리적 성과를 거둘 수 있기 때문이며, 이론 없는 실무도, 또 실무가 수반되지 않는 이론도 있을 수 없다는 점에서 그러하다.

2.2 과학성과 기술성

경영학은 이론의 테두리를 가지는 온전한 학문으로서의 성질을 가지는 한편, 그 연구 대상이 현실의 기업이라는 점에서 실제 기업에서 활용되거나 개발되어 온 기법이나 관행이 경영학 이론에 유입되는 현상을 찾아볼 수 있다.

이러한 점에서 경영학은 학문적 성격과 실무 현장에서 발휘되는 예술(기술)적 성격을 동시에 가진다. '과학(science)'이라는 측면은 경영학이 치밀한 이론과 분석에 기반하는 사회과학적 성격을 가진다는 것이고, '예술 또는 기술(art)'이라는 측면은 이론만으로는 설명될 수 없는 현장의 경험과 검증을 통해 축적된 통찰력과 노하우, 관행적 요소들이 이론의 틀을 이루고 있다는 점을 의미한다. 이 두 요소 중 어떤 점이 우선한다고 볼 수는 없기 때문에 경영학은 과학으로서의 특성과 기술로서의 특성을 아울러 갖는다는 결론에 도달하게 된다.

즉, 경영은 분석과 합리의 측면인 과학적 요소와 감각과 통찰의 측면인 기술적 요소를 함께 가질 때 성공할 수 있다. 가령 다양한 정보와 자료, 자원을 활용하더라도 경영자마다 그것을 사용하는 기법이나 사람과 조직을 다루는 기술, 환경과 상황을 해석하는 방식은 다르므로 과학적 요소를 투입하되, 경영자마다 창의적으로 접근한다는 면에서 과학성과 기술성을 동시에 가지게 되는 것이다.[4)]

경영학이 과학으로 다루어질 때 그것은 경영의 기본 이념과 실천 원리를 제

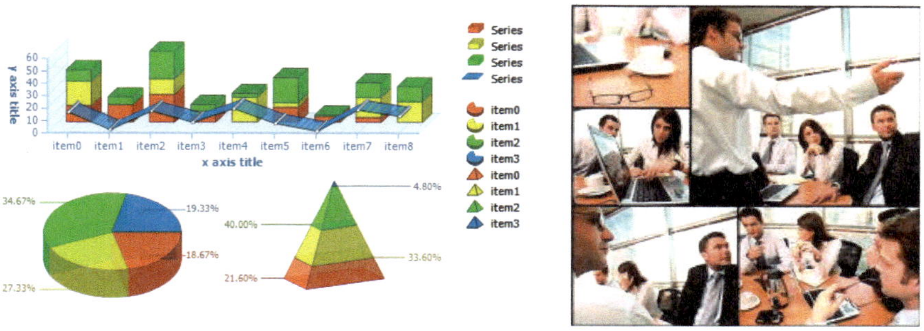

경영학의 과학성과 기술성

시하게 되고, 또 그것이 예술이나 기술로서 다루어지게 될 때 현실로서 조직체가 추구하는 목표를 보다 용이하게 달성할 수 있는 실천적 처방전을 제시한다. 만일 경영학이 하나의 과학으로서만 다루어지게 된다면, 그것은 현실과 동떨어진 공론으로서 지식을 위한 지식(knowledge for knowledge)이 될 것이다. 반대로 경영학이 예술과 기법으로서만 다루어진다면 그것은 경험과 직관에만 의존하므로 논리성이 부족하고 시행착오(trial and error)를 반복하는 혼란을 낳게 된다. 따라서 경영학은 이론이지만 현실에 기반하는 기법을 중시하는 양면적 성격을 가지게 되는 것이다.

위에서 살펴본 바와 같이 경영학은 기업경영을 그 연구대상으로 하는 이론 또는 실천적 사회과학으로서, 이론과 실천 그리고 과학과 기술의 양면성을 지니는 학문이라 할 수 있다. 이를 표시하면 〈도표 2-1〉과 같다.

| 도표 2-1 |　경영학의 양면적 성격

<table>
<tr><th></th><th>과학
(science)</th><th>기술
(art)</th></tr>
<tr><td>이론
(theory)</td><td colspan="2" rowspan="2">경영학</td></tr>
<tr><td>실천
(practice)</td></tr>
</table>

The manager needs to understand people, read situation, refect on and use applicable experiences. These are **art** aspect of management. The application of managerial principles and the use of computers for decision making are examples of management as a **science**.

2.3 종합과학적 성격

경영학은 산업혁명 이후 사회의 근간을 이루는 생산조직으로서의 기업의 작동 기제와 원리를 체계적으로 탐구하고 설명하기 위해 등장한 학문이다. 즉, 경영학은 기업이 사회의 전면에 영향을 미치면서 그 실체를 연구하고자 하는 현실적 필요성에 의해 탄생한 학문이다. 따라서 경영학의 역사는 타 학문에 비교해 볼 때 짧다고 볼 수 있으며, 후발 학문으로 형성되면서 기존의 다양한 학문을 풍부하게 참고하여 복잡한 기업 현상을 탐구하고 있다.

경영학의 연구 대상인 기업은 내부적으로는 다양한 인적 · 물적 · 제도적 요소가 결합된 조직체이자 의사결정체이며, 동시에 외부적으로는 다이내믹한 법적 · 문화적 · 사회적 · 경제적 환경에 처해 있다. 따라서 경영학은 기업이라는 복잡한 인적 · 물적 · 금융적 · 기술적 · 제도적 복합체의 다양한 측면을 탐구하기 위해 학문에 있어서도 다양한 관련 학문을 활용하여 고유의 학문적 영역을 구축하고 있다. 이러한 점에서 경영학은 종합과학적 성격(interdisciplinary approach)을 가진다고 볼 수 있다.

경영학이 어느 다른 학문보다 타 학문을 많이 원용한 종합과학적이고 학제적인 접근을 하는 이유는 기업을 입체적으로 이해하기 위해서는 사람, 금융, 기술, 조직 등 기업을 구성하는 다방면에 대한 분석을 위한 풍부한 지식을 필요로 하기 때문이다.

제 3 절 경영학의 인접학문

경영학의 주된 관심은 기업조직체의 경제적 측면과 행위적 요소에 초점을 두지만, 기업 활동에 영향을 미치는 사회적 · 인간적 · 법률적 · 환경적 측면까지

고려해야 한다. 이러한 다양한 요소를 고려하기 위해서는 관련된 학문 분야인 수학, 통계학, 공학, 경제학, 사회학, 심리학의 지식체계를 원용할 필요가 있는 것이다. 이때 관련되는 학문분야를 경영학의 인접학문이라 한다. 경영환경이 복잡화되고 경영조직이 발전함에 따라 경영학은 더욱 변화, 발전하게 되며, 경영학에 활용되는 관련 학문도 증가할 수 있다.[5] 최근 이질적인 기존 학문끼리 응용하고 결합하는 융합 학문(convergence studies)의 등장도 경영학 연구의 이슈가 될 수 있다.

3.1 수학적 접근방법

실천과학으로서의 경영학은 수학적 접근법(mathematical approach)과 공학적 접근법(engineering approach)을 통해 경영현상을 분석하고 있으며, 전자를 위한 보조과학으로서 경영과학이, 후자를 위한 보조과학으로서 산업공학이 발달하였는데 이 양자를 광의의 경영과학으로 보는 것이 보통이다.

(인식대상)	(접근법)	(인접과학)
경영의 기술적 측면 -	수학적접근법 – 경영과학 공학적접근법 – 산업공학	- 경영과학

수학적인 접근법을 활용하는 경영과학은 해결하고자 하는 문제영역마다 여러 가지 수학적 모델을 설정하고 이를 조작함으로써 문제를 해석하는 기법을 말한다. 이는 원래 제2차 세계대전의 군사과학(military science)에서 발전되어 온 것이며, 소위 작전연구라고 불리는 O.R.(operations research)의 성과가 기업경영에 응용됨으로써 하나의 독특한 학문체계를 이루게 된 것이라 할 수 있다.

이 방법의 적용 예로는 ① 적정 재고량의 결정, ② 자원배합의 문제, ③ 대기시간의 문제, ④ 경쟁하의 가격정책 등 그 분야가 광범위하다.

3.2 공학적 접근방법(산업공학)

이는 경영학의 원리를 구축하는데 있어 공업적 제기법을 응용하는 것으로, 이 접근방법을 원용한 경영학의 인접과학을 산업공학(industrial engineering)이라고 한다. 미국 경영학의 시작이 되는 Taylor의 과학적 관리법은 이러한 산업공학적인 관점에서 연구된 것이다.

산업혁명 후 급속히 발달한 산업공학은 기업경영 중에서도 특히 생산관리에 대한 표준화 수단과 방법적 기술에 기여하였다. 산업공학은 제품의 표준화된 각종 규격, 규정, 측정단위의 기준 등의 수립에 활용되었으며, 이러한 기술을 통해 소위 작업연구(job study), 동작연구(motion study), 시간연구(time study)와 같은 주제가 산업공학의 중심과제로 다루어졌다.

3.3 사회적 접근방법(산업사회학)

'경영은 하나의 인간집단이며, 하나의 사회적 구성체'라는 관점에서 사회적 존재로서의 인간의 문제에 초점을 둔 일체의 연구방법을 사회적 접근방법이라 한다. 그런데 인간이란 복합적인 유기체로서 ① 사회학적 요소, ② 심리학적 요소, ③ 생리학적 요소라는 세 가지 요소로 구성되어 있으며, 이에 대응하는 인접과학으로서 산업사회학, 산업심리학, 산업생리학 등이 발전하였다.

이와 같은 접근법은 독일이나 미국에서 이미 1920년대부터 시작되었으며, 여러 가지 접근방법 가운데서도 비교적 그 역사가 길다고 할 수 있다.

경영요소로서의 인간
- 사회학적 요소 → 산업사회학
- 심리학적 요소 → 산업심리학
- 생리학적 요소 → 산업생리학

3.4 심리적 접근방법(산업심리학)

경영체가 접하는 인간(종업원, 관리자, 소비자)의 심리적 행동을 그 연구과제로 삼는 모든 접근법을 심리적 접근법이라 하며, 그러한 어프로치를 위한 보조과학을 산업심리학 또는 경영심리학이라 한다.

산업심리학은 경영에 있어서의 인간의 심리학적 요소를 다루게 되는 현대경영학의 인접과학으로서, 개개의 노동자 행동의 심리학적 법칙과 이에 영향을 주는 여러 가지 조건 등을 그 연구대상으로 삼는다.

오늘날 산업심리학은 ① 적성검사, ② 적정배치, ③ 인사평가, ④ 종업원 훈련 등 여러 방면에 적용되고 있으며, 개인의 행동을 연구하는 학문에서 한 걸음 나아가 기업조직의 사회적 · 제도적인 환경 하에서의 집단의 심리적 행동의 변화과정에까지도 그 연구영역을 확장시키고 있다. 예를 들면 조직심리학이나 집단심리학 등이 그것이다.

3.5 법리적 접근방법

현대기업에서는 기업을 경영하는 것과 관련하여 여러 가지로 법률적인 문제가 생기게 된다. 예를 들면 소비자와의 사이에 이루어지는 거래관계는 물론이고, 종업원의 노동조건이나 근로기준들과 관련해서도 법률상의 문제가 생기게 마련이므로 법학도 인접학문이 된다. 세부적으로는 상법 · 민법 · 세법 · 기업회계법 · 노동법 · 경제법 및 국제거래관계법 등이 해당된다.

3.6 경제학적 접근방법

기업의 상품이나 서비스 생산은 경제성의 원칙에 따라 생산 · 공급하므로 기업경영학은 사회경제 전체 움직임을 다루는 경제학과 밀접한 관련을 가지지 않을 수 없다. 특히 경영학과 관련되는 경제문제를 중심으로 하는 관리경제학이 독립적으로 연구되고 있다. 이러한 경제학이 거시적으로 다루고 있는 사회경제는 기업경영면에서는 경제적 환경을 형성하는 것이다.[6)]

3.7 행동과학적 접근방법

행동과학(behavioral science)은 기업조직내 인간의 행동을 연구함에 있어 생리학, 생물학, 심리학, 문화인류학을 혼합한 학제적인 접근방법을 시도한 사회과학의 한 방법이다. 그러나 각 사회과학을 총합하는 것이 아니라 개별적인 사회과학의 존재를 전제로 하면서 연구대상에 대해 관련되는 지식을 동원한 종합과학적인 접근을 해 나가는 것이다.

❙도표 2-2❙ 경영학의 인접 학문

- ㅇ 인접학문 중 기초학문
  - 법학, 경제학, 사회학, 인류학, 심리학, 수학, 통계학, 공학
- ㅇ 인접학문 중 기업과 관련하여 독립적으로 체계화되어 있는 분과 학문
  - 행동과학, 산업심리학, 산업사회학, 회계학, 산업공학, 관리경제학, 노동공학

제 4 절 경영학의 추구 원리

경영의 추구원리란 경영자의 사고나 행동의 지침이 될 수 있는 기본적 원칙을 말하는 것으로서 경영학 연구에서 어떠한 원리와 원칙의 틀에서 기업의 이상적 가치를 탐구하고 추구해야 하는가를 나타내는 지표이다. 이러한 경영행동의 원리에 대하여는 많은 주장이 있으나, 대표적인 원리로는 경제성의 원리, 수익성의 원리, 생산성의 원리, 효율성의 원리가 있다.

4.1 경제성의 원리

현대사회의 모든 기업운영에 공통으로 적용할 수 있는 원리로서 기업의 생산활동 수행에 불가결한 경제적 합리주의가 경제성의 원칙(economic principle)이라고 할 수 있다.

경제성이란 최소의 희생으로 최대의 효과를 얻으려는 행위를 말하며, 경제성 원칙이란 경영활동을 위하여 투입된 희생(비용)을 그 결과 얻어진 성과급부와 비교한 이상적인 관계를 의미하며, 이에 대한 수식은 '급부 / 비용'으로 측정 · 표시되고 있다.

사실 기업을 국민경제의 입장에서 볼 때, 사회적인 불균형의 원인은 기업경영이 앞세우는 수익극대화에서 야기되는 경우가 많다고 할 수 있다. 그리하여 적정 수익을 초과하는 이익은 어떤 형태로든 사회에 환원시켜야 한다는 경영윤리 원칙과 연결되는 것도 이 경제성 원칙이다.

이상을 요약하면 '적정 수익성을 바탕으로 한 투입과 산출의 바람직한 관계'가 곧 경제성의 원칙이며, 이는 기업이 이익목표를 설정하고 수익성 원칙을 추구한다 하더라도 기업 활동의 사회경제적 기능을 자각해야 하며, 기업을 위한 수익성 원칙보다 사회적 봉사의 원리인 경제성 원칙을 추구하여야 한다는 것을 시사하고 있다.

4.2 수익성의 원리

수익성의 원칙(profit principle)이란, 자본에 대한 이익의 관계를 말하는 것으로 투자한 자본에 비해 이익이 크면 클수록 좋다는 원칙이다. 이것을 백분율로 표시한 것이 수익률로서 수식으로 나타내면 다음과 같다.

$$\text{수익성} = \frac{\text{수익}}{\text{자본}} \qquad \text{수익률(\%)} = \frac{\text{수익}}{\text{자본}} \times 100$$

사실 "기업은 모험이며, 모험의 대가가 곧 최대의 수익이어야 한다."고 한다면 수익성 원칙이 기업경영에 적용되는 것이 논리적일 것이다. 또 수익성의 추구는 경영합리화를 위해서나 기업의 성장발전을 위해서도 중요한 것이다.

그러나 기업의 사회적 책임을 강조하는 현대의 경영이념에 비추어 볼 때 일방적인 이익극대화만을 추구한다는 것은 무리한 목표가 될 것이며, 사회적 환경으로부터도 허용되지 않을 것이다. 나아가서 경영학의 연구대상은 영리를 추구하는 일반기업만이 아니고 모든 비영리경영까지도 포괄적으로 다루고 있음을 고려할 때, 그 연구의 관점을 수익성 원칙에만 둔다는 것은 비판을 받게 될 것이다.

4.3 생산성의 원리

생산성이란 무엇인가를 산출하기 위해서 생산과정에 소비된 생산요소의 투입량과 산출량의 비율이라고 정의할 수 있는데, 이는 다음과 같이 나타낼 수 있다.

$$생산성(productivity) = \frac{산출(output)}{투입(input)}$$

생산성은 생산요소가 얼마나 유효하게 이용되는가를 나타내는 물적 능률성에 관한 원리이나, 경영의 전체적 생산성의 측정 · 파악은 기술적으로 어렵다. 따라서 일반적으로 투입되는 생산요소의 종류에 따라 요소별 생산성으로 측정하여 그 향상책을 추구하게 된다. 예를 들면 자재생산성, 설비생산성 또는 자본생산성, 노동생산성으로 분할 측정하여 지수화하는 것이다.

흔히 노동생산성은 생산급부와 노동과의 관계로 지수화되며(생산량/투입노동량), 이는 작업방법의 개선과 작업시간의 단축 등 노동의 질적 향상을 추구하는 경제적 진보의 지표가 되기도 한다.

4.4 효율성의 원리

효율성이란 경영적 의사결정을 주도하는 원리로서 경영목표가 달성된 결과를 양, 질, 시간, 비용 등의 관점에서 파악하는 것을 말한다. 효율성은 능률(efficiency)을 포함하는 개념으로서 각 개체가 시스템의 목적을 달성하는 정도라고 정의된다.

시스템의 개념에서는 효율성이 중요한 것이지만 그 측정에는 어려움이 따른다. 따라서 주로 경영 활동단계의 지침이 되고 있다. 효율성을 제고시키기 위해서는 인간의 개성, 기업의 목표, 사회의 규범과 가치 등에 합목적적으로 접근될 수 있도록 조직이 설계되어야 할 것이다.

제 5 절 경영학의 연구방법

사회과학으로서 경영학의 독립과학성을 부여하기 위해서는 적합한 연구방법(study method) 또는 접근방법(approach)이 확립되어야 한다. 그런데 이 연구방법 내지 접근방법은 한 가지만이 적용되는 경우는 드물며, 몇 가지 방법들이 단계적, 중복적으로 적용되는 것이 보통이다. 따라서 경영학의 연구방법에는 다른 모든 사회과학 분야에 거의 공통적으로 쓰이는 일반적 연구방법과 경영학이라는 학문의 성격에 알맞은 특수한 연구방법이 있다.

5.1 귀납법(inductive method)

특수한 것으로부터 출발하여 그것들의 공통되는 보편적 법칙을 찾아내는 것이 귀납법의 본질이다. 이는 이론적 또는 순수과학적 경향이 짙은 독일 경영학에서의 주된 연구방법이다.

5.2 연역법(deductive method)

이미 알려진 보편적이고 일반적 원리나 주장으로부터 특정한 원리나 법칙을 이끌어내는 것이 연역적 방법론이다. 특히 개념적, 가정적인 추론 도출을 위해서는 연역법이 적용된다.

5.3 관찰법(observational method)

관찰이란 각종 사물의 실체를 상세히 파악해보는 것으로 모든 연구방법에 필수적으로 적용되는 '연구방법 이전의 연구방법'이다. 실천적인 이론과학으로서의 경영학은 '사실의 관찰'에서부터 시작된다. 앞서 설명한 귀납법의 원용은 관찰이 그 전제가 된다.

5.4 모형적 방법(model method)

모형(model)이란 어떤 현상을 설명하고 표현하기 위하여 고안된 현상에 관한 틀을 총칭하는 것으로, 모형을 설정하여 계량적으로 접근하는 과학적인 연구방법을 모형적 연구방법이라고 한다.

컴퓨터의 출현은 막대한 양의 수치적 자료를 신속, 정확하게 처리할 수 있게 하였으며, 모형을 바탕으로 하는 새로운 각종 수학적 기법의 개발로 소위 계량경영학이라는 새로운 경영학의 한 분야까지 형성시켰다.

5.5 실험법(experimental method)

이는 실험에 의해서 연구를 진행하는 것으로, 이론적인 학문이라기보다 실천과학적 성향이 강한 미국 경영학에서 전통적으로 적용해온 방법이다. 미국경영학의 시작이라고 할 수 있는 테일러리즘(Taylorism)의 기초가 모두 실험에서 연유한 것을 볼 때 그러한 사실을 뒷받침 해준다. 테일러리즘뿐 아니라 그 후 현대 미국 경영학의 바탕을 제공한 메이요 교수 연구그룹의 호손공장 실험이나,

사이먼에 의해 발전된 조직관리론, 더 내려와 행동과학 등도 그 이론적 기반은 실제로 행해진 여러 가지 실험에 의존하는 바가 크다.

5.6 사례연구(case study)

사례(case)란 기업 경영을 보다 현실적으로 이해하기 위해 실제의 경영 현장에서 발생한 사건이나 문제를 경영 연구와 교육에 활용하기 위한 소재로 개발한 것이다. 특히 학습 자료로 활용하기 위해서는 기업을 방문하고 경영자나 관리자를 면접하거나 문헌조사를 통해 취재하는 활동이 수반되어야 한다.

사례연구는 실제문제를 접하면서 생생한 경영 문제를 집단토론 방식에 의해 해결하는 것으로 그 학습효과가 매우 크지만, 과거의 상황이 미래에 그대로 일어날 것이라 보기에는 무리한 면도 있다.

독일 자동차 부품사 보쉬의 대전공장에 방문한 대학생들(사진 : 아주경제, 2012.5.9)

제 6 절 경영학의 학문 체계

6.1 경영학의 분류

경영학에는 조직체 일반(기업 · 행정조직 · 학교 · 종교기관 · 사회단체 · 군조직 등)을 연구하는 일반경영학과 생산조직체만을 연구하는 기업경영학이 있다. 일반경영학의 목표는 모든 조직체에 보편타당하게 적용되는 관리 원리를 체계화하는 것이며, 일반경영학에는 다양한 조직체의 운영원리를 개별적으로 연구하는 특수경영학이 포함된다. 한편 기업경영학의 목표는 주로 사기업의 운영에 필요한 주요 영역별 원리와 관리기법을 체계화하는 것이다.

경영학은 연구 분야와 대상을 무엇으로 하는가에 따라 아래의 체계로 세분화된다.[7)]

① 경영학 방법론

경영의 본질, 경영학의 체계, 경영학의 인접과학 등에 관한 문제와 연구방법을 다룬다.

② 기업환경론

경영학의 연구대상인 기업과 관련을 가지고 있는 기업주변 환경의 상호관계를 파악하는 것이다.

③ 기업형태론

자본의 출자 관계와 관련하여 기업의 실체와 귀속 관계를 연구하는 것이다.

④ 기업 성장론과 정책론

기업 성장론은 기업의 창립과 성장, 발전과정에 대해 다루며, 기업정책론은 기업경영의 목적 설정 및 방향 제시에 관련된 합리성을 규명하는 것이다.

⑤ 경영주체론

소유와 경영이 분리된 현대 경영에 있어 기업의 경영주체가 누구인지, 소유자와 경영자의 기능이 무엇인지를 규명하는 것이다.

⑥ 경영조직론

기업의 구조적 측면과 인적 요소의 배치와 협력에 대한 측면을 연구하는 것이다.

⑦ 관리과정론

경영을 실제로 활성화시키는 관리활동을 과정적으로 고찰하려는 것으로, 계획화, 조직화, 동기화, 조정화, 통제화 등의 활동을 규명하는 것이다.

⑧ 부문관리론

실제 기업 구성요소별 관리 문제를 고찰하는 것으로, 구매관리, 생산관리, 마케팅관리, 인적자원관리, 재무관리, 회계관리, 정보시스템 관리 등을 그 내용으로 한다. 〈도표 2-3〉에는 이러한 부문관리 체계에 기반하여 경영학 학습을 심화하기 위한 각론 체계가 소개되어 있다.

❙도표 2-3❙ 경영학의 각론 체계

경영학 각론 체계 -	조직/인적자원관리 - 경영조직론, 조직행동론, 인사관리론, 노사관계론
	생산운영관리 - 생산관리, 품질관리, 공정관리, 재고관리, 일정관리
	마케팅관리 - 마케팅관리론, 소비자 행동론, 시장조사론, 광고론
	재무관리 - 투자론, 재무관리론, 증권시장론, 금융기관론
	회계관리 - 중급회계, 고급회계, 관리회계, 원가회계, 회계감사
	국제경영 - 외환론, 다국적 기업론, 국제마케팅
	경영정보시스템 - 시스템 개발론, 의사결정지원시스템론

6.2 파생 경영학 분야

1) 응용 경영학 분야

경영학은 타 순수학문에 비하면 후발 학문이지만 자본주의의 발달과 기업의 인류에 대한 영향으로 인해 지난 100여 년간 가장 큰 성장을 거둔 학문 분야로서 대부분의 국가에서 대학별로 학과로 설치되어 있으며 많은 학생 수를 보유하고 있다. 또한 경영학의 지식이 적용되는 대상도 일반 사기업뿐 아니라 행정조직, 대학, 비영리 기관 등으로 확대되고 있다.

이렇듯 학문적 수요가 증가하다 보니 일반 기업과는 다른 특수성을 가지는 기업이나 조직체에 대해서는 별도의 내용을 가진 경영학이 발달하게 되어 경영학의 학문적 규모와 범위는 더욱 커지게 되었다.

파생 경영학의 대표적 분야로 호텔 경영, 외식 경영, 병원 경영, 유통기업 경영, 금융기관 경영, 문화예술경영 등을 들 수 있다. 이들 분야는 경영학의 표준적 체계를 각각 호텔, 외식 사업, 병원, 백화점, 은행, 문화예술기관 등에 적용하여 그 대상을 보다 잘 설명할 수 있도록 응용하여 활용되고 있다. 가령 '호텔 경영학'의 경우 호텔 회계, 호텔 재무, 호텔 인사관리, 호텔 조직 운영, 호텔 마케팅 및 고객관리, 호텔 정보시스템 등으로 경영 지식을 호텔 경영에 특화하여 세분화하고 응용하여 내용을 구성하고 있는 것이다.

마찬가지로 특정 사업 분야가 성장하고 종사자도 많아져 그 분야에 대한 체계적 경영지식에 대한 현실적 수요가 증가하게 된다면 역시 그 분야를 중심으로 한 파생 경영학이 형성될 수 있는 것이다. 가령 방송이나 게임 산업이 크게 성장한다면 방송 경영학이나 게임 산업 경영학이 특화하면서 고유의 내용성을 가지게 될 것이다.

아울러 국내외 대기업의 경우 자사의 업종 및 기술 특성을 감안하여 직원들에 대해 맞춤형 경영 교육을 실시하는 경우도 있는데 커리큘럼을 세분화하고 전문화하여 다년간 진행한다. 이러한 경우 일반 대학교육 못지않게 정교하게 구성되며 '사내 대학'으로 운영하여 일정한 학위를 수여하기도 한다.

응용 경영학 연구 대상 : 병원, 호텔, 유통업 등

As demand on **Business Administration** increases in all sectors of the society, various applied studies on Business Administration have created.

2) 비영리 조직 경영 연구

경영학은 영리조직인 기업 조직을 주된 연구 대상으로 한다. 그러나 최근 비영리 조직에도 경쟁력이 중요해지면서 기업 경영의 원리를 중시하고 있다. 가령 조직의 목적이 영리추구보다는 공익적 목적을 우선시하는 공기업이나 공공기관, 조합원의 이해를 중심으로 운영되는 협동조합, 취약 계층에게 일자리나 사회적 서비스를 제공하기 위해 운영되는 사회적 기업의 경우에도 그 운영이 건전하지 못하면 결국 도태될 수밖에 없으므로 사기업 운영의 각 요소를 상당히 도입하고, 비영리 조직 운영에 맞는 요소를 차별화하고 있다.

오늘날 공익과 사회적 목적을 추구하는 다양한 비영리 조직이 성장함에 따라 이러한 비영리조직과 NGO(Non-Government Organization) 조직의 경영을 체계적으로 이해하고자 하는 학문적 수요가 크게 증가하고 있어 기존 경영학을 변형한 학문으로 파생되고 있다.

그뿐 아니라 대학을 포함한 학교, 종교기관, 군대, 행정조직 등에서도 효율성 추구와 생존을 위한 경영마인드와 기업식 경영원리의 도입이 크게 증가하고 있는 추세로 조직 운영에 경영학적 지식을 접맥하고자 하는 시도가 꾸준히 늘어나고 있다.

비영리 조직 : 군대, 종교기관, 사회봉사조직 등

경영사례

직장인들 사이에 부는 '경영학 공부' 열풍

직장인들 사이에 '경영학 공부'가 큰 인기를 끌고 있다. 전세계에 불고 있는 경기불황으로 실업률은 증가하고 일자리 구하기가 쉽지 않은 것과 무관하지 않다. 이런 불황에서 생존할 수 있는 방법 중 하나는 끊임없는 '자기 계발'이다. 직장인들을 중심으로 불고 있는 '경영학' 공부도 불투명한 미래에 대비하기 위한 하나의 자기 생존 전략으로 풀이된다.

교육과학기술부 통계에 따르면 올해 상반기 한국형 MBA 지원자는 전년도와 비교했을 때 20% 증가한 것으로 나타났다. 눈길을 끄는 것은 전체 지원자의 89%가 직장인으로 나타났다는 것이다. 이는 비단 국내에서만 불고 있는 현상은 아니다. MBA의 본고장인 미국도 마찬가지다. 지난해 11월 방한한 미국 인디아나 대학교 대니얼 스미스 경영대학원장은 국내 주요 일간지와 인터뷰에서 2008년 미국 대학들의 MBA 지원자 수가 전년도보다 20% 가량 증가했다고 밝힌 바 있다. 중국의 경우도 올해 초 광동 외국어 무역대학 MBA 신청자 수가 작년 대비 132% 급증하는 등 MBA의 인기가 국내외를 막론하고 치솟고 있다.

더불어 경영학 관련 자격증을 취득하려는 사람들도 늘고 있다. 올해 공인회계사(CPA) 1차 시험 응시자는 8천431명으로 지난해보다 46% 가량 증가했다. 국내 펀드매니저와 애널리스트 등 금융권 종사자들에게 인기가 높은 공인 재무분석사(CFA)의 지원자 수에서도 한국은 세계 7위를 차지한다. 그만큼 경영학에 대한 열기가 관련 자격증 공부로도 이어지고 있는 것이다.

경영학 공부에 대한 인기는 CEO와 임원들에게도 예외가 아니다. 이미 기본적인 경영학 지식을 갖춘 CEO 및 임원들은 '협상력'에 대한 목마름을 느낀다고 한다. 비즈니스 협상에서부터 조직관리를 위한 사내 협상 등에 이르기까지 기업 경영은 협상의 연속이라고 할 수 있기 때문이다.

직장인들의 MBA에 대한 관심이 높다.[사진=휴넷]

자료 : 아이뉴스 24(www.inews24.com), 2009.11.3

요 약

경영학은 조직경영을 연구대상으로 하는 사회과학이다. 즉, 조직경영에 대해 전체적으로 이해하고 이를 토대로 경영목표의 합리적인 달성을 위해 경영활동이 어떻게 수행되어야 하는가를 종합과학적 입장에서 하나의 지식체계로 정리한 학문이다.

기업의 발달은 경영학의 학문적 수요를 증가시키고 있으며 이들 양자는 상호기여적인 성격을 갖는다. 날로 심화되는 국제경쟁과 예측이 불가능한 불확실성의 시대에서 기업의 생존전략을 모색하기 위해 새로운 경영학 이론과 기법에 대한 이해가 절실히 요구된다.

경영학의 학문적 성격은 이론적 학문인 동시에 실천적 학문으로서의 특성을 가지고, 과학으로서의 특성과 기술로서의 특성을 함께 가진다. 또한 다양한 학문이 접맥된 종합과학적 성격을 가진다고 볼 수 있다. 경영학의 인접학문으로는 수학, 통계학, 공학, 경제학, 사회학, 심리학 등을 들 수 있다.

경영의 추구원리란 경영자의 사고나 행동의 지침이 될 수 있는 기본적 원칙으로서 경영학이 추구하는 대표적인 원리로는 수익성의 원칙, 경제성의 원칙, 생산성의 원칙, 효율성의 원칙이 있다. 경영학의 연구방법에는 다른 모든 사회과학 분야에 거의 공통적으로 쓰이는 일반적 연구방법과 경영학이라는 학문의 성격에 알맞은 특수한 연구방법이 있다.

경영학의 체계는 조직체 일반을 연구하는 일반경영학과 생산조직체만을 연구하는 기업경영학으로 구성된다. 일반경영학의 목표는 모든 조직체에 보편타당하게 적용되는 관리 원리를 형성하는 것이며, 기업경영학의 목표는 주로 사기업의 운영에 필요한 주요 영역별 원리와 관리기법을 체계화하는 것이다.

경영학은 연구 분야와 대상을 무엇으로 하는가에 따라 경영학 방법론, 기업환경론, 기업형태론, 기업 성장론과 정책론, 경영주체론, 경영조직론, 관리과정론, 부문관리론으로 분류할 수 있다. 한편 파생 경영학 분야로는 호텔 경영, 외식 경영, 병원 경영, 유통기업 경영, 금융기관 경영 등과 같은 응용 경영학이 형성되어 있으며, 최근 공익과 사회적 목적을 추구하는 다양한 비영리 조직이 성장함에 따라 이러한 비영리조직과 NGO 조직의 경영을 체계적으로 이해하고자 하는 응용 경영학이 생겨나고 있다.

토의주제

1. 경영학을 학습하면 사회생활을 영위해 나감에 있어 어떤 도움을 받을 수 있겠는가?
2. 경영학은 왜 다양한 학문이 응용된 종합과학적 성격을 가지게 되었는가?
3. 보편적인 경영원리를 다루는 일반 경영학 이외에도 조직 유형별로 운영원리를 탐구하는 파생 경영학이 생겨나는 이유는 무엇인가?
4. 비영리 조직 경영학에서 중요하게 다루어야 할 주제는 무엇인가?
5. 실제 기업의 운영 과정을 떠올리면서 경영학의 각론 체계와 대조해보라.

참고문헌

1. R. W. Mondy and S, R, Premeaux, 1995, Management; Concepts, Practices, and Skills(7th), Prentice Hall, p. 21.
2. 이종수, 2009, 행정학 사전, 대영문화사.
3. 양춘희, 1998, 경영학원론(개정 3판), 선학사, pp. 21-22.
4. P. Attner, 1989, Introduction to Management(3rd), Thomson Information/Publishing Group, p. 24.
5. J. L. Massie, 1987, Essentials of Management(4th), Prentice Hall, p. 26.
6. 글로벌 세계 대백과사전(http://ko.wikisource.org/w/index.php?title)
7. 배수진, 2006, 신경영학의 이해, 두양사, pp. 33-34.

Chapter 03

경영이론의 발전 과정

학습목표

1. 경영이론의 발전과정에 대하여 이해할 수 있다.
2. 경영학이 발전해 온 과정별 핵심 원리를 이해할 수 있다.
3. 과학적 관리법과 인간관계론에 대하여 비교 설명할 수 있다.
4. 관리 중심의 경영이론과 조직균형 이론에 대해 이해할 수 있다.
5. 현대 경영학의 대표적 접근법인 시스템 이론과 컨틴전시 이론을 알 수 있다.

Key-word 경영이론, 과학적 관리법, 포디즘, 호손실험, 경영관리이론, 행동과학이론, 의사결정론, 시스템 이론, 컨틴전시 이론

CHAPTER

03 경영이론의 발전 과정

제 1 절 경영이론의 발달 배경

경영학의 발달과정은 관리의 효율성을 추구하는 과정과 일치한다고 할 수 있다. 본 장에서는 경영학의 역사적 발달과정과 주요이론을 소개함으로써, 경영학의 통합적 안목을 제공하고자 한다.

어떤 학문을 배우고자 하는 사람은 그 학문의 발달과정을 살펴보는 것이 매우 중요하다. 따라서 경영학을 배우고자 할 때 경영학의 발달과정, 즉 경영학사를 살펴보는 것은 필수라고 할 것이다. 경영활동을 기초로 기업을 연구하는 학문인 경영학에 대한 관점은 다양하게 존재하여 왔다. 이는 연구대상과 연구 방법이 각각 다르기 때문인데, 경영학의 보편타당한 진리를 발견하기 위해서는 다양한 선행의 학설과 학파의 특성을 살피고 비교 분석하고 새로운 경영원리를 살펴보는 것이 필요하다.

하나의 이론으로서의 기업경영에서 생기는 많은 문제의 본질을 파악하고 이러한 문제들의 해결을 위한 보편타당한 방법을 찾아내는 데 있다. 그러나 경영이론이 경영상의 모든 문제해결을 위한 완전한 처방이나 해답을 제시해 줄 수는 없다. 실제 기업경영에는 어떤 원칙이나 이론적으로 설명될 수 없는 부분도 있기 때문이다. 따라서 기업조직에 대한 성공적 경영을 위해서는 경영에 관한 이론적 지식을 습득하는 것은 물론, 경영자로서의 다양한 경험과 경험을 통한 직관도 필요한 것이다. 이와 같은 이유로 경영학은 과학(science)이지만 동시에 기술(art)이기도 하다.[1)]

경영의 기원 : 진시황릉과 이집트 피라미드의 건설

경영이론은 경영자가 수행해야 할 효과적이고 효율적인 기능이 무엇인가를 제시해 주는 것으로서 복잡해지는 경영환경에서 주먹구구식이 아닌 체계적인 방법으로 경영현장의 다양한 문제를 해결하기 위한 최선의 틀인 것이다. 오늘날의 경영자들은 과거의 경영자들로부터 경험을 학습하고 이론을 통해 시행착오의 반복을 피하거나 보다 나은 의사결정을 내리고자 한다. 이 점에서 경영이론은 오늘날의 경영자들이 필수적으로 학습할 필요가 있는 경영지침인 것이다.

Decision theory is the study of principles and algorithms for making correct decisions—that is, decisions that allow an agent to achieve better outcomes with respect to its goals.

제 2 절 경영이론의 발전 과정

경영이론의 발달은 시대 및 장소 그리고 경영상의 제반 문제를 보는 관점과 접근방법의 차이에 따라 상당한 차이를 보여주고 있다.

경영이론에 대한 과학적인 접근방법이 시도되기 시작한 것은 산업혁명 이후라 할 수 있고 학문으로서 경영학이 체계를 형성하게 된 것은 20세기 들어 미국과 독일을 중심으로 전개 되었다고 할 수 있다.[2] 이 시기는 대량생산시스템이 요구되던 시기로, 조직을 효율적으로 조직화하는 문제와 작업현장의 생산성을 높이는 일이 중요한 과제였다. 이런 관점에서 테일러(F. Taylor)와 포드(H. Ford)의 과학적 관리학파와 경영과학학파를 중심으로 한 과업중심의 경영이론이 체계화 되었다.

그 후 근로자들의 의식수준과 생활수준이 높아지면서 조직구성원의 인간중심에 초점을 맞춘 인간관계학파와 행동과학파의 경영이론이 탄생하였다. 페이욜(H. Fayol)의 경영관리 일반이론과 베버의 관료제에 영향을 받고 버나드(C. I. Barnard)와 사이몬(H. A. Simon)은 조직구조와 의사결정을 중심으로 한 구조중심의 이론을 전개하였다.[3]

현대적인 경영학의 접근법으로서는 시스템이론이나 상황적응이론이 중대한 맥락을 형성하고 있다. 시스템이론(system approach)은 조직을 하나의 유기체로 설명하려는 이론으로 생물학의 영향을 받아 경영학의 대상을 작업생산성이나 인간관계처럼 단편적으로 볼 것이 아니라 그 조직의 내부와 외부세계를 포함하여 전체적인 관점에서 볼 것을 주장하는 이론이다. 상황이론(contingency approach)은 모든 상황에 적합한 경영이론은 없고 조직이 처한 특별한 상황에 따라 문제의 해결책도 다르다는 입장에서 전개되는 이론이다. 경영이론의 전개과정은 학자들에 따라 다르게 분류되기도 한다. 본서에서는 위에서 언급한 내용을 중심으로 〈도표 3-1〉과 같은 흐름으로 살펴보기로 한다.

도표 3-1 경영이론 발전과정

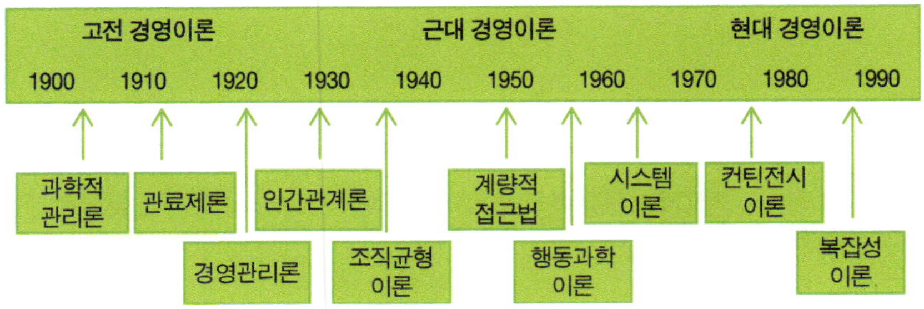

자료 : T. S. Bateman and S. A. Snell, 2004, Management : The New Company Landscape, 6th ed., McGraw-Hill, p.31

2.1 과학적 관리론

과업과 생산 현장의 합리화를 주장하여 경영이론의 최초의 토대를 마련한 과학적 관리론은 미국 경영학의 아버지라 할 수 있는 테일러(F. Taylor)에 의한 테일러리즘, 자동차왕 포드(H. Ford)에 의해 완성된 포드 시스템, 그리고 그 뒤를 이어받은 경영과학학파로 이어지는 이론을 말한다. 이들 이론들은 생산현장에서의 직무를 중심으로 한 이론이나 기법들로서, 경영의 중요한 목적은 종업원을 어떻게 하면 최대한 활용하여 생산성을 높일 수 있느냐에 있었다.

1) 테일러리즘(Taylorism)

① 발생배경

19세기 후반, 산업혁명이 급속하게 진행되는 가운데 미국 기업들은 풍부한 수요와 자본을 바탕으로 생산량 제고 및 생산성 향상의 압력을 받는 가운데 노동력의 부족은 해결해 나가는 것이 최우선 과제였다. 반면에 노동자들은 생산비 절감과 능률증진에 기초한 임금제도와 관리방식에 불만을 품고 조직적인 태업을 은근히 전개하고 있었다. 실제로 노동자들은 생산성이 증가하면 직장을 잃게 될 수도 있다는 두려움, 업무량 증가를 제대로 보상하지 못하는 불완전한 임금체계, 작업방법과 규칙의 비효율성 등으로 인해 경영자의 생산성 향상 지침에 부응하지 못했던 것이다.

테일러(F. Taylor)는 산업사회에서 발생하는 경영 및 노동문제의 원인을 주먹구구식 경영방식(rule of thumb methods)과 원칙 없는 표류관리(drifting management)에 의한 노동의 비효율적 이용 때문으로 보았다. 따라서 이러한 문제점을 해결해 나가기 위해서는 과학적인 관리원칙(scientific management principles)이 있어야 한다고 생각하였다.

프레드릭 테일러
(F. Taylor, 1856~1915)

② 주요 내용

테일러는 모든 직무에 대해 과학적인 방법을 개발함으로써 근로자의 생산성과 효율을 극대화시킬 수 있다고 믿었다. 테일러는 당시 미국에서 전개되고 있던 경영현장의 문제를 해결하는 데 있어 과학적인 관리방법의 활용을 주장하였다. 그가 주장한 과학적인 관리원칙은 다음과 같다.

첫째, 과업(task) 관리이다. 근로자의 하루 적절 작업량을 과학적으로 결정하기 위해 시간연구와 동작연구(motion &time study)를 통하여 보통사람이 할 수 있는 표준작업량을 산출 하였다.

둘째, 차별적 성과급 제도(differential price-rate system)이다. 임금유형을 두 가지로 나누어 목표량을 달성한 자에게는 높게, 그리고 이를 달성하지 못한 자에게는 낮은 임금을 차등적용함으로써 능률의 증진을 꾀하였다. 즉 인센티브제도(incentive system)를 도입한 것이다.

셋째, 기능식 직장(foreman)제도로서 공장조직을 과거 군대식 조직에서 철저한 기능식 조직으로 전환하여 근로자와 경영자가 각자의 직분에 따라 일하며 협동하도록 하였다. 한 사람의 감독자가 부하들의 작업 전방을 감독하게 하던 당시의 관행으로 볼 때 이 제도는 대단히 혁신적인 것으로 받아들여졌다.

넷째, 종업원의 과학적인 선발, 훈련, 교육, 개발, 배치이다. 노동자에게 그가 할 일을 스스로 택하고 그가 할 수 있는 최선의 방법으로 스스로를 훈련하도록 할 것이 아니라 그들을 과학적으로 선발하고 훈련 · 교육 · 개발해야 한다는 것이다.

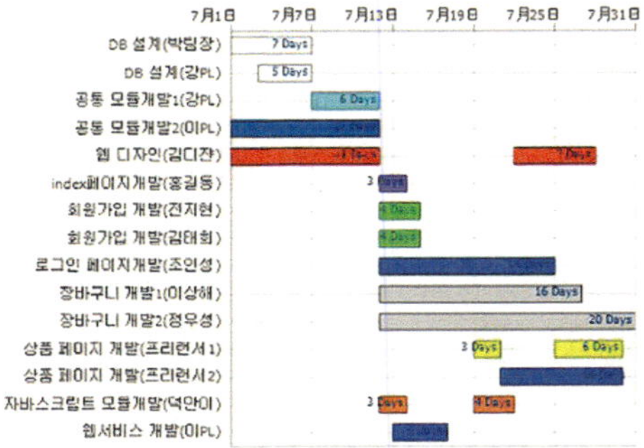

일정관리를 보여주는 간트차트

길브레스 부부

테일러의 이론에 영향을 받은 대표적인 인물로는 간트, 길브레스 부부, 에머슨, 쿡크 등이 있다. 특히 길브레스 부부는 '동작과 피로(motion and fatigue) 연구'를 통해 작업단순화(work simplification)를 강조하였으며[4], 간트는 '작업의 일정계획과 통제 연구'를 통해 오늘날에도 활용되고 있는 '간트 차트(Gantt chart, 한쪽 축에는 계획된 작업과 완성된 작업을 표시하고, 다른 축에는 소요된 시간을 표시하여 양자의 관계를 나타내는 도표)'를 창안하였다. 이같은 테일러의 과학적 관리법의 원칙과 이념은 〈도표 3-2〉와 같이 요약될 수 있다.

③ 과학적 관리론의 평가

이상의 과학적 관리론은 그 당시 기업의 최대목표였던 생산성을 향상시키는데 큰 기여를 하였다. 종래의 경험이나 직관에만 의존하던 표류관리에서 체계적이며 합리적인 경영방식을 제시한 공로는 높이 평가되어 많은 경영자들에 의해 수용되었고 포드에 의해 포드 시스템으로 발전되어 대량 생산을 통한 능률향상으로 이어지게 되었다. 피터 드러커는 그의 저서인 「자본주의 이후의 사회」에서 테일러(F. Taylor)를 다윈, 프로이트와 함께 '현대 세계를 창조한 3사람' 중의 한 사람으로 높이 평가하였다.

| 도표 3-2 | 과학적 관리법의 원칙

테일러 이전 관리방식	테일러의 네 가지 과학적 관리원칙
1. 주먹구구식 방법, 시간/동작의 표준화가 안 됨	1. 모든 직무에 대해 과학적 방법 사용
2. 선발과 훈련에 관리개념이 없음. 근로자가 다른 사람을 선발, 도제시스템이 훈련에 사용됨	2. 관리를 통해 과학적으로 사람을 선발·훈련·개발시킴
3. 사용자와 근로자는 항상 이익의 상당부분을 놓고 경쟁함. 사용자가 근로자의 몫을 빼앗는다고 생각함.	3. 사용자와 근로자간에 협동이 이루어져야 함. 그들 간의 진정한 이익은 조화에 그 기본을 둠
4. 관리자가 고유의 임무를 지니고 있다고 생각 안 함. 근로자들이 관리자의 기능을 대부분 수행함	4. 관리자와 근로자간에 작업의 분화가 이루어져야 함. 관리자는 계획·선발·훈련·통제하고, 근로자는 구체적으로 이를 수행함

그러나 테일러리즘은 인간을 하나의 생산 수단으로 간주하고, 돈에 의해서만 움직이는 경제적 인간으로 설정함으로써 인간의 존엄성, 정서 등의 요소를 무시한 이론이라는 비판을 받고 있다.

2) 포드시스템(Ford System)

① 포드시스템(Ford System)의 등장과 내용

20세기에 접어들면서 기업의 규모가 비대화되고 기계화됨으로써 종래의 성과급제가 아닌 새로운 경영합리화 방법이 요구되었다. 포드(H. Ford)는 미국의 자동차 회사 '포드'의 창설자로서 자신의 자동차 생산공장에 컨베이어시스템을 도입함으로써 대량생산과 원가절감을 달성할 수 있었다.

헨리 포드
(H. Ford, 1863~1947)

포드는 각 작업을 단순작업으로 분해하고, 각 작업의 소요시간을 평균화하여 일정한 속도로 이동하는 컨베이어시스템에 따라 전 공정을 연결하여 동시에 진행시키는 방식을 창안하였다. 이러한 이동조립방법에 의하여 작업능률을 향상시키고 원가절감과 대량생산을 실현하였으며, 나아가 그의 공장에서 생산되는 자동차의 판매가격을 인하시킬 수 있었다. 이러한 새로운 생산방식을 포드시스템(Ford system) 또는 동시관리

세탁기 제조공장의 컨베이어 시스템

(management by synchronization)라고 한다.

포드는 T형 자동차를 이상적 모델로 설정하고 이 차를 가장 저렴하게 제조할 방법을 생각했다. 그 방법으로 '3S 원리', 즉 규격의 표준화(standardization), 제품구조의 단순화(simplification), 제조공정의 전문화(specialization)를 적용하였다. 그는 제품을 분해하여 부품을 최상의 조건으로 표준화하고 이 부품의 생산 공정을 다시 분화하여 전체 작업을 최적의 조건으로 표준화 하여 대량생산체제의 기초를 구축하였다.

포드사의 초기 모델 T형 자동차

포드 시스템을 통해 자동차 한 대 조립하는 데 12시간 28분이 걸리던 것을 1시간 반으로 단축시키는 데 성공했다. 포드는 생산성 향상에 역사적 혁명을 가져온 것이다. 이로 인해 포드사는 1914년 30만 8,200대의 자동차를 생산하여 미국 시장의 약 절반 이상을 공급하기에 이르렀고, 대량생산의 경제성으로 인해 자동차 가격을 초창기의 850달러에서 1924년에는 290달러로 낮추는 것이 가능했으며, 노동자의 임금도 평균임금 2.5달러에서 초임 5달러로 높아질 수 있었다.

② 포디즘(Fordism)과 그 영향

대량생산으로 높은 성과를 올린 포드는 거대한 조직의 책임자로서, 그 사회적 책임에 생각을 돌리게 되어 '포디즘(Fordism)'이라고 불리는 철학을 만들었다. 포디즘은 '경영'이란 대중에 대한 봉사의 기관이며, 이 봉사는 곧 대중의 질적 수준향상을 의미한다고 보는 것이다. 즉, 기업의 목적이 '이윤 동기'로부터 '봉사 동기'로 전환한 것이다.

포드시스템은 테일러와 비교해 볼 때 경영이념의 차이를 보이고 있다. 테일러시스템이 저임금 혹은 저 생산비에 의한 이윤추구를 목적으로 하는 것이고, 자본가와 노동자는 대립적인 관계에 있다고 본 반면에, 포드시스템은 기업경영을 일반 대중에 대한 봉사활동으로 간주하였다. 여기서 봉사란 대중의 생활수준의 향상과 구매력의 증대를 의미하는 것으로, 상품의 가격을 인하하고 임금을 인상함으로써 가능하다고 생각하였다. 그러므로 포드의 경영이념인 포디즘은 봉사주의 내지 저가격과 고임금의 원리를 주축으로 하고 있는 것이다.

그러나 1920년대에 접어들면서 포드사는 새로운 상황에 봉착하게 된다. 즉 국민들의 소득수준이 향상되면서 욕구의 변화가 나타나기 시작하여 획일적인 T형 자동차에 싫증을 느끼게 된 것이다. 그러나 포드는 T형 차에 대한 신념을 굽히지 않았다. 그 결과 소비자의 소득 수준에 맞추어 차종의 계층화를 도모한 후발사인 제네랄 모터스(General Motors)에 의해 시장을 추월당하고 만다. 그 결과 1927년에는 T형차의 판매가 극도로 줄어들어 T형 제조를 위한 이동조립라인은 정지되고 신형차가 등장하기까지 약 9개월 동안 회사는 휴업상태에 놓였다. 대량생산과 원가절감을 최고의 원리로 생각한 포드는 소비자 욕구 충족이라는 새로운 상황에 적응하지 못함으로써 그 후 상당기간 동안 업계 2위의 자리에 머물고 말았다.

2.2 인간관계론

테일러(F. Taylor)와 포드(H. Ford)를 중심으로 하는 과학적 관리법은 미국 경영학의 기원이라고 할 수 있지만 공장내부의 문제와 노동자들의 능률을 향상시키는 데만 그 연구를 한정시킴으로써 인간을 기계화하였다. 노동자들이 감정을 가진 동물로서 생리적 욕구뿐만 아니라 존경을 받고 싶은 욕망이나 성취감, 자아실현의 욕구를 갖고 있음을 간과하였던 것이다.

인간관계론은 연구의 중심을 종업원들의 태도 및 행동에 주안점을 둔 이론으로 인간 심리학, 사회 심리학 등을 기초로 하여 조직의 형성에 있어서 인간행동의 복잡성을 인식했다는 점에서 의의가 있다. 대표적인 행동관리 이론가로는 메이요(E. Mayo), 매슬로우(A. Maslow)와 맥그리거(D. McGregor) 등이 있다. 인간관계론의 효시는 메이요(E. Mayo)가 중심이 된 하버드 그룹이며, 호손 실험을 통해서 정립되었다.

1) 호손 실험(Hawthorn Experiment)

하버드 대학의 교수였던 메이요(E. Mayo)는 어떤 요인들이 근로자들로 하여금 자발적으로 열심히 일을 하게하고 만족을 주는가를 연구하였다. 그 과정에서 근로자들 사이의 인간관계가 중요하다는 사실을 발견하게 되었다. 호손실험이란 미국의 일리노이주 호손(Hawthorn)시에 있는 Western Electric 회사의 공장에서 행한 실험을 말한다. 메이요가 이끄는 하버드대 연구팀에 의해 1927년부터 1932년까지 호손공장에서 인간 행동에 관한 일련의 실험들이 수행되었다.

호손 실험 : 계전기 조립공장의 작업 모습

도표 3-3 호손실험의 내용

▪ 제1차 실험 : 조명실험(1924~1926년)	조명의 변화가 작업자의 생산성에 미치는 영향을 알아보기 위한 실험
▪ 제2차 실험 : 계전기 조립실험(1927~1932년)	그 밖의 작업과 관련된 요인들이 작업자의 생산성에 미치는 영향을 알아보려는 실험, 작업과 관련된 요인으로 임금의 지급방법, 휴식시간, 주당근무일수의 단축 등 여타 작업 조건의 변화 등을 포함
▪ 제3차 실험 : 면접실험	작업자의 태도를 알아보기 위해 광범한 개별 면접 실시
▪ 제4차 실험 : 배선관찰실험	관찰과 설문을 통해 작업장에서의 지속적 성과증대에 영향을 미치는 다양한 사회적 요인분석

2) 호손실험의 공헌

호손 연구가 경영학의 사고와 그 기법에 미친 영향은 다음과 같다.

첫째, 호손 연구는 사람에 대한 관심을 높이는 중요한 계기가 되었다. 즉 사람의 감정, 태도, 배경, 욕구, 사회적 관계 등이 효과적인 경영에 매우 중요하다. 이같은 관심은 사업의 효율성과 생산성을 유지하는 데 인적자원의 활용이 중요하다는 것을 인식한 것이다.

둘째, 종업원들 상호간의 관계에서 형성되는 사회적 관계가 '비공식조직'을 만들어 공식조직만큼 생산성에 영향을 미친다. 비공식조직을 잘 이해하고 활용하면 경영을 효과적으로 하는데 매우 도움이 된다.

셋째, 호손 연구는 사람의 역할이 생산성에 매우 중요하다는 것이다. 호손 연구결과가 인간관계에 대한 연구가 급증하였고, 경영학에 미친 대표적 분야는 인간관계론 분야와 조직행동론 분야이다. 1950년대와 1960년대에 이 분야는 인간의 동기부여에 있어서 비경제적 동기의 중요성을 강조했으며, 작업환경의 사회적 특성을 강조하였다.

넷째, 또한 관리자들은 종업원을 만족시키는 작업환경과 직무를 만들 필요성이 높아졌고, 자신의 직무에 만족한 종업원들이 보다 성과가 높다는 생각, 즉 '행복한 종업원이 생산성이 높다(a happy worker is a productive worker)'라는 사실을 강조하였다.

이후에 인간관계론은 행동과학(behavioral science)과 조직행동론(organizational behavior)의 형성에 영향을 미쳐 개인, 대인간, 소집단활동 등의 연구가 활기를 띠게 하는 계기가 되었다.

2.3 경영관리이론

1) 페이욜의 경영관리론

프랑스 광산기술자인 페이욜(H. Fayol)은 그의 저서 「산업 및 일반관리」를 통하여 기업은 규모에 관계없이 기술, 영업, 재무, 안전, 회계, 관리의 여섯 가지 기능을 가지고 있다고 주장하며, 특히 관리의 5요소와 관리의 일반원칙을 제시하였다. 페이욜은 생산 중심 관점인 과학적 관리이론과 인간 중심 관점인 인간관계론에서 나아가 경영의 종합적 합리화에 대한 원칙을 제공하려고 하였다. 즉, 복잡한 조직 전체의 관리문제에 초점을 두었다고 할 수 있다

테일러가 생산과 공장의 문제에 관심을 갖고 있는 데 반해 페이욜은 최고경영층의 경영활동에 원칙을 적용하려는 데 관심을 가졌다. 그는 경영의 문제를 상위계층에 집중하고 건전한 경영의 원칙과 경영기법을 전체 조직에 적용하는 일을 강조하였다.

페이욜은 기업에는 그 규모나 산업의 종류에 관계없이 다음과 같은 여섯 가지의 본질적인 기능이 있다고 보았다. 즉 기술활동(생산, 제조, 가공), 상업활동(구매, 판매, 교환), 재무활동(자본의 조달과 운영), 보호활동(재화와 종업원의 보호), 회계활동(재산목록, 대차대조표, 원가, 통계), 관리활동(계획, 조직, 지휘, 조정, 통제) 등이 그것이다.

이 중 관리적 기능을 제외한 다섯 가지 기능은 전문적 기능이라 하여 관리기능과 명확히 구분하였다. 그는 관리기능을 다른 다섯 가지 기능을 대상으로 수행되는 전반적 운영활동이라 하여 이들의 중요성을 특히 강조하였다.

그리고 그는 이와 같은 관리활동을 수행하기 위해서는 〈도표 3-4〉에서 제시된 바와 같은 14가지의 관리원칙이 필요하다고 강조하였다.

❙도표 3-4❙ 페이욜(H. Fayol)의 14가지 경영원칙

원칙	내용
분업의 원칙	노동의 전문화로 생산성을 증대시킬 수 있다.
권한의 원칙	권한은 명령하는 권리이며 복종시키는 힘이다. 경영자에게는 직무상 권한만이 아니라 이를 보완하는 개인적 권한이 절대로 필요하다.
규율의 원칙	구성원들은 조직의 규칙에 따라야 한다.
지휘 일원화의 원칙	부하종업원은 오직 한 사람의 직속 장으로부터 명령을 받아야 한다.
방향통일의 원칙	하나의 목적을 위해서는 오직 한 사람의 경영자가 책임을 져야 한다.
공동목표 우선의 원칙	구성원 개인의 이익보다 조직 전체의 이익이 더 중요하다.
합당한 보상의 원칙	공헌한 크기와 보상은 같아야 한다.
집중화의 원칙	부하가 의사결정에 어느 정도 참여하는 것이 적정한가는 조직에 따라 다르다.
계층연쇄의 원칙	구성원은 서로 상하관계를 갖고 모든 계층에 단절됨이 없이 명령과 보고의 소통이 이루어져야 한다.
질서의 원칙	인적·물적 자원은 항상 적재적소에 있어야 한다.
공평의 원칙	부하는 친절하게 그리고 공정하게 대해야 한다.
고용안정의 원칙	높은 이직률을 방지하기 위해 충원은 계획적으로 되어야 한다.
자발의 원칙	계획을 주도하고 실천을 하는데 부하들이 참여해야 한다.
사기의 원칙	사기는 생산성 향상과 직결되므로 종업원에 대한 이해와 관심을 조화해야 한다.

페이욜의 경영관리론은 후에 데이비스(R. C. Davis), 쿤츠(H. D. Koontz), 오도넬(C. O'Donnell), 테리(G. R. Terry) 등에 계승되어 관리과정론으로 발전하였으며 또한 버나드(C. l. Barnard)와 사이몬(H. A. Simon)에 영향을 주어 근대조직론의 형성에 기여하였다.

2) 막스 베버의 관료제 이론

오늘날 '관료제'라고 하면 비효율성, 비탄력성, 비합법적 권력, 레드 테이프(red tape) 등의 부정적 이미지를 연상시킨다. 물론 관료제 속에는 이와 같은 특성을 포함하고 있지만 초기 관료제가 등장하던 시기에는 긍정적인 의미를 많이 담고 있었다.

막스 베버(1864~1920)

막스 베버(Max Weber)는 유럽에서 정부조직을 연구한 사회학자로서 거대한 조직을 합리적이면서 능률적으로 운영하기 위한 토대로 관료제를 제시하였다. 그의 관료제 이론은 근본적으로 권한구조에 관한 이론에 기초를 두고 있다. 즉 그는 권한의 유형을 카리스마적 권한, 전통적 권한 그리고 합리적 · 법적 권한으로 분류하고, 합리적 · 법적 권한에 기초를 둔 관료제 모형이 근대사회의 대규모 조직을 이해하는 데 가장 적합한 것이라고 하였다.

관료제에 대한 고전적인 저술로 베버가 집필한 「사회와 경제조직의 이론」이 있다. 베버의 관료제는 권한의 합법적 근거 이외에도 여러 차원에서 특징을 지니고 있다. 관료제 조직은 의사결정을 관리자의 주관적 판단에 맡김으로써 발생할 수 있는 조직의 불안정을 최소화하기 위하여 업무수행에 관한 규칙과 절차를 철저하게 공식화하는 특징이 있다.

그는 관료제를 조직의 원형으로 설정하고, 사회가 도시화 · 산업화되는 과정에서 점차 그 필요성이 높아질 것이라고 주장하였다. 그가 생각한 이상적인 형태의 관료제 특성을 정리하면 〈도표 3-5〉와 같다.

| 도표 3-5 | 베버의 관료제 특성

1. 과업전문화에 기초한 체계적인 노동의 분화
2. 안정적이고, 잘 다듬어진 권한계층
3. 규제와 표준화된 운용절차의 일관된 시스템
4. 태도와 대인관계의 비개인성(impersonality)
5. 문서로 된 규칙, 의사결정, 광범위한 파일
6. 기술적 능력에 의한 승진을 토대로 평생의 경력관리
7. 관리스태프는 생산수단의 소유자가 아님

이러한 관료제는 조직의 업무가 변하지 않는다는 가정과 조직 내의 구성원들이 합리적으로 행동한다는 가정 하에서 정립된 이론이다. 조직의 환경이 비교적 안정적인 정부기관이나 조직규모가 방대하고 질서유지가 중요한 조직의 제도로는 적절하나 기술 및 환경이 급변하는 기업의 제도로는 적합하지 못하다.

행정수도 세종시 종합행정타운
(사진 : 파이낸셜 뉴스, 2012.1.1)

2.4 행동과학이론

인간관계론은 관리에 있어 인간과 비공식조직, 인간관계에 대한 인식을 높여 조직을 보다 현실적으로 연구, 분석하는데 기여하였으나, 이론적 근거의 부족과 체계의 미비로 인하여 이론으로서의 타당성이 부족하였다.

제2차 세계대전 후 환경의 불확실성 증가와 복잡성에 기인하여 구성원들의 행동도 복잡성과 상호관련성이 증대됨에 따라 더욱 다차원적 성격을 띠게 되어 인간관계와 구성원의 행동에 대한 보다 과학적인 접근이 절실히 요구되었다.[5] 그 결과, 그동안 이루어진 심리학과 사회학에서의 개념과 방법을 이용하여 인간 행동을 체계적으로 연구하고자 하는 행동 과학(behavior science)이 태동하게 되었다.[6]

행동과학적 사고는 본질적으로 조직유효성의 결정요인으로 구성원의 동기부여를 강조하는 접근법을 제시해 주고 있다.

행동과학론자들은 메이요(E. Mayo) 등 인간관계학파가 수행해온 임상적 방법 또는 현장 중심의 관찰방법에 의한 연구방법은 과학적 타당성이 결여되어 있다고 보고 조직 속 인간행동에 대한 계량적 측정을 시도하였다. 행동과학은 인간의 행동에 관한 종합적인 학문으로서 기존의 경영학, 경제학뿐만 아니라 심리학, 사회학, 문화인류학 등 여러 학문분야에서 산발적으로 연구되어온 인간행동에 관한 연구를 집합하여 종합적이고 과학적으로 연구하여 이용하려는 응용학문이다.[7] 행동과학론에 기여한 대표적 학자로는 매슬로우(A. H. Maslow), 맥그리거(D. McGregor), 아지리스(C. Argyris), 허쯔버그(F. Herzberg), 맥클러랜드(D. McClelland) 등을 들 수 있다.

매슬로우(1908~1970)

맥그리거(1906~1964)

Behavioral science is a scientific discipline, such as sociology, anthropology, or psychology, in which the actions and reactions of humans and animals are studied through observational and experimental methods.

1) 매슬로우의 욕구단계이론

매슬로우(A. H. Maslow)는 인간의 욕구는 계층을 형성하며 고차원의 욕구는 저차원의 욕구가 충족될 때 동기부여요인으로 작용한다는 욕구단계이론(needs hierarchy theory)을 제시하였다. 그는 인간의 욕구를 가정 저차원의 욕구로서 의·식·주와 관련된 생리적 욕구, 안전의 욕구, 사회적 욕구, 존경의 욕구, 가장 고차원인 자아실현의 욕구로 계층별로 구분하였다. 매슬로우는 인간의 행동을 유발하는 욕구체계를 제시함으로써 인간행동이론에 있어서 동기를 이해하는 데 많은 기여를 하였다. 이러한 내용은 제10장 리더십과 동기유발 편에서 자세히 설명하고 있다.

2) 맥그리거의 X · Y 이론

맥그리거(D. McGregor)는 「기업의 인간적 측면」이라는 저서를 통해 X 이론과 Y 이론을 제시함으로써 조직에 있어서 인적 자원의 통제근거를 밝혔다.[8)] 그의 주장에 의하면 전통적 경영론에 입각한 X이론은 비판적이고 소극적인 인간관에 기반을 두고 있으며, Y이론은 낙천적이고 긍정적인 인간관에 기반하고 있어 서로 대칭을 이룬다.

도표 3-6 맥그리거(D. McGregor)의 X · Y 이론

X 이론의 가설	Y이론의 가설
• 사람은 본래 일하기 싫어하며 가능하면 일을 피하고자 한다. • 그러기에 개부분의 종업원은 강제나 통제 및 처벌의 위험이 없으면 기업목적의 달성을 위해 충분히 노력을 다하지 아니한다. • 대다수의 사람들은 조직문제를 해결할 만한 창의성이 없다. • 따라서 조직목표를 달성하기 위해서는 강제, 명령, 처벌 등의 방법을 이용해야 한다.	• 사람이 일을 한다는 것은 자연적인 현상으로 일을 한다는 것은 고통스런 일이지만 기쁨을 가져올 수도 있다. 인간은 스스로 책임지려 하고 오히려 그것을 추구한다. • 사람이 조직목표에 관계하게 되면 자기지향(self-direction)과 자기통제(self-control)를 이용한다. • 개인이 조직목표를 위해 얼마나 헌신하느냐는 목표달성과 보상간의 함수관계에 의해 결정된다. • 사람은 조직문제를 해결할 수 있는 창의적 능력이 있다.

2.5 근대적 조직이론

버나드(C. I. Barnard)에 의해 창시되고 사이몬(H. A. Simon)과 마치(J. March)에 의해 계승·발전된 근대적 조직이론은 인간성을 무시하였던 과학적 관리법과 공식 조직의 역할을 경시한 인간 관계론의 한계성을 극복하고 경영에서의 조직의 역할을 제시하였다는 데 그 의의를 찾을 수 있다.

1) 버나드의 조직균형이론

버나드(1886~1961)

버나드(C. I. Barnard)는 기업조직에서 인간관계나 인간의 심리만을 지나치게 강조하다보면 능률을 높이기 위한 합리적 경영이 등한시 될 뿐만 아니라 공식적인 조직의 문제를 심도 있게 다루지 못한다고 주장하였다.

뉴저지의 벨(Bell)사 사장이었던 버나드는 자신의 관리경험과 사회학, 철학 등에 관한 폭넓은 지식을 바탕으로 조직경영자의 직무를 분석하여 1938년에 「경영자의 기능」(The functions of the executive)이라는 저서를 출간하였다.[9] 오늘날에도 이 책은 경제학에 있어서 케인스 혁명처럼 '버나드 혁명'이라고 불릴 정도로 미국 경영학계에 커다란 영향을 미쳤다. 왜냐하면 버나드는 대외적·전체적·동태적이라는 전혀 새로운 시각에서 경영을 다루었기 때문이다. 더구나 전통적 관리론이 인간성을 경시한(organization without people) 이론이었고, 인간관계론은 공식 조직의 문제를 경시한(people without organization) 이론이었다면 그의 이론은 합리적 경영과 인간적 경영을 연결하고 종합하였다는데 그 의의를 둘 수 있다.

버나드의 이론체계를 요약하면, 인간은 자유의사에 의한 선택 능력과 의사결정 능력을 갖기는 하지만 혼자의 노력으로 달성할 수 없는 목표를 달성하기 위해 조직을 형성한다는 것이다. '조직이란 의도적으로 조정된 두 사람 이상의 활동시스템(a system for consciously coordinated activities of two or more persons)'이라는 조직에 대한 그의 정의에는 개인이 자기의 능력 이상으로 목적을 달성하려 할 때에는 협동체계(a system of cooperation)가 형성되어야 한다는 의미가 내포되어 있다.

또한 목적 달성여부를 효과성으로, 개인의 동기충족 여부를 효율성이라는 용어로 구분하여 조직목적과 개인동기가 서로 대립될 수도, 통합될 수도 있다고 보았다. 그는 유인–공헌(incentive and contribution)의 개념을 발전시켜 조직균형(organization equilibrium)의 개념을 끌어내고 있다. 즉, 조직이 개인의 공헌을 얻기 위해 공헌의 정도와 비슷하거나 더 이상의 유인을 제공함으로써 조직은 생존하고 발전할 수 있다는 논리이다.

버나드는 조직이 성립되기 위해서는 활동주체들의 공통목적, 협동의지, 의사소통의 3요소가 필수불가결하다고 보았다.

버나드가 공헌한 또 다른 하나는 권한수용설(acceptance theory of authority)이다. 종업원이 경영자의 명령을 수용하게 되는 것은 경영자가 무엇을 요구하는지를 알고, 그 명령이 조직목표 달성과 일치하며, 수행을 통해 긍정적 효과가 있는 것을 인지할 때라고 주장하였다.

2) 사이몬의 의사결정이론

사이몬(H. A. Simon)은 기업의 커뮤니케이션이나 의사결정이 합리적으로 이루어지느냐의 문제가 경영의 핵심이라고 보고 의사결정 활동 자체를 바로 경영활동으로 인식하였다.

그는 의사결정을 위한 정보에는 여러 제약이 따르고, 이러한 제한적 정보를 분석하고 이해하는 데도 한계가 있다고 하였다. 이를 근거로 사이몬은 '합리적 경제인' 가설 대신에 '관리인(administrative man)' 가설을 바탕으로 하여 인간행동을 분석하였다. 즉, 경제학에서 전제하는 '합리적 경제인'을 비현실적이라고 보고 그 대신 '제한된 합리성(bounded rationality)', 즉 정보수집 능력의 한계와 계산능력의 한계 하에서 주관적 · 합리적으로 선택하게 되는 행동특성을 강조하였다. 여러 한계 속에서 경험과 분석력을 기초로 상황판단을 하면서 적절한 의사결정을 내리는 것이야말로 관리적 경험을 갖춘 훌륭한 경영자의 자질이라고 보았다.

사이몬은 경영관리론에 있어서 버나드의 「경영자의 기능」으로부터 많은 영향을 받았다. 그의 저서인 「관리행동」은 버나드의 이론을 발전시킨 것으로 명쾌한 조직이론과 관리이론을 전개시키고 있다. 버나드의 시스템론적 조직관은 사이몬에게 계승되고 있는데, 여기에서도 조직 자체가 시스템이라

사이몬(1916~2001) : 조직의 체제적 이론화와 의사결정자 이론모형으로 1978년에 노벨 경제학상을 수상

는 점에 초점을 맞추고 있다. 인간관에서는 의사결정력의 한계를 강조하고 있으며, 여기에서 「관리행동」의 기본과제가 도출되고 있다. 또한 앞에서 고찰한 '효과성과 효율의 이분법'은 조직균형에 대한 논의 속에 흡수되어 있다.

「관리행동」의 부제인 '관리조직에 있어서 의사결정과정의 연구'에서 보듯이 그의 이론의 중심은 의사결정론에 있다. 사이몬은 조직을 성립시켜 존속시키는 조건이 바로 '관리'라고 보고 그 조건의 중심에 '조직의 의사결정론'이 있다고 주장하였다. 그는 여기에서 경제학에서 가정하고 있는 '합리적 경제인' 가정을 비현실적인 것으로 보고, 그 대신 '제한된 합리성'(bounded rationality)을 현실적으로 보았다.

'제한된 합리성'을 추구할 수밖에 없는 사유로는 첫째, 객관적 합리성은 가능한 모든 대안의 열거를 요구하는데, 현실적으로 그 중 일부밖에 열거할 수 없다. 둘째, 객관적 합리성은 모든 대안의 결과에 대한 완전한 지식을 요구하지만, 현실적으로 거기에 대한 우리들의 지식은 항상 단편적이고 불완전하다. 셋째, 만일 결과에 대한 지식이 완전하다고 할지라도 우리들은 동시에 그 모두를 완전한 형태로서 평가할 수 없다. 또 평가의 기초인 평가체계가 변하지 않는다고 보장할 수 없다. 따라서 대체행동의 평가는 정확성과 일관성이라는 면에서 제한받지 않을 수 없다는 것이다.

2.6 시스템이론

경영에 대한 시스템적 접근법은 제2차 세계대전 이후 그 동안의 경영관리에 대한 원칙과 기법들을 통합하려는 움직임에서 비롯되었다. 시스템 이론은 다양한 조직요소들 간의 상호작용이라는 역동적인 측면에 대한 연구이다. 급속한 기업 환경변화는 그 예측을 어렵게 하였고 기존의 경영기법이나 처방이 일관성 있게 효과를 발휘하지 못하게 하고 있다. 시스템은 기본적으로 하나의 실체로서 조직을 환경과 절연된 폐쇄체계(closed system)가 아닌 환경과 부단히 상호작용하는 개방체계(open system)로 보는 관점이다. 이러한 시각 하에서 경영학의 현대적 접근법으로서 '시스템이론'이 등장하게 되었다.[10)]

1) 시스템의 기본 개념

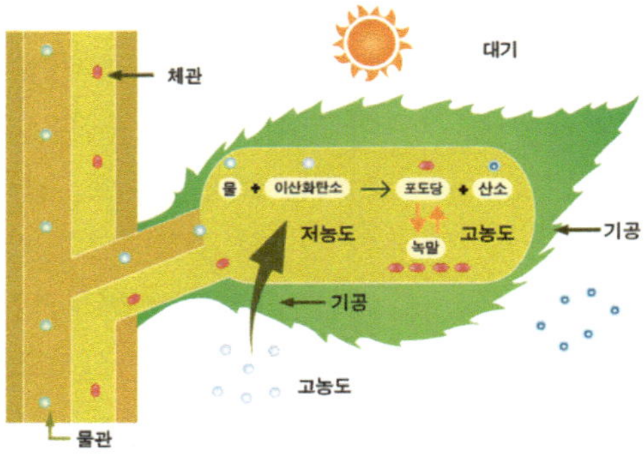

생물학에서의 시스템 개념

시스템 이론에서 'system'은 두 개 이상 여러 개의 단위가 상호 연결되어 있고 의존적인 많은 부분들로 구성된 복잡한 전체이며, 복잡하거나 통일된 하나의 전체를 형성하는 사물이나 부문의 결합체이다. 시스템 관점은 생물학에서 영향을 받은 개념으로 기업조직을 하나의 유기체로 보는 것이다. 기업을 시스템적 관점에서 바라볼 때 다음과 같은 특징을 가진다.

첫째, 전체적 개념이다. 기업과 같은 시스템은 생산기능, 마케팅기능, 재무기능, 인사기능 등의 독립적 영역들이 그 고유한 기능은 물론 기업 전체의 목적을 위해 존재하는 유기적 통합체로서, 즉 하나의 시스템으로 구성되어 있다고 할 수 있다.

둘째, 목표의 존재이다. 시스템이 되기 위해서는 그 자체가 추구하고자 하는 뚜렷한 목표를 가지고 있어야 한다.

셋째, 유기적 구조이다. 시스템의 구성인자는 상호간에 있어서 유기적으로 연결되어 있어야 한다. 따라서 만약 그 구성인자가 무질서하여 상호관련성을 찾을 수 없다면 하나의 시스템을 이루고 있다고 할 수 없다.

넷째, 기능성이다. 시스템은 시스템의 목적을 달성하기 위하여 상호작용하여야 한다. 전체적 틀 속에서 통합 · 조정됨으로써 새로운 가치나 더 큰 가치를 창출할 때 이를 상승효과(synergy)라고 하며 이를 근거로 전체 시스템의 지속적 안정성이 확보되는 것이다.

다섯째, 변환상자의 역할이다. 시스템은 기본적으로 투입물을 산출물로 변환시키는 장치로서의 역할을 한다. 즉 시스템과 그 하위시스템은 목표를 달성하기 위해 유기적으로 상호작용하는 가운데 투입된 자원, 정보, 에너지를 변환시켜 제품과 서비스라는 산출물을 만들어내는 역할을 한다.

여섯째, 피드백(feedback)이다. 시스템이 동태적 균형을 이루기 위해서는 그것은 피드백을 가지고 있어야 한다. 피드백이란 시스템의 운영 과정의 결과가 다음 시스템 활동에 반영되도록 하는 것이다. 시스템에 투입된 것과 산출된 것을 끊임없이 분석하고 조정하는 정보의 피드백이 있어야 안정적 균형과 자기통제를 할 수 있게 된다.

2) 경영관리에 대한 시스템 접근

기업조직을 하나의 시스템으로 바라볼 때 기업시스템은 그 외부환경과 상호의존관계에 있으며, 산업 및 사회와 같은 보다 큰 시스템의 하위 구성부분이 된다. 시스템은 〈도표 3-7〉에서 보는 바와 같이 투입(input), 변환과정 내지는 처리(processing unit or transformation process), 산출(output)간의 상호작용으로 표시된다.

이같은 투입, 변환과정, 산출 간의 관계는 모든 시스템에서 볼 수 있는 현상이다. 투입(input)은 시스템이 필요로 하는 에너지를 유입하는 과정이며, 기업조직의 경우에는 다양한 자원이 투입되는 것이다. 기업시스템에 있어서 투입을 산출로 바꾸는 과정을 변환과정이라고 한다. 변환과정은 투입된 요소를 목적 달성을 위하여 처리하는 과정으로 기업조직의 관리과정으로 볼 수 있다. 그리고 산출(output)은 변환과정을 거쳐 생산된 것이다. 투입이 외부환경으로부터 기업조직시스템 내부로 들어오고 변환과정을 거쳐 산출된 산출물은 외부환경으로 나가게 된다. 마지막으로 시스템에는 피드백(feedback)과정이 포함되어 있는데 피드백은 시스템의 변환과정의 결과인 산출이 다시 시작되는 투입에 영향을 미치는 과정이다.

시스템은 다시 외부환경과 상호작용하는 시스템을 개방시스템(open system)이라고 하고 외부환경과의 상호작용이 없는 자체 완결적 시스템을 폐쇄시스템(close system)이라 부른다.

〈도표 3-7〉에서 보는 바와 같이 기업도 하나의 시스템이다. 여기서 투입은 각종의 자원을 뜻하는데, 인적자원과 물적자원, 재무자원, 그리고 정보 등 기업이 목적달성을 위하여 투입하는 모든 에너지가 여기에 속한다. 변환과정은 이러한 투입을 사용하여 투입 자체를 변환하여 목적을 달성하는 작업이 이루어지는 과정이다. 즉, 재화와 서비스 생산을 위한 처리 과정이 여기에 속한다. 산출은 투입이 변환과정을 거쳐 최종적으로 시스템이 내어 놓는 결과물이다. 기업의 경우 산출은 재화와 서비스, 구성원의 만족 등이 되며 사람의 경우는 행동이 될 것이다.

도표 3-7 개방시스템의 일반모형

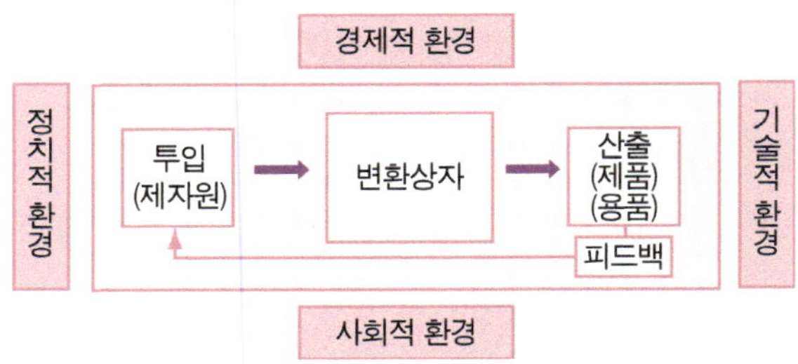

2.7 컨틴전시 이론

시스템 이론과 함께 현대적 경영 이론을 구성하고 있는 것이 상황적합 이론(contingency theory)이다. 시스템 이론과는 달리 상황적합 이론은 경영활동과 조직의 성과에 영향을 미치는 내적 및 외적 변수에 초점을 두는 접근방법이다.

1) 컨틴전시의 개념

경영에 대한 상황적합적 접근법은 시스템 개념을 기초로 하면서 실무관리자와 학계, 그리고 경영상담자들의 실무적 경험을 바탕으로 탄생하였다.[11)]불확실한 상황 속에서 치열한 경쟁을 헤쳐 나가야 하는 개방시스템으로서의 현대기업에서, 경영자는 시스템접근법을 통해 현명한 의사결정을 도모할 수 있다. 그러나 각 기업의 경영자가 환경의 변화, 경영목표와 전략의 설정, 내부 구성원의 요구 등에 모두 동일한 방식으로 대응하지는 않는다. 이는 특정 기업이 직면한 상황조건이 다른 기업의 상황조건과 같을 수 없기 때문에 경영상의 여러 문제를 해결하는 데 있어 특정 기업의 상황조건과 같을 수 없기 때문에 경영상의 여러 문제를 해결하는 데 있어 특정 기업의 대응방식이 타 기업에서도 항상 유효한 해결대안일 수 없다는 것을 의미하는 것이다.

기업경영에는 여러 가지 접근법과 이론이 존재하며, 그것들이 모든 상황에서 적응 가능하거나 또는 동일한 효과를 창출하지 않는다는 전제 하에 경영자가 각각의 상황조건에 가장 잘 어울리는 적합한 대응책을 선택하는 것이 최선이라는 점을 강조하는 이론이 상황적응이론이다.[12)]

2) 컨틴전시 이론의 내용

컨틴전시 이론은 유일최선의 방법(one-best way)을 찾으려 했던 기존 이론의 모순과 한계를 극복하기 위해 전개된 이론이다. 역사적으로 경영관리론은 모든 시대의 조직에 타당한 경영의 일반적 원칙(general principles)을 체계화하려는 노력을 해왔다. 과학적 관리는 직무 수행상의 유일최선의 방법을 그리고 경영과정론은 조직 운영상의 원칙을 찾으려 했다. 상황적합 이론은 이 같은 일반적 원칙을 부정하는 이론이다.

즉, 특정 경영이론에서 추구하는 원리를 적용했을 때 어떤 상황에서는 높은 성과를 얻을 수 있었는데 다른 상황에서는 그렇지 못하게 된 이유에 대해 고민하면서 그에 대한 해법을 제시한 것이 상황적 적합적 접근법이다. 어느 상황에나 적합한 원리는 있을 수 없고, 조직과 환경 그리고 하위시스템과 하위 환경간의 적합 관계가 이루어져야 조직의 효과성이 높아진다는 것이다. 따라서 상황적합적 접근법은 여러 가지 관리기법, 관리 유형, 관리기능의 효과가 각각의 상황과 여건에 따라 달라진다는 것을 의미한다.

1960년대 후반부터 발달하기 시작한 상황맥락적 접근방법의 초점은 특정 시점에서 조직에 영향을 미치는 특정한 '상황(siuation, contingency)'이 있으므로 이에 따른 상황적인 사고(situational thinking)와 상황에 맞게 처방된 경영의 적용이 중요하다고 강조한다.

상황적합적 접근법에서 경영에 영향을 미치는 주된 요인은 조직내외의 환경이다. 즉, 경제, 사회, 정치, 기술적 외부환경과 기술 수준, 과업유형, 구성원의 특성과 같은 내부환경에 따라 적합한 경영이 이루어져야 성과를 기대할 수 있다는 주장이다. 이와 같은 관계는 〈도표 3-8〉에 나타나 있다.

도표 3-8 상황적응적 접근방법

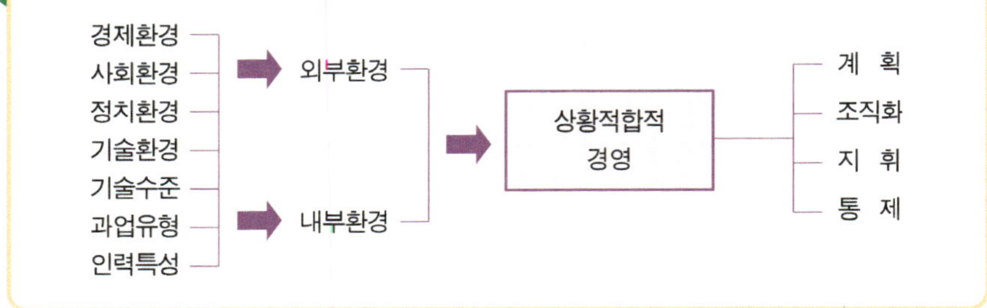

상황이론은 조직구조와 상황적 조건이 서로 적합할 때 조직유효성이 높아지는가를 연구하는 이론으로서, 상황이론의 고유변수는 조직변수, 상황변수, 성과변수로 이루어진다.

첫째, 조직변수는 조직의 특성변수로서 다시 미시적 변수와 거시적 변수로 구분된다. 미시적 변수로는 구성원의 동기와 리더십과 같은 관리 과정이고, 거시적 변수는 조직구조와 조직설계 등의 관리체계이다.

둘째, 상황변수는 조직을 둘러싼 환경특성 변수로서 조직의 규모나 기술, 외부환경 불확실성, 전략 등이 있다

셋째, 성과변수는 경영을 통하여 성취하고자 하는 목표를 나타내는 변수로 거시적 변수로는 조직의 성과를 나타내는 유효성과 효율성 등이 있고, 미시적 변수로는 구성원의 만족과 성장 등이 있다.

상황적합 이론에서는 조직변수와 상황변수가 조화를 이룬다면 성과는 높아지게 되며 그렇지 않다면 낮아지게 된다고 본다. 그러므로 성과는 결국 조직변수와 상황변수의 적합성의 함수로 볼 수 있다.[13)]

정리해보면 상황적합적 접근법은 여러 가지 관리기법, 관리유형, 관리기능의 효과가 상황의 특별한 여건에 따라 달라진다는 것을 의미하며, 더 나아가 경영의 모든 상황에 적용될 수 있는 한 가지 최선의 방법이란 존재하지 않는다는 것을 의미하기도 한다. 어떤 접근방법도 최선의 것이라고 생각하여 보편적으로 사용할 수는 없으며 서로 다른 문제는 서로 다른 해결책을 요구한다고 볼 수 있다.[14)]

경영사례

영원한 강자가 없는 자동차 시장-포드와 GM

미국 자동차시장에서 1927년까지 대량생산을 통해 성공한 포드의 모델 T는 GM의 시보레(Chevrolet)의 시장세분화 정책의 공격을 받아 1위 자리를 빼앗겨 버린다.

1. 포드의 대량생산

포드(Ford) 자동차는 1903년 헨리 포드(Henry Ford)에 의해서 창립되었다. 포드는 모든 사람이 사치품으로 여겼던 자동차를 대중 필수품으로 바꾸어 놓은 대표적 자동차기업이다. 포드의 생산방식은 대량생산과 규모경제의 표준이 되었다. 포드는 표준화(Standardization), 단순화(Simplification), 전문화(Specialization)의 3S를 기반으로 컨베이어 벨트 조립방법을 이용한 대량생산방식으로 검은 색으로 통일된 저렴하고 견고한 대중 승용차 모델 T를 개발하게 되면서 1920년대 초반까지 미 대륙 전체 시장의 50% 이상을 점유하였다.

그러나 GM, 크라이슬러 등으로부터 공격을 받으면서 시장점유율이 하락하기 시작한다. 포드의 상징이었던 모델 T의 매출액이 감소하고 있을 때 헨리포드는 시장점유율 하락 자료를 무시했다. 모델 T의 슬로건은 "모델 T는 여러분이 원하는 곳으로 데려다 주고 다시 데려와 줍니다"였다. 포드는 고객이 원하는 것은 안정적인 이동수단이라고 믿었고 추가적인 기능과 혜택에 대해서 강조하지 않았다. 그러나 시장은 변해가고 있었다.

2. GM의 고객의 요구변화 파악시작

1925년 이후 GM사는 시장변화 속에서 성숙시장에 보다 적합한 전략을 제시하였다. 여러 계층에 알맞은 차종을 두는 다양화 정책을 취하기 시작하였다. 포드의 T형 자동차보다 품질이 조금 고급화된 시보레의 생산에 주력하여 포드 T형에서 시보레로 제품 대체를 유도하였다.

CHEVROLET

소비자의 기호변화에 맞춘 GM사의 전략이 성공되면서 1927년 모델 T는 매출액에서 시보레에게 역전당하고 말았다. GM은 전체 매출액에서 1931년에는 포드사를 제치고 1위를 차지하였고, 1933년부터 1985년까지 50년 이상 40% 이상의 시장점유율을 유지하였다.

그 뒤 GM은 소득기준으로 시장을 세분화하여 각 세분시장에 적절한 자동차 브랜드를 개발하는 제품차별화 전략을 취했다. 구체적으로 5개 브랜드를 가진 제품들이 시장에 나타났다. 시보레는 가격에 호소하면서 첫 구매자를 끌어들였으며, 소비자들 생활이 풍요로워지면, 폰티악(Pontiac), 올드스모빌(Oldsmobile), 뷰익(Buick), 캐딜락(Cadillac)으로 옮길 수 있도록 하였다. 이 계획이 수십 년 동안 맞아들어 세계 최대의 자동차 회사로 성장했다. 그러나 이는 영원하지 않았다.

3. 자동차 시장의 글로벌 경쟁

1970년대로 들어서면서 석유위기와 스태그플레이션 등 경제 상황은 연료절약적인 일본자동차의 시장침투를 허용하였다. 도요타, 혼다, 닛산 뿐 아니라 벤츠, 폭스바겐 등 유럽자동차들이 시장으로 파고들면서 경쟁이 치열해졌다. 1980년대 들어 GM의 브랜드 사이에 차별화가 줄어드는 쪽으로 가면서 기능을 강조한 Ford가 다시 GM을 앞질렀다. GM은 1990년대에 들어서자 새로운 세분화 계획을 발표하여 몸체 형태, 크기, 이미지 등 고객의 선호에 기초를 두어 19개의 목표시장을 설정했다.

테드로우(Tedlow, 2008)는 자동차시장에서 제품에 대한 고객의 강조점이 변화되었음을 그림과 같이 보여주고 있다. 이는 2010년 들어 도요타의 리콜 사태에서 안전성이 더욱 강조되는 시기에 브랜드 포지셔닝의 방향에 대해 시사하는 바가 크다.

자료 : 밀워드브라운, 2012, Top Global Brand

자료 : 다음 카페 FX21 및 이규현, 2010, 마케팅이론과 실제, 경문사.

요 약

경영이론은 경영자가 수행해야 할 효과적이고 효율적인 기능이 무엇인가를 제시해 주는 것으로서 경영환경에서 체계적인 방법으로 경영현장의 다양한 문제를 해결하기 위한 틀의 역할을 한다.

경영학은 산업혁명 이후인 19세기 말에서 20세기 초에 걸쳐 학문적 기초가 형성되었다. 이 시기에는 대량생산시스템이 요구되던 시기인데, 이런 관점에서 테일러는 생산현장의 과학화를, 포드는 대량생산방식의 원형을 설계함으로써 과업중심의 경영이론이 체계화되었다.

그러나 과학적 관리법은 공장내부의 노동자의 문제에만 국한하여 노동자들의 능률을 향상시키는 데만 초점을 두었으며, 인간을 기계화한다는 비판을 받았다. 그 후 근로자들의 의식수준과 생활수준이 높아지면서 조직구성원의 인간관계를 중심으로 한 인간중심의 경영이론을 낳았다. 인간관계론은 호손실험을 출발점으로 전개되었으며 종업원들의 감정과 태도 요소의 중요성을 발견하는 계기를 마련하였다.

또한 과업중심이론이나 인간중심이론에 반하여 조직 전반의 합리화에 중심을 둔 이론이 페욜, 베버에 의해 고안되었으며, 그 내용은 전체 조직의 운영에 있어서 효율성과 효과성의 증진이다. 나아가 버나드와 사이몬은 조직구조를 중심으로 한 구조중심의 이론을 전개하였다.

20세기에 들어서면서 복잡성과 상호관련성이 증대됨에 따라 구성원의 행동에 대한 보다 과학적인 접근방법으로 심리학과 사회학에서의 개념과 방법을 이용하여 인간 행동을 체계적으로 연구하고자 하는 행동 과학이 태동하게 되었다.

1950년대부터 경영에 대한 새로운 접근법의 출현으로 조직을 환경과 부단히 상호 작용하는 개방 체계로 보아 기업을 유기적 통합체로서 하나의 시스템적 구조로 보는 '시스템이론'이 등장하였다. 시스템 이론은 전체적 개념, 목표의 존재, 유기적 구조, 기능성, 변환상자의 역할, 피드백을 주요 작동원리로 하며, 투입요소와 변환과정, 산출물의 관련성을 통해 기업을 이해하고자 하였다.

조직을 시스템으로 이해하는 관점을 유지하면서 현대사회에서는 조직경영을 위한 유일무이한 해법은 있을 수 없고 상황에 적합한 경영활동의 추구가 중요하다고 보는 '컨틴전시 이론'이 등장하였다. 컨틴전시 이론에서는 경영활동과 조직의 성과에 미치는 내적 · 외적 변수의 작용이 조직경영에 미치는 영향력을 분석함으로써 상황 변수와 경영의 상관성을 파악하고자 하였다.

토의주제

1. 과학적 관리법과 인간관계론이 현대 경영에 기여한 바를 생각해보자.
2. 미국에서 자동차로 성공한 FORD 자동차가 초기의 1위 자리를 빼앗긴 결정적 사유에 대하여 생각하고 토의해보자.
3. 인간의 본성을 설명한 X이론과 Y이론 중 자신이 관리자라면 어떤 이론을 지지하고 어떻게 활용할 것인지 생각해보자.
4. 1950년대 급격한 환경의 변화에 대한 경영의 새로운 접근법으로 출현한 시스템 이론을 우리 인체와 비교하여 설명해보자.
5. 특정 기업의 성공 방식을 벤치마킹한 다른 기업이 성공하지 못한 사유를 컨틴전시 이론을 적용하여 설명해보자.

참고문헌

1. 이동철 외, 2004, 이야기로 여는 경영학의 세계, 서울: 법문사.
2. 오종석 외, 2008, 현대경영학, 삼영사.
3. H. Koontz and C. O'Donnell, 1976, Management: A Syatem and Contegency Analysis of Management Function, New York: McGraw-Hill.
4. F. B. Gilbreth and E. C Gilbreth, 2002 ,Cheaper by the Dozen, Prennnia.,
5. H. M. Wagner, 1976, Principle of Management Science, Prentice-Hall Inc., NJ: Englewood Cliffs.
6. L. L Cummings, 1978, Towards Organization Behavior, Academy of Management Review(Jan).
7. A. D. Szilagyi Jr., 1981, Management and Performance, GoodYear Publishing Co., CAL: Santa Monica.
8. D. McGregor, 1960, The Human Side of Enterprise, New York: McGraw-Hill.
9. C. I Barnard, 1938, The Function of the Executive, Harvard University Press, Boston.
10. A. D. Szilagyi Jr., 1981, *op. cit.*
11. D. Hellriegel, S. E. Jackson and J. W. Slocum Jr., 2002, Management: A Competency-Based Approach(9th), South-Western, p. 61.
12. R. Kreitner, 2004, Management(9th), Houghton Mifflin.
13. 오종석 외, 2008, 현대 경영학, 삼영사.
14. 김남현 외, 2007, 경영학의 이해, 경문사.

Chapter 04

경영환경

학습목표

1. 경영환경의 중요성과 의미를 이해한다.
2. 경영환경을 외부환경과 내부환경으로 구분할 수 있다.
3. 외부환경을 과업환경과 일반환경으로 나누어 특징을 설명할 수 있다.
4. 환경 불확실성을 야기하는 원인을 학습한다.
5. 경영환경의 불확실성을 관리하고 조직의 대응전략을 수립할 수 있다.

Key-word 경영환경, 외부환경, 일반환경, 과업환경, 이해관계자, 환경불확실성, 환경동태성, 인구통계학적 환경, 환경의 복잡성

CHAPTER

04 경영환경

경영관리를 해야 하는 대상으로 삼고 있는 기업은 진공상태로는 존재할 수 없다. 즉 그 기업체는 다양한 성격의 주체들이 모인 내부 및 외부의 사회구성원과 끊임없이 상호작용하면서 경영활동을 하는 조직체이다. 이러한 기업체는 그 생존과 성장을 조장하거나 혹은 긴장시키는 복잡한 외부환경 속에서 운영되고 있으며 이러한 환경에 대한 연구는 경영활동의 성공여부를 결정한다.

제 1 절 기업경영환경의 중요성과 의미

한 특정 기업조직은 자신만의 독특한 내부시스템을 가진다. 기업의 내부시스템은 기업의 자원을 유용한 제품과 서비스로 전환시키기 위해 상호협력하는 사람들로 구성된다. 또한 이러한 내부시스템과는 별도로 기업은 기업시스템을 둘러싼 동종산업의 타기업을 의식해야 한다. 나아가 기업에 영향을 주는 외부환경요인들에 의해 한 기업의 운명이 좌우되기도 한다.[1]

환경(environment)이란 어떠한 주체를 둘러싸고 있으면서 그 주체와 연관성을 갖고 영향을 주는 일련의 사물이나 조건(a set of forces and conditions)을 말한다. 경영환경(business environment)이란 기업조직을 둘러싸고 있거나 내부 및 외부에 있어서 기업의 활동에 영향을 미치는 모든 요인이나 힘을 말한다. 기업조직의 환경을 구성하는 요인은 범위도 넓고 그 수도 많다. 대내적으로는 주주와 종업원 및 기업조직의 내부적 상황과 요인 등이 있고, 대외적으로는 정치적, 법률적, 경제적, 사회 · 문화적 및 자연적인 요인 등이 있다. 이러한 경영환경을 구성하는 제 요인들은 부단히 변동하면서 경영활동을 규제하고 있다. 예를 들어 한국의 노동현장에서 복수노조의 규정이 시행되면서 한국의 고용조건과 노사관계에 영향을 준다. 또한 사회구성원의 가치관과 욕구가 변하면서 인사관리 제도에 다양한 영향을 주게 된다.

오늘날 경영환경은 기업에게 성장과 발전의 기회(opportunity)를 제공해줌과 동시에, 기업이 수행하는 활동에 제약을 가하는 위협(threat)요소가 된다. 예를 들어 공공장소에서의 흡연을 금지 시키는 규정이 제정되면, 기존에 있던 담배 제조업체에게는 심각한 위협요인으로 작용한다. 한편으로 담배를 대체할 기호품을 생산하는 기업에게는 이러한 환경변화가 급속히 성장할 수 있는 기회로 이용될 수 있다.[2)]

신설되는 규정이나 제도는 해당 기업의 중요한 환경요인이다.

경영자는 기업조직에 영향을 주는 경영환경의 종류를 규정하고 그러한 경영환경이 자신의 조직에 미치는 파급력을 면밀히 분석하여 정책의사결정에 반영시켜야 한다. 그러기 위해서는 경영환경의 종류를 학습하고 미래를 예측하여 대응전략을 마련해야 한다. 외부환경에 대한 불확실성이 더욱 높아지고 있어 경영자는 환경에 대한 인식과 대응전략을 구상하고 실천하는 것이 기업성공의 관건이 되고 있다.

제 2 절 경영환경의 종류

경영조직에 영향을 주는 경영환경을 막연하게 나열하면 대응전략을 수립할 수 없다. 그 환경의 숫자와 범위에 관해서도 다양한 유형이 있게 되므로 관리전략을 수립하기 위해서는 정돈할 필요가 있다.

경영자가 경영환경을 구분하는 이유는 우드(D. J. Wood)에 따르면 다음의 몇 가지로 요약된다.[3)] 첫째, 다소 혼란스러운 환경을 막연한 것이 아니라 가닥을 잡아 질서감을 부여할 수 있다. 둘째, 경영자는 자신의 조직에 특수한 환경을 집중적으로 탐구할 수 있게 범위를 좁혀주게 되어 수월하게 환경을 분석할 수 있다. 셋째, 경영자가 환경에 대응하는 전략을 수립할 수 있게 해준다. 넷째, 경영환경과 기업 간의 상호작용에 대하여 이해를 용이하게 해준다.

경영환경을 구분하여 체계를 잡는 것은 여러 학자에 따라 다를 수 있고, 다

| 도표 4-1 | 경영조직의 환경

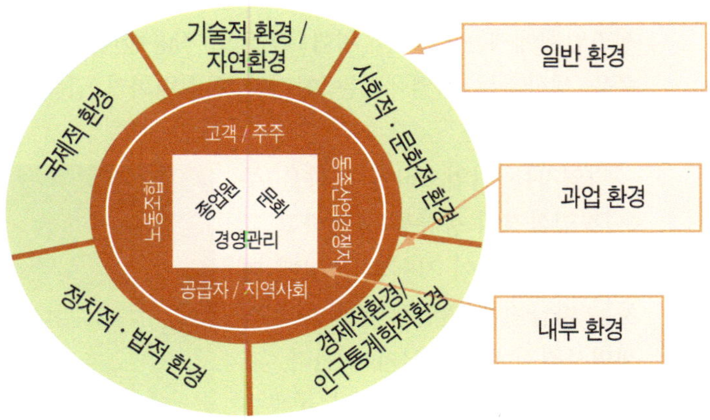

자료 : L. J. Gitman and M. Daniel, 2005, The Future of Business(2nd), Thompson.

양한 변수에 따라 분류할 수 있다. 김원수는 경영환경을 실제환경과 인지환경으로 구분하기도 하고, 바톨(Bartol)은 조직에 대한 영향력을 기준으로 일차적 환경과 이차적 환경으로 분류한다.[4] 그러나 기업조직의 경계(boundary)를 중심으로 내부환경과 외부환경으로 분류하는 베어드(L. S. Baird)와 동료 학자들의 방식이 일반적이다.[5] 경영환경을 간략하게 나타내면 〈도표 4-1〉과 같다.[6]

환경의 개념을 살펴보면 내부환경(internal environment)이란 조직이 갖고 있는 내부시스템의 특징으로서, 조직의 관리전략이나 조직분위기와 조직문화 및 조직구성원 특성을 의미한다.

외부환경(external environment)이란 조직의 외부에 존재하는 요인으로 조직의 경영활동에 연관성을 갖고 영향을 미치는 요인들이다. 외부환경은 다시 일반환경과 과업환경으로 나눌 수 있다.

일반환경(general environment)이란 어떤 특정경영조직에 간접적으로 영향을 미치는 환경요인이다. 이것은 범위가 매우 넓으며 특정의 조직에 반드시 영향을 주는 경우도 있고 해당되지 않을 수도 있다. 조직의 일반환경은 크게 인구통계학적 환경, 경제환경, 정치적 · 법률적 환경, 사회 · 문화적 환경, 자연환경 및 기술환경으로 나누어 살펴볼 수 있다.

과업환경(task environment)이란 어떤 특정 경영조직에 직접적으로 영향을 미치는 환경요인이다. 이 요인은 경영층에게 가장 근접하여 그 대상이 확인되어 관리와 통제가 가능한 요인이라 할 수 있다. 과업환경은 기업경영활동에 직접적으로 연관되어 활동여하에 따라 손실과 이익이 드러나는 관계이므로 다른 말로 이해관계자(stakeholder) 환경이라고 할 수 있다. 과업환경은 크게 공급자, 동종산업 경쟁자, 고객, 주주, 노동조합, 및 지역사회와 압력단체로 구분할 수 있다.

External Environment consists of everything outside an organization's boundaries that might affect it.[7)]
Stakeholders are the persons, groups, and other organizations that are directly affected by the behavior of the organization and that hold a stake in its performance.[8)]

2.1 과업환경

과업환경은 기업경영 조직에 근접하여 직접적으로 관련되어 영향을 주기 때문에 경영자는 보다 적극적으로 기민하게 환경을 관찰하고 관리해야 한다.

〈도표 4-2〉에서와 같이 과업환경에는 공급자, 동종산업 경쟁자, 주주, 노동조합, 소비자, 및 지역사회와 압력단체가 있다.

| 도표 4-2 | 과업환경

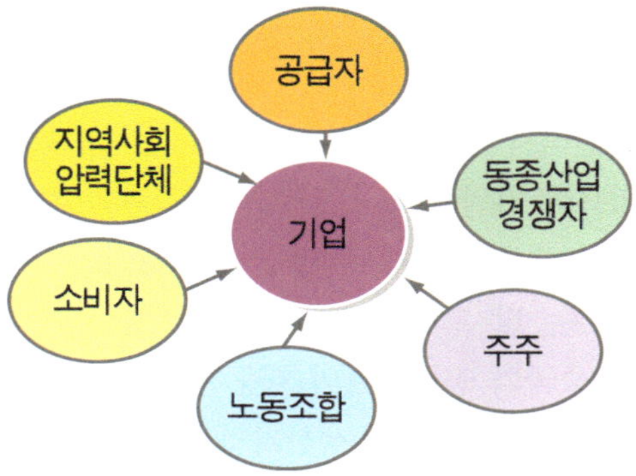

1) 공급자

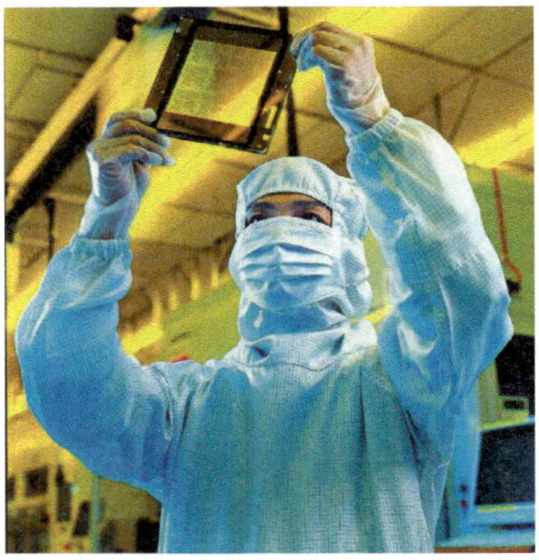

사진 : www.chosun.com

기업은 최종생산물을 산출하기 위해 외부환경으로 일컫는 전체사회로부터 원자재와 에너지 및 노동력과 자금을 조달받아 사용한다. 공급자(supplier)로부터 원자재를 구입할 경우 주된 목표는 저렴한 가격에 원하는 분량을 적기에 도달하도록 하는 것이다. 이때 어느 기업이 경쟁기업보다 원자재를 저렴한 가격에 적기에 공급받을 수 있다면 그 기업의 가격경쟁력은 향상될 수 있지만, 원자재난이 심할 경우에는 가격경쟁력이 하락하여 위기를 맞이할 수도 있다.

공급자 환경 : 반도체생산기업은 희소자원인 희토류 공급업자의 영향을 받는다.

인적자원의 경우 역시 어느 분야의 특수한 지식과 기술을 가진 노동력이 필요한 기업은 그 노동력의 공급자와 긴밀한 관련을 맺고 미리 찾아내어 좋은 인재를 선발해야 한다. 반도체의 경우에 필수적으로 쓰이는 원자재인 희토류는 말 그대로 희귀한 자원이고 이 원자재를 절대다수 보유하고 공급하는 중국의 공급업자의 행동전략에 따라 반도체 생산기업은 사활이 걸릴 수도 있다. 그러므로 생산기업은 물적 자원의 공급자와 우호적인 관계를 유지하는 환경관리가 기업성공에 중요한 변수가 된다.

2) 동종산업 경쟁자

모든 기업은 유사한 기업집합 내에서 경쟁하게 된다. 동종산업 경쟁자(competitors)란 동일한 산업에 종사하는 기업들로서 한정된 자원과 시장규모를 놓고 서로 경쟁하는 기업들을 가리킨다. 경쟁기업은 규모의 대소를 불문하고 비슷한 제품과 서비스, 유사한 생산과정과 기술, 시장을 공유하므로 경영자는 이러한 경쟁기업의 동향을 예의주시해야 한다. 예를 들어 김치냉장고를 생산하는 LG는 만도와 삼성전자가 경쟁자가 된다.

오늘날 자본주의 자유경쟁체제에서 특정기업은 경쟁업체를 무시하고는 경영활동을 영위할 수 없으며 이들은 동일시장을 대상으로 시장점유율의 각축을 벌이게 된다.

경쟁회사의 형태와 수치, 및 경영행동 등은 동일업종의 타 경쟁기업의 경영성과에 직접적으로 영향을 미친다. 경쟁회사의 형태가 자사와 유사하고 규모가 클수록 시장의 비교우위를 점하기 위한 각축을 벌이게 된다.

경쟁기업의 존재는 비교우위의 측면에서는 부정적인 점으로 작용하지만, 때로는 경쟁업체와 협력하거나 담합의 부정적 수단을 통해 기존의 시장 질서를 유지하기도 한다.

삼성전자 지펠 아삭 김치냉장고 　 LG전자 디오스 김치냉장고 　 위니아만도 딤채 김치냉장고

김치냉장고의 동종산업 경쟁자

3) 주주

주주(stockholder)란 기업의 금융 또는 실물자본 중 자기자본에 해당하는 부분을 제공하는 개인이나 투자집단 또는 투자기관을 지칭한다. 주주는 자본주의가 출현하면서부터 대규모자본이 필요하게 되어 중요한 이해관계환경으로 부상했다.

특히 대중 주주들이 출자한 자본을 집적하여 자본을 형성하는 주식회사가 기업형태의 주종을 이루게 되므로, 주식회사를 이끄는 전문경영자는 훌륭한 기업성과를 거두어 소액주주나 대주주의 이익배당을 최대화해야 한다. 그러나 이것은 한편으로 소비자와 다른 이해관계자인 노동조합의 욕구와 배치될 수 있는 사안이다.

따라서 경영자는 자본을 조달하는 자본시장에서의 주주의 이익을 충족시키되, 관련 이해집단의 반발을 초래하여 발생되는 경제적 손실을 적합화시키는 경영방침을 채택할 필요가 있다.

4) 노동조합

노동조합(labor union)과 근로자집단은 산업화가 진전되면서 필연적으로 형성되는 집단으로서 기업의 내부구성원(조합원)의 의견을 대표하여 기업의 경영활동에 직접적인 영향이나 제한을 가하는 과업환경이다.

기업의 목표를 수행하기 위한 경영업무를 실행하는 주체는 바로 근로자들이므로 경영자는 근로자의 단체인 노동조합과 원활한 커뮤니케이션을 통해 서로의 입장을 이해하는 것이 중요하다. 최근에는 한국의 고용관계에서 복

한국 고용관계 환경변화 : 복수노동조합 설립 시행 (사진 : Newsis, 2012.7.2)

수노동조합을 설립하는 것이 가능해짐에 따라 경영자층은 한 사업장에 두 개 이상의 다른 노조를 관리해야만 이른바 노-노갈등(노동조합간의 갈등)으로 인한 기업경영의 손실을 줄일 수 있다.

5) 소비자

소비자(consumer)란 제품소비시장을 형성하면서 구매력과 구매의욕을 가지고 기업이 생산한 상품과 서비스를 반복하여 구매하는 개인이나 집단 등의 소비주체이다. 소비자입장에서 동일한 제품을 생산하는 경쟁기업이 많아서 상대적으로 높은 품질의 제품과 서비스를 비교하고 제품가격대비 품질이나 사후서비스 등의 종합적인 판단을 하여 구매를 하게 되는 중요한 과업환경이다. 최근에는 소비자 주권 혹은 소비자주의(consumerism)가 대두되어 소비자의 권리와 영향력이 증대되므로 기업들은 고객만족(customer satisfaction)에 대한 관리전략을 수립하여 시행하는 것이 중요하다.

6) 지역사회와 압력단체

기업은 물리적으로 지역사회에 기반을 두고 활동하는 유기체이다. 기업은 지역사회(community)에 공장이나 사업장을 설립하여 경영활동을 하면 지역사회에는 고용을 창출해주어 긍정적으로 협력을 이끌어낼 수 있다. 반면에 지역사회의 요구와 희망을 무시하고 산업을 유치하거나, 세금을 체납하거나 지방정부의 수입확보에 부응하지 못하면 이것은 인적자원과 물적 자원을 공급하는 원천인 지역사회의 반발을 사게 되어 기업활동에 어려움을 초래한다.

또한 사회의 이해관계자 집단이 결성하여 기업의 활동을 규제하고 감시하는 이른바 각종 시민단체나 압력단체(interest group)라 할 수 있는 NGO (non-government organization)등은 규제기관이라 할 수 있다. 이 주체 역시 다른 이해관계자에게 손실이 전가되는 것을 막기 위해 기업조직에 영향력을 행사하므로 중요한 과업환경이 된다.

〈도표 4-3〉은 2000년에 설립되어 2001년부터 수익을 내기 시작한 미국 국내항공사인 젯블루(JetBlue)의 과업환경을 요약해서 보여준다. 이 회사는 매우 저렴한 가격으로 좌석에 위성TV를 장착한 것으로 유명한데, 과업환경을 면밀히 검토하고 관리한 결과, 비용절감을 통해 낮은 가격을 유지하고 있다.[9)]

【도표 4-3】 젯블루의 과업환경

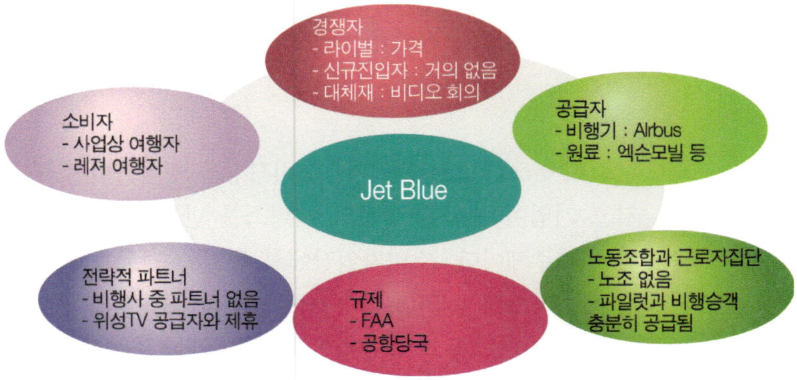

자료 : 신유근, 2011, 경영학원론, 다산출판사, 재인용.

2.2 일반환경

지금까지 설명한 과업환경은 기업조직에 직접적으로 근접하여 영향을 주므로 다른 말로 미시적 경영환경이라고 할 수 있다. 이에 반하여 기업조직에 폭넓게 간접적으로 영향을 주는 일반환경이 있는데 이것은 일명 거시적 경영환경이라 말할 수 있다. 미시적 환경에 비해 거시적 환경은 기업가나 경영자에게는 영향력의 파급력이 크고 통제할 수 없는 영역에 속하므로 경영자는 이러한 환경의 변화를 예의주시하고 정책을 수립하여 실천해야 한다.

【도표 4-4】 일반환경

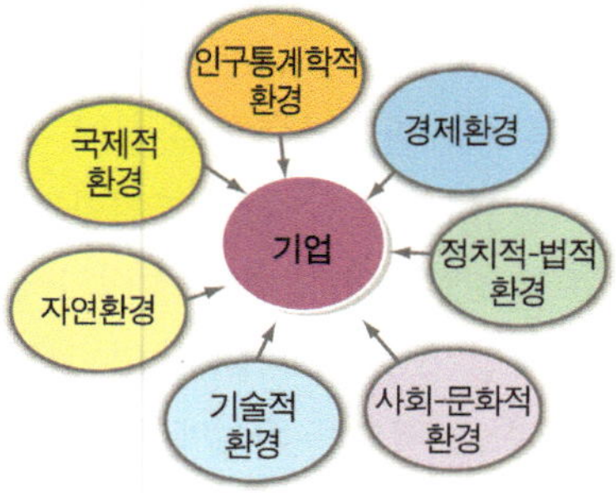

거시적 일반환경에는 〈도표 4-4〉에서와 같이 인구통계학적 환경, 경제환경, 정치적 · 법적환경, 사회 · 문화적 환경, 기술적 환경, 자연환경 및 국제적 환경 요인 등이 있다.

1) 인구통계학적 환경

인구통계학적 변화도 경영에 중요한 환경요인이다. 인구통계학(demography)이란 인구의 나이별 분포, 인종별, 민족적 배경, 거주지별, 사회계급별, 종교별, 교육수준별, 소득수준별, 성별분포 및 경제활동인구 분포 등의 결과를 연구하는 학문이다.

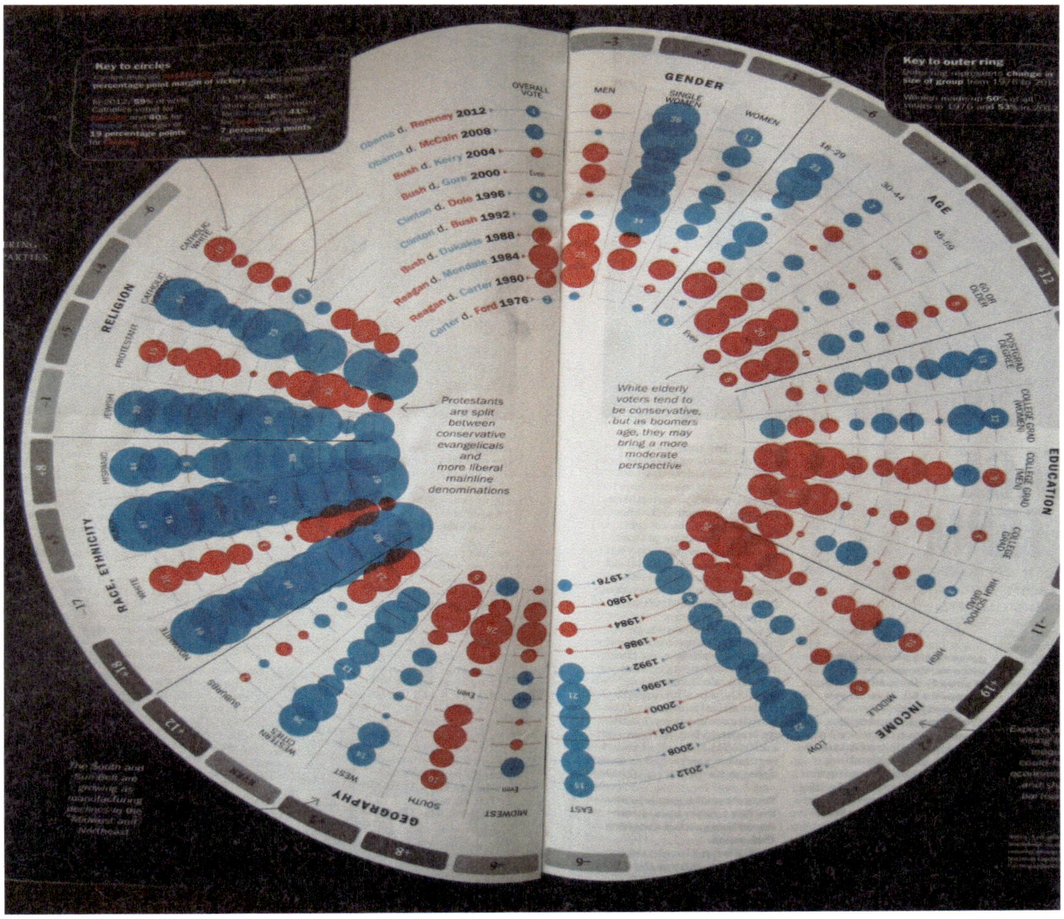

미국 대통령선거 지지자의 인구통계적 분포 (사진 : TIME, 2012.12.31)

| 도표 4-5 | 우리나라 인구의 고령화 속도

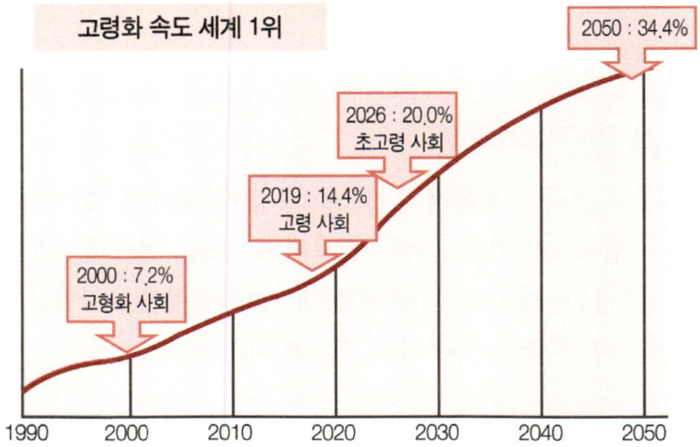

자료 : 임창희, 2010, 인적자원관리, 비앤엠북스, 재인용.

〈도표 4-5〉는 통계청에서 발표한 국가별 인구구조변화 예측치이다.[10] 최근 우리나라는 고령화의 속도가 빨라서 총인구의 15% 이전인 고령화사회(aging society)에서 15% 이상인 고령사회(aged society)로 진행하는데 불과 20년이 걸린다. 이러한 노동력이 비중은 기업입장에서 보면 노동력의 질적 측면에서 보면 기능과 기술의 저하로 이어질 수 있고, 임금 측면에서도 중요한 환경변수로 작용하게 된다.[11]

인구통계적 변화에서 요즘 두드러지는 이슈는 한 사회의 노령화, 특히 베이비 붐세대의 노령화와 관련하여 경영에 영향을 주는 요인이다. 인구의 노령화는 노인들에게 음식을 제공하는 회사들에게는 기회를 증가시키고 홈헬스케어와 레크리에이션 산업은 노인을 위한 서비스의 수요가 증가할 것으로 보인다. 베이비붐세대가 은퇴하면서 뮤츄얼펀드나 노인주택단지의 수요가 증가하게 된다.[12]

한국의 경우 베이비붐세대는 1953년부터 1960년대 초반 출생한 인구집단이다. 이들은 2013년 현재 60세를 전후하는 연령대로 직장에서 은퇴를 하게 된다. 이들은 이른바 실버세대가 되는 연령대인데 고정수입은 적으면서 연금생활을 하게 되거나 제2의 직업을 찾아 생업을 가지게 된다. 이들의 구매패턴과 수익형부동산에 대한 투자패턴 등은 기업의 마케팅전략에 영향을 주며, 인적자원관리 전략에 중요한 변수가 된다.

2) 경제환경

경제환경은 기업경영활동을 둘러싸고 있는 국민경제적인 여건으로서 재화 및 서비스의 생산과 분배에 관한 지역적, 국가적, 국제적 여건을 가리킨다. 경제적 환경은 기업운영의 기본적인 규칙을 설정하는데, 경제체재의 유형, 일인당 국민소득의 문제, 경기호황과 불황의 문제, 한 나라의 산업구조의 문제, 재정 및 금융정책 등으로 이러한 환경의 변화가 기업경영의 정책결정에 매우 중대한 영향을 미친다.

경제체제란 한 나라가 기업의 사적소유를 인정하느냐의 문제와 국민 개인이 어느 정도의 사적소유를 인정하는가를 말한다. 경제체제는 공산주의, 사회주의 그리고 자본부의 경제체제로 나뉘는데, 자본주의 경제체제는 재산의 사적소유와 제반 경영활동의 자유가 강조되며, 생산자와 소비자 간의 분배는 시장의 가격기구에 의해 자율적으로 조정된다. 일부국가들에서는 정부가 대부분의 기업을 소유하고 공기업형태로 운영하고 있어 기업이 적극적인 이윤창출에 대한 인센티브가 적을 수도 있다.

일반적으로 다수국가들의 경제체재는 자본주의나 수정자본주의적인 체제하에서 운용되고 있으며 이러한 경영조직은 독점(monopoly), 과점(oligopoly), 불완전경쟁(imperfect competition), 완전경쟁 (perfect competition)의 조건 중에서 어떠한 상황이냐에 따라 경영자는 다른 경영전략을 짜야 한다.

또한 한 나라의 산업구조 역시 어떤 종류의 산업이 육성되고 수요가 많으며 성장가능성이 있느냐에 따라 기업경영에 영향을 준다. 우리나라는 1970년대에 정부의 경제시책에 의해 산업의 국제경쟁력 확보를 내세워, 석유화학, 시멘트, 조선업, 철강업 등의 대규모 장치산업 등이 각광을 받았으나,

1970년대 정부 육성 산업 : 중화학공업

2012년 한류산업 부흥 : 가수 싸이

최근에는 컴퓨터와 정보통신, 전자산업과 서비스 산업, 나노산업, 의료산업, 엔터테인먼트 산업 분야 등이 수요가 많다.

이 밖에도 경제적 환경의 구체적 요인은 경제상황이 주기적으로 호황기와 불황기를 맞이하면서 기업이 장기적인 사업계획을 수립하는데 영향을 준다. 우리나라의 예를 들면 건설경기가 호황일 때도 있고 불황일 때도 있어 경기는 순환하며 기업경영에 영향을 준다. 만약 경기가 불황일 때는 건축업과 관련한 모든 산업 예를 들면 각종 원자재산업, 이사 업종, 금융업종, 마감재처리 인테리어 업종에 있는 경영자는 경제상황 변화를 주시하여 새로운 전략을 모색해야 한다.

3) 정치적 · 법적 환경

정부와 기업은 사회경제를 구성하는 요소 또는 개별경제의 단위로서 상호 밀접한 관계를 가지고 있다. 정부는 기업의 경영활동을 촉진하거나 규제하기도 하는 양면적인 성격을 지닌 환경요소이다. 즉 정보는 기업의 성장발전에 유리한 경제적 환경을 조성하고 분쟁이나 갈등을 중재하거나 조정하며, 조세감면, 금융지원, 중소기업 육성정책 등을 입안하여 기업의 경영활동에 영향을 준다.

한편 정부는 공공이익을 저해하고, 자유경쟁질서를 파괴하는 공해유발, 매점 매석, 허위 광고, 비도덕적 독과점 행위 등과 같은 비윤리적 경영을 방지하고 규제하기 위한 여러 가지 법규와 규정을 마련한다.

정치적 환경에는 또한 사회의 정치풍토나 권력집중의 정도, 정치조직의 성격, 정치와 정당 체계 등도 포함된다. 기업은 자신에게 우호적인 환경이 조성될 수 있도록 정치적 환경에 대처하는 방법을 배우는 것이 현대기업의 필수적인 과제 중의 하나가 되고 있다.

일반적으로 법적환경은 정치적환경과 불가분의 관계에 있는 것으로서 정부의 경제정책의 운영에 대한 의지가 보다 구속력 있는 형태로 구체화된 실천방안이다. 법적환경은 기존의 실정법과의 중복 또는 배치유무, 적용시기 및 범위 등에 따라서 기업에 미치는 영향의 정도가 상이할 수 있다.

정부가 기업활동과 관련되는 상법, 세법, 공해방지법, 독과점규제법, 공정거래법 등 기업활동에 해당하는 법의 수는 다양하다. 예를 들어 인사관리와 관련한 법률만 보더라도 남녀평등고용법을 비롯하여 근로기준법, 노동조합법, 노동쟁의조정법, 최저임금법, 국민연금법, 고용보험법, 산재보험법, 장애인고용법, 산업안전보건법, 등 다양한데 경영자는 이런 법률을 숙지하여 법의 저촉으로 인한 손실을 입지 않도록 해야 한다.

4) 사회 · 문화적 환경

사회적 환경은 사회나 집단을 구성하고 있는 개인의 행동에 영향을 미치는 여러 요인들, 즉 가치관, 생활양식, 사회구성원의 욕구, 가족구성원의 변화, 사회적 전통이나 관습 등과 같은 모든 사회제도나 사회적 태도를 말한다.

한 국가의 사회적 전통이나 관습은 기업경영활동의 기준이 되는데, 그러한 사회구성원은 곧 소비자이기 때문이며 구성원의 욕구체계가 변화하여 구매패턴이나 여가활동 및 근로태도에 영향을 주기 때문이다.

한편 문화적 환경은 인간이 사회의 구성원으로서 습득한 지식이나 신념, 예술, 도덕, 관습, 그리고 능력과 습관 등 오랜 기간에 걸쳐 형성된 생활방식 혹은 독특한 삶의 경험이 체계화된 것이라고 할 수 있다. 기업활동이 국경을 넘는 다국적 기업의 경우는 지리적, 자연적 환경이나 역사, 전통, 생활양식, 가치관, 관습 등이 나라마다 다르기 때문에 사회적 · 문화적 환경은 기업활동에 지대한 영향을 미치는 매우 중요한 환경요인이 된다. 최근에 와서 우리나라는 국민의 경제수준과 지식수준이 향상되면서 더욱이 고급화 개성화 되는 경향이 있고 이러한 변화가 문화적인 요인으로 연결되므로 기업은 사회의 문화적 변화를 감지하고 예측하여 경쟁기업보다 한 발 앞서 성공의 교두보를 구축할 전략을 짜야 한다.

사회 · 문화적 환경 변화 : 맞춤형 아파트의 등장(고급화, 개성화 경향)

5) 기술적 환경

기술(technology)이란 재화 및 서비스 생산과 관련된 지식의 총체를 의미하는 것으로 일반적으로 지식을 제공하는 것은 과학이라 하고 지식을 사용하는 것을 기술이라 한다. 기술의 변화는 제품의 개발, 생산공정 및 시설의 개선, 판매관리의 혁신, 정보관리의 효율화, 등 제반 경영부문에 가장 동태적으로 영향을 미치고 있다.

최근들어 부각되는 기술의 대표적인 예로는 정보기술(IT: Information Technology), 극소형 나노기술(NT: Nano Technology), 생명과학기술(BT: Bio Technology) 등이 있는데. 이러한 기술은 기업경영과 접목되어 상당한 시너지를 창출하기도 하지만 경쟁기업의 기술도입이나 타 업종의 기술발전은 특정기업에는 결정적인 영향을 줄 수 있게 된다.

신소재 개발은 진부화되기 쉬우며 제품의 수명주기가 짧은 재품의 수명을 연장하거나 새로운 면모로서 소비자 등에게 부각되기 위한 수단으로서 또는 원가 절감의 방편으로서 활용되고 있다. 유통부분의 기술변혁은 수송혁명과 밀접한 관련이 있는 것으로서 직판점의 대거 출현 등 유통경로의 간소화와 창고 등의 하치장 · 예치장이 발달함으로써 유통기관의 이완 및 단축을 가능하게 함으로써 경영 전반에 영향을 미치기도 한다.

6) 자연환경

자연환경은 기업이 위치하고 있는 상황 속에서 인간의 활동이 이루어지고 있는 토지와 조건, 즉 인위적 변혁이 가해지지 않은 토지와 그 조건을 뜻한다.

제품을 생산하기 위해 사용된 자원 중 대부분은 그 자연 환경–육지와 해양으로부터 나온 것이다. 이러한 자원의 사용은 경제주체, 정부, 전 사회의 당연한 관심사이다. 기업이 직면하게 되는 가장 심각한 문제의 일부는 천연자원을 사용함에 있어 발생하는 이해의 충돌 또는 원재료의 고갈로부터 발생한다.

모든 생산은 에너지를 필요로 한다. 제조, 수송, 농경, 탄광, 통신 및 여타 모든 기업활동은 신뢰할 수 있는 동력 원천 없이는 불가능하다. 기업의 생산활동이 이제까지 석유나 천연가스 등의 천연에너지에 의존하는 바가 컸던 것이 사실이다. 이제 기업과 사회는 석유부존량이 장기의 수요에 부합할 만큼 충분치 않음을 인식하기 시작하고 있다.

자연환경변화 : 석유에너지의 종말과 대체 신재생 에너지

산유국의 공급에 전적으로 의존하는 국가들일수록 유가인상이나 고갈위기는 경기에 매우 심각하고 민감한 영향을 미친다. 전 세계적으로 산업의 발전과 더불어 석유에 대한 요구는 계속 증가하고 있기에 더욱 그러하다고 할 수 있다.

한때는 무한대로 풍부하게 보였던 천연자원은 이제 고갈 위기에 놓여 있다. 철, 구리 및 기타 광석, 석유 등은 부족한 지경에 이르러 있으며 산림재조성 계획은 목재 수요요구를 충족시키지 못하는 실정이다. 농경, 제조 및 국내 사용에 필수적인 자원인 용수 또한 많은 지역에서 공급부족에 처해 있다. 또한 거주 및 상업 목적의 개발수요에 부합하기 위한 토지도 충분치 않다. 따라서 기업은 희소해지고 점차 등귀하는 원자재를 보다 효율적이고 덜 낭비하는 방식으로 생산하는 방안을 다각도로 모색해야 할 것이다. 종이제품의 재활용이나 산업용수의 재처리는 자원의 효율적 사용의 보기가 된다.

에너지와 원자재의 부족을 해소하기 위한 노력은 환경에 미치는 잠재적 효과와 결부되어 고려되어야만 한다. 왜냐하면 공기, 토양, 수질, 국토의 측면에서 무책임한 저해와 개발은 그 사용으로 인한 이익보다 더 높은 비용이 초래되는 경우도 있기 때문이다. 한편, 환경을 보호하고자 하는 노력은 에너지에 대한 더 높은 비용을 유발시키기도 하는데, 예를 들어 자동차의 배기오염 제동장치는 가솔린의 주행거리를 떨어뜨리게 된다.

하이브리드 자동차 : 석유의존 자동차에서 전기자동차로의 변화

기업의 성장과 자원의 고갈이라는 두 측면 속에서 발생하는 문제를 가장 적절히 해결하는 방안으로 '생태 균형'을 떠올릴 수 있다. 생태학(ecology)은 생물체와 그 환경간의 상호작용을 연구하는 과학이다. 생태학자들은 자연세계를 각 부문의 활동과 행동이 각기 다른 부문에 영향을 미치는 복잡하고도 상호 관련된 체계로 본다. 기업환경에 생태학을 적용시키고자 하는 시도가 일어나고 있으며, 기업을 둘러싼 생태환경으로는 경제체제, 정부, 사회, 문화, 자연환경을 떠올릴 수 있다.

7) 국제적 환경

기업경영을 둘러싼 환경을 국내로 볼 때 국내환경이지만, 국경을 넘어 세계를 인식대상으로 할 때는 국제환경이 된다. 다국적기업은 더 이상 특수한 몇 기업들만의 관심사가 될 수 없고 세계무대가 중요한 경영환경으로 다가오기 때문에 기업생존을 위해선 원하든 원치 않든 다국적기업 환경에 놓이게 되었다. 이 때문에 혹자는 다국적기업으로 분류하는 것은 별 의미가 없을 것이라 예견하기도 한다.

이제는 기업경영환경이 국경의 개념이 의미가 약해지고 다국적기업은 한 나라의 필요가 아니라 적자생존원리에 지배되는 기업의 필요성에 의해 창조되는 실체로서 인식하기에 이르렀다.

국제기업도 국내기업과 같이 경영관리를 해야 한다. 다만 국제경영은 국

국제 조직 : WTO, NAFTA, BRICs, EU

내경영과 달리, 환경이 더욱 복잡하고 가변적일 뿐이고 기업의 이윤추구, 시장점유율 확대 및 다양한 경영목표 달성을 위해 자원을 획득하고 투입하며 생산 · 유통 · 판매활동을 수행해야 한다는 점에서는 국내경영과 다를 바 없다.

최근 세계경제를 통제하는 기구가 생기고 지역 간 블록화 및 세계화가 가속되고 있다. 이로 인해 경쟁의 스펙트럼은 전 세계로 확대되어 기업 간 경쟁은 더욱 심화되고 있다. 경영의 세계화 환경을 주도한 예를 들면 1995년 형성된 세계무역기구(WTO)가 있다. 이로 인해 국가 간의 무역이나 투자가 장벽이 낮아져 해외수출입의 자유화를 이루었다. 영세한 규모의 기업은 이러한 환경요인이 시장영역을 확대할 수 있다는 긍정적인 측면이 있겠지만, 한편으로는 전 세계에 존재하는 대규모기업과 경쟁해야 한다는 부담이 될 수도 있다. 또한 인접 지역 간 연합체인 유럽연합(EU)이나 북미자유협정(NAFTA) 및 브릭스(BRICs) 등의 출현으로 그 구간 밖의 기업에게는 대단히 불리한 환경에 놓이게 된다.

일반환경을 실제적으로 활용할 수 있도록 분석한다는 것은 용이하지 않다. 다음에서는 일반환경을 구성하고 있는 다양한 요소들을 살펴보기 위해 코카콜라의 사례를 예로 들어본다. 물론 그 기업이 직면한 일반환경의 모든 사항을 보여주는 것은 아니지만 이러한 예를 통해서 경영자가 계획을 수립할 때 보다 쉽게 분석하게 도와준다.[13]

〈도표 4-6〉은 코카콜라 기업을 둘러싸고 있는 일반환경의 예를 보여준다.

| 도표 4-6 | 코카콜라의 일반환경

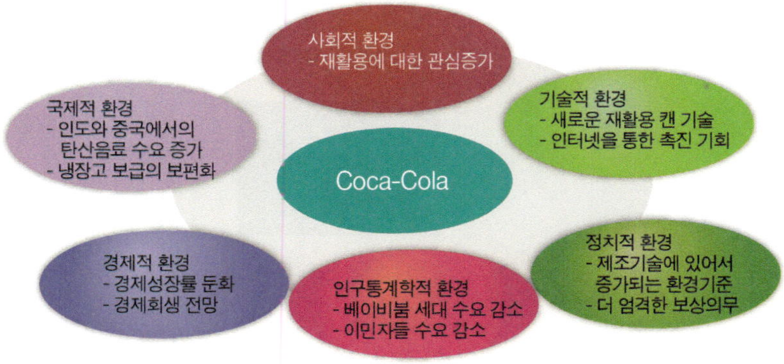

자료 : 신유근, 2011, 경영학원론, 다산출판사, 재인용.

제 3 절 환경 불확실성과 대응전략

오늘날 기업을 둘러싸고 있는 환경은 변화의 속도가 매우 빠르며, 변화의 방향을 예측하기 어려워 불확실하다. 불확실성에 잘 대응하고 관리하는 조직이 효율적인 조직이다. 불확실성이란 의사결정자가 환경의 구성요소에 대하여 충분한 정보를 갖고 있지 못하고, 외부의 변화를 예측하기도 어려운 상황을 말한다. 불확실성이 존재하기 때문에 조직이 환경에 대응하는 데 실패할 위험이 있고, 의사결정 대안별로 비용과 수익의 확률을 계산하기도 어렵다. 불확실성 정도에 영향을 미치는 환경특성은 두 가지 차원이고, 이러한 이차원의 변수는 단순성–복잡성 차원과 안정성–불안정성차원으로 구분된다.[14)]

3.1 환경 불확실성

환경의 변화정도와 복잡성의 정도에 따라 환경의 불확실성을 몇 가지로 구분할 수 있는데 〈도표 4-7〉을 통해 살펴볼 수 있다.

| 도표 4-7 | **환경 불확실성의 분석틀**

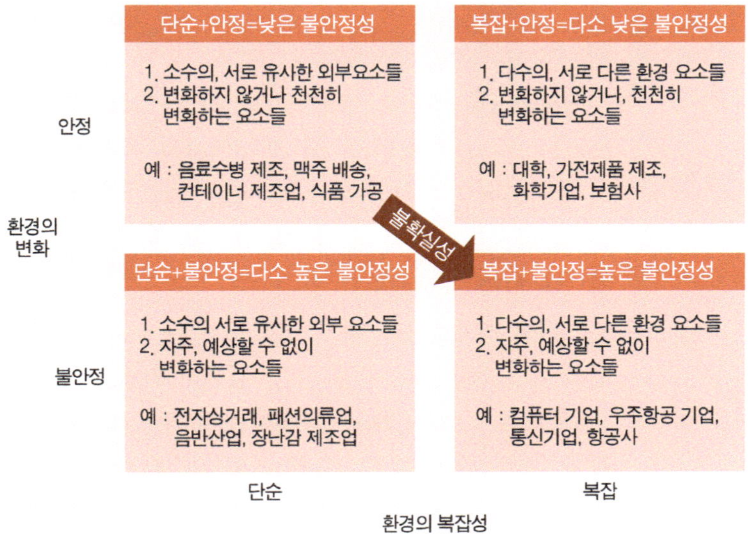

자료 : R. L. Daft, 2010, 김광점 외 공역, 조직이론과 설계, 한경사, 재인용.

1) 환경의 동태성(안정–불안정성 차원)

어떤 환경은 몇 년이 지나도 안정적이며 변화가 있다고 하나 점진적인 변화를 하는 데 반하여, 어떤 경우는 짧은 기간에도 급진적으로 변한다.

이렇게 환경의 변화정도가 안정적인지의 여부에 따라 동태성 혹은 역동성(dynamics)이란 개념으로 이해할 수 있다. 동태적으로 변화하고 있는 경영환경은 기업에 대하여 직접적인 충격을 가하고, 기업과 사회 간에 빈번하게 제기되고 있는 여러 가지 사회적 문제들을 야기한다. 여기서 경영환경의 동태성이란 다양한 경영환경요인들이 상호 의존성을 바탕으로 복합적으로 표출되어 급속하게 변화하고 있음을 의미한다.[15)]

환경이 불안정하게 되는 원인은 여러 가지가 있다. 예를 들어 경쟁업체가 기술개발속도가 빨라 자신의 기업이 발표하기 이전에 시장에 출시하는 경우도 있고, 적극적인 광고공세를 통하여 시장점유율에 급격한 영향을 주는 경우도 있다. 기술개발이 활발한 정보통신업계의 경우나 인터넷 관련 비즈니스의 경우와 패션의류업이나 화장품업종이 여기에 속한다. 반면, 전통적으로 안정적인 환경에 속한 기업도 있다. 수도, 전기 등의 공공재를 공급하는 기업이 대표적이다. 그러나 요즈음은 기업을 둘러싼 환경이 점점 더 불안정해지는 추세이다.

2) 환경의 복잡성(단순–복잡성 차원)

경영환경의 범위와 수가 확대되어 그 구성요소가 다양하게 증가한 것을 환경의 복잡성이라 한다. 이 때 고려해야 하는 환경의 종류는 많아도 그것들이 유사하면 동질성이라 할 수 있고, 매우 다르면 이질성으로 구분할 수 있다. 앞의 〈도표 4-7〉에서 X축의 경우인데 경영환경의 단순성과 복잡성을 정도에 따라 표시해주고 있다.

조직이 상호작용을 하고 영향을 받는 외부요소의 수가 다양하고 많은 기업의 예를 들면 우주항공 산업, 컴퓨터 기업, 통신기업 등이 여기에 속한다.

〈도표 4-7〉에서 보는 것처럼 첫째, 단순하면서 안정적인 경우는 낮은 불확실성이라 할 수 있다. 둘째, 단순하면서 불안정적인 경우는 다소 높은 불확실성이라 할 수 있다. 셋째, 복잡하면서 안정적이 경우 역시 다소 낮은 불확실성 환경 유형이라 할 수 있다. 마지막으로 복잡하면서 불안정적인 경우는 높은 불확실성이라 분류할 수 있다. 물론 예를 들어 위의 기업이나 산업이 구분되어 있으나 이러한 구분 역시 시간이 지나면서 바뀔 수 있다.

3.2 조직의 경영환경 대응전략

앞서 살펴본 바와 같이 경영환경의 불확실성 특성을 파악하고 나면 기업은 다양한 방식으로 대응전략을 세워야 한다. 대개의 경영자들이 범하는 실수는 환경을 파악하고 이에 대한 대책을 세울 때 객관성을 갖지 못하고 애써서 외면하거나 과거의 성공에 도취되어 착시현상을 경험하고 주관적으로 판단한다는 것이다.

두 가지로 대응 방향을 잡을 수 있다. 하나는 주어진 환경을 그대로 놓고 수동적으로 적응하는 전략이다. 다른 하나는 자신의 조직에 맞게 환경을 변경하는 것이 있다.

1) 환경에 대한 적응 전략

톰슨(J. Thompson)이 기업의 환경적응전략으로 제시한 것을 중심으로 몇 가지를 살펴본다.

① 완충활동

거리 상가의 덤핑 판매

조직이 제품의 투입과 산출 측면을 완충화(buffering)하여 환경에 적응하는 것이다. 예를 들어 희토류와 같이 희귀한 자원의 경우나, 원재료가 수요 대비 공급이 적은 경우에 미리미리 구매하여 비축해 놓아 시장의 수요가 많을 때 적기에 사용하게 하는 것이다.

반면에 많이 생산해 놓은 완제품이 창고에 쌓여 있을 경우에 불경기의 경우 서둘러서 덤핑판매도 감행하는 것이 불황의 장기화로 인한 현금유동성 위기를 예방할 수 있다.

인력의 경우, 노동시장에서 희귀한 인재는 미리 입도선매하는 방법으로 확보해야 하며, 반대의 경우는 인력방출전략을 사전에 시뮬레이션하여 정리해고를 하지 않도록 하여 충격을 완화하여 환경에 적응한다.

② 계획과 예측

예측에서 중요한 것은 환경변화가 일정한 주기로 규칙성을 갖는지를 시간대별로 관찰하여 앞으로 변화할 것을 예측하는 것이다. 이러한 예측정보를 가지고 단기적인 계획과 장기적인 계획을 세우되, 역시 경우의 수를 대비하여 대안전략을 마련하는 것이다.

③ 경계활동(boundary spanning)

환경을 정확히 예측한 다음에는 환경과 기업의 경계선 즉, 고객과의 접점에서 종사하는 종업원에 대한 철저한 교육을 통해 시장환경을 감지하고 적응하는 것이 필요하다. 경계활동을 하는 사람들, 일테면 판매원이나 구매부서의 종업원을 경계활동담당자(boundary spanner)라고 한다. 이들로 하여금 외부환경에 대한 정보를 더욱 많이 파악하도록 교육훈련을 시키고, 전략계획을 수립할 때에 이들을 참여시키는 것이 필요하다.

④ 유연한 조직설계

내부에서 환경 불확실성을 특별히 관리하기 위해서는 전문화된 부서를 만들거나 조직을 유기적 조직으로 설계하는 것이 바람직하다. 예를 들어, 시장 상황을 잘 파악하도록 마케팅부서에 환경분석에 대응하는 역할을 하는 하위부서를 두고, 연구개발부서에 기술적 환경을 분석하는 전담인력을 배치하는 것이 필요하다.

2) 환경에 대한 통제전략

위에서 살펴본 환경적응전략은 조직을 현재의 환경여건과 양립하도록 조직의 활동을 변경시키는 것이다. 이에 반해 환경의 통제는 환경요인이 조직활동에 긍정적으로 영향을 주도록 환경자체를 만들어 가거나 통제를 가하는 것이다. 환경통제의 방법에는 환경과 우호적으로 관계를 수립하는 경우와 그렇지 않은 경우로 나누어 볼 수도 있는데 그 중 몇 가지를 살펴본다.

① 합병과 합작

환경과의 관계를 우호적으로 수립하는 방법에는 합작이나 전략적 제휴가 있다. 예를 들어 국내 전자업종 경쟁회사와 전략적으로 기술 제휴하여 더 큰 해외기업에 대응하는 경우가 있다. 더 적극적으로는 창업을 하여 환경을 돌파하는 것이 힘들다고 판단하여 기업을 인수합병(M&A)하는 방법도 있다. 예를 들어 포드 자동차가 볼보를 합병한 것이나, 휴렛패커드가 EDS를 인수한 경우가 이에 속한다. 구글은 많은 기업을 인수합병한 기업으로 유명하다.

구글의 인수합병

티켓몬스터와 리빙소셜과의 인수합병

② 중역의 활용

중역의 활용이란 중요환경의 리더들을 자신의 조직구성원으로 초빙하는 경우이다. 영향력 있는 고객이나 공급자를 이사회의 구성원으로 영입하는 방법이다. 예를 들어 제조업체는 은행이나 금융권의 임원을 이사회 구성원으로 영입하는 것이다.

또한 중역을 겸임시키는 방법이 있다. 겸임중역제(interlocking directorates)란 다른 조직의 중역을 자신의 조직의 중역과 겸임으로 지위를 중복시킴으로서 두 기업 사이에 우호적인 연계관계를 형성하는 방법이다. 이러한 겸직제는 다시 두 가지로 분류된다. 한 사람의 중역이 다른 기업의 중역을 겸하는 직접겸직이 있고, 갑(甲)기업의 중역이 을(乙)기업의 간접겸직 관계에 있는 병(丙)기업의 중역으로 일하게 되는 간접겸직 제도가 있다.

③ 광고홍보

환경과 우호적인 관계를 형성하고자 기업이 자주 이용하는 것은 광고와 홍보이다. 광고는 제품과 연관된 소비자에게 좋은 이미지를 주기 위해 언론과 광고매체에 자본을 투자하는 것이다. 홍보는 직접적인 제품과의 연관성은 없으나 기업전체의 전반적인 이미지제고를 위해 언론과 광고매체에 여론을 조성하는 것이다.

④ 활동영역의 변경

이 방법은 환경에 대하여 직접적인 통제를 가하는 것이라 할 수 있다. 즉 기존의 환경과 단절을 선언하는 것으로서 기존의 재화와 서비스를 다각화하거나 철수하는 방법이다. 구글은 기존의 웹 검색 기능을 넘어 활동영역을 확장하기위해 유튜브로 다각화하였다. 미국의 타임지 사는 작은 잡지사를 매각하여 철수하는 사례도 있다.

⑤ 정치적 로비활동

기업가에게 있어 정치적 분야와의 관계설정은 중요한 의미를 가질 수도 있다. 앞에서 보았듯이 정치적·법적 환경이 기업의 중요한 환경요인이기 때문이다. 정치적 활동은 정부기관이나 입법기관의 법이나 규정을 입안하는 활동에 자신의 기업에 유리하게 영향력을 미치는 활동을 하는 것을 말한다. 예를 들면 미국의 주요방송사인 ABC, CBS, NBC 등의 방송사는 전문 로비스트를 고용한 규제기관인 연방통신위원회라는 환경을 통제하기도 한다.[16) 때로는 자신의 이익을 유지하기 위해 신규경쟁자가 산업진입을 못하도록 로비활동을 벌일 수도 있다.

경영사례

제약회사(The Pharmaceutical Industry)의 환경[17)]

제약산업의 관리자들은 기회와 위협 모두를 만드는 역동적이고 도전적인 과업환경에 직면해 있다. 제약의 수요는 빠르게 증가한 편이고, 수십 년 동안 안정적으로 성장해 왔다. 1990년과 2005년 사이 미국에서는 처방전에 따는 의약품의 소비가 해마다 12.5%가 증가하였다. 이와 같은 빠른 성장은 순조로운 인구통계적 요인에 기인했다. 사람들이 노령화되어 가는 것에 따라, 그들은 처방전에 따른 의약품을 더 소비하는 경향이 있고, 대부분의 선진국들에서도 인구는 노령화되어 가고 있다. 앞서 살펴본 것 같이 제2차 세계대전의 베이비붐 세대가 노령화되어가고 있다.

더욱이, 성공한 처방전에 따른 의약품은 수익성이 대단히 좋을 수 있다. 화이자(Pfizer)제약에 의해 판매된 콜레스테롤을 낮추는 의약품인 Lipitor를 살펴보자. 이 약은 1997년에 소개되어 2006년까지, 화이자에서 이 의약품의 연간매출액은 놀랍게도 120억 달러에 이르게 되었다. 유통비용과 제조비용 및 광고홍보비용을 빼고 남긴 총수익이 약 100억 달러에 이른다.

이 의약품은 매우 수익성이 좋은데 그 이유는 20년간의 특허권으로 직접적인 경쟁으로부터 보호받기 때문이다. 이 기간 동안의 독점영업권은 화이자가 높은 가격을 받는 것을 가능케 하고 있다(경제적 환경). 특허권이 만료된 후로는 다른 회사들이 Lipitor의 일반적인 제품을 생산할 수 있을 것이고, 가격은 하락하게 될 것이다. 일반적으로 한 해 80%까지 하락하게 될 것이다. 그러나 시간은 좀 걸릴 것이다.

경쟁회사들은 이 특허권으로 보호받는 의약품과 유사한 의약품을 생산할 수 있다(그러나 동일한 것은 아니다.). 제약회사들은 특정한 분자구조로 특허를 신청할 수 있다. 즉, 경쟁회사들은 유사한 특허권을 신청할 수는 있으나 동일한 것은 아니라는 의미이다. 유사한 약물효과를 가진 분자구조인 것이다. 따라서 Lipitor는 머크사(Merck)에 의해 판매된 Zokor와 아스트라제네카사(Astera Zeneca)의 Crestor와 같은 콜레스테롤을 낮추는 의약품시장에서 경쟁자들을 갖게 된다. 그리고 이 경쟁 의약품들 역시 특허권으로 보호받게 된다. 더 나아가, 의약품이 안전하고 효과가 있다는 입증을 위한 연방식약청(FDA)의 규제와 요구로 신약개발과 관련된 그리고 시장에서 판매하기 위해서는 비용과 위험이 매우 높다. 제약회사의 실험실에서 실험된 매 5,000개의 혼합물 중에 단지 5개만 임상실험에 들어가고, 이 5개 중에 하나만 궁극적으로 시장으로 진입하게 된다. 평균적으로, 그 비용이 8억 달러에 이르는 것으로 평가되고, 신약을 시장으로 가져가기 위해서는 10년에서 15년이 걸리는 것으로 평가되고 있다. 일단 시장으로 진입하게 되면, 10개의 의약품 중에 3개만이 제약회사의 R&D비용과 마케팅 비용을 회수할 수 있고 수익을 내게 된다. 그래서 제약산업의 높은 수익성은 크게 성공한 소수의 의약품에 달려 있다. 크게 성공한 의약품을 생산하기 위해서 제약회사들은 막대한 금액을 연구개발에 소비해야 하는데, 대부분의 연구개발은 제품생산에 실패하게 된다. 예를 들어, 화이자는 2005년에만 R&D에 74억 달러 이상을 소비하였고, 이 금액은 전체 수입의 14.6%에 이른다.

R&D 지출뿐 아니라 제약업계의 기존회사들은(동종산업 경쟁자) 광고와 판매홍보에 많은 자금

을 지출해야 한다. 화이자가 Lipitor의 홍보를 위해 한 해 동안 지출하는 4억 달러가 그 의약품의 총수입에 대해서는 상대적으로 적을지라도, 새로운 경쟁자의 시장진입을 어렵게 하기 위해 경쟁하기 위한 금액으로는 큰 것이다. 만약 그렇게 하지 않는다면, 경쟁자는 더 좋은 제품을 생산하게 될 것이다.

제약산업의 회사들은 몇몇 큰 기회들이 임박해 있기도 한다. 앞으로 10년 안에 있을 수 있는 기술적 환경인 '게놈(genomics)'의 과학적 진보가 주는 돌파구로 인해 제약회사들이 새로운 의약품들을 시장에 내놓게 될 것으로 예측된다. 이와 관련한 의약품들은 알츠하이머, 파킨슨 질병, 암, 심장질환, 뇌졸중과 후천성면역결핍증(HIV)을 포함하는 가장 다루기 어려운 의학적 상태를 해결하는 치료약이 될 것이다.

다른 한편, 이 산업에서의 관리자들은 정치적 · 법률적 환경의 심각한 도전에 직면하게 된다. 특허권으로 보호받은 많은 의약품들이 앞으로 10년 안에 특허권이 만료될 것으로 예정되어 있으며, 수익성을 유지하기 위해 제약회사들은 특허권이 만료될 의약품을 대체할 수 있는 새로운 신약을 개발해야 한다. 추가로, 건강케어에 대한 지출이 상승하고 있기 때문에 고연령층 소비자들은 처방전에 따른 의약품의 높은 비용에 관해 불평을 하고 있고, 정치인들은 이러한 고연령층 유권자를 의식하여 높은 가격을 제한하는 방법을 찾고 있다. 하나의 가능성은 처방전에 미국 거주자들이 가격이 더 저렴한 의약품을 외국에서 구매하는 것을 쉽게 한다는 것이다.

추가적인 도전은 대형 건강케어 제공업자들의 성장(경제환경; 대체재)과 관련된 것이다. 그들은 많은 이용자들을 가지고 있고 이 고객들이 지불해야 할 의약품 가격을 줄이기 위해 그들의 영향력을 사용하기 시작하였다. 경우에 따라서는 그 업자들은 가격이 높은 의약품에 대해서 의료보험 혜택의 제공을 거절하게 될 것이다. 더욱 낮은 가격의 일반 대안의약품이 가능하게 될 때, 일어날 수 있는 일이다.

자료 : W. L. Charles and S. L. McShane, 2009, McGraw-Hill, 김기태 외 공역, 「경영학원론」, 서울 : 경문사. 필자 편집.

요 약

조직은 진공상태로 존재할 수 없다. 우리가 살펴본 경영조직은 외부의 환경으로부터 영향을 주고 또한 외부환경을 만들어가는 역할을 한다. 경영환경이란 기업조직을 둘러싸고 있거나 내부 및 외부에 있어서 기업의 활동에 영향을 미치는 모든 요인이나 힘을 말한다.

경영조직을 둘러싼 환경은 크게 외부환경과 내부환경으로 나누어질 수 있다. 내부환경은 경영조직 내부의 관리적 시스템인데 여기에는 다양한 관리전략과 조직분위기 및 조직문화와 조직구성원의 특성을 말한다. 외부환경이란 조직의 외부에 존재하는 요인으로 조직의 경영활동에 연관성을 갖고 영향을 미치는 요인들이다. 외부환경은 다시 일반환경과 과업환경으로 나눌 수 있다.

과업환경이란 어떤 특정 경영조직에 직접적으로 영향을 미치는 환경요인이다. 이 요인은 경영층에게 가장 근접하여 그 대상이 확인되므로 관리와 통제가 가능한 요인이라 할 수 있다. 과업환경은 기업경영활동에 직접적으로 연관되어 활동 여하에 따라 손실과 이익이 드러나는 관계이므로 다른 말로 이해관계자 환경이라고 할 수 있다. 과업환경은 크게 공급자, 동종산업 경쟁자, 고객, 주주, 노동조합, 및 지역사회와 압력단체로 구분할 수 있다.

이에 반하여 기업조직에 폭넓게 간접적으로 영향을 주는 일반환경이 있는데 이것은 일명 거시적 경영환경이라 말할 수 있는데 여기에 포함되는 것은 인구통계학적환경, 경제환경, 정치 · 법적 환경, 사회 · 문화적 환경, 기술적 환경, 자연환경 및 국제적환경요인 등이 있다. 미시적 환경에 비해 거시적 환경은 기업가나 경영자에게는 영향력의 파급력이 크고 통제할 수 없는 영역에 속하므로 경영자는 이러한 환경의 변화를 예의주시하고 정책을 수립하여 실천해야 한다.

환경변화가 안정적인 정도에 따라 동태성의 정도로 표현하고, 또한 환경은 어느 정도 복잡한가의 여부에 따라 복잡성 정도로 표현한다. 이러한 두 가지가 결합되어 환경불확실성 정도가 결정된다.

환경은 경영자들에게는 분석의 대상이며 관리의 대상이다. 조직의 환경관리전략은 두 가지인데 하나는 환경에 대한 적응전략이고, 다른 하나는 환경에 대하여 조직이 통제하는 전략이다. 적응전략에는 완충활동 및 계획과 예측, 경계활동, 유연한 조직설계가 있다. 환경 자체를 조직이 바꾸는 통제전략에는 합병과 합작 및 중역의 활용, 광고홍보, 활동영역의 변경 정치적 로비활동이 있다.

토의주제

1. 경영에서 환경은 무엇을 의미하며 왜 중요한가?
2. 경영환경을 구분 기준에 따라 분류해보라.
3. 경영환경에서 인구통계요인의 영향력이 증가하고 있다. 우리나라를 OECD 국가와 인구통계 요인을 비교하고 경영에 주는 의미를 토의해보자.
4. 경영환경을 관리하기 위한 전략은 무엇인가?
5. 경영환경을 잘 관리한 성공기업사례를 찾아 원인을 분석해 보고, 실패기업 사례를 조사한 후 자신이 경영자라 가정하여 경영환경 전략을 수립해보자.

참고문헌

1. 양춘희, 1998, 경영학원론, 서울 : 선학사.
2. 신유근, 2011, 경영학원론 : 시스템적 접근, 서울 : 다산출판사.
3. K. J. Wood, 1990, Business and Society, NJ : Harper Collins Publishers.
4. K. M. Bartol, and K. C. Martin, 1990, Management, NJ : McGraw-Hill.
5. L. S. Baird,, J. E. Post and J. F. Mahol, 1990, Management : Functions and Responsibilities, NY : Harper & Row Publishers.
6. L. J. Gitman and M. Daniel, 2005, The Future of Business(2nd), Thompson.
7. R. J. Ebert and R. W. Griffin, 2013, Business Essentials, PERARSON.
8. J. R. Shermerhorn, Jr., 2011, Introduction to Management, John Wiley & Sons, Inc.
9. M. A. Hitt, J. S. Black, and I. W. Porter, Management, NJ : Prentice-Hall 및 신유근, 2011, 앞의 책.
10. 박정민 외, 2011, 경영학의 이해, 서울 : 비앤엠북스
11. 임창희, 2010, 인적자원관리, 서울 : 비앤엠북스
12. W. L. Charles and S. L. McShane, McGraw-Hill, 김기태 외 공역, 2009, 경영학원론, 서울 : 경문사.
13. 신유근, 2011, 앞의 책.
14. R. L. Daft, Understanding the Theory and Design of Organizations, 김광점 외 공역, 2010, 조직이론과 설계, 서울 : 한경사.
15. 신유근, 2011, 앞의 책.
16. 박정민 외, 2011, 앞의 책.
17. 김기태 외, 2009, 앞의책.

Chapter 05

사회적 책임과 기업윤리

학습목표

1. 기업의 사회적 책임이 등장하게 된 배경과 그 의미를 이해한다.
2. 사회적 책임의 내용과 영역을 학습한다.
3. 이해관계자별 사회적 책임의 내용을 설명할 수 있다.
4. 기업윤리의 개념과 배경을 이해한다.
5. 경영기능별 기업윤리와 주체별 기업윤리를 구분하여 설명할 수 있다.
6. 윤리강령과 규범제정을 통한 실천적 윤리경영전략을 수립할 수 있다.

Key-word

기업의 사회적책임, 윤리, 기업윤리, 이해관계자적 관점, 기업시민, 이해집단, 공유가치, 기업윤리규범, 윤리강령, 윤리감사제도

CHAPTER 05

사회적 책임과 기업윤리

제1절 사회적 책임의 의의

1.1 사회적 책임의 의의

오늘날 기업의 사회적 역할에 대한 관심이 증대되고 있다. 일부에서는 사회문제에 적극적으로 대응하고, 역할을 수행하는 것만이 앞으로 기업이 살아남을 수 있는 길이라고 주장하고 있다. 각종 여론조사에서 응답자의 2/3가 기업이 대중에게 정직하지 않으며 이윤창출의 과정이 비도덕적이라고 느낀 것으로 나타난 사실은 기업의 생존방식이 중대하게 변모해야 함을 시사하고 있다.

기업의 사회적 책임(CSR : Corporate Social Responsibility)이란 기업의 의사결정이 특정개인이나 사회조직내의 다양한 집단, 즉 사회전반에 미칠 수 있는 영향을 고려해야 하는 의무를 말한다. 따라서 기업체는 정부, 주주, 종업원, 공급자, 고객, 노동조합, 경쟁자, 금융기관, 지역사회 등 기업의 이해자집단과의 공동이익을 도모할 수 있는 경영을 지속해 나가야만 사회적 책임을 다하는 것이 된다. 기업의 사회적 책임에는 법률적 책임뿐 아니라 경영적 책임 그리고 윤리적 책임까지 포함된다. 따라서 기업윤리(business ethics)가 동의어로 사용되기도 하는데, 기업윤리는 보다 더 실천적 의미를 지닌다고 볼 수 있다.

유한양행 사회공헌 : 우리강산푸르게

청정원사회공헌 : 희망숫가락 나눔활동

기업의 사회적 책임이 발생하는 근거는 기업이 이윤을 지향하는 사회적 존재이자 다른 한편으로는 사회적 역할을 다하는 제도적 존재이기 때문이다. 대기업은 물론 중소기업도 사회로부터 얻은 이익의 일부를 어떠한 형태로든 사회에 되돌려 주어야 한다. 기업이 사회에서 받은 이익의 일부를 사회에 환원하려고 노력할 때 그 기업은 사회적 책임을 이행하고 있다고 할 수 있을 것이다.

Corporate Social Responsibility is the obligation of an organization to serve the interests of society in addition to its own interests.[1)]

1.2 사회적 책임의 배경

1) 경제구조의 변화

만약 시장이 완전 자유경쟁 상태에 있다면 시장가격은 수요 · 공급원칙에 따라 자동적으로 조절되며 각 기업가는 이익극대화를 유일한 기준으로 삼고 시장가격의 변동에 맞추어 생산활동을 할 수 있다. 또한 소비자는 가장 싼 가격이면서 품질이 가장 좋은 제품을 찾을 것이기 때문에 그러한 조건으로 제품을 제공하는 기업가에게는 많은 고객이 몰려들어 최대의 이익을 올릴 수 있다.

따라서 각 기업가가 최대의 이익추구를 유일한 기준으로 삼고 기업 활동을 한다. 소규모의 개인 기업이 지배적이었던 개인기업 경제시대에는 완전 자유경쟁 상태가 가능할지 모른다. 그러나 오늘날의 선진국은 물론 우리나라의 시장도 불완전 경쟁상태가 지배적이기 때문에, 이른바 시장의 자동적

코웨이의 사회공헌 : 캄보디아 우물 파기

하나은행의 사회공헌 : 베트남 나무숲 조성

조절력은 상당히 상실된 것이 사실이다. 여기에 오늘날 경영자의 사회적 책임문제가 생기게 된 근거가 있는 것이다.

우리나라는 급격한 경제성장을 통해 대기업이 국가경제에 차지하는 비중이 대단히 높고 시장에서 차지하는 비중이 중소기업보다 현격히 크다. 대체적으로 대기업들이 거의 모든 제품시장에서 독과점적 지위를 차지하고 있다.

그러므로 대부분의 주요산업에 새로운 기업체가 진출한다는 것은 극히 어렵게 되었다. 이러한 시장의 자동적 조절력 약화라는 경제구조변화는 경영자의 사회적 책임문제가 대두된 배경이 된다.

2) 경제력 집중과 영향력 증대

위에서 설명한 경제구조의 변화는 기업의 대형화를 촉진시키고 경제력을 대기업에 집중시키는 현상을 초래하기 쉽다. 만일 경제력 집중현상이 초래되게 되면 첫째, 기업 간의 경쟁은 감소하는 경향을 보일 수 있다. 둘째, 대기업과 중소기업 간의 경제적 이해관계는 중소기업에게 불리하게 전개될 수도 있다. 셋째, 대기업의 제품가격은 높게 책정될 수도 있다. 넷째, 소비자의 상품선택의 자유가 협소해지는 등 소비자 보호가 등한시될 수도 있다. 다섯째, 노동조합의 결성을 통하여 근로자들이 단체협상력을 제대로 행사할 수 없는 등의 현상이 초래될 수도 있다.

기업의 대형화는 생산시설의 대규모화를 뜻하는데, 특히 대기업들이 지배하는 중화학공업·첨단기술 산업 등의 분야는 더욱 그럴 가능성이 존재한다. 그러므로 기업의 권력남용 가능성을 사전에 배제하고 타 사회구성요소와의 권력균형을 유지하기 위해서도 기업과 그 경영자에게 사회적 책임을 부과할 필요가 있는 것이다.

30대 재벌기업의 문어발식 확장

주요그룹의 문어발 확장에 대한 규제 여론

3) 사회구성원들의 상호의존성 증대

기업이 사회전반에 미치는 영향력이 증대하게 되지만, 기업도 그 환경을 형성하는 타 구성요소들로부터 많은 영향을 받는다. 이러한 현상은 우리사회를 구성하는 모든 요소들이 상호간 의존하고 묶여 있음을 보여주는 것이다. 그렇기 때문에 우리사회가 당면한 복잡한 문제들을 해결하려면, 모든 사회구성요소가 다같이 상호협력하지 않을 수 없다. 특히 현 사회에서 유력한 세력을 가진 기업은 고립상태에 있을 수도, 사회적 책임을 회피할 수도 없는 형편이다. 또한 사회여론도 점점 더 기업이 사회적 책임을 수행할 것을 요구하고 있다.

4) 기업활동에 대한 규제

정부가 법률만으로 기업의 모든 책임에 대해 규제하는 것은 효과도 없고 바람직하지도 않다. 기업을 둘러싼 여러 이해관계의 조절은 정부가 법률을 제정하여 임의적으로 기업의 책임을 결정하거나 기업이 그 행동을 자율적으로 규제하도록 하게 할 수 있다.

기업행동을 규제하는 목적을 가진 법률은 많다. 그러나 오늘날의 기업 환경 하에서 전개되는 복잡하고 다양한 기업 활동을 일일이 법률로써 규제하는 것은 현실적으로 불가능할 뿐 아니라 바람직하지 못하다. 경제적 책임과 법적 책임이 아닌 사회적 책임에 대한 것은 더욱 그렇다.

그러므로 사회는 기업행동 또는 경영자 의사결정의 기준이 될 수 있는 법률을 어느 정도 제정하여 집행하면서, 추가적으로 기업과 경영자에게 윤리를 지키고 사회적 책임을 이행할 것을 강조할 수밖에 없다. 따라서 사회가 기업 및 경영자에게 윤리와 사회적 책임을 강조하는 것은 법률보다 높은 차원의 양심에 호소하여 그들의 행동을 자율규제토록 하는데 목적이 있다.

5) 소유와 경영의 분리 및 전문경영자의 등장

기업이 주식회사 형태로 대규모화하면서 소유와 경영이 분리되고 전문경영자가 기업경영의 주도적 위치를 확보하게 되었다는 사실은 사회적 책임이 중요시되는 또 하나의 배경이 된다. 전문경영자는 소유경영자와는 달리 이익의 극대화라는 전통적 기업목표의 실행자라는 역할에만 머물 수는 없다.

주주총회 : 소액주주 발언 (사진 : 오마이뉴스)

이윤 극대화가 기업경영의 유일한 목표가 되지 못하는 이유는 주주 이외에도 종업원, 소비자, 공급업자, 지역사회 등 많은 이해관계자의 참여와 협조가 확보되지 않으면 사회내의 한 제도 또는 기관으로서의 기업은 존립 근거가 약화되어 계속적으로 유지·발전할 수 없기 때문이다. 그러므로 전문경영자는 주주만이 아니라 각 이해집단의 이해를 조정해야 하는 사회적 책임을 지지 않을 수 없게 되었다.

1.3 사회적 책임의 변천

역사의 흐름에 따라 강조점도 변하게 되어 사회적 책임을 보는 관점도 달라져 왔다.

1) 전통적 관점

이는 사회적 책임을 최저의 비용으로 제품과 서비스를 생산하여 사회에 공헌하는 일이라고 정의하면서 기업의 주된 관심을 이윤의 극대화와 장기적인 이익에 두고 있다. 또한 경영자는 주주의 이익에 봉사해야 한다고 주장한다. 이 관점에 따르면 조직은 주주의 요구에만 책임을 지고 다른 집단의 요구에는 관심이 없다. 따라서 사회적인 문제를 해결해야 하는 책임은 정부에 있다고 본다.

2) 이해관계자적 관점

경영자는 당해 기업의 목적과 이익에 영향을 받거나 주는 여러 이해관계자들에 대해 책임을 져야 한다는 것이다. 전통적인 접근방법과 비교해볼 때 이 접근방법은 사회적 책임의 범위를 확대한 것이다.

3) 적극적 관점

이 관점은 경영자는 기업과 다양한 여러 이해관련자 집단과 더 나아가 일반대중의 상호이익을 최대로 증진시킬 책임이 있다는 것이다. 또한 경영자에게 주어진 의무가 첫째,환경의 변화를 예상하고 둘째, 기업의 목적을 이해관련자 집단과 일반대중의 목적과 함께 융화하며 셋째, 기업과 여타 집단의 다양한 이익을 증진시키기 위한 구체적인 단계를 밟는 의무가 있다는 점에서 보면 이해관계자적 관점보다 훨씬 차원 높은 단계이다.

이는 한편으로는 참다운 의미의 사회적 책임으로, 다른 한편으로는 대중적(public) 관점으로 논의되는 적극적인 개념으로서, 기업이 주주 이외의 여타 구성 집단에 대한 자발적(voluntary)인 의무를 지니고 있음을 알려 준다. 예를 들어 한 정신질환자가 감기약 캡슐에 독을 넣어 8명이 사망하게 되자 제조회사인 존슨&존슨사는 즉시 3,000만개의 캡슐병을 회수하였고, 그로 인해 1억 달러의 손해를 입었다. 이 경우 존슨&존슨사는 식품 및 의약품 관리당국의 명령을 기다리지 않고 일반대중에게 최선을 다해야 한다는 믿음대로 행동한 것이다. 존슨&존슨사는 이러한 행동으로 후에 고객충실도(customer loyalty)가 높다는 칭송을 받았다.

기업이 사회적 책임을 수행함에 있어, 구체적으로 준수해야 할 기업행동의 내용이나 규칙을 기업윤리(business ethics)라고 할 수 있다. 기업도 사회의 한 구성원이며, 기업시민(corporate citizen)으로써 마땅히 옳고 그른 사회규범을 준수해야 한다는 의미에서 필요한 것이고, 이것이 기업에 적용될 때 우리는 기업윤리라고 말한다. 즉, 기업의 사회적 책임이라는 보다 광범위한 가치관의 전제 하에 기업윤리의 실천적 준칙이 병행되면, 기업이나 경영자는 사회적 책임을 다한다고 할 수 있다.

존슨앤존슨 사옥 전경

따라서 기업윤리도 개인과 같이 윤리수준의 발전단계가 있을 수 있다. 라이덴바흐-로빈(R. E. Reidenbach and D. P. Robin)은 기업조직이 이윤극대화 및 영리성 증대와 공익성 및 사회성 증대를 어떻게 조화시키는가를 판단기준으로 하여 기업윤리수준도 발전해 나간다고 설명했다.

제 2 절 사회적 책임의 내용

2.1 사회적 책임의 영역

기업에게 적용되는 사회적 책임의 주요 영역은 기업역사, 지역성, 사업규모, 업종의 차이 등 다양한 요인에 의해 범위와 정도가 결정되지만, 대개 기업의 이해관계자 주체별로 논의하는 것이 보통이다. 이해관계자를 주체별로 보면 주주, 채권자, 종업원, 고객, 공급자, 정부, 노동조합, 경쟁자, 지역사회, 일반대중이 있다.

기업의 사회적 책임을 광범위하게 적용시켜 볼 때, 기업자체의 유지 · 존속의 책임이란 문제가 가장 본질적이고 중요해진다. 기업이 존속한 다음이라야 이해관계자가 존재하고, 그 이상의 요구가 가능해지기 때문이다. 또한 이들 이해관계자들 간의 원활한 조정과, 직장생활의 행복추구를 위한 인간관계 개선 및 기업문화정립, 지역사회에 대한 책임, 제품과 서비스를 생산하고 폐기하기까지의 전과정에서 지구촌의 자연 환경에 대한 윤리적 인식은 더할 수 없이 중요한 과제이다.

1) 기업의 유지와 발전의 책임

부도기업 관련 뉴스와 사회적 파장 (사진 : 딴지일보)

기업은 대규모일수록 개인이나 대주주의 사적 소유물이기보다는 사회가 필요로 하는 하나의 시스템 또는 기구로서의 존재가치가 더 크다. 이와 같이 기업을 전체사회를 구성하는 하나의 요소라고 볼 때, 경영자는 시스템으로서 기업을 유지 · 발전시켜야 할 책임을 전체 사회에 대해 져야 한다.

따라서 기업을 도산시키는 경

영자는 출자자에게 개인적 손실을 안겨줄 뿐만 아니라 귀중한 자원을 낭비하여 사회적인 손실을 초래하게 되는 것과 같다.

해체 전 대우그룹의 경제적 위상 (1998년 기준)

국내 계열사 수	41개
연간매출	62조 원
자산	83조 원(당시 재계 2위)
부채	65조 원
자본금	18조 원
해외법인 수	396개

자료: 금융감독위원회, 공정거래위원회

해체 이전의 대우그룹 기업현황

2) 이해관계자의 이해조정 책임

경영자의 사회적 책임을 논할 때 주로 거론되는 대상은 다음과 같다. 주식회사인 대기업의 경영자가 직접적인 이해관계를 가지는 주주 · 종업원 · 소비자뿐 아니라 정부, 거래처, 금융기관, 지역사회 등 다양한 이해집단(interest groups)을 상대로 이해를 조정할 필요가 있다.

왜냐하면 이들 모두는 기업에 직간접으로 영향력을 미치는 내적 · 외적 환경요소들이기 때문이다. 그러므로 경영자는 주주의 경제적 이익에 대해 책임을 져야 할 뿐 아니라 여타 이해집단의 권익 역시 보호할 책임이 있다. 한편 이해집단 간에는 이해충돌로 인한 복잡미묘한 문제가 발생할 수 있기 때문에 경영자는 이해 조정을 해야 하는 사회적 책임을 지는 것이다. 이해 조정에 있어 경영자는 주주, 종업원, 소비자 및 생활환경에 대한 책임수행에 가장 높은 순위를 두어야 한다.

3) 인간관계 책임

사회적 기능이란 기업체가 목적달성을 하는 과정에서 종업원 각자가 인간적인 가치를 발휘할 수 있는 장을 얻고 만족을 얻음으로써 자발적으로 협조할 수 있도록 기업체내에 적절한 사회관계와 인간관계를 유지하는 것을 말한다.

종업원이 자랑스럽게 생각하는 회사, 종업원이 퇴근 후 집에서 저녁상에 앉아 가족들에게 자기회사 자랑을 하고, 칭찬하는 기업은 조직구성원의 작업태도는 물론이고, 생산성이 높으며, 조직몰입도도 높을 것이다. 경영자들이 종업원을 또는 그 반대의 방향에서 서로가 존중하고 신뢰하도록 하는 기업문화를 정립하는 것은 매우 중요하다.

4) 지역사회에 대한 책임

영리추구를 허용하는 사회에 대한 보답으로서 또한 '기업이익의 사회적 환원'이라는 측면에서 기업이 여러 가지 지역사회사업에 개입하는 것은 매우 바람직하다.

가령 학자금 · 연구비 지급, 공중보건 개선을 위한 시설의 마련이나 자선단체에의 기부, 구호금 전달, 직업훈련, 지역민의 고용이나 낙후지역의 개발, 투자 등은 지역사회 사업 및 책임의 성격을 띤 것이다.

아시아나항공 : 사랑의 모금활동 '각국의 동전 모아 최빈국 돕기'(사진 : 헤럴드경제)

5) 환경에 대한 책임

우리의 생활환경은 각종 오염으로 인하여 날로 악화되고 있다. 기업은 환경오염의 주요 원인제공자이기 때문에 많은 비난을 받고 있다. 기업이 경제적 책임을 다하여 물질적 생활수준이 높아졌다 하더라도 오염으로 생활환경이 악화되면 생활의 질(quality of life)은 향상될 수 없다. 그러므로 전체사회를 구성하는 한 요소인 기업은 오염을 방지하고 생활환경을 보호·개선해야할 의무를 져버려서는 안될 것이다.

기업윤리나 사회적 책임의 주요현안문제는 크게 소비자관련 문제와 환경보호관련 문제로 대별할 수 있다. 환경에 대한 문제는 이제 기업경영에 있어 새로운 경쟁력요인이 되어가고 있다.

폐수를 방류하는 모습 (사진 : 노컷뉴스)

국순당 기업 : 폐수를 정화하여 연못을 만든 사례

2.2 기업의 이해관계자별 사회적 책임

〈도표 5-1〉에서는 기업을 둘러싸고 있는 이해관계자에 대하여 기업은 어떤 책임을 해야 하는지를 세부적으로 기술하고 있다.[2)]

도표 5-1 기업의 이해관계자별 사회적 책임

이해관계자	이해관계자의 관심사
주주/투자자	이익배당, 신주인수, 재산처분시의 참여, 주주, 의결권 행사, 주가추이,
기업주/경영자	기업평판, 경쟁력
종업원	임금과 근무조건, 복리후생제도, 채용관행과 승진제도
노동조합	노조가입과 활동, 노동자에 대한 중재자 인식, 노조원의 교육
소비자/고객	제품의 안전성, 적정가격, 서비스수준과 품질보장,
경쟁업자	경쟁행위의 합법성, 동업자에 대한 기업윤리
공급자	기업의 자원에 대한 지속적 공급여부, 대금결재의 합법성
유통업자/거래처	입찰과 납품시 합법적 행위, 대금결재의 합법성
금융기관	금융거래시 합법적 행위
소비자단체	허위정보, 과대광고, 폭리, 유해상품
정부	세금, 공정경쟁, 자유경쟁원리 보장, 기업가의 법적책임
지역사회	생산적이며 건전한 기업활동, 고용창출, 환경훼손
일반대중	사회전반의 활동에 대한 기업의 사회적 책임과 이익의 환원, 사회발전을 위한 문화사업 지원, 정부의 복지를 부가적으로 지원하는 역할

자료 : 김성수, 2009, 21세기 윤리경영론, 삼영사 ; 양춘희, 1998, 경영학원론, 선학사. 편집정리

2.3 사회적 책임의 지평확대

국제 표준기구(ISO)는 2010년 11월에 기업의 사회적 책임에 대한 활동에 관해 ISO26000을 발표하였다. ISO26000은 사회적 책임이 인류의 지속가능한 발전(sustainability)에 필수적이라는 인식을 가지고 여러 차례 협의 결과 모든 조직에 적용되어야 하는 국제적 표준으로서 7가지 핵심 주제를 담고 있다. 즉 조직의 지배구조, 인권, 노동관행, 환경, 공정운영관행, 소비자이슈 및 지역사회와 발전이다. 향후에 이러한 주제는 기업의 활동에 많은 영향을 줄 것으로 보인다.

기업의 사회적 책임은 찬성과 반대의 의견이 있으나, 그럼에도 불구하고 기업성공의 중요한 전략적 키워드가 되고 있다. 기업의 나눔 경영이나 사회공헌은 이른바 '제3의 경영'으로 불릴 만큼 그 저변이 확대되고 있다. 상황이나 필요

에 따라 일회적으로 하는 경영활동이 아니라 지속적으로 벌여야 하는 핵심적인 경영활동으로 자리잡고 있다.[3)]

사회공헌이 핵심적인 가치로 떠오르면서 그 패러다임도 바뀌고 있다. 과거에는 불우이웃돕기 성금을 내고 연말에 고아원이나 양로원 등 소외시설을 방문하는 일회성 활동개념이었다. 그러나 이제는 기업의 사회공헌활동은 단순한 비용지출이 아니라 사회를 위한 장기적인 투자라는 인식이 부각 되면서 질적인 변화를 겪고 있다.

이는 하버드대 마이클 포터(M. Porter)교수가 제시한 '공유가치 창출'(CSV; Creating Shared Value)전략과 맞닿아 있다. CSV는 기업이 빈곤이나 경제문제 해결에 기여해 사회발전에 도움을 주면서 기업이 수익성도 동시에 올릴 수 있다는 개념이다.

미국의 탐스 슈즈(TOMS shoes)가 대표적인 사례이다. 탐스 슈즈는 소비자가 신발 한 켤레를 사면 다른 한 켤레를 제3세계 어린이에게 기부하는 '1대1 기부 공식'을 세웠다. 소비자들은 단순히 제품을 사는 게 아니라 제품에 담긴 의미와 가치를 구매해 더 큰 만족을 얻고, 기업은 경쟁력을 확보할 수 있는 방법이 된다.

스위스 식료품 업체인 네슬레는 지난 50년간 원유(原乳)를 공급하는 인도지역에 대한 투자를 아끼지 않았다. 위생과 기반시설이 부족한 곳에 젖소 관리에 필요한 기술을 전수해 주고, 축산 농가에 대한 자금지원과 교육에도 힘썼다. 그 결과 젖소농가의 우유생산성이 크게 늘었고, 인도전역에서 네슬레 제품판매도 동시에 증가했다. 커피회사인 네스프레스도 아프리카 지역 원두 생산자들에 대한 교육과 투자를 한 후 매년 20% 이상 생산성이 향상되는 효과를 복 수 있었다.

우리나라의 기업도 사회공헌 사업이 보다 체계적이며 지속적인 방향으로 변화되고 있다. 전국경제인연합회(전경련)에 따르면 2010년 국내기업의 사회공헌 실태를 조사한 결과, 우리나라 대기업들은 2010년 1년 동안 2조 8735억 원을 사회공헌 활동에 썼다고 한다. 이는 전년보다 8.4% 증가한 것이다.

우리나라의 대기업인 삼성, 현대차, SK, LG 등 대기업들은 단순한 기부나 봉사활동이 아니라 기업이 가진 인적, 물적 자원을 활용하여 사회적 가치를 높이는 방안을 모색하고 있어서 지속가능 성장과 발전의 패러다임으로 바뀌고 있는 것이다. 〈도표 5-2〉는 우리나라 주요기업의 대표적인 사회공헌 활동이다.

도표 5-2 주요 기업의 대표적 사회공헌 활동

그룹	사업 명칭	활동사항
삼성	드림클래스	가정형편 어려운 중학생에게 교육기회 제공
현대차	H-온드림 오디션	우수 청년기업가 발굴해 창업지원
SK	사회적 기업	사회적 기업 육성해 일자리 창출
포스코	클린오션	임직원 400명이 해양수중정화 활동
한화	해피선샤인	태양광 설비 복지시설에 지원
GS	예울마루 조성	전남여수에 복합문화공간 조성

자료 : 조선일보 2012년 9월 12일

제 3 절 기업윤리

3.1 기업윤리의 개념과 대두배경

1) 기업윤리의 개념

기업윤리를 설명하기에 앞서 윤리의 개념을 살펴본다. 일반적으로 윤리(ethics)란 인간이 타인과 살아가면서 생각과 행동에 있어 옳고 그름을 따져서 사회적으로 옳다고 받아들여지는 가치판단의 기준이다.

즉, 윤리란 인간이 사회생활을 올바르게 영위할 수 있도록 질서를 확립해 주는 것으로써 사람이 사람답게 살아가기 위해서 마땅히 행하거나 지켜야 할 도리이며, 인간사회의 가장 기본적인 규범이라고 할 수 있다.[4)]

매우 다양한 문화를 보유한 미국과 같은 나라에서 윤리적 행동에 대한 공통의 기준을 명시한다는 것이 불가능해 보일 수도 있다. 하지만 과거부터 현재에 이르기까지, 다양한 문화를 가진 모든 민족에 이르기까지 보편적으로 추구하는 윤리적 가치를 언급한 출처들이 있다. 예를 들어 성서, 아리스토텔레스의 윤리론 등에서 기본적인 도덕적 가치에 대하여 다음의 몇 가지 중요 주제어를 언급하였다. 즉, 청렴(integrity), 인간생명 존중, 자제, 정직, 정의, 용기, 자기희생 등은 옳은 것이며, 부정, 비겁함, 잔혹함 등은 그릇된 것이다.[5)] 이러한 보편적 윤리는 기업경영에서 발생하는 도덕적 문제를 해결하거나 규명하는 역할을 해준다.

기업이 사회적 책임을 수행함에 있어, 구체적으로 준수해야 할 기업행동의 내용이나 규칙을 기업윤리(business ethics)라고 한다. 기업도 사회의 한 구성원이며, 기업시민(corporate citizen)으로써 마땅히 옳고 그른 사회규범을 분별하여 준수해야 한다는 의미에서 필요한 것이고, 이것이 기업에 적용될 때 우리는 기업윤리라고 앞부분에서 설명하였다. 기업윤리는 미국에서 처음 논의하기 시작하여 최근에는 윤리적 경영이라는 명칭으로 확대되어 단순히 도리의 차원을 넘어 기업성공과 지속가능성장의 중요한 전략의 일환으로 발전하였다.

Ethics are beliefs about what is right and wrong or good and bad in actions that affect others.[7]
Business Ethics are standards of conduct and moral values regarding right and wrong actions in the work environment.[8]

2) 기업윤리의 대두배경

기업윤리가 중요한 이슈로 등장하게 된 이유는 다양하다. 즉, 개인적 윤리수준과 이기적 동기와 경쟁의 격화, 그리고 기업외부의 사회적 압력이다.[6] 이것은 달리 말하면 비윤리적 행위의 원천이라고 표현할 수 있다.

① 개인의 윤리수준

개인의 윤리수준이 달라서 기업의 윤리문제에 영향을 줄 수 있다. 윤리는 우리 개개인의 행동으로부터 시작된다. 조직의 경영자나 일정직급 이상의 공적인 직위에 있는 사람만이 중요한 것이 아니라 모든 직급의 종업원 개인의 행동은 윤리적인 수준이 다를 수 있다. 어떤 사람은 윤리적 수준이 높고 다른 사람은 윤리적 수준이 낮다. 따라서 기업윤리는 타인에게 또한 조직과 사회에 폐를 끼치지 않는 윤리의 수준이 어느 정도인지에 대한 가이드라인이 필요하다. 그리고 이러한 관점에서 보면 처음부터 윤리수준이 높은 사원을 선발하는 전략이 필요하다.

② 개인의 이기심과 경쟁

비윤리적 행동은 또한 기업 간 경쟁이 치열해진 때문이다. 이러한 구도에서 각 기업조직은 이기심에 의한 이익극대화를 추구하게 된다. 이것은 필연적으로 기업에 속한 구성원 개인과 개인 간 이기심으로 인한 충돌을 야기하고 기업조직간 이해가 충돌하며 범위를 넓혀 국가 간, 문화적인 상충으로 발전하게 된다. 이 때 기업이나 개인은 자신의 행동이 비윤리적으로 발전하게 되므로 제동을 걸기 위해서는 기업윤리에 대한 의식을 인지시키고 관리해야 한다.

③ 사회적인 압력

오늘날 기업은 사회적으로 윤리경영을 하도록 다양한 요구를 받게 된다. 이러한 요구는 지식정보사회로 진입하여 사회일반의 삶의 수준이 높아지면서 인간존중과 개인존엄성 및 지구환경의 소중함에 대한 가치가 중요해졌기 때문이다.

기업은 제4장의 경영환경에서 살펴보았지만 주주와 소비자, 종업원, 공공단체와 지역사회 등 다양한 이해관계자 집단과 더불어 살아가는 유기체이다. 기업은 기본적으로 기업이익을 창출하여 기업의 유지존속과 발전을 도모해야 한다. 이익을 추구하는 기업행동 역시 고용창출과 제품생산이라는 공헌을 하는 것이지만 이 과정에서 상대적 약자인 소비자나 종업원 개개인에게 비윤리적인 의사결정을 할 수도 있다.

이렇게 상대적 약자를 보호하기 위해 사회계층의 다양한 압력이 생기게 되고 이러한 사회적인 압력에 부응하는 윤리수준을 필요로 한다. 또한 적극적으로 기업윤리를 실천하면 오히려 사회적 정당성을 확보하여 기업발전에 중요한 토대가 될 수 있는 것도 기업윤리가 중요해진 이유이다.

3.2 기업윤리의 사고

기업경영자들이 왜 특정한 윤리적 결정을 하는가를 이해하려면 기업경영 활동과 연관된 윤리이론을 살펴볼 필요가 있다.

1) 타인에 대한 의무론

영국 철학자 로스(William David Ross)는 정상적이고 성숙한 지식을 가진 사람이면 누구나 다 인정하는 '명백한 의무'가 있다고 한다. 즉, 신의의 의무, 감사의 의무, 정의의 의무, 선행의 의무 자기향상의 의무, 및 남에게 해를 끼치지 않은 의무 등 6대 의무를 꼽고 있다.[9] 따라서 기업주체도 일반 개인처럼 관련을 맺은 이해관계자에게 의무론에 준하여 경영활동을 해야 한다는 것이다.

2) 공리론

공리론은 어떤 행동의 결과가 최대다수의 사람에게 최대의 선을 낳는다면 윤리적이라고 주장하는 이론이다. 이것은 매우 실용적인 사고방식으로 전체의 산출결과의 양을 보고 많으면 윤리적이라고 판단하는 것이다. 즉 순이익이 순비용보다 많은 행동이나 의사결정은 윤리적이라는 것이다. 이러한 사고방식의 한계는 인간이나 사회비용은 측정이 곤란한 점을 극복하지 못한다는 것이다. 또한 결과가 수단을 정당화하는 우를 범할 수도 있다.

3) 개인의 권리론

기업은 다양한 이해관계자들과 어울려 활동하는데 권리론은 인간존엄성과 개인의 권리차원에서 볼 때 윤리적 의사결정이라 판단하는 것이다. 권리란 개인 또는 집단의 당연한 요구로 생존과 자유선택의 권리 등을 들 수 있다. 즉 여성에 대한 차별적 대우, 한 종업원에게 개인 존엄성을 훼손할 정도의 근로계약을 하거나 직무를 지시하는 행위나, 사생활을 침해하는 일을 시키거나 질문하는 행위 등은 개인의 비록 조직전체에 이득이 큰 경우라 하더라도 한 개인의 기본적 권리의 차원에서 비윤리적인 것이다.

4) 정의론

정의론은 기업 활동에서 의사결정을 하는 데 있어서 사회적 정의의 준칙이 기준이 되어야 한다는 이론이다. 정의한 다른 사람을 평등하고 공정하게 대하는 것을 말한다.

타인에게 피해를 주는 기업광고행위 관련 TV 뉴스

드 조지(Richard De Geouge)에 의하면 정의에는 네 가지가 있다고 본다.

① 보상의 정의 : 과거에 차별대우를 받은 사람들 예컨대 장애자, 여성, 특정의 소수인종이나 민족 등에게 보상을 해주어야 함을 말한다.
② 교정적 정의 : 과거에 다른 사람에게 손해를 끼친 사람들을 처벌하는 것을 말한다.
③ 분배의 정의 : 혜택과 비용을 공정하게 분배하는 것을 말한다.
④ 절차의 정의 : 위 3가지 사항을 결정하고 집행하는 절차와 과정이 공정해야 함을 말한다.

3.3 기업윤리의 분류

1) 주체별 분류

기업윤리를 구분할 때 어느 주체가 어느 주체에 대하여 지켜야 할 윤리사항인지를 나누어 살펴볼 수 있다.[10)]

① 경영진의 윤리

- 주주에 대해 : 자금횡령, 부당한 배당,
- 사원에 대해 : 사원 차별대우, 위험한 노동의 강요
- 고객에 대해 : 불량품 판매, 허위광고, 부당한 가격책정
- 타사에 대해 : 부당한 인재 스카우트, 기술노하우 절도
- 사회일반에 대해 : 공해발생과 오염물질 투기, 분식회계

② 사원의 윤리

- 회사에 대해 : 책임 불이행, 회사기밀 유출, 근무태만
- 사원에 대해 : 부당한 고발이나 고자질, 동료 승진 방해공작
- 고객에 대해 : 고객에게 불친절, 고객에게 사기행각

③ 소비자의 윤리

- 회사에 대해 : 부당한 반품행위, 가짜모조상품 구입, 제품에 대한 악의적 소문누출
- 사원에 대해 : 지나친 봉사 요구, 비인격적으로 종사원을 대함
- 고객에 대해 : 줄서는 데서 새치기, 공공물건의 독점사용, 품절가능 품목의 사재기

【도표 5-3】 윤리의 경영기능별 주제

1. **인사관리**
   윤리적인 채용과 윤리적 보상, 저임금과 임금체불금지, 근로조건의 인간적 존엄성 중시 및 종업원의 권리보장과 능력개발기회 부여, 내부자신고, 정당한 이유 없는 해고 금지, 남녀차별 금지, 성희롱방지를 위한 조치 등
2. **마케팅 관리**
   시장조사와 광고와 윤리, 제품결정 윤리, 가격결정 윤리, 유통의 윤리, 판매결정 윤리
3. **재무 및 회계 관리**
   기업지배구조, 자금조달과 운용의 윤리, 이익조정에서의 윤리, 분식회계로 인한 허위 재무정보 금지
4. **생산 및 자재 관리**
   생산현장의 환경관리, 제조물책임과 불량자재 문제, 연구개발에 의한 기술 개발 도용문제, 품질관리의 윤리
5. **정보관리**
   정보관리와 프라이버시, 지적소유권, 시스템 및 소프트웨어 품질과 정확성

자료 : 이종영, 2011, 기업윤리, 서울 : 탑북스. 재편집

2) 기능별 분류

일반적으로 최고경영층에서 윤리경영을 위해 다루어야 할 주제를 경영의 기능별로 나누어 윤리적 문제를 살펴보면 〈도표 5-3〉과 같다.[11)]

3.4 기업윤리의 실행체계

1) 윤리규범과 윤리강령 제정

기업윤리를 생활화하기 위한 첫 단계 조치로 기업윤리에 관한 기본방침을 체계적으로 정리하여 조직구성원이 공유할 필요가 있다. 이를 위해 기업윤리규범이나 윤리강령이라는 이름으로 기업행동준칙을 만들어 행동방향을 제공한다.

기업윤리 규범(the credo of business ethics)은 적극적이고 동태적인 측면의 기업윤리를 실천하기 위해 기업윤리에 관한 회사의 기본방침을 체계적으로 정리한 것이다. 기업윤리규범은 "기업의 신조(corporate credo)"라고도 불리우며 기업윤리를 천명한 기본방침의 요약이다.

| 도표 5-4 | 윤리규범 예시(삼성전자)

삼성전자의 경영원칙

우리 삼성은 인재와 기술을 바탕으로 최고의 제품과 서비스를 창출하여 인류사회에 공헌하는 「글로벌 초일류기업」을 지향한다. 이를 위해 「인재제일, 최고지향, 변화선도, 정도경영, 상생추구」를 모든 삼성인이 공유하고 지켜야 할 핵심가치(Samsung Value)로 삼는다.

나아가 우리는 법과 윤리를 준수하고 기업 본연의 역할과 사회적 책임을 다하기 위해 모든 경영활동에서 삼성인의 사고와 행동기준이 될 「경영원칙」을 제정하고 이를 적극 실천할 것을 다짐한다.

원칙 1　법과 윤리를 준수한다.
원칙 2　깨끗한 조직문화를 유지한다.
원칙 3　고객, 주주, 종업원을 존중한다.
원칙 4　환경, 안전, 건강을 중시한다.
원칙 5　글로벌 시민으로서 사회적 책임을 다한다.

삼성그룹 사옥 전경

| 도표 5-5 | 윤리규범 예시(한국 존슨앤존슨)

우리의 신조 (Our Credo)

1. 우리의 고객
"우리의 첫째 책임은 우리의 상품과 서비스의 수요자인 의사, 간호사, 환자와 자녀를 가진 아버지와 어머니를 비롯한 모든 사람에게 대한 것이라고 믿는다."

2. 우리의 종업원
"우리의 둘째 책임은 전 세계 어디에서나 우리와 같이 근무하는 모든 남녀 직원에 대한 책임이다.
- 모든 직원은 각자가 한 인간으로서 대우받아야 한다.
- 우리는 그들의 인간적인 존엄성을 중시하고 각 개인의 가치를 인정하여야 한다.
- 우리는 모든 직원이 안심하고 직무를 수행할 수 있도록 하여야 한다.
- 대우는 정당하고 적절하여야 하며, 근무환경은 청결하고 잘 정돈되고 또한 안전하여야 한다.
- 우리는 모든 직원이 그들의 가족에 대한 책임을 다할 수 있도록 세심한 배려를 하여야 한다.
- 직원의 채용, 능력개발 및 자질을 갖춘 직원의 승진에 있어서는 균등한 기회가 제공되어야 한다.
- 우리는 우수한 경영진과 관리자를 확보하여야 하며, 경영관리는 공명정대하고 도덕적 바탕 위에 이루어져야 한다.

3. 우리의 지역사회와 세계 공동체
"우리의 셋째 책임은 우리가 생활하고 근무하고 있는 지역사회는 물론 세계 공동체에 대한 책임이다."

4. 우리의 회사와 주주
"우리의 마지막 책임은 회사의 주주에 대한 책임이다."

존슨앤존슨 미국본사의 로비에 '우리의 신조'를 적은 석판이 설치되어 있다.

기업윤리강령(企業倫理綱領, the code of business ethics)은 기업윤리의 실천을 위해 작성된 구체적인 행동지침이다. 윤리강령은 일종의 실정법에 해당하는 것으로 행동규율이고 지침이다. 명문화된 원칙이나 준칙이 있으면 조직구성원들이 어떤 문제에 직면할 때 비윤리적인 행동을 피할 수 있다.

〈도표 5-4〉는 삼성전자의 윤리경영사례이다. 이 기업은 경영원칙이라는 명칭으로 서문과 본문으로 규범을 기술하였다.[12)]

〈도표 5-5〉는 한국 존슨앤존슨의 윤리규범 개요이다. 존슨앤존슨 윤리규범은 4대 범주로 구성되며 다른 것은 개요만 설명하지만 두 번째 범주는 전문을 인용한다. 이 기업의 윤리규범에서 가장 긴 지면을 할애하고 있고, 종업원과 관련되며 내부구성원을 존중하는 사항을 상세히 기록하고 있기 때문이다.[13)]

기업윤리는 조직의 최고경영층이 조직의 윤리적 가치와 규범을 세우고 실천하려는 의지에 따라 성공여부가 결정된다. 기업문화란 조직구성원의 사고와 판단의 준거가 되는 공유된 가치시스템이다. 이러한 가치창출은 최고경영자의 정책적 의사결정이 있어야 지속적으로 실천할 수 있다.

그리고 이러한 가치체계가 종업원의 행동으로 내재화되기 위해서는 교육프로그램을 설정하여 추후관리하며 비윤리적 행동에 대한 통제가 필요하다. 기업윤리강령이나 규범이 제정되는 것으로 끝나지 않고 그 강령의 내용이 종업원에게 공유되어 중요한 사건이 발생된 경우에도 중요한 가치판단의 기준이 되는 기업문화로 정착시켜야 한다.

2) 기업윤리 담당조직 구성

기업윤리 프로그램을 계획하고 실행하려면 그것을 담당하는 주체인 조직이 구성되어야 한다. 회사 내에 윤리위원회를 구성하여 운용하거나 기업윤리 담당부서를 상설화할 수도 있다.[14)]

① 기업윤리 위원회

기업윤리와 관련하여 회사의 정책을 결정하기 위해 회사 내에 독립적 지위인 윤리위원회를 설치하여 운용한다. 윤리위원회는 독립적인 사외이사가 많이 참여한 이사회에서 선임하는 것이 좋고 위원장 역시 사외이사가 하는 것이 바람직하다. 어떤 기업은 윤리위원회 위원장을 부사장이 맡고 사내의 임원들을 위원으로 구성하기도 한다.

② 기업윤리 담당 조직 설치

기업윤리프로그램을 전적으로 맡아서 관리할 기구를 만들 필요가 있는데 일테면 기업윤리상담센터를 운영할 수도 있다. 이 경우에는 오프라인으로 윤리담당관의 지휘 하에 상담실을 운영하기도 하고, 〈도표 5-6〉에서와 같이 온라인상에서 윤리적 이슈를 상담하도록 할 수 있다.

윤리프로그램과 관련한 업무를 총괄하는 오프라인의 기구가 운영되는 경우, 윤리담당부서의 업무는 다음과 같다.

- 회사의 기업윤리강령과 종업원 행동준칙을 제정한다.
- 종업원 교육프로그램을 작성하고 관리한다.
- 윤리강령과 행동준칙을 종업원이 이행하는지 추적한다.
- 윤리문제에 관한 종업원의 의문사항에 대한 유권해석을 해준다.
- 윤리감사를 실시한다.
- 비윤리적인 행위가 포착될 경우에 재발방지를 위해 적절한 조치를 취한다.
- 필요하면 윤리강령 또는 종업원 행동준칙의 개정을 건의한다.

도표 5-6 기업윤리 담당부서

미 국		일 본		한 국	
IBM	법무부	Shiseido	법무부	LG그룹	정도경영TFT
TI	윤리실	Fuji Xerox	법무부	태평양	기업윤리실천사무국
GE	법무부	Yokogawa	법무부	포스코	기업윤리실천사무국
3M	법무부	NEC	국내상업부	해태	윤리경영사무국
Pepsi	법무부	Ricoh	총무부	신세계	기업윤리실천사무국
H.P	법무부	Toshiba	법무부	현대차	감사실

자료 : 이종영, 2011, 기업윤리, 서울 : 탑북스.

③ 기업윤리 감시제도

종업원의 기업윤리 문제에 있어 논의가 활발한 주제가 내부자 신고제도(whistle blowing)이다. 이것은 다른 말로 공익신고라고도 하는데, 공익신고란 기업활동이 비윤리적이거나 사회적으로 해를 끼친다고 생각될 경우,

기업내 현직종업원이 직속상사를 뛰어넘어서 윗사람에게 그 내용을 보고하거나(내부신고), 또는 대외적으로 매스컴이나 정부의 관련기관에 그 정보를 알리는(외부신고)행위 또는 대리신고를 말한다. 〈도표 5-7〉에는 우리나라 주요기업의 기업윤리와 관련하여 상담과 감시를 위한 채널을 온라인 상에서 운영하는 사례이다.

호루라기 불기(whistle blowing) : 조직 내부자가 비윤리적 행위를 고발하는 것

도표 5-7 기업윤리 상담감시 채널

회사명	상담/신고 차넬
LG	정도경영(www.ethics.lg.co.kr)
현대자동차	사이버감사실(http://audit.hyundai-motor.com)
한전	신문고(www.kepco.co.kr)
KT	사이버신문고(http://ethics.kt.co.kr)
한국가스	청음고, 윤리상담실(www.kogas.co.kr)
신세계	윤리경영핫라인(http://ethics.shinsegae.com/gotline)
삼성화재	정도지킴이(www.samaungfire.com)
우리은행	핫라인(www.wooribank.com)
포스코	상담센터/사이버신고(ethics@posco.co.kr)

자료 : 이종영, 2011, 기업윤리, 서울 : 탑북스.

3) 윤리감사 제도

기업의 사회적 책임수행 정도나 기업윤리수준을 평가하는 제도로서 사회감사(social audit)라는 제도가 있다. 사회감사는 1970년대에 나타난 것으로 조직의 사회적 책임 수행을 평가하는 것에 관한 체계적인 연구로서, 사회에 대한 기업활동을 여러 범위로 구분하여 보고하는 시스템이라 할 수 있다. 이러한 사회감사는 경제적 생활의 질(economic quality of life)보다는 사회적 생활의 질(social quality of life)에 대한 기업의 기여에 더 큰 관심을 가지고 있다.

사회감사를 실시하는 목적은 기업이 사회적 활동을 실시한 내용과 얼마나 이를 잘 수행했는가 하는 정보를 제공하여 현재 시행되고 있는 사회적 활동 프로그램의 수정과 새로운 활동 분야의 개발을 달성하려는 데 있다. 사회감사는 기업들이 외부압력에 의해서 하는 의무적인 차원의 것이 아니고 기업 스스로 자발적으로 사회적 활동을 평가하는 시스템이라는 데에 그 특징이 있다.

사회감사를 통하여 기업의 이익을 증대시킬 수 있으며 기업의 사회적 책임완수에 대하여 체계적으로 평가받을 수 있다. 기업의 사회감사 내용은 ① 기업의 정상적 활동, ② 소비자 보호, ③ 지역사회에 대한 서비스, ④ 환경, ⑤ 공평한 교육, ⑥ 사회적 업적을 위해 기업에 부과된 책임 등에 대한 감사이다.

감사결과는 경영자가 기업의 사회적 책임을 수행하기 위한 정보로 이용하는 데 유용하다. 아울러 그것은 외부환경주체에 대한 기업의 의사결정 정보로서 활용할 수 있다.

감사의 대상은 해당기업의 사회업적이지만, 그것은 기업의 사회적 책임의 실시과정과 그 결과에 대한 것이다. 따라서 그 내용은 기업의 사회적 책임에 관한 업적과 기업의 경제적인 책임에 관한 업적에서 이루어진다.

감사의 주체는 해당기업 자신이다. 그렇다고 하여 외부의 전문가를 위촉하는 것을 부정하지는 않는다. 오히려 기업이 자주적으로 외부 전문가를 이용하는 것은 사회업적의 측정, 평가의 신뢰성과 객관성을 높이는 것이 되므로 권장할 만하다.

감사결과는 첫째, 경영자가 사회적 책임을 수행하기 위한 정보로서 도움이 되도록 이용될 수 있다. 이것을 '의사결정지향적 사회감사'라고도 한다. 둘째, 외부환경주체에 대하여 그것이 해당기업에 관한 의사결정을 행하는 정보로서 제공되어야 한다는 것이다. 이것을 '보고공시지향적 사회감사'라고도 한다.

사회감사와 같은 기업의 사회적 책임 평가제도는 앞으로 더욱 폭넓게 활용됨과 동시에 그 내용이 발달되어야 한다. 이런 제도의 시행이 필수적인 이유는 비록 기업이 사회적 책임을 느끼고 이를 실행한다고 하더라도 적절한 평가제도가 존재하지 않는다면 의미 있는 사회적 목표의 성취는 늦어지게 될 것이기 때문이다.

경영사례

부자의 경영철학 : 경주 최부자

천년고도 경주에는 배가 부르면 흔히 이런 말을 한다. "교촌 부자 눈 아래로 보인다."(대단한 부자 부럽지 않다는 뜻) 여기서 교촌부자는 경주 최부자를 말한다. 경주 최부자는 400년 넘게 12대 만석꾼이며 9대째 진사를 배출한 집안이다. 12대 1600년 경부터 300년 동안이나 '만석꾼'을 이어간 경주 최부잣집 이야기는 깨끗한 부자의 엄격한 생활을 위한 행동지침에서 가진 자의 사회적 책임(노블리스 오블리쥬)을 일깨워 준다.

경주 최부자 이야기는 드라마 단막극으로 혹은 심포지움의 형태로 우리에게 널리 알려져 있고 여러 번 들어도 가슴에 울림이 남는다. 부자가 지녀야 할 철학을 제시한 집안이기 때문이다.

최부잣집의 '부자철학'은 이렇다.

> 첫째, 만석(萬石) 이상의 재산은 사회에 환원한다. 둘째, 주변 100리 안에 굶어 죽는 사람이 없게 한다. 셋째, 흉년에 논(畓)을 사지 않는다. 넷째, 과객(過客) 대접을 후하게 한다. 다섯째, 파장(罷場)에 물건을 사지 않는다. 여섯째, 벼슬은 진사(進士) 이상 하지 않는다. 일곱째, 시집 온 며느리는 3년 동안 무명옷만 입어야 한다.

만 석 이상의 재산은 환원한다는 원칙은 인간으로 하여금 끝없는 욕망의 포로가 되는 것을 막게 하는 철학이다. 멈출 줄을 아는 '지지(知止)'의 지혜를 실천한 셈이다. 최부잣집의 환원방식은 소작료를 낮추는 방법이었다. 다른 부자들은 대개 7할 정도의 소작료를 받는 것이 조선 후기의 관례였다. 그러나 최씨들은 4할 정도만 받았다고 한다. 일제시대 전국에서 발생한 '소작 분쟁'의 원인이 7할이나 되는 과도한 소작료를 내려 달라는 것이었음에 비추어 조녕 최씨들의 4할 소작료는 시대를 앞선 결단이었다. 1년 소작료 수입을 만석으로 미리 정하고 초과분에 대해서는 소작료를 깎아 준 것으로 현대경영의 '목표초과 이익분배제'에 해당한다.

경주교촌의 최부잣집 한옥 내부전경

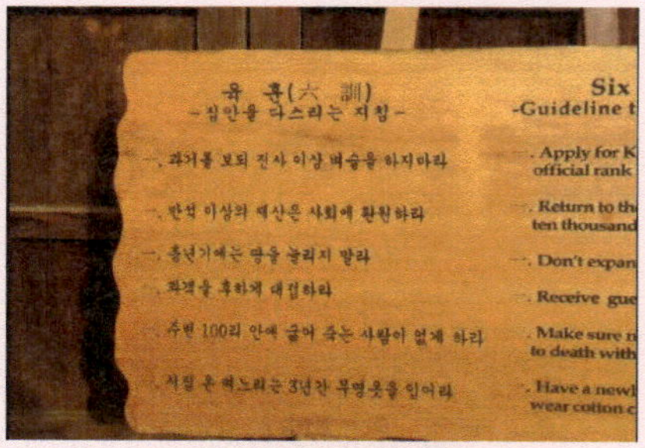

경주 최부잣집의 육훈

자료 : 전진물 · 이건, 2001, 경주 최부자의 가업 유지와 경영이념에 관한 연구, 경영연구, 제16권 제3호, 이종영, 2011; 이강식, "최부자 육훈에 구글 사훈이?", 한국경제신문, 2012.12.19 재인용.

경영사례

타이레놀 사건

윤리경영의 의미를 설명하는 과정에서 존슨앤존슨의 타이레놀 사건에 대한 이야기가 나온다. 1982년에 발생한 타이레놀 사건에 대한 기업의 대응은 훗날 기업의 윤리가 얼마나 중요한지를 대변해 주는 사건이었다.

미국 뉴욕에서 자동차로 한 시간 반 남짓 걸리는 조용한 소도시 뉴브런즈윅, 이 곳에서 세계적 의약품과 생활용품 등을 생산하는 '존슨앤존슨'이 자리잡고 있다. 우리에게는 유아용 베이비 로션의 상표로 잘 알려진 회사이다.

존슨앤존슨 본관 건물에 들어서면 사람 키보다 조금 큰 석판에 새겨진 '우리의 신조(Our Credo)'라는 글을 만나게 된다. 1943년 이 회사 설립자의 손자인 로버트 존슨이 처음 명문화한 이 '우리의 신조'는 미국식 기업윤리강령의 대표적인 것이다. 반세기 이상을 이 회사는 윤리강령을 기반으로 기업을 경영해 오고 있어 기업의 사회적 책임이 강조되는 미국에서도 존슨앤존슨은 기업윤리분야의 선두기업으로 인정받고 있다. 자칫 그럴듯한 웅변에 그치기 쉬운 윤리강령이 존슨앤존슨 기업경쟁력의 핵심요소로 떠오른 데에는 타이레놀 사건이 결정적인 계기가 되었다.

1982년 미국 시카고에서 존슨앤존슨의 타이레놀 제품을 복용한 사람이 사망한 사건이 발생했다. 해열진통제인 타이레놀은 1970년대에 개발되어 당시 존슨앤존슨의 총매출의 7%, 순이익의 17%를 차지하는 주력상품이었다. 경찰 조사결과 사망자가 먹은 타이레놀에 독극물이 들어 있었다는 사실이 밝혀졌다. 존슨앤존슨은 즉각 대응방안을 마련했다. 소비자에 대한 책임을 최우선으로 하는 존슨앤존슨의 '우리의 신조'에 따라 자체적인 소비자경보를 발령하고 원인이 규명될 때까지 타이레놀 제품을 절대 먹지 말도록 대대적인 홍보를 전개했다. 이후 누군가에 의해 의도적으로 독극물이 주입되었다는 사실이 밝혀지면서 미국식품의약청(FDA)은 문제가 된 시카고지역에 배포된 제품을 거두어들일 것을 존슨앤존슨에게 권고했다.

그러나 존슨앤존슨은 시카고뿐만 아니라 전국에 산재되어 있는 문제가 없는 제품 3000만병, 총 1억 달러어치(약 1300억원 상당)의 상품까지도 스스로 모두 거두어 들였다. 당시 사내에서는 타이레놀 브랜드를 포기하자는 주장도 나왔다. 하지만 경영층은 신조에 맞추어 대응한 만큼 소비자들이 우리를 믿어줄 것이라고 판단했고 소비자들은 존슨앤존슨의 윤리적 태도를 신뢰하는 쪽으로 기울었다. 결과적으로 타이레놀은 현재까지 미국시장에서 가장 높은 비율을 차지하는 해열진통제로 살아남았고 세계적으로 연간 15억 달러의 매출을 올리는 효자상품이 되었다.

자료 : 김성수, 2009, 21세기 윤리경영론, 서울 : 삼영사.

경영사례

유한양행의 윤리경영체계[15)]

유한양행의 윤리강령은 창업주인 유일한 회장의 확고한 경영철학에 바탕을 두고 있다. 유한양행은 투명경영과 신뢰경영이란 키워드를 중심으로 윤리경영체계를 세웠다.

노노(勞勞)관계 상호신뢰의 투명경영	유한은 노사가 따로 없는 노노관계라는 경영철학에 입각해 경영 및 회사현황, 판매실적 및 계획, 신규사업계획, 손익현황, 약업계 환경 등을 공개하고 상호 협의하는 열린경영을 실천하고 있습니다. 깨끗한 경영은 회사내부에서 먼저 모두가 신뢰하는 투명경영이 수반될 때 그 의미가 있다는 경영진의 확고한 마인드 때문입니다.
주주 중시경영	최근 10여년 간 유한의 당기 순이익은 그 편차가 있기는 해도 매년 꾸준히 증가해 왔습니다. 비록 그 사이 IMF관리체제로 인한 경기침체로 증가 폭이 둔화한 적은 있지만 이 사이 유한은 매년 상당수준의 주식배당을 실시했을 뿐 아니라, 꾸준한 무상증자를 통해 실제적인 주주이익을 위해 노력해 왔습니다. 2002년 공정공시제도 시행 이후 주주와 투자자에게 정확한 정보를 제공하였습니다.
유한인의 윤리강령 선포	유한인의 윤리강령은 고객중심의 사고와 행동, 건전하고 투명한 주주중시 경영, 시장경제 원칙에 근거한 협력업체거래문화, 사회윤리와 법규의 준수하의 기업경쟁력 제고, 국가경제 발전에 기여하고 기업의 사회적 책임완수 등 7개 항목입니다. 2002년 환경친화적 기업으로 선정되고 ISO14001 환경경영체제인증을 받는 등 깨끗한 기업, 국민과 함께 하는 기업으로 자리매김해 나가고 있습니다.

▣ 유한인의 윤리강령

우리는 '가장 좋은 상품의 생산'을 통한 국민 보건 향상, '성실한 납세'를 통한 국민경제 향상, '기업이윤의 사회환원'을 통한 사회복지 증진 등 창업이념을 충실히 구현하기 위하여 진취적이고 윤리적인 기업문화를 창달하는데 끊임없이 노력해 나갈 것을 다짐하면서 다음과 같은 윤리강령을 적극 실천할 것을 결의한다. 하나, 우리는 기업의 사명과 목적이 고객가치 창조라는 분명한 신념을 가지고 항상 고객의 입장에서 생각하고 행동한다. 하나, 우리는 건전하고 투명한 경영활동을 통해 주주를 보호하고, 기업가치를 극대화하여 주주에게 장기적이고 안정적인 이익을 제공한다.

하나, 우리는 협력업체와 거래에 있어서 시장경쟁 원칙을 준수하고, 깨끗하고 투명한 거래를통해 상호 신뢰를 확보하여 장기적으로 공존 및 공동발전을 추구한다. 하나, 우리는 기업활동에 있어서 제반 법규 및 사회윤리를 준수하고 선의의 경쟁을 실천하며, 새로운 아이디어를 통하여 제품과 서비스의 수준을 높여 경쟁우위를 확보한다. 하나, 우리는 기술개발과 경영혁신을 통해 영속기업으로 국가 경제 발전에 기여하며, 환경 친화적인 경영활동과 기업이윤의 사회환원을 통해 기업의 사회적 책임을 다한다. 하나, 우리는 정직과 성실을 근간으로 개인의 품위와 회사의 명예를 높이며, 영업비밀을 유출하거나 오용하지 않는다 하나, 우리는 회사가 추구하는 목표와 가치를 달성하기 위하여 윤리적 기반하에 직무를 성실히 수행하고 직원 상호간 존중하며, 각자 직무에서 최고가 되도록 자기계발에 노력한다.

자료 : www.yuhan.co.kr

요 약

기업의 사회적 책임이란 기업의 의사결정이 특정개인이나 사회조직내의 다양한 집단, 즉 사회전반에 미칠 수 있는 영향을 고려해야 하는 의무를 말한다. 따라서 기업체는 정부, 주주, 종업원, 공급자, 고객, 노동조합, 경쟁자, 금융기관, 지역사회 등 기업의 이해자집단과의 공동이익을 도모할 수 있는 경영을 지속해야만 사회적 책임을 다하는 것이 된다.

기업의 사회적 책임이 논의된 배경은 대략 다섯 가지이다. 즉, 대기업이 사회에 끼치는 영향력이 크고, 자동적 조절력은 약화되는 경제구조로의 변화가 첫째 요인이다. 그러한 원인에 연쇄적으로 빚어지는 경제력집중과 영향력 증대, 사회구성원들의 상호의존성 증대, 기업활동에 대한 정부의 규제와 소유와 경영이 분리로 인한 전문경영자의 등장 등의 원인이 기업으로 하여금 사회적 책임을 인식하도록 하게 된 것이다.

사회적 책임의 영역에는 기업의 유지와 발전의 책임, 이해관계자의 이해조정 책임, 인간관계 책임, 지역사회에 대한 책임과 환경에 대한 책임이 포함된다.

기업은 이해관계자에 대하여 그들의 관심을 고려하여 경영해야 한다. 이해관계자에는 주주, 종업원, 노동조합, 소비자, 경쟁업자, 공급자와 거래처, 금융기관, 소비자단체, 정부, 지역사회 및 일반대중이 있다. 이들 이해관계자별로 관심사항을 구분하여 기업경영을 하는 것이 중요하다.

사회공헌이 핵심적인 가치로 떠오르면서 그 패러다임도 바뀌었다. 과거처럼 일회성 활동개념이 아니라 이제는 지속적이고 시스템적으로 프로그램을 지속해야 한다. 기업의 사회공헌활동은 단순한 비용지출이 아니라 사회를 위한 장기적인 투자라는 인식이 부각 되면서 질적인 변화를 겪고 있다.

기업이 사회적 책임을 수행함에 있어 구체적으로 준수해야 할 기업행동의 내용이나 규칙을 기업윤리라고 한다. 기업 역시 사회의 한 구성원이고 기업시민으로써 마땅히 옳고 그른 사회규범을 준수해야 한다는 의미에서 기업윤리는 기업경영에 필요하다. 기업윤리의 사고수준은 타인에 대한 의무론, 공리론 개인의 권리론 및 정의론을 구분할 수 있다. 또한 기업윤리를 주체별로 보아 기업경영진의 윤리와 종업원의 윤리로 나눌 수 있다.

기업윤리를 기업이 실행하기 위해서는 기업윤리규범이나 윤리강령을 제정하여 조직구성원에게 선언적으로 명시하고, 그것을 추진하기 위한 조직이나 기구를 정비해야 한다. 또한 윤리감사제도를 작동하도록 온라인과 오프라인으로 관리해야 한다.

토의주제

1. 기업의 사회적 책임이 기업경영에서 중요한 주제로 떠오른 배경은 무엇인가?
2. 기업의 사회적 책임을 찬성하고 반대하는 주장을 조를 짜서 토의해보자.
3. 기업의 사회적 책임의 영역을 분류해보라. 그리고 미래의 경영조직은 어떠한 영역에 가중치를 두어 전략을 수립해야 하는지 토의해 보자.
4. 기업윤리를 사고방식에 따라 몇 가지로 주장할 수 있는데 각각의 주장을 보완해보고 비판적으로 검토해보라.
5. 기업윤리는 이해관계자별로 관심사항이 다르다. 팀별로 각자가 기업의 이해관계자라고 역할을 가정하고, 서로가 중요한 의사결정사항을 주장하여 합의를 도출해보자.

참고문헌

1. J. R. Schermerhorn, Jr. 2011, Introduction to Management, John Wiley & Sons, Inc.
2. W. R. King and D. I. Cleland, 1988, Strategic Management and Policy. Educational Pub.,, p.15.
3. 조선일보, 2012, 09, 20.
4. 박정민 외, 2011. 앞의 책.
5. W. G. Nickels et. al., 권구혁 외 공역, 2012, 경영학의 이해, 경기 : 파주 : 생능출판.
6. G. Jones, 2010, Organizational Theory; Design and Change, PEARSON.
7. R. J. Ebert and R. W. Griffin, 2013, Business Essentials, PEARSON.
8. L. E. Boone and D. L. Kurtz, 2011, Contemporary Business, John Wiley & Sons, Inc.
9. 이종영, 2011, 기업윤리, 서울 : 탑북스.
10. 임창희, 2012, 경영학원론, 비앤엠북스.
11. 김성수, 2009, 21세기 윤리경영론, 서울 : 삼영사, 이종영, 2011, 앞의 책.
12. http://sec-audit,com/Kor/basic/index-basic.html
13. www.jnj-korea.co.kr
14. 이종영, 2011, 앞의 책.
15. http:www.yuhan.co.kr

Chapter 06

기업가 정신과 창업

학습목표

1. 기업가 정신에 대하여 이해할 수 있다.
2. 기업가와 경영자의 차이에 대하여 이해할 수 있다.
3. 창업의 핵심 요소와 범위에 대하여 알 수 있다.
4. 사업계획서의 형식과 내용 요건에 대하여 이해할 수 있다.
5. 창업의 성공 조건에 대하여 알 수 있다.

Key-word 기업가, 기업가 정신, 기업가와 경영자의 차이, 창업, 창업의 핵심요소, 창업가, 창업의 유형, 창업절차, 사업계획서, 사업계획요약서

CHAPTER

06 기업가 정신과 창업

제 1 절 기업가 정신

성공적인 기업이 탄생하고 성장하기 위해서는 기업가의 경영능력과 기업가정신이 중요한 요소라 할 수 있다. 본 장에서는 창업 시 가장 중요한 요소로 고려되는 기업가정신은 무엇이며, 기업가의 특징과 영향에 대해 학습하고자 한다.

1.1 기업가 정신의 정의

기업가 정신(entrepreneurship)이란 현재 통제할 수 있는 자원 여부에 상관없이 기회를 포착하고 추구하는 것으로 인간의 창조적 행동을 의미하고 있으며, 무에서 유를 창조하고 개인적으로나 경제적으로 파악된 위험을 감수하는 것이다.

'기업가 정신'이라는 용어는 약 200년 전 기업가들의 위험감수를 강조한 캔틸론(Richard de Cantillon)에 의하여 처음 사용한 이래 널리 사용되어 왔다. 당시에는 불확실한 가격에 상품을 구입 · 판매함으로써 발생할 수 있는 위험을 부담하는 행위를 의미하는 것이었으나, 현대에 이르러서는 벤처기업에 대한 관심이 증가하고 창업에 대한 열기가 확산되면서 경영학의 중요한 학문적 영역으로 연구되고 있다.

미국의 경우 1980년대 이후 하버드 대학(Harvard University)과 뱁슨 칼리지(Bobson College) 등을 비롯하여 1,000개 이상의 대학이 기업가정신에 관한 독립된 교육 프로그램을 운영하고 있을 정도로 높은 관심을 보이고 있다.

하버드 대학

뱁슨 칼리지 대학

Entrepreneurship is a business or other organization started by an entrepreneur, or business person. The enterprise can be for profit or be a non-profit venture. Business management skills, marketing knowledge, an understanding of the demand of the product or service as well as risk management analysis are all crucial considerations in an entrepreneurship.

경영학적 의미로 기업가(entrepreneur)는 사업을 구상하고 시작한 사람으로서 그 사업에 대한 조직화, 방향설정, 지휘 · 감독의 책임을 가진 사람으로 정의되고 있다.[2)] 한 마디로 기업가는 새로운 사업을 일으키며 사업목표를 효율적으로 달성하기 위해 체계적으로 조직 관리를 하는 사람으로 단정지을 수 있다. 그렇다면 기업가는 어떠한 이유로 사업을 구상하고 창업에 이르게 되는가? 이는 강한 성취욕구, 위험감수 성향, 혁신추구, 창의성으로 특징지어지는 기업가정신에서 발원된다고 할 수 있다.

기업가 정신은 위험이 있는 새로운 사업을 운영하기 위한 경영자들의 창의적이고 모험적인 성향을 의미한다. 현재 통제된 자원에 구애됨이 없이 기회를 추구하는 정신이라고 볼 수 있다. 또한 기업가 정신은 시장경제를 가능하게 한 창의성과 모험의 정신이다. 기업가들이 새로운 수요를 인식하지 못하고, 요구

| 도표 6-1 | 기업가정신의 정의

연구자	정 의	연구관점
Schumpeter (1934)	그 본질상 생산적 요소의 새로운 조합을 발견하고 촉진하는 것(행동 또는 과정), 창조적 파괴(Creative Destruction), 신제품, 신서비스, 신원재료 공급원, 신생산방법, 신시장, 신조직형태 등 기업조직 또는 기업가가 신조합을 수행하는 과정(활동)	경제학
Kizner (1975)	시장에서 중개 기회를 고착하는 과정(또는 활동), 경제의 불균형 상태를 해소하는 과정	경제학
Cao (1995)	부가가치를 창출하는 과정	경제학
McClelland (1961)	개인의 적절한 위험 도전 성향	심리학
Gartner (1985)	신조직의 창조(과정/활동)	경영학
Lumpkin&Dess (1996)	조직의 신규진입(new entry)	경영학

되는 제품과 서비스를 공급하기 위해 자본을 수집하고 사업을 조직하지 못한다면, 새로운 소비자의 수요는 충족되지 않은 채 머물 것이다.

기업가 정신에 대한 많은 관심을 끌게 된 것은 전 세계적으로 창업이 급격히 늘고 있다는 점과 무관하지 않다. 창업의 붐은 정보사회로의 진전, 수요의 다양화, 정보통신기술을 중심으로 한 급속한 기술의 발전, 기업가정신의 확산, 사이버공간의 등장으로 인한 새로운 기회 생성 등으로 인해 첨단 소기업의 창업이 쉬워지고 있는 산업여건에 힘입은 바 크다. 독립적으로 자기 자신의 꿈을 실현하는데 주력하는 젊은이들의 가치관이 많은 벤처기업 성공사례에 고무되어 창업에 도전하고 있다고 볼 수 있다.

1.2 기업가의 특성과 역할

기업가 정신의 정의들은 많은 연구자들에 의해 다양하게 내려지고 있는데, 〈도표 6-2〉에서 보듯이 이들 정의의 특징은 크게 경제적 기능, 사회 심리적, 견해로 나누어지고 있다. 경제적 기능은 다양한 분야에서 혁신적 특성을 고려한 기업가의 기능적 측면을 말하는 것이며, 사회 심리적 견해는 기업가의 개인적 특성을 의미한다.

기업가정신은 '조직의 모든 요소들에 대해 혁신적인 사고를 하며 자아욕구가 강하여 가치에 근거한 창조적인 활동을 하는 것'으로 정의할 수 있을 것이다. 유능한 기업가가 되기 위해서는 여러 가지 요인들이 복합적으로 작용한다고 볼 수 있다.

도표 6-2 기업가정신에 대한 견해

구 분	내 용
경제 기능적 관점	기업가정신은 제품, 공정, 생산요소, 시장, 조직 등에서 다양한 혁신을 일으키며, 기업가의 핵심적 역할은 혁신기능이 주요 특성이다.
사회 심리적 관점	기업가정신은 개인적으로 높은 성취욕구, 자유의지, 위험감수 등의 특성을 가지며, 가정환경과 교육수준 등의 배경요인도 포함된다.

기업가 정신의 핵심은 혁신과 창의성

1) 기업가의 특성

성공적인 기업가가 자져야 할 특성으로는 여러 가지가 있다. 〈도표 6-3〉에서 보는 바와 같이 특성에는 개인적 요소와 기술적 요소 그리고 관리적 요소들이 있다 이러한 요소들의 적절한 조화가 기업가로서의 성공을 결정하게 된다.[3)]

이외에도 행동적 측면에서는 사업에 대한 헌신 · 몰입과 확고한 결의, 기회에 대한 집착, 위험 · 모호성 · 불확실성에 대한 수용, 창의성, 자립심, 적응력, 남보다 앞서려는 동기, 리더십, 현실감각과 유머감각 등이 필요하다. 그러나 일반적인 창업자의 성향은 위험과 변화를 수용하는 추진가로서의 성향과 현상유지 및 예측가능성을 선호하는 수탁자로서의 성향이라고 하는 두 극단의 범주에 속한다. 더불어 창업을 위한 철저한 준비과정이 필요하며 사전에 지식을 습득하여 준비하고 기회를 잘 포착하는 능력을 갖추어야 할 것이다.

도표 6-3 성공적 기업가의 공통적 특성

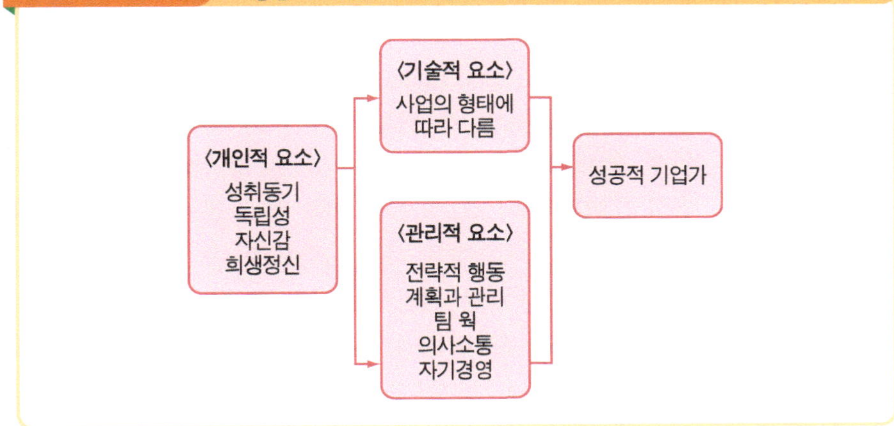

미국의 대표적 기업가(애플 창업자 스티브 잡스)

한국의 대표적 기업가(삼성 창업자 이병철)

2) 기업가의 역할

역할 측면에서 요구되는 특성들을 살펴보면 기업가는 조정자(coordinator), 혁신자(innovator), 위험감수자(risk taker), 중재자(arbitrager)의 역할을 수행한다.[4] 세이(R. Say)는 기업가를 사업가로 간주하고 기업가는 자금을 지원·공급하는 자본가와 다르며 과학자와 노동자 사이를 조절하는 사람으로 보았다.

또 슘페터(J. A. Schumpeter)는 기업가의 역할을 발명 또는 이전에 시도된 적이 없는 기술적 가능성을 적용, 원재료의 새로운 공급원과 제품의 새로운 판로를 개척하거나 더 나아가 산업을 재편성함으로써 생산 양식을 혁신하는 것이라고 하며 기업가를 창조적 파괴자 또는 혁신자라고 보았다.

돌링어(M. A. Dollinger)에 의하면 기업가는 위험과 불확실성 환경 하에서도 이익 또는 성장을 위해서 혁신적인 조직을 구축하는 사람으로 간주하였다. 키츠너(S. Kirzner)는 기업가는 경제적 불균형상태에서도 기회를 발견하고 이를 이익으로 만들며 이를 통해 불균형한 시장경제를 균형 상태로 변화 시키는 중재역할을 하는 사람으로 보았다.

카오(J. Kao) 등은 기업가와 경영자간의 차이가 개인적 특성에서 기인한다고 주장한다. 〈도표 6-4〉는 상황적 특성에 따라 기업가와 경영자간에 차이가 나고 있음을 보여주고 있다.[5]

도표 6-4 기업가와 경영자의 차이점

구 분	기 업 가	경 영 자
개인적 성향	기회를 현실화시키는 통찰력과 타인들을 사업에 동참시키려는 설득력이 강하다.	합리적이고 분석적 판단을 중시하며 실무에 능통하다.
의사결정	새로운 비즈니스를 개시할 때 현재 가용자원의 고려 없이도 시작 한다.	현재 상태 유지와 자원에 근거한 의사결정을 중시한다.
위험인식	현실 안주를 거부하고 여러 가지 위험을 감수하며 자신의 비전을 실현한다.	주어진 목표와 상응한 보상에 의해 동기가 부여되며, 불확실성과 위협을 기피하는 성향이 강하다.

그러나 현실 상황에서는 기업가와 경영자는 분명한 차이를 보이지는 않고 각각의 특성들이 혼재되어 있다. 즉, 벤처기업을 창업한 기업가들은 조직 내부의 경영관리를 위해 경영자와 같은 역할도 수행하며, 경영자 역시 시대 및 환경변화에 대처하고 기업 내부에 혁신을 일으키기 위해 기업가의 특성을 보이기도 한다.[6)] 이러한 점을 감안할 때 기업가와 경영자의 특성은 뚜렷한 기준에 따라 구분하기보다는 개인특성, 과업특성, 환경특성 등에 따라 기업가로서 혹은 경영자로의 역할을 수행한다고 말할 수 있을 것이다.

3) 기업가의 경제, 사회적 영향

기업가정신과 기업가가 우리 사회에서 주요한 화제가 되는 이유는 아마도 그 중요성과 경제, 사회에 미치는 영향이 크기 때문일 것이다. 즉 기업가는 경제발전, 고용창출, 혁신창조 등의 측면에서 사회 전반에 많은 영향을 미치므로 그 중요성이 크다고 할 수 있다.

슘페터의 주장에 따르면 기업가는 경제의 무게중심을 이동시키는데 중요한 역할을 하며 경제 발전에 크게 공헌하는 사람이다. 경제발전과 더불어 기업가는 새로운 비즈니스 창조로 고용기회를 창출하게 되는데, 이러한 벤처기업의 고용은 대기업보다 많은 기회를 제공해 주고 있다.

혁신가로서 기업가는 시장에 혁신적인 제품과 서비스를 창조하여 소비자들에게 제공하는데 이러한 기업가의 혁신적 창조활동은 사회 각 부문에 영향을 준다. 성공한 기업가들은 창업 후 가장 만족을 느끼는 항목으로 지역사회 공헌 63.2%, 성취감 28.4% 순으로 나타나 기업가 스스로 자신이 창업한 기업이 사회에 공헌한다고 인지하는 경우가 많음을 알 수 있다.

1.3 미래의 기업가 정신의 방향

기업가는 타인이 포착하지 못한 사업기회를 포착할 수 있는 능력과 조직을 관리할 수 있는 능력이 무엇보다도 요구된다. 뿐만 아니라 투자자를 포함한 이해관계자들로부터 이해와 협조를 구하는 데 필요한 사회적 능력과 타인 평가 능력 역시 사업의 성공에 있어서 매우 중요한 특성이 될 수 있다. 이러한 특성을 포함하는 기업가 정신을 실현하기 위해서는 다음과 같은 전략적 사고가 요구된다.[7)]

1) 전략적 사고의 함양

1990년대 이후는 기업의 이해관계자가 다양한 형태로 등장하고 그들 이해관계자 간의 힘의 역학관계도 지배-종속관계가 아닌 대등한 관계로 되고 있기 때문에 전략의 수립 여부가 기업의 성패에 중요한 영향을 미치게 되었다.

전략적 사고를 하기 위해서는 기업과 관련된 이해관계자들(고객, 종업원, 경쟁기업, 협력기업, 정부)의 역할은 무엇인지 파악해야 하고, 자신의 부가가치를 정확하게 인식하며, 기업 활동에 관련된 거래관행, 계약, 관습, 법률 등을 잘 파악해야 한다. 또한 경쟁자를 파악하고 조정하는 전술적 능력과 부분과 전체를 고려한 전략적 사고가 필요하다.

2) 상생(win-win) 전략의 중시

경쟁자들은 상생을 통해서 각자의 이익을 극대화시킬 수 있다. 상생의 전략은 공급자에게만 적용되는 것이 아니다. 때로는 경쟁자에게 적용되는 경우도 있다. 기존의 경쟁조건 하에서의 상생만이 아니라 경쟁조건을 바꾸는 노력을 통해 상생의 효과를 더욱 크게 할 수도 있다. 나아가 그런 전략을 구체적으로 실행에 옮길 수 있는 교섭능력도 향후의 기업가 정신에 있어서 매우 중요한 요소가 된다.

3) 인간중심 전략

기술과 조직의 혁신은 구체적으로는 기술과 조직을 담당하는 인간의 혁신 여부에 좌우되는 경우가 많다. 따라서 기업 내에서 일하는 인간을 최우선으로 하는 전략이 아니면 기술과 조직의 혁신은 성과를 거둘 수 없다. 이러한 인간중심 전략은 경영자와 종업원 간의 신뢰, 종업원 각 계층 간의 신뢰, 또는 계층 내의 신뢰, 기업과 정부 간의 신뢰, 기업과 소비자 간의 신뢰를 중시하는 전략이다.

4) 정보화 전략

인간중심의 상생전략을 통한 기업가 정신을 발휘하기 위해서는 효율적 네트워크 구축이 병행될 필요가 있다. 이를 위해서는 첫째, 정보화 수준을 향상시키기 위한 정보화 설비에 대한 투자가 요구된다. 둘째, 정보화 설비의 효율적 이용은 쏟아져 들어오는 정보들을 어떻게 효과적으로 처리하고 실질적인 노하우와 경쟁무기로 실현하느냐에 초점이 맞추어져야 한다. 셋째, 정보를 노하우 기술, 시스템, 경쟁무기 등으로 전환하는 정보시스템의 구축이 요구된다. 넷째, 입수된 정보에 입각하여 신속하게 판단하고 그것을 실행에 옮길 수 있는 능력이 요구된다.

제 2 절 창 업

2.1 창업의 개념과 핵심요소

1) 창업의 개념

창업은 기업가에 의해 새로운 기업이 탄생됨을 의미한다. 창업이란 사업의 기초를 세우는 것으로, 기업가의 능력을 갖춘 개인이나 집단이 사업 아이디어를 가지고 사업목표를 세우고, 적절한 사업기회에 자본, 인원, 설비, 원자재 등 경영자원을 투입하여 재화를 생산하거나 또는 용역을 제공하는 기업을 설립하는 것이다.

다시 말해 창업은 이윤획득을 목표로 하여 기업가가 사업 아이디어를 가지고 사업 자금을 투자 또는 조달하여 수익을 창출하는 사업체를 결성하는 행위로 규정할 수 있다. 중소기업창업지원법에서는 창업이란 제조업, 광업, 건축·엔지니어링 기타 기술 서비스업, 정보처리 기타 컴퓨터 운용관련법, 기계 및 장비임대업을 새로이 개시하는 것이라고 정의하고 있다.

2) 창업의 동기

기업가가 창업을 하게 되는 동기는 크게 네 가지를 들 수 있다. 이윤을 얻기 위한 경제적 동기, 자신의 자아실현을 위한 개인적 동기, 사회적 책임을 다하기 위한 사회적 동기, 자신이 생각해낸 새로운 사고나 개념을 상업화하기 위한 전략적 동기 등이 그것이다. 이러한 동기요인들로 인해 현재 국내의 경우 창업이 활성화되고 있는데, 그 동향 및 특징들을 살펴보면 〈도표 6-5〉와 같다.[8)]

도표 6-5 국내 창업의 동향 및 특징

구 분	특 징	내 용
동향	중소제조업 강세	• 중소제조업 1,419개(62.7%), 지식기반서비스업 843개(37.3%)로 나타남
연령	주로 40대	• 40대(42.1%), 30대(28.6%), 50대(20.3%) • 컴퓨터 관련분야에서 20~30대 기업가가 점차적으로 증가
아이디어	이색창업/아이디어 제품	• 정보공유의 빠른 확산으로 좋은 사업아이템에 경쟁가가 급격하게 증가 • 평범한 제품이나 특색 없는 경영으로 경쟁할 수 없음에 따라 특이하고 기발한 아이디어를 가진 창업이 증가
학력	고학력의 기업가	• 대졸창업자는 전체 창업자의 53.3%
직장경영	과거 직장경험을 바탕	• 창업한 기업가의 62.2%가 대기업보다 중소기업에서 근무한 경험이 많으며 중소기업에서 일한 것이 현장경험과 사업 노하우에서 이득이 큼 대표자 직업은 • 회사원(38.2%), 교수(9.6%), 연구원(8.4%)
초기창업	체인점	• 제조업 제품뿐만 아니라 서비스업, 유통업, 요식업에 이르기까지 체인점이 급속도로 확산

Start-up company is a new business organization that has recently launched operations and has not yet built up any degree of measurable history or business volume that allows for comparison over multiple time periods.

| 도표 6-6 | 창업의 핵심요소

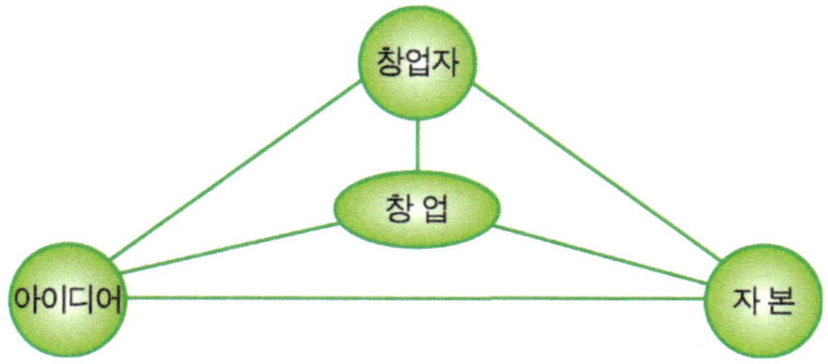

3) 창업의 핵심요소

창업을 하는데 있어서 많은 요소들의 투입을 필요로 한다. 창업을 하는데는 많은 우수한 인적 · 물적 자원의 투입이 필요하게 된다. 이들 다양한 투입요소 중 가장 대표적인 것은 다음과 같은 핵심요소를 들 수 있다.

창업을 위해 가장 먼저 필요한 요소는 첫째로 인적 요소인 '창업자'등 인적자원이라고 할 수 있다. 두 번째로 필요한 요소는 제품요소로서 무엇을 생산할 것인가를 결정하는 '창업아이디어'인 제품이나 또는 서비스 이다. 세 번째로 필요한 것은 물적 요소로서 창업자본 등 물적 자원이라고 할 수 있다.

이와 같은 창업의 목표, 창업에 필요한 요소를 명시하여 창업을 정의한다면, '창업이란 창업자가 이익을 얻기 위하여 자본을 이용하여 창업아이디어에서 설정한 재화와 서비스를 생산하는 조직 또는 시스템을 설립하는 행위'라고 할 수 있다. 이것을 분석해 보면, 창업의 궁극적인 목적은 이윤 추구이고, 기업을 설립하는 데 필수적인 요소는 창업자(인적 요소), 창업자본(물적 요소), 창업아이디어(제품 요소)와 업종선택, 사업장 등을 들 수 있다.[9)]

2.2 창업가의 특성

창업자가 갖추어야 할 조건으로는 〈도표 6-7〉과 같이 경영기술, 노하우 및 네트워크와 창의력 및 경영혁신능력이 다른 사람에 비해 높다. 즉 창의력 및 혁신능력도 높고 경영 · 기술노하우 및 네트워킹 능력도 높아야 하는데 이런 사람들을 우리는 기업가라고 한다. 그림에서 나타난 바와 같이 기술만 아는 발명가도, 경영만 아는 관리자나 행정가도 기업을 성장 · 발전시키기 위해서는 충분하

도표 6-7 창업가의 영역

경영기술, 노하우 및 네트워크 (가로축) / 창의력 및 혁신력 (세로축)

창의력 및 혁신력 \ 경영기술, 노하우 및 네트워크		
	발명가	창업자
	흥행사	행정사

지 않다. 기업가는 타고난 측면도 있지만 더욱 많은 부문을 만들어지기 때문에 기업가를 육성하려는 체계적인 노력이 매우 중요한 것이다.[10)]

일반적으로 창업자가 기술혁신능력 뿐만 아니라 경영지식을 다 가지기는 어려움이 있으므로 개인 창업보다는 서로 보완적인 역량을 갖춘 사람들이 팀을 구성하여 창업을 하는 경우가 많다. 실제로 벤처캐피털에서 벤처기업에 대한 투자를 심사할 때 창업팀이 구성되어있는지를 중요하게 여긴다.

창업자는 기업가로서의 자질, 깊이 있는 지식, 인간적인 성숙 등이 고루 갖추어져야 한다. 팀에 의한 창업은 다양한 특기를 제공, 사업의 안정성을 제공, 부문별 전문성에 의한 사업의 균형유지, 개인 창업의 부족한 점을 보완할 수 있다는 장점을 가질 수 있다. 이러한 창업자는 다음과 같은 기업가정신의 특징을 가지고 있다.

첫째, 기회에 초점을 둔 전략적 상황과 포착한 기회의 과감하고 신속한 행동
둘째, 적정한 자원의 확보와 다양한 자원의 관리
셋째, 수평적 관리와 네트워크
넷째, 가치창조의 보상체계와 팀워크 중시 등이다.

1) 창업가 정신의 핵심요소

사업을 시작한다고 해서 무조건 기업가적인 창업(entrepreneurial start-up)이라고 부르는 것은 아니다. 창업 성공을 위한 3요소는 창의성, 혁신, 기업가 정신으로 구성된다. 기업가적 기업이 되기 위해서는 기존의 것과는 무언가 다르면서 새로운 것, 즉 이전보다 가치 있는 것(something new different valuable)을 만들어 냄으로써 종래의 가치를 변화시키는 역할을 수

행해야 한다. 한마디로 말하여 창의성, 혁신 및 기업가 정신이 서로 연관되어질 때 비로소 기업가적 기업이 될 수 있다.[11)]

이처럼 기업가 정신은 창의성, 혁신 및 상호 밀접한 관계가 있을 뿐 아니라 어느 하나도 소홀히 해서는 안 된다. 또한 기업가란 창업경영에 따른 위험과 모든 책임을 감수하면서 창의성에 따른 보상을 즐기는 자로 규정된다. 그러므로 기업가 정신의 특징은 개척정신인 창의성을 바탕으로 출발하여 보다 개선적이며 혁신적인 행동을 실천적으로 수행하는 데에 있다. 즉, 창의성은 새롭고 유익한 아이디어를 산출하고, 혁신과정을 통하여 보다 성공적으로 수행할 수 있게 하는 원동력이다.

① 창의성(creativity)

창의성이란 이전에 없었던 새로운 것을 생각해 내는 것으로 원하는 만큼 충족되지 못한 욕구가 무엇인지를 생각해 내는 것이다. 창의성의 영역은 기업 간의 경쟁상대와 경쟁방법에 국한되지 않고 소비자의 취향, 제품 및 서비스의 범위, 진출시장의 지리적 위치, 유통 및 구매채널 등 광범위하다.

오늘날 창의성은 기업 경쟁력의 중요한 요소이며, 창의성을 키우기 위해서는 지적 경영자원 확보가 선행되어야 한다. 인재라는 개념은 다양한 개성과 사고, 발상적 창조능력을 갖고 조직학습을 통해 향상시키는 질적 주체를 말한다. 소프트화, 서비스화, 지식집약화로 진행되는 오늘날의 경영활동에서는 지적 경영자원의 확보가 더욱 중요하다.

도표 6-8 기업가 정신과 창의성 및 혁신의 연결고리

Creativity → Innovation → Entrepreneurship

something new — something different — something valuable

② 혁신(innovation)

혁신의 어원은 더욱 새롭게(to renew), 혹은 다시 시작하는(being again)의 뜻이며 멈춰 있는 상황 속에서 새 출발하는(start fresh)과정으로 이해해야 한다. 피터 드러커는 '혁신이란 기업가의 특수한 도구이며 색다른 사업을 갖거나 보다 나은 서비스의 향유를 위한 과정이다'라고 말했다. 다시 말하면 부를 창출하기 위한 새로운 능력을 갖춘 자원들을 얻으려는 행위라고 정의할 수 있다.

이미 존재하고 있는 자원으로부터 부를 창조하는 잠재력을 새롭게 변화시키는 어떠한 행위도 혁신이라 할 수 있다. 즉, 기술적인 측면 이외에도 서비스, 유통, 종업원의 훈련기준 등 매우 다양하게 적용될 수 있다.[12] 혁신 제품의 종류는 시제품 출현(prototype), 개량품(improvement), 모방품(imitation) 등이다.

③ 기업가 정신(entrepreneurship)

기업가 정신이란 앞에서 설명했듯이 시장 안에서의 화폐적 가치를 창조해 내는 행위로서 혁신된 것을 가지고 상업적으로 상품을 출현시켜 시장영역에서 소비자에게 새로운 만족감을 부여하거나 새로운 수요고객을 창출해 내는 것이다.

2) 성공한 창업자의 특성과 조건

성공한 기업의 창업가는 험난한 역경과 도전을 극복하고 남다른 지도력과 투철한 신념을 가지고 각고의 노력을 하며 신속한 환경 대응과 혁신적 행동의 원동력이기 때문에 그 중요성은 더욱 중대하고 있다. 창업자들의 자질이나 능력은 창업의 성패에 중요한 요인이 되는데 성공 한 창업자들을 관찰해 보면 다음과 같은 공통된 특징을 가지고 있다.[13]

① 기회포착 및 목표지향적인 성향

좋은 기회를 포착해 내는 뛰어난 사업 감각은 창업자에게 성공의 핵심요소이다. 달성 가능한 사업목표를 설정하여 추진하는 기회지향적인 성향을 가지고 있다.

② 일에 대한 열정과 강한 책임의식 적극성

사업의 결과에 대한 책임감과 사업에 대한 전반적인 문제를 주도적으로 해결하기 위한 적극성을 가지고 있다. 성공한 창업가들은 결과지향적이며 성취욕구가 매우 강하다.

③ 신속한 의사결정

사업의 전반적인 문제해결을 위한 신속한 의사결정과 장기적인 문제와 단기적인 문제를 구분하여 실천하는 경향을 가지고 있으며 신속하게 고객의 욕구를 파악하여 고객중심적인 의사결정을 내린다.

④ 강한 도전적 성취욕구(모험심) 및 신속한 기회포착

권력욕구보다는 성취 욕구에 의해서 행동하며 정직과 신뢰를 바탕으로 한 장기적인 관점에서의 인간관계에 의한 자기관리를 한다. 그들은 새로운 가치를 창조하고 유지하는 것에서 보람을 느낀다. 그리고 위험을 무릅쓰고 과감한 투자를 행하는 도전력이 있어야 한다. 도전적인 창업가는 경쟁에서 이기기 위해 보다 혁신적인 신제품을 개발하여 소비자의 까다로운 욕구를 충족시키는 고객 지향적인 제품을 생산하여 기업경쟁력을 높인다.

⑤ 독립심

성공한 창업자는 사업목표를 달성하기 위한 집념이 강하고 다른 사람에게 종속·고용되고 싶지 않은 독립심이 강하다.

⑥ 자기계발

성공한 창업자는 자기 자신에게 요구되고 있는 능력과 자질을 충분히 인식하고 스스로 능력계발을 한다. 또한 피드백을 효과적으로 활용하는 학습능력이 뛰어나다.

⑦ 긍정적 사고와 자신감

성공한 창업가들은 매사에 긍정적이며 자신감이 강해서 스스로 원하는 것은 무엇이든지 얻을 수 있다고 생각한다. 스트레스와 갈등을 잘 견디며 불확실한 일에 강하다. 또한 성공한 창업자들은 실수로부터 기꺼이 배우려는 자세를 가지고 있으며 자신의 지식을 활용하여 더 좋은 성과를 얻으려는 욕구가 강하다. 또한 현재보다 미래의 목표달성을 중시한다.

⑧ 창의력, 유연성과 미래에 대한 비전

성공한 창업가들은 상황적응력이 높아 일을 개념화 시키는데 강한 추진력을 가지고 있다. 또한 타인에게 미래에 대한 믿음과 신뢰를 주며, 가족은 물론 타인의 지지를 끌어낼 줄 안다.

⑨ 환경예측과 대응 능력

기업 환경을 냉철하게 분석하는 능력을 겸비하고 미래를 예측하는 힘이 있어야 한다. 혁신력으로 기업의 위협요소를 발전기회로 전환시키는 능력을 가져야 한다. 기업을 둘러싸고 있는 여러 가지 환경요소 중 특히 위협적인 요소들을 적극적으로 이용하여 오히려 발전의 기회로 삼는 능력을 말한다.

⑩ 비전제시

장기적 사고력으로 단기 업적을 추구하는 것이 아니라 미래지향적인 관점에서 비전을 제시하여 종업원의 공감대를 형성하는 능력을 가져야 한다.

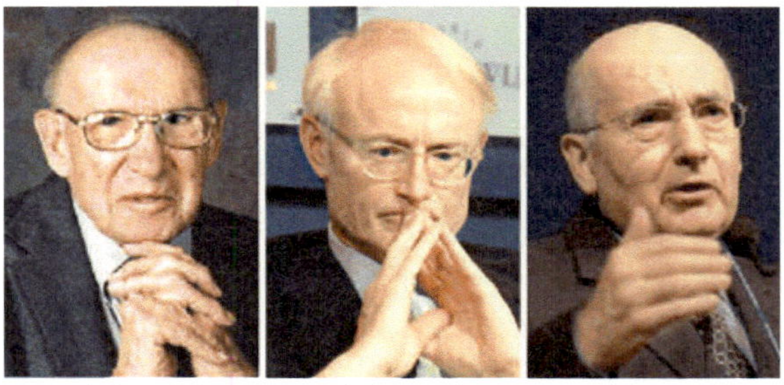

피터 드러커 마이클 포터 필립 코틀러

창업가의 역할을 강조한 학자들

2.3 창업의 동기와 유형

1) 창업의 동기

① 생계형 소자본창업

오늘날 창업의 가장 큰 특징은 생계형 소자본창업이 증가하고 있다는 점이다. 생계형 소자본창업은 전체 창업의 약 70% 이상을 차지하고 있으며, 그 중에서도 서비스 유형의 창업이 전체의 60%를 차지하고 있다.

② 직장관의 변화

우리의 직장관은 평생 근무하는 개념이었으나, 이러한 직장관이 바뀌고 있으며 지금 일하는 회사의 최고경영자가 되기보다는 직장경험을 바탕으로 언젠가는 창업을 해 사장이 되겠다는 꿈을 가진 사람이 계속적으로 증가하고 있는 추세이다.

③ 대학생 창업의 증가

경기가 어려울수록 창업에 대한 관심은 고조되고 있으며, 각 대학의 창업강좌와 중소기업청에서 실시하는 창업세미나에는 많은 대학생들이 참여하고 있다. 창업연령도 갈수록 낮아지고 있는 추세이며 대학생 창업자도 늘어나고 있다.

④ 여성창업의 증가

여성의 사회진출 확대와 맞벌이가 당연시되고 있는 사회분위기 속에서 여성의 창업은 눈에 띄게 증가하고 있다. 여성의 창업은 주로 도·소매업과 서비스업을 중심으로 전개되고 있다.

⑤ 정부의 창업지원정책

최근 정부의 정책은 창업을 촉진하고 중소기업을 육성하는 데 초점을 맞추고 있다. 정부는 중소기업청을 통하여 중소기업 특히 기술혁신기업에 많

대학생 창업의 증가

정부의 창업 지원

은 투자를 하고 있다. 정부의 지원제도는 자금, 입지, 기술, 인력, 세제 등 매우 다양하다.

2) 창업의 유형

창업은 기준에 따라 여러 가지로 분류할 수 있다. 업종에 따라 제조업, 도·소매업, 서비스업 창업으로 구분할 수 있다. 또한 사업을 분류할 수 있는 기준으로는 새로운 정도, 경영의 독립성, 소유자의 수 등이 있다. 창업사업의 독립성을 기준으로 하여 순수한 개별적 독립사업과 최근 각광을 받고 있는 프랜차이즈 가맹점과 같은 사업으로 분류할 수도 있다.

일정한 공간을 확보하느냐의 여부에 따라 무점포와 점포형 창업으로 구분되며 기존의 사업과는 확연히 새로운(예컨대 발명품 및 기존시장에 없던 새로운 혁신적 상품) 상품과 새로운 사업을 기준으로 구분할 수도 있다. 이와 함께 국경 없는 글로벌경제 하에서 다국적기업들에 의해 활발히 전개되고 있는 기업의 인수·합병 등도 창업의 한 형태로 이해되고 있다. 여기에서는 이들 기준에 의거하여 중소기업의 창업에 도움이 되는 사업의 분류와 그 특징을 간단히 설명하고자 한다.

① 업종에 따른 분류

사업 분류에서 흔히 사용되는 기준으로 제조업, 서비스업, 도·소매업의 분류가 있다. 제조업 창업은 원료를 투입하여 새로운 제품을 만드는 사업이고, 도·소매 창업은 유통업 창업이라고도 하며, 주로 제품의 판매에 관련된 도매 및 소매점을 창업하는 것을 말한다. 서비스업 창업이란 그 형태가 다양하며 제공된 서비스를 원래 상태대로 환원하기 어려운 특징이 있다.

② 독립사업과 프랜차이즈 가맹사업

프랜차이즈 가맹점(franchisee)이란 프랜차이즈 본부(franchisor)로부터 상품, 경영 등에 대한 지원을 받는 대신 사업경영에 있어서 체결한 계약에 따라 제약을 받게 된다. 이와 같은 프랜차이즈 가맹점 사업이 성장하는 것은 여러 점포가 같은 물건을 취급하게 됨에 따라 규모의 경제성이 커지며, 경영기술에 있어서 본부업체와 가맹점이 효과적으로 협력하여 수익성과 경쟁력을 높일 수 있기 때문이다.

세계적인 피자 프랜차이즈인 피자헛

우리나라 피자 프랜차이즈인 미스터피자

③ 혁신적 창업과 모방창업

창업기업은 혁신성 정도에 따라 혁신적 창업기업과 모방창업기업으로 나누어 볼 수 있다. 혁신적 창업이란 기존의 사업과는 기술, 경영, 제품 등에 있어서 크게 다른 형태의 창업을 의미한다.

④ 개인 중심 창업과 팀 중심 창업

개인이 창업을 주도하여 제품의 결정, 자금조달, 경영 등을 주도하는 경우를 개인 중심 창업이라고 할 수 있다. 한편, 이와는 달리 2명 이상의 사람이 창업을 공동으로 주도하는 경우도 있는데, 이를 팀 중심 창업이라 한다.

⑤ 무점포 창업과 점포 중심형 창업

창업을 하게 되는 경우에는 공장을 설립하거나 점포를 가지는 등 일정한 격식을 갖춘 공간 중심으로 하는 경우와 공간이 없어도 창업을 할 수 있는 경우가 있다. 이런 형태의 창업을 '무점포 창업'이라고 한다. 무점포 창업은 점포를 확보하는 데 자금이 소요되지 않으므로 자금 면에서 매우 효율적인 창업이 될 수 있다.

⑥ 기업 매입 및 인수·합병

사업을 시작하는 방법 중의 하나는 이미 설립된 기업을 매입하거나 인수·합병을 통해 사업을 시작하는 것이다. 사업을 한다는 것은 창업 그 자체가 목적이기보다는 창업을 통하여 이윤을 실현하고자 하는 것이므로 기업매입이나 인수·합병을 통하여 사업을 시작하는 것도 창업과 관련하여 고려할 만한 대안이다.

도표 6-9 창업의 분류

분류기준	분류내역	
창업의 업종 여부	제조업	비제조업(서비스, 유통업 등)
업종의 독립성 여부	개별적 독립사업	프랜차이즈사업
창업의 입지(점포) 여부	무점포 창업	점포 중심적 창업
창업의 창조(혁신)성 여부	창조적 창업기업	비창조적 창업기업
기타	M&A(기업 인수, 합병)	

2.4 창업절차와 지원제도

창업을 위해서는 일정한 법적 · 제도적 절차를 수행해야 하는데 기업의 특성에 따라 차이를 보이고 있다. 즉, 일반 중소기업과 벤처기업 그리고 프랜차이즈 창업이냐에 따라 달리 구분할 수 있으며, 제조업 혹은 도소매업 등 업종에 따른 차이도 있다.

1) 창업 절차

먼저 사업의 핵심요소라고 할 수 있는 업종의 선정 및 사업에 대한 아이템 · 사이즈 및 기업형태와 조직형태 및 인적구성 등을 결정하고 구체적 사

도표 6-10 창업절차

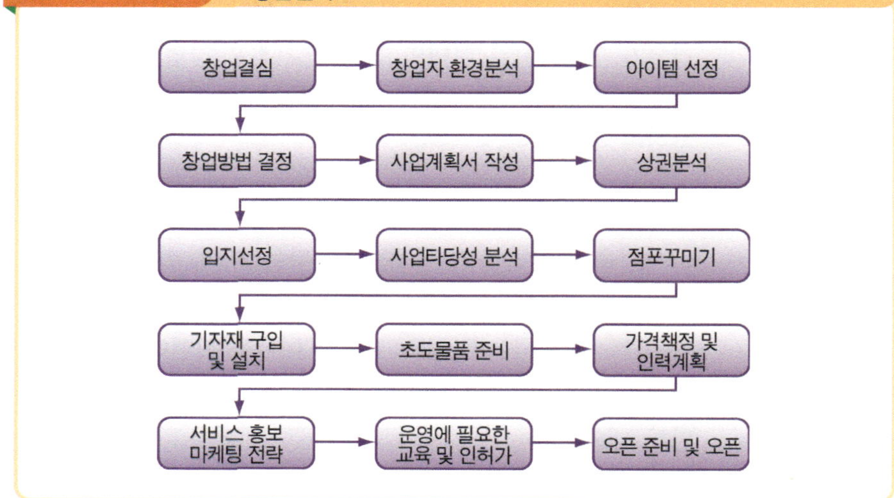

업방향을 제시해야 한다. 다음으로 구상된 사업의 사업타당성 검토를 행하여 사업실행의 청사진과 효용성을 검토하여 사업성공에 대한 확신을 검토하게 된다. 마지막으로, 사업핵심요소 사항과 사업타당성 검토를 종합하여 창업의 구체적 목표와 일정이 제시된 사업계획서를 작성하게 된다. 사업계획서는 창업자에게는 물론 투자자와 이해관계자들에게 제시되어야 하므로 사업에 대한 확고한 의지와 구체적 목표 및 실행가능성 등을 충분히 반영하여 작성되어야 한다.

2) 창업지원제도

성공적인 창업을 위해서는 정부가 제공하는 각종 지원제도 및 혜택을 최대한 그리고 적절히 활용하는 것이 매우 중요하다. 우리나라는 중소기업의 창업을 원활하게 하기 위하여 중소기업창업지원법을 마련하고 있으며, 창업에 대한 각종 지원책과 제도적 절차 및 지원 업종에 대해 명기하고 있다.

신용보증기금의 창업지원 사업

창업절차별 주요 지원내용을 살펴보면 중소제조업의 경우 창업절차는 크게 세 단계로 나눌 수 있는데, 첫째, 법인설립 단계에서는 사업타당성에 대한 지원과 창업기업에 대한 투자지원 및 창업기업 보육센터 설립 및 운영이 이루어지며 둘째, 공장입지 확보 단계에서는 창업계획의 승인제도와 창업절차대행지원, 부담금 감면 등이 있고 셋째, 공장건축 및 생산개시 단계에서는 각종 조세감면제도와 자금지원 및 신용보증지원제도를 구축하고 있다.

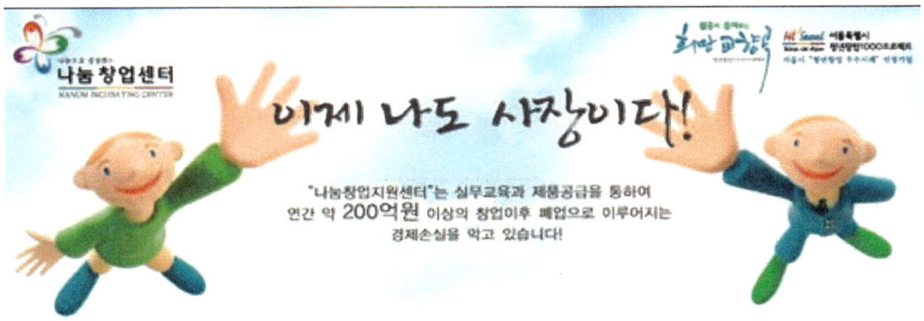

서울시 사회적기업인 나눔 창업센터

도표 6-11 창업단계에 따른 지원제도

창업단계	지원제도
법인설립	사업타당성 지원, 창업기업 보육센터 설립 및 운영
공장입지 확보	창업계획 승인, 창업절차대행지원, 부담금 감면
공장건축 및 생산개시	각종 조세감면, 자금지원 및 신용보증지원
중소기업 창업 초기	창업지원제도 활용, 사업자금 확보
중소기업 창업 이후 (정책자금 활용)	각종 정책자금(구조개선자금, 산학연공동기술개발자금, 기술혁신개발자금, 국책과제자금), 경영컨설팅쿠폰제, ERP시스템 구축비, 해외시장개척, 시설자금과 운전자금 지원제도 활용

중소기업은 창업 및 초기단계에 자금부족 등 많은 어려움을 겪는 것으로 나타나고 있으며 창업 초기의 어려움은 기업의 생존과 직결되어 있다는 것은 많은 연구결과 밝혀졌다. 따라서 창업초기에 창업지원제도를 활용한 충분한 사업자금의 확보가 무엇보다 중요하며, 특히 창업 이후에도 회사의 성장발전에 필요한 각종 정책자금(구조개선자금, 산학연공동기술개발자금, 중소기업기술혁신개발자금, 국책과제자금 등)을 검토하고, 경영컨설팅쿠폰제와 ERP시스템구축비 등 관리적 강화지원 정책의 활용도 중요하며 해외시장 개척과 시설자금 · 운전자금에 대한 사항도 철저히 검토 후 사업성장에 적절히 활용하여야 한다.

2.5 사업계획서

1) 사업계획서 작성의 중요성

일반적으로 사업계획서는 계획사업이 어떤 방향으로 나아가고 있고 어떻게 목표에 도달할 수 있는지에 대해 설득력 있게 설명하는 문서라 말할 수 있다.

사업계획서를 작성하는 두 가지 이유는 첫째, 사업계획서를 작성해 봄으로써 창업자가 자신이 하고자 하는 사업을 완벽하게 이해하고 있으며, 그에 따른 실천계획을 짜 본다는 데 그 의의가 있다. 둘째, 현실적으로 사업계획서는 투자자들에게 자금조달을 목적으로 그들을 설득시키기 위해 작성하는 경우이다.

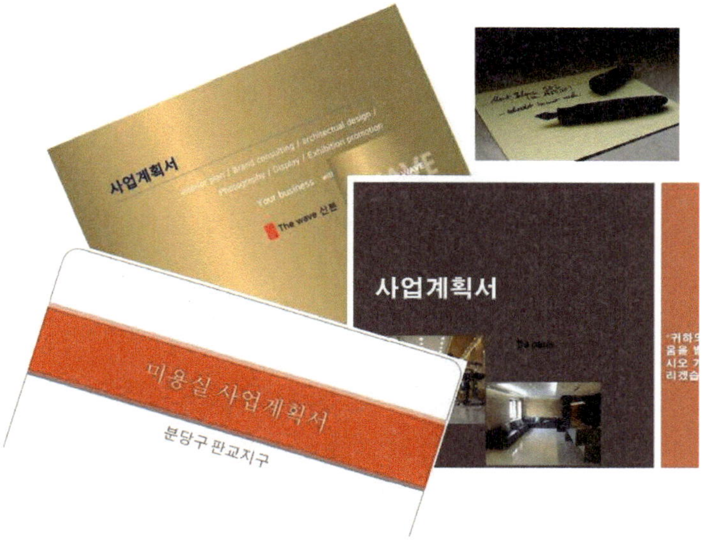

각종 사업계획서

특히, 벤처캐피탈을 찾는 창업자는 사업계획서의 작성에 많은 신경을 써야 한다. 사업아이템만을 갖고 있는 창업자나 아직 정상궤도에 진입하지 못한 초기기업은 구체적으로 보여줄 수 있는 실적물이 없기 때문에 특히 신경을 써야 할 부분이 사업계획서인 것이다.

사업계획서를 쓰기 전에 먼저 고려해야 할 사항은 누구를 위해 그리고 어떤 목적으로 쓰이는 것인가 하는 점이다. 사업계획서를 필요로 하는 사람과 목적에 따라 그 내용도 상당히 달라져야 한다. 또한 잠재적 투자자나 고객 등은 기술의 우수성보다는 시장가능성이나 이익잠재력에 대한 관심이 더 높다는 사실을 잊지 말아야 한다.

사업계획서는 기술성과 사업성이 균형 있게 담겨져야 하며, 사업계획서는 투자자의 관심을 유도할 수 있는 주체선정과 간결하고 명확하게 논의되어야 하는 정확성(accuracy), 광고 카피보다는 객관적인 어조를 유지시키기 위한 객관성(objectivity), 복잡한 기술 분야의 설명보다는 사진이나 그림 같은 단순한 설명과 표현의 단순성(simplicity) 등을 두루 갖추어야 할 것이다. 특히 중요한 것은 투자자들이 원하는 정보를 한 눈에 볼 수 있도록 압축하는 일이다. 또한 시장정보, 사업운영정보, 재무정보 등을 충분히 조사한 후 사업계획서의 작성에 들어간다.

2) 사업계획서의 주요기능과 내용

사업아이디어와 시장에서의 반응을 바탕으로 하여 구체적인 사업계획(business plan)을 세워야 하는데 이러한 사업계획은 창업을 준비하는 기업을 비롯하여 기존 기업에서 신규 사업과 현재 사업을 변경하고자 할 경우에도 작성하게 된다. 사업계획서에서는 시장에서 이 사업이 성공할 수 있는가를 신중히 검토하여야 하며 이를 위해 시장분석(market analysis)도 함께 병행되어야 한다.

사업계획의 주요 기능과 내용을 살펴보면 〈도표 6-12〉와 〈도표 6-13〉과 같이 요약할 수 있다.

사업계획에서 주요하게 고려되는 사항들로는 사업성격, 시장상황, 경쟁자, 고객, 제공할 제품 및 서비스 내용, 생산 및 판매방법, 자본조달 시기와 방법, 경영진 구성 등으로 경영관리의 전반적인 내용들에 대한 중요 사항들이 포함된다. 이러한 요소들을 기본으로 하여 기업가 나름대로 사업계획을 갖고 있을 경우 다음에 해야 할 일은 구체적으로 이러한 요소들이 포함되고 문서화된 형태로 갖기 위해 사업계획서를 작성하는 일이다.

| 도표 6-12 | 사업계획서의 주요 기능

- 기업의 목표, 목적, 전략, 전술, 사업수행일자, 특정시장에서의 성공가능성 등 설명
- 소비자 및 고객, 관리자, 은행 또는 채권자들이 평가
- 기업의 목표와 운영방법 등에 대해 고객 및 종업원들과 의사소통
- 기업자산 및 부채의 체계적 관리, 경쟁적 시장상황의 설명, 설비와 재무상황의 확인, 문제예측, 적절한 해결방안의 강구, 성공적인 기업의 전략과 전술을 확인

C식품의 중국 사업 설명회

Y사의 사업설명회 포스터

〈도표 6-13〉은 사업계획서 문서내용의 한 사례로 사업계획서는 정형화된 형식을 취하지 않으며 창업하려는 기업가 자신의 사업 분야에 따라 그 내용이 추가·삭제될 수 있다. 또한 사업계획서가 갖추어야 할 필요요건들로는 타당성(validity), 현실성(reality), 완전성(completeness) 등인데, 타당성은 작성된 사업계획서가 누가 보더라도 이해할 수 있으며 정확하게 작성되었는지를 검토하는 항목으로서 이는 읽은 사람(투자자)으로부터 거부감이 없고 쉽게 동의될 수 있는 내용으로 구성되어야 한다.

사업계획서가 완성되면 집중하고자 하는 시장에 대한 분석이 이루어지는

| 도표 6-13 | 사업계획서 내용

항목		내용	
사업계획서요약문		사업개념 및 사업배경, 기업 및 제품에 대한 개요, 틈새 및 기회, 경쟁우위, 수익성, 성장전망 및 비전, 사외에의 공헌도(필요성 부여) 등을 간략히 서술	
기업 및 산업 개요		• 기업개요 : 기업명, 기업이념, 목표, 성격 등 • 사업개념 : 어떠한 사업이며 추구하는 상품이 무엇인지에 대한 설명 • 사업배경 : 산업현황 및 전망, 성장추이, 기회 등	
사업 및 제품(서비스) 개요		• 제품(서비스)의 특성 및 용도 • 기술인력 및 제품(서비스) 개발계획 • 경쟁제품(서비스)과의 차별성	
시장환경분석		• 목표시장 • 경쟁 및 경쟁우위 전략 • 예상 매출규모 • 자기 아이템	• 시장규모 및 성장 추이 • 시장진입 및 성장전략 • 수익잠재력
운영	마케팅계획	• 주요 마케팅전략 • 가격전략 • 촉진전략	• 제품전략 • 유통전략
	생산계획	• 생산전략 • 설비 및 필요 기자재 • 공장입지 및 법적인 규제	• 원자재 수급계획 • 운영주기
	재무계획	• 채산성 분석 • 비용관리계획	• 추정 재무제표(3~5년) • 자금조달 계획
	조직 및 인적자원	• 조직도 • 경영능력 • 외부자문 및 자원인력	• 핵심창업인력 • 인사정책 및 계획
위험요소 및 대책			
사업추진일정			

데 이러한 시장분석은 기업이 자신의 고객이 누구인지를 확인하고, 어떻게 이들에게 자신의 제품, 서비스, 프로그램 등을 판매, 유통, 촉진하며 이에 따른 인적자원의 충원, 교육, 배치는 어떠한지를 파악해 볼 수 있도록 한다. 또한 시장분석은 목표한 매출액의 예측, 시장에서의 진출 · 퇴출 여부를 가름할 수 있는 결정적인 역할을 수행한다.

일반적으로 시장분석은 시장조사의 결과를 기본으로 하며 이를 기초로 하여 마케팅계획이 수립된다. 이러한 마케팅계획에는 시장의 범주, 시장세분화, 시장장벽, 시장수요, 시장점유율, 매출액, 유통경로, 가격구조와 정책, 광고와 촉진 등의 관점들을 고려하게 된다.

3) 사업계획서의 작성의 서식 예

〈도표 6-14〉는 소상공인 지원센터에서 창업자금을 지원받기 위해 작성한 사업 계획서 작성 서식의 예이다.

도표 6-14 사업계획요약서

<table>
<tr><th colspan="10">사 업 계 획 요 약 서</th></tr>
<tr><td>사 업 형 태</td><td colspan="4"></td><td colspan="3">사업분야</td><td colspan="2"></td></tr>
<tr><td>기 업 명</td><td colspan="4"></td><td colspan="3">대 표</td><td colspan="2"></td></tr>
<tr><td>사업개념</td><td colspan="9"></td></tr>
<tr><td>사업명</td><td colspan="9"></td></tr>
<tr><td>아이템설명</td><td colspan="9"></td></tr>
<tr><td colspan="10">1. 창업사업의 개요</td></tr>
<tr><td colspan="5">1-1. 사업 개념
1-2. 사업 목적</td><td colspan="5">1-3. 기대 효과
1-4. 사업 추진 능력</td></tr>
<tr><td colspan="10">2. 사업 아이템의 내용</td></tr>
<tr><td colspan="5">2-1. 아이템의 특성
2-2. 핵심 아이템
2-3. 핵심 기술
2-4. 기술개발 진척도</td><td colspan="5">2-5. 성공 사례
2-6. 시장 분석
2-7. 자사 분석
2-8. 경영업체 분석</td></tr>
<tr><td colspan="10">3. 사업화 추진 계획</td></tr>
<tr><td colspan="5">3-1. 아이템 양산 계획
3-2. 인력 확보 계획</td><td colspan="5">3-3. 마케팅 계획
3-4. 사업화 추진일정</td></tr>
<tr><td>내 용</td><td colspan="4">창업추진년도</td><td colspan="4">D+1년</td><td>비고</td></tr>
<tr><td rowspan="2">자금조달
매장 확보</td><td>1/4</td><td>2/4</td><td>3/4</td><td>4/4</td><td>1/4</td><td>2/4</td><td>3/4</td><td>4/4</td><td></td></tr>
<tr><td></td><td></td><td></td><td></td><td></td><td></td><td></td><td></td><td></td></tr>
</table>

사원확보 및 교육실시 내부시설 확보 홍보·판촉홍보 인터넷 동호회 운영 시설계발 및 계량 이벤트 및 대화실시										

3-5. 추정손익계약서

구분	사업추진년도	D+1년	D+2년	D+3년	D+4년
매출액					
매출원가(-)					
인건비(-)					
영업이익					
영업외손익(+,-)					
경상이익					
특별손익(+,-)					
법인세등(-)					
당기순이익					

3-6. 소요자금 및 조달 계획 (단위 : 만원)

소 요 자 금			조 달 계 획		
용도	내용	금액	조달방법	기조달액	추가조달액
운전자금	1개월운영비				
	판촉활동비				
	기타				
	소계		소계		
시설자금	매장보증금				
	인테리어비				
	PC구입비				
	프로그램구입비				
	부수용품				
	기타				
	소계			소계	
합계				합계	

4. 사업계획 지연 또는 차질 시 대안

구분	대안
자금조달	
인력수급	
고객유치	
부품 및 기자재 조달	

경영사례

영원한 기업가정신의 신화, 잭 웰치(Jack Welch)

1980년부터 2001년까지 세계 최대 기업 GE를 이끈 전설적인 경영자 잭 웰치 회장이 보여준 리더십의 핵심은 아직도 우리에게 많은 가르침을 주고 있다. 잭 웰치는 1981년 마흔다섯의 나이에, 환경변화에 둔감하고 덩치가 큰 고령의 기업체질과 사업구조를 가진 거대기업 GE의 여덟 번째이자 최연소 회장에 취임했다.

잭 웰치(1935~)

잭 웰치는 취임 직후 당시로서는 획기적 기법인 리스트럭처링(사업구조 조정)과 다운사이징(감량경영)을 통해 GE를 혁신적으로 변모시켰다. 그러나 이후 계속되는 혁신을 통해 취임 당시 2백50억 달러 매출을 1천3백억 달러로, 영업이익률은 6%에서 18.9%로 끌어올렸다. 반면 종업원은 40만 명에서 30만 명으로 줄어들었다. 시가총액은 1백50억 달러에서 회장직을 사임한 2001년 10월 3천8백80억 달러로 25배 이상 끌어올려 전 세계를 통틀어 최고 가치를 가진 기업으로 만들었다. 당시 기준으로 GE 시가의 10%면 한국 상장기업 전체의 경영권을 인수할 수 있을 만큼 높은 가치였다. 잭 웰치는 병들어가는 GE를 맡아 다양한 경영기법과 탁월한 리더십을 통해 최강 조직을 만듦으로써 20세기를 빛낸 최고의 경영자가 됐다.

잭 웰치로부터 배울 수 있는 첫 번째 리더십 교훈은 확고한 비전과 그의 철저한 공유에서 찾을 수 있다.

1999년 잭 웰치 회장의 한국 방문 시 한 경영자가 "세계에서 가장 존경받는 기업의 가장 존경받는 경영자로 선정된 리더십 비결이 무엇입니까?"라고 묻자, 웰치 회장은 "딱 한 가지입니다. 나는 내가 어디로 가는지 알고 있고, GE의 전 구성원은 내가 어디로 가는지 알고 있습니다."라고 답했다.

비전의 중요성, 특히 비전을 모든 구성원과 함께 공유함으로써 그 비전이 리더만의 비전이 아닌, 조직 구성원 전체의 꿈과 희망이 되게 하는 것의 중요성은 더 이상 강조할 필요가 없다.
'한 사람의 꿈은 꿈으로 끝나지만 만인의 꿈은 현실이 된다'는 유목민의 유명한 속담 역시 비전 공유의 중요성을 강조하고 있음을 알 수 있다. 그러나 비전 공유는 결코 쉬운 일이 아니다. 비전에 대해 최소 7번 이상 조직원들과 대화를 해야 비로소 구성원들이 비전을 이해하기 시작한다는 컨설팅 회사의 조사 결과가 있다. 그럼에도 불구하고 경영자들은 오직 2.4%의 시간만을 미래 구상에 사용할 정도로 비전에 대한 투자를 게을리 한다. 반면 잭 웰치는 '10번 이상 얘기한 것이 아니면 한 번도 얘기 안 한 것과 같다'고 강조하면서 비전 공유 노력을 아끼지 않았다.

커뮤니케이션 능력은 리더에게는 사활이 걸린 핵심 자질이다. 잭 웰치는 커뮤니케이션을 매우 즐기는 리더였다. "나는 GE가 추진하는 모든 일에 가장 열렬한 지지자가 됐다. 나는 어떤 아이디어나 메시지를 조직 전체에 전달하고자 할 때 한 번도 이 정도면 충분하다고 말해본 적이 없다.

그러나 모든 조직원이 한 방향으로 나아가게 하기 위해서는 잭 웰치 회장처럼 가치, 비전, 신념, 핵심 아이디어를 끊임없이 전파하고 공유하는 노력이 절대적으로 필요하다. 리더는 사람들이 비전을 이해하고 비전으로 숨쉬게 만들어줘야 한다. 비전이야말로 여러 사람이 하나의 방향으로 나아가게 하는 목적지인 것이다.

잭 웰치하면 가장 먼저 떠오르는 단어가 바로 '변화 · 혁신의 리더'다. 기업 성장과 더불어 관료주의와 대기업병이 확산되는 것은 필연적 현상이다. 잭 웰치는 '관료주의를 혐오한다'는 말로 기업 경영에서 관료주의와 대기업병이 타파돼야 할 제1의 요소임을 강조하곤 했다.

잭 웰치는 재임기간 내내 끝없는 변화 혁신의 소용돌이를 일으킴으로써 관료주의 타파는 물론, 거대기업 GE를 실리콘밸리의 벤처기업에서나 찾아볼 수 있는 날렵하고 유연한 기업(Act like a small company), 조직원 모두가 자신감과 더불어 열성적이고 헌신적인 분위기를 갖고 살아가는, 변화를 즐기는 조직을 만들어놓고 떠났다.

구성원의 열정과 두뇌를 최대로 활용하는 사람, 이는 모든 리더의 공통점이다. 잭 웰치 리더십의 세 번째 교훈은 사람에 대한 극진한 관심과 투자에서 찾을 수 있다. 잭 웰치에 따르면 "인적 자원이 가장 중요한 미래의 지식기반 경제에서 경영자의 가장 중요한 역할은 인적자원의 개발, 즉 임파워먼트(Empowerment)이다. 경영자는 한 손에는 물뿌리개를, 다른 한 손에는 비료를 들고 꽃밭에서 꽃을 가꾸는 사람과 같다."

잭 웰치는 자기 시간의 75%를 핵심 인재를 찾고, 채용하고, 배치하고, 평가하고, 보상하고, 내보내는 데 썼다고 말한다.

회사 자원 중 가장 중요한 자원이 경영자의 시간과 관심이다. 이러한 핵심 자원을 어디에 쓰느냐에 따라 모든 것이 달라진다. 잭 웰치는 구두선(口頭禪)이 아니라 실천으로써 사람에 대한 관심과 투자가 탁월한 성과를 창출하는 첩경이라는 명제가 사실임을 보여주었다.

그는 또한 임직원에 대한 평가를 숨 쉬는 것처럼 자연스럽고 일상적으로 실시했다. 연봉을 책정하거나 스톡옵션을 제공할 때는 물론이고, 심지어는 복도에서 누군가와 우연히 부딪혔을 때조차 평가를 한다고 얘기하곤 했다.

후계자 '제프리 이멜트' 찾으려 5년간 투자

자료 : HuNet, 2008, Summary 및 조영탁의 CEO 리더십 탐구, 2003(www.happyceo.co.kr)

요 약

기업가정신의 정의들은 많은 연구자들에 의해 다양하게 내려지고 있는데, 이들 정의의 특징은 크게 세 가지 견해로서 경제 기능적, 사회 심리적, 종합화 견해로 나누어지고 있다. 이 세 가지 견해들을 모두 고려할 경우 기업가정신은 '조직의 모든 요소들에 대해 혁신적인 사고를 하며 자아욕구가 강하여 가치에 근거한 창조적인 활동을 하는 것'으로 정의할 수 있을 것이다

기업가가 가져야 할 특성으로는 행동적 측면에서는 사업에 대한 헌신 · 몰입과 확고한 결의, 기회에 대한 집착, 위험 · 모호성 · 불확실성에 대한 수용, 창의성, 자립심, 적응력, 남보다 앞서려는 동기, 리더십, 현실감각과 유머감각 등이 필요하며 역할 측면에서 요구되는 특성들을 살펴보면 기업가는 조정자, 혁신자, 위험감수자, 중재자의 역할을 수행한다.

창업이란 사업의 기초를 세우는 것으로, 기업가의 능력을 갖춘 개인이나 집단이 사업 아이디어를 가지고 사업목표를 세우고, 적절한 사업기회에 자본, 인원, 설비, 원자재 등 경영자원을 투입하여 재화를 생산하거나 또는 용역을 제공하는 기업을 설립하는 것이다.

창업을 위해 가장 먼저 필요한 요소는 첫째로 인적 요소인 '창업자'등 인적 자원이라고 할 수 있다. 두 번째로 필요한 요소는 제품요소로서 무엇을 생산할 것인가를 결정하는 '창업아이디어'인 제품이나 또는 서비스 이다. 세 번째로 필요한 것은 물적 요소로서 창업자본 등 물적 자원이라고 할 수 있다. 창업은 기준에 따라 여러 가지로 분류할 수 있다. 업종에 따라 제조업, 도 · 소매업, 서비스업 창업으로 구분할 수 있다.

성공적인 창업을 위해서는 정부가 제공하는 각종 지원제도 및 혜택을 최대한 그리고 적절히 활용하는 것이 매우 중요하다. 우리나라는 중소기업의 창업을 원활하게 하기 위하여 중소기업창업지원법을 마련하고 있으며, 창업에 대한 각종 지원책과 제도적 절차 및 지원업종에 대해 명기하고 있다.

사업계획서는 창업자에게는 물론 투자자와 이해관계자들에게 제시되어야 하므로 사업에 대한 확고한 의지와 구체적 목표 및 실행가능성 등을 충분히 반영하여 작성되어야 한다. 사업계획에서 주요하게 고려되는 사항들로는 사업성격, 시장상황, 경쟁자, 고객, 제공할 제품 및 서비스 내용, 생산 및 판매방법, 자본조달 시기와 방법, 경영진 구성 등으로 경영관리의 전반적인 내용들에 대한 중요 사항들이 포함된다.

토의주제

1. 한국의 대표적인 기업가로 삼성그룹의 이병철과 현대그룹의 정주영의 기업가 정신이 어떤 특성에서 차이가 나는지 비교 토의해 보시오.
2. 빌게이츠의 기업가 정신과 안철수의 기업가 정신은 기업의 사회적 책임적 측면에서 어떤 차이가 있는지를 생각해보자.
3. 성공한 창업과 실패한 창업의 사례를 조사하여 이들의 장단점을 분석하고 성공적인 창업을 위해 기업가가 갖추어야 할 특성이나 조건들을 제시해보자.
4. 자본금 5,000만원으로 기업을 창업한다고 가정하고, 실제 창업에 필요한 절차대로 사업계획서를 작성해 보자.
   또한 자금이 없을시 어떻게 자금을 마련할 것인가에 대한 자금 계획에 대하여 정책적 자금 이용과 개인을 통한 자금 모집 방안에 대하여도 생각해보자
5. 잘 만들어진 사업계획서가 왜 중요한지를 토의해 보자.

참고문헌

1. 김성수, 2002, 성공한 창업자의 기업가 정신, 서울: 삼영사.
2. 홍성도, 2008, 벤처기업 창업 경영론, 서울: 학문사.
3. D. Hellriegel, S. E. Jackson, and J. W. Slocum Jr., 2002, Management: A Competency-Based Approach(9th ed), South-Western, p. 130.
4. HuNet, 2008, Summary, 조영탁의 CEO리더십 탐구, 2003(www.happyceo.co.kr)
5. 정승화, 2003, 벤처창업과 경영전략, 서울: 홍문사.
6. 홍성도, 2008, 앞의 책.
7. 이상석 외, 2011, 기업가정신과 창업, 학현사.
8. 김남근 외, 2001, 창업과 경영, 세학사.
9. 류태모 외, 2002, 창업과 취업특성, 도서출판 대명.
10. 이상석 외, 2011, 앞의 책.
11. P. F. Drucker, 1985, Innovation and Entrepreneurship, Harper & Row Publishers.
12. 최봉수, 2009, 혁신을 대하는 자세, 이코노믹리뷰, Vol. 447.
13. 배경화, 2005, 우리나라 중소·벤처기업의 창업성공 결정요인에 관한 실증적 연구, 한국외국어 대학교 대학원 박사학위논문.

Chapter 07

중소기업과 벤처경영

학습목표

1. 중소기업의 의의와 필요성에 대하여 알 수 있다.
2. 중소기업의 특징에 대하여 이해할 수 있다.
3. 중소기업 경영자의 차별적 특성에 대하여 이해할 수 있다.
4. 벤처 비즈니스의 정의와 형태에 대하여 알 수 있다.
5. 성공한 벤처기업의 특징과 조건에 대해서 알 수 있다.

Key-word 중소기업, 벤처, 벤처기업의 특성, 벤처기업의 역사적 배경, 중소기업 경영전략, 프랜차이즈

CHAPTER

07 중소기업과 벤처경영

제 1 절 중소기업의 이해

1.1 중소기업의 의의

중소기업의 정의는 시대, 업종, 나라에 따라 다양하게 정의될 수 있다. 중소기업에 대한 기준은 어디까지나 대기업 또는 다른 사업체와의 비교상대적인 표현이기는 하지만 일반적으로 대기업에 비해 규모가 작거나 소규모인 업체를 일컫는다. 그러한 기준을 정하는 데는 매출액, 종업원 수, 자산규모, 자기자본, 시장점유율 및 경쟁기업과의 관계 등이 이용된다.[1)]

현재 우리나라에서 통용되고 있는 중소기업의 정의는 주로 양적인 외형 기준으로 중소기업 법에 명시된 종업원의 수에 따른 것으로서, 제조업의 경우 상시 종업원 수 50인 이하를 소기업으로, 50인 이상 300인 이하를 중기업으로 규정하고 서비스업인 경우는 10인에서 20인까지를 중기업으로 본다. 한편, 중소기업은행법의 구분기준은 종업원 수와 총 자산액을 설정하여 두 기준 중 어느 하나만을 충족시키면 중소기업으로 간주하고 있다. 이와 관련해서는 〈도표 7-1〉을 참고할 수 있다.

중소기업청 로고

중소기업중앙회 청사

도표 7-1 중소기업 정의에 대한 주요 국가 간 비교

국가	업종	구분	비고
한국	• 제조업 • 광업, 건설업 • 보건 및 사회복지사업 • 농업, 도매 및 소매업, 금융업 • 교육 서비스업	• 상시근로자 300명 미만 또는 자본금 80억원 이하 • 상시근로자 300명 미만 또는 자본금 30억원 이하 • 상시근로자 300명 미만 또는 매출액 300억원 이하 • 상시근로자 200명 미만 또는 매출액 200억원 이하 • 상시근로자 100명 미만 또는 매출액 100억원 이하	
일본	• 제조업 및 기타 • 소매업 • 도매업, 서비스업	• 상시고용 종업원 300명 이하 • 상시고용 종업원 50인 이하 • 상시고용 종업원 100인 이하	• 소기업은 20인 이하 • 소기업은 5인 이하
대만	• 제조업, 건설업 • 광업, 토석채취업 • 유통, 운송서비스, 기타	• 납입자본금 8천만 NT$ 미만 또는 고용인 200인 미만 • 전년도 영업총수익 1억 NT$ 미만 또는 고용인 50인 미만	
미국	• 제조업 • 광업 • 건설업 • 도매업 • 소매업 • 예술, 문화, 오락	• 세부업종별로 종업원수 500인 미만 • 세부업종별로 연간매출액 600만 달러 미만 또는 종업원수 500인 미만 • 세부업종별로 연간매출액 600만 달러 미만 종업원수 100인 미만 • 세부업종별로 연간매출액 600만 달러 미만	• 영세기업은 20인 미만 • 소기업은 20-99인 이하 • 중기업은 100-499인 이하
독일	• 제조업, 도매업 • 소매업, 무역업	• 연간매출액 1억 DM 이하 • 연간매출액 2.5천만 DM 이하	• 소기업은 1-9인 • 중기업은 10-499인

자료 : 중소기업 협동조합 중앙회, 2011, 「주요국의 중소기업관련 통계」

이처럼 나라마다 시대마다 정의가 다른 데 이를 명문화 시켜 놓는 이유는 대기업과 법인세율, 각종 금융혜택, 이자율등도 다르고 정부 차원의 지원 혜택도 대기업에 비해 유리한 경유가 많기 때문이다. 규모는 작지만 중소기업이 각 나라에서 차지하고 있는 비중은 매우 높아서 선·후진국을 막론하고 각국의 전체 기업 수의 98~99%를 차지하고 있다.[2)]

중소기업체의 수는 우리나라의 경우 2012년 현재 전체기업의 99.9%를 차지하며 여기에 종사하는 종업원의 수도 전체 종업원의 약 87.7%에 달한다. 그 뿐만 아니라 전체 수출에서 차지하는 비중도 약 40%에 달한다(2011, 통계청, 연도별

사업체기초통계조사보고서 기준).

Small business is roughly defined as one with few employees, limited revenues and a constrained market reach. Small businesses can be structured in a number of ways and may operate in nearly any industry.

일반적으로 중소기업은 소유자와 경영자가 동일함으로 자기사업을 하는 경우의 모험과 위험부담, 개척정신을 포함하고 있다. 중소기업가들이 그들의 종업원뿐만 아니라 직접적인 소비자, 원자재 공급자 등과 개인적 친분을 유지하는 가운데 경영의 애로를 타개해 나가는 속성을 가진다.

우리나라 중소기업이 전체 제조업에서 차지하는 비중은 사업체수, 종업원수, 부가가치 비율 면에서 다른 선진국과 비교해 볼 때 상당히 뒤떨어져 있다. 이 문제는 중소기업의 양적 증대와 질적 개선을 통해 해결해야만 한다.

〈도표 7-2〉는 중소기업이 차지하는 비중을 사업체수 종업원 수 면에서 비교한 것이다. 우리나라에서 중소기업의 사업체 수는 전체 중에서 99.9%를 차지하지만 다시 소기업과 중기업으로 나누어 볼 때 소기업 규모가 96.3%로 나타난다. 종업원 수로 보면 중소기업이 87.7%이고 대기업은 12.3%이다.

도표 7-2 우리나라 중소기업의 현황

		사업체수		종업원수	
		개	%	명	%
총계	합 계	3,069,400	100.0	13,393,497	100.0
	중소기업	3,066,484	99.9	11,751,022	87.7
	소 기 업	2,955,709	96.3	7,891,426	58.9
	중 기 업	110,775	3.6	3,859,596	28.8
	대 기 업	2,916	0.1	1,647,475	12.3

자료 : 통계청, 2011, 통계조사보고서.

1.2 중소기업의 존립의 근거

경제학자들의 연구에 따르면 대기업과 대자본의 규모의 경제 측면에서 항상 바람직한 것은 아니며, 수요와 공급, 그리고 기술적 면에서 중소규모가 더욱 효

도표 7-3 중소기업 존립 근거에 관한 이론

구 분	주 요 내 용
A. Marshall의 중소기업론	규모의 경제를 내부경제,Internal Economy)와 외부경제(External Economy)로 구분하고 두 가지 경제에서 발생되는 여러 가지 경제상 한계와 제약으로 중소기업의 존립영역이 형성
J. Robinson의 불완전 경쟁이론	상품의 차별화(Differentiating of Product)에 의해 시장의 불완전성이 생기게 되어 기업규모를 제한하고 따라서 독점적 대기업만으로 활동하기 어려운 영역이 발생하게 되어 중소기업의 존립타당성 발생
J. Steindle의 중소기업론	성장단층론에서 시장의 불완전성은 소기업의 시장을 보호함으로써 소기업 존립의 중요한 요인
E.A.G. Robinson의 적정규모론적 중소기업론	대규모 경제의 비경제가능성으로 인해 적정규모기업(Optimum Firm)은 대기업이 아닌 중소기업
Maurice Dobb & S. Aaronovitch의 독덤지배론	독점적 대경영 또는 독점자본에 복종하는 한 중소기업의 존립이 허용 중소기업이 독점기업과 공존할 수 있는 것은 독점기업에 이익이 주어지고 중소기업의 존립이 의식적으로 허용되기 때문이라고 주장

자료 : 이경의(1991) 및 문영복(2005)을 참조하여 재작성.

율적일 수 있다고 봄으로써 중소기업의 존립의 타당성에 대한 뒷받침이 되어 주고 있다.[3] 중소기업은 국민경제 · 사회 · 정치 · 지역사회 등 전 분야와 관련을 맺는 역할을 하고 있으며, 특히 개도국의 경우에는 자립경제를 이룰 수 있는 근본적인 조건을 이룬다.

1.3 중소기업 경영의 특징

중소기업(small and medium business)이란 대기업과는 달리 인적 · 물적 자원의 규모가 작고 단순한 조직구조를 가지는 경향이 있으며 최종산출물 또한 단순한 생산절차를 필요로 하는 단일 품종이나 서비스를 생산하는 크기나 규모가 작은 기업을 일컫는다.

현재 우리나라에서 중소기업 문제가 국가적 과제로 부상하고 있듯이 미국, 유럽, 일본 등지에서도 중소기업이 국가의 경쟁력에 미치는 영향에 대한 인식이 강해지고 있다. 일본, 독일을 위시해 중소기업이 강한 대만 등은 최근에 양호한 경제적 성과를 보이고 국민소득도 높은 편에 속한다. 각국의 중소기업은 기술혁신의 담당자, 고용기회의 제공자, 대기업을 지탱하는 협력자, 경제민주화의 담당자로서 그 나라의 경제에 제각기 커다란 역할을 수행하고 있다.

1) 중소기업의 장점

개인이나 소수 몇 사람이 출자를 하고 직접 경영에 참여하기에 기업의 소유주가 직접 경영하는 것이 일반적이다. 그러므로 창업자 대부분이 열정으로 창업하며 자기만족으로 헌신적으로 일한다.[4] 또한 유연성이 있어 환경변화와 조직 활동 및 변화에 쉽게 대응할 수 있고, 창업과 폐업이 용이하며, 수요량이 적은 틈새시장 공략과 개인별 맞춤 서비스를 원하는 특수 시장 공략에도 유리하다. 그리고 소유와 경영이 분리되지 않고 경영규모가 비교적 작고 복잡성이 심하지 않아 자금과 인력이 적게 들며 의사결정이 빠르고, 신제품 출시와 개발 속도가 빠르다. 경제학자들은 특히 중소기업이 창업할 때 자본, 설비, 시설을 별로 들이지 않는 것을 '진입의 용이성'(ease of entry)으로 일컫는다.[5]

인천 국제여객터미널 중소기업 전문 매장 오픈

우수 중소기업 제품 전시회

2) 중소기업의 단점

대기업의 사업영역 침범으로 시장을 점령당하거나 대기업의 권력남용으로 거래상의 부당행위 문제가 발생할 수 있고 또한 여러 가지 애로사항도 많이 발생할 수 있다. 중소기업의 발전 단계별 애로 사항은 〈도표 7-4〉에서 보듯이 창업단계와 성장단계별에 따라 기술, 인력, 자금, 판로 등에서 어려운 실정임을 볼 수 있다.

도표 7-4 중소기업 성장 발전 단계별 애로사항

	창 업	성 장	일류 기업화 / 구조조정
기 술	기술개발 및 제품화 어려움	R&D, C&D 부족	신기술개발 어려움 기술거래 미미
기 술	혁신적 기업가 양성 부족	기능인력 부족	고급인력 부족 경직적인 노동시장
기 술	창업자금 부족	운영자금 부족	재투자자금 부족 자산매각 어려움
기 술	판로개척 어려움	좁은 내수시장	수출확대 어려움 M&A 제한

자료 : 재정경제부, 2004, 중소기업 경쟁력강화 종합대책

또한 중소기업은 특히 자금적 측면에서 장기자본을 조달하거나 단기자금을 차입할 때에 〈도표 7-5〉에서 보듯이 상대적으로 불리할 수밖에 없다. 중소기업이 노동시장에서 인재를 확보하기가 대기업만큼 쉽지 않아 고용, 판매 면에서 상대적으로 불리한 형편에 처하기 때문에 열악한 환경을 벗어나기가 어렵다.[6]

도표 7-5 은행이 중소기업 대출신청을 거절하는 주요 이유

(단위 : %)

이 유	흔한경우	종종의 경우	드문경우	전혀 없는 경우
자기자본 부족	83	17		0
경영능력의 부족	19	54	27	0
저조한 과거 경영실적	50	42	8	0
신규사업	45	34	19	2
신용의 부족	7	20	53	19
불충분한 담보	52	41	7	
거래나 대출상환시 연체	39	44	17	

자료 : 이종욱, 2007, 한국중소기업의 자금조달 애로요인과 대책, 중소기업연구 제29권 제3호, pp. 191-213.

1.3 중소기업 창업절차와 지원제도

창업을 위해서는 일정한 법적 · 제도적 절차를 수행해야 하는데 기업의 특성에 따라 차이를 보이고 있다. 즉, 일반 중소기업과 벤처기업 그리고 프랜차이즈

창업이냐에 따라 달리 구분할 수 있으며, 제조업 혹은 도소매업 등 업종에 따른 차이도 있다. 창업의 기본절차는 창업예비절차, 창업 본 절차, 창업 후 절차로 나눌 수 있다.

1) 창업예비 절차

창업 전에는 첫째, 사업의 핵심요소라고 할 수 있는 업종의 선정 및 사업에 대한 아이템, 사이즈 및 기업형태와 조직형태 및 인적구성 등을 결정하고 사업방향을 제시해야 한다. 둘째, 구상된 사업의 사업타당성을 위해 사업실행의 청사진과 효용성을 고려하여 사업성공에 대한 확신을 검토해야 한다. 셋째, 사업핵심요소 사항과 사업타당성 검토를 종합하여 창업의 구체적 목표와 일정이 제시된 사업계획서를 작성한다. 사업계획서는 창업자에게는 물론 투자자와 이해관계자들에게 제시되어야 하므로 사업에 대한 확고한 의지와 구체적 목표 및 실행가능성 등을 충분히 반영하여 작성해야 한다.

2) 중소기업의 창업지원제도

성공적인 창업을 위해서는 정부가 제공하는 각종 지원제도 및 혜택을 최대한 그리고 적절히 활용하는 것이 매우 중요하다. 우리나라는 중소기업의 창업을 지원하기 위하여 중소기업창업지원법을 마련, 창업에 대한 각종 지원책과 제도적 절차 및 지원업종에 대해 명기하고 있다.

중소기업창업지원법은 창업을 '중소기업을 새로 설립하는 것'으로 하고, 중소기업이란 '중소기업기본법에 규정된 중소기업'으로 한정하며, 창업자란 '중소기업을 창업하는 자와 중소기업을 창업하여 사업을 개시한 날로부터 7년이 지나지 아니한 자'로 명기하고 있다.

중소기업청의 청년 창업 지원

금융기관의 중소기업 창업 금융 지원

중소기업창업지원법은 창업자에게 투자하는 것을 목적으로 하는 중소기업창업투자회사에 관한 규정과 창업자에게 투자하고 그 성과를 배분하는 것을 주된 목적으로 하는 '중소기업창업투자조합' 관련조항, 중소기업의 사업성 평가 등의 업무를 수행하는 '중소기업상담회사'의 설립에 관한 조항, 창업의 성공가능성을 높이기 위하여 창업자에게 시설, 장소를 제공하고 경영 · 기술 분야에 대하여 지원하는 것을 주된 목적으로 하는 사업장인 '창업보육센터'에 관한 사항을 규정하여 체계적인 중소기업창업을 지원하고 발전토록 규정하고 있다.

① 절차별 주요 지원내용

중소제조업의 경우 창업절차는 크게 세 단계로, 첫째, 법인설립단계에서는 사업타당성에 대한 지원과 창업기업에 대한 투자지원 및 창업기업 보육센터 설립 및 운영이 이루어지며, 둘째, 공장입지 확보단계에서는 창업계획의 승인제도와 창업절차대행지원, 부담금 감면 등이 있고, 셋째, 공장건축 및 생산개시단계에서는 각종 조세감면제도와 자금자원 및 신용보증지원제도를 구축하고 있다.

② 분야별 자금지원

중소기업은 창업 및 초기단계에 자금부족 등 많은 어려움을 겪는 것으로 나타나고 있으며 창업 초기의 어려움은 기업의 생존과 직결되어 있다는 것은 많은 연구결과 밝혀졌다. 이에 주요 국가들은 초기 창업기업에 대하여 다양한 형태의 지원정책을 수립 · 운영하고 있는데, 그 중 출자방식의 정책자

중소기업 국제화를 위한 수출 상담

소상공인 지원기관

금 지원정책은 '죽음의 계곡(The Valley of Death)'과 같이 초기 창업기업들의 생존율과 직접적으로 연결되는 자금조달부문의 장애물을 극복할 수 있도록 하는 것을 목표로 한다.

따라서 창업초기에 창업지원제도를 활용한 충분한 사업자금의 확보가 무엇보다 중요하며, 특히 창업 이후에도 회사의 성장발전에 필요한 각종 정책자금(구조개선자금, 산학연공동기술개발자금, 중소기업 기술혁신개발자금, 국책과제자금 등)을 검토하고 경영컨설팅 쿠폰제와 ERP시스템 구축비 등 관리적 강화 지원 정책의 활용도 중요하며 해외시장 개척과 시설자금 · 운전자금에 대한 사항도 철저히 검토 후 사업성장에 적절히 활용하여야 한다.

1.4 중소기업의 경영전략

중소기업의 경영전략이 대기업과 구분되어야 하는 것은 대기업처럼 조직과 역할의 세분화를 이루기 어렵기 때문이다.

1) 중소기업 경영전략의 유형

중소기업 경영전략의 유형을 경쟁력 확보전략, 성장 전략, 국제화 전략 등을 들 수 있다.[7] 경쟁력 확보 전략으로는 원가우위전략, 차별화 전략, 기술우위전략, 전문화 전략, 협동화전략, 전자상거래 전략 등을 들 수 있으며 중소기업의 성장 전략으로는 기업 계열화 전략, 고도화 전략, 다각화 전략, 이업종 교류전략, 사업전환전략, 인수, 합병 전략, IPO 전략 등을 들 수 있으며 중소기업이 대규모 기업으로 성장해 나가기 위해서는 한정된 국내시장을 탈피하여 세계시장으로 진출하여야 하며. 국제화 전략으로는[8] 수출전략, 기술이전 전략, 해외투자전략 등을 들 수 있다.

최근의 중소기업 성공사례를 살펴보면 성공기업의 사업 영역은 틈새시장을 활용하여 대기업이 하기에 적합하지 않은 분야에 진출하여 고객맞춤형, 다품종소량생산에 특화하여 성공한 경우가 많으며, 그러나 기술개발에 대한 노하우와 전문기술능력을 보유한 전문역량의 확보가 매우 중요한 것으로 나타나고 있음은 유의해야 할 점이다.

❙도표 7-6❙ 중소기업의 경영전략 유형

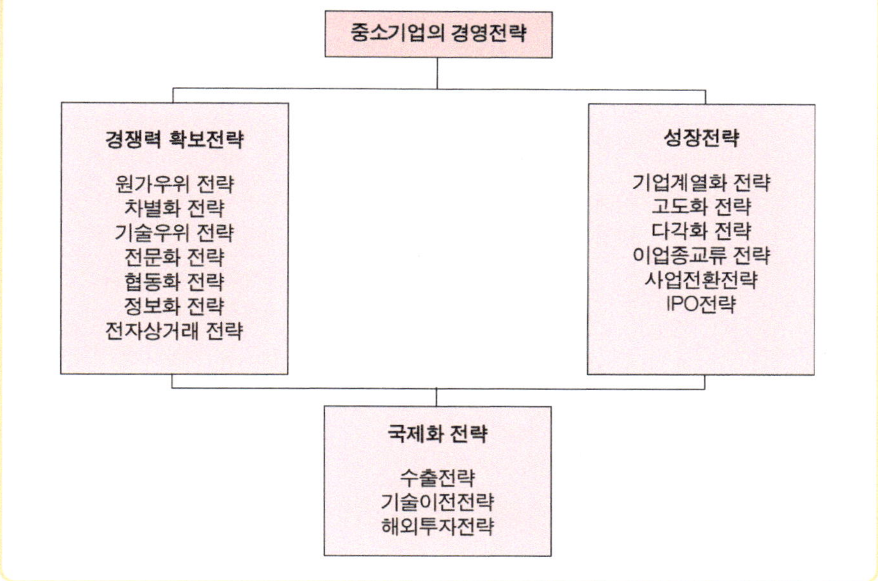

2) 성장단계별 전략

중소기업이 여러 가지 과정과 단계를 거치게 되는데, 그 과정마다의 특성에 대한 전략은 각각 다르다. 일반적으로는 창업기, 성장기, 성숙기라는 단계를 거치며 라이프사이클 차원으로는 연구단계, 성장단계, 확장단계, 성숙단계로 구분할 수 있으며 창업전략도 각 단계별로 차별화하여 시행되어야 한다.

창업이 성공적으로 이루어지면 지속적 성장을 위하여 성장단계에 맞는 경영을 행하는 것도 중요하다. 일부 학자들은 중소기업의 성공요인이 성장단계별로 다를 것이라는 생각에 창업자특성, 조직특성, 전략특성 및 환경특성을 대상으로 성장단계별로 미치는 영향을 분석하였는데 창업초기에는 일에 대한 의욕과 자율성 및 구매자 집중도가 중요하였고, 성장기에는 기업규모와 마케팅 능력, 성숙기에는 제품라인과 시장의 일치성 및 품질우위 등이 성공요인으로 밝혀졌다. 중소기업의 성장단계별 경영특성과 성공요인을 정리하면 다음과 같다.

도표 7-7 중소기업 성장단계별 특징

	창업기	성장기	성수기
당면문제	시장과학, 제품개발, 자금조달	대량공급체제, 성장관리, 자금조달	제품다각화, 조직 안정화
지식활동	기술개발 시장파악 및 제품개발	보완적 기술개발, 외부 조달, 경영노하우 습득	기술개발, 지속적 혁신 체계, 학습체계구축
문제해결 방법	창업성공 상업화 성공	재무적 성공 운영적 성공	조직적 성공
경영스타일	창업자 지배적 미숙한 의사결정체계	분권형태의 정보처리 의사결정체계 구축	상위관리자 경영 분산된 지배구조
조직구조	비공식적 구조 권력의 집중화	기능조직 중심의 공식화 진행	사업부 기반구조 매우 공식화된 체계
위험요소	제품개발실패 규모경제상실	매출증가 체계적 관리능력 부족	매출점유율 저하로 주식 공개인수 등 회수실패

자료 : 이양헌 · 심상규, 2007, 중소기업의 성장단계 판별모형에 관한 연구, 중소기업연구

제 2 절 프랜차이징

2.1 프랜차이징의 특징

1) 프랜차이징의 의의

프랜차이징(franchising)은 프랜차이저(franchisor : 체인점 본부 혹은 가맹본부)의 상호 및 상표, 경험, 노하우, 인지도를 프랜차이지(franchisee : 가맹점)가 일정한 대가를 지불하고 사용하도록 계약을 맺어 일정의 방식으로 사업을 운영하는 시스템을 말한다.[9] 결국 프랜차이즈란 체인본부와 체인점 간의 협력사업 시스템이라고 할 수 있다.

여기서 프랜차이저는 상호 및 상표, 경험, 노하우, 인지도를 갖고 이를 제공하는 회사 혹은 사람이고, 프랜차이지는 일정한 대가를 내고 이를 이용하는 사람이다. 이렇게 함으로써 프랜차이저 입장에서는 우수한 상품, 노하우를 일정한 대가를 받고 다른 사람을 통해 유통시킬 수 있으며, 프랜차이지

입장에서는 우수한 상품과 노하우를 공급받아 사업을 운영할 수 있다는 이점이 있다. 프랜차이저와 프랜차이지의 관계를 정리하면 〈표 7-8〉과 같다.

도표 7-8 프랜차이저와 프랜차이지의 관계

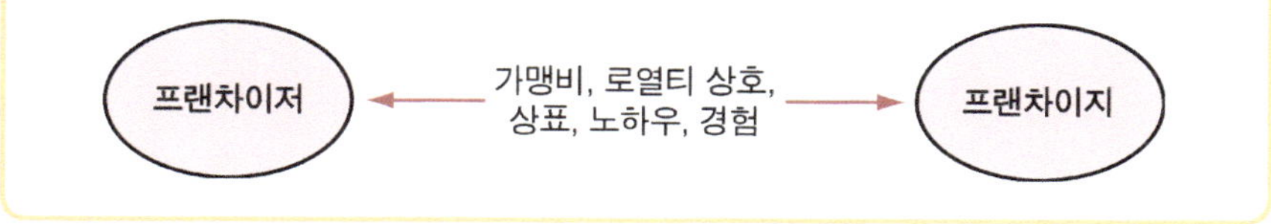

Franchise systems are business models in which a company with a successful product or business system allows other businesses the right, or freedom, to operate under their trade name for a fee.

국제프랜차이즈협회(International Franchise Association)는 프랜차이즈 사업에 대해 가맹본부와 가맹점 사업자 사이의 계약관계이고, 가맹본부는 노하우와 훈련 등의 업무에 관하여 계속적으로 이익을 제공하고 또는 이를 유지할 의무를 지며, 가맹점 사업자는 가맹본부의 소유 또는 관리 하에 있는 공통의 상표 및 기준에 따라 영업을 하며 프랜차이즈 사업에 대하여 자신의 자본을 실질적으로 출자하는 것이라고 밝힌 바 있다.

한국프랜차이즈협회(Korea Franchise Association)는 프랜차이즈 사업에 대해 가맹본부가 프랜차이즈를 구매한 사람에게 프랜차이즈회사의 이름, 상호, 영업방법 등을 제공하여 상품과 서비스를 시장에 판매하거나 기타 영업을 할 수 있는 권리를 부여하며, 영업에 관하여 일정한 통제, 지원을 하고 이러한 포괄적 관계에 따라 일정한 대가를 수수하는 계속적 채권관계라고 본다.

결국 각 나라마다 언어와 용어는 다르지만 프랜차이징에 대한 정의는 거의 동일하다. 위를 종합하면 프랜차이징은 사업을 확대시키고 상품과 서비스의 유통(distribution)을 제공하기 위한 하나의 시스템이며, 인증된 브랜드 이름을 가지고 사업을 할 수 있는 기회를 다른 사업자에게 제공한다는 의미로 해석할 수 있다.

2) 프랜차이즈 사업의 장 · 단점

프랜차이즈 시스템은 사회 전체적으로 경제적 집중을 방지하고, 중소가맹업체의 사업 실패율을 낮추며, 소외계층에게 확대된 경제적 기회를 제공하는 역할을 한다.

① 장점

가맹본부가 시스템의 상품과 서비스를 적은 비용으로 빠르게 확산시킬 수 있다. 또한 가맹본부를 위해 운영자금과 노력과 추가지원을 제공할 수 있으며, 규모의 경제 효과가 크며 위험회피와 투입 자금을 절약 할 수 있다. 미국의 경우 프랜차이즈창업의 성공률이 95%로 나타나고 있다. 마케팅 정보 활용력이 뛰어나 시장조사에 필요한 비용과 시간절약을 할 수 있고 데이터가 구체적이고 사실적이어서 시장흐름의 변화와 소비자의 욕구에 정확하고 신속하게 대응할 수 있다. 고용점장보다 높은 관리의욕, 가맹점 경영자의 우수한 판매능력 활용 가능과 고효율의 광고선전 효과 등을 볼 수 있다.

② 단점

프랜차이즈 사업 본부는 부진 또는 불량 가맹점에 대한 폐점 조치나 점장의 교체가 쉽지 않다. 또한, 가맹계약서의 내용이나 가맹점 사업자의 위치에 따라서 가맹본부의 마케팅 시스템에 대한 가맹본부의 관리가 약해질 수도 있다. 이것은 가맹본부가 품질과 효율성을 확보하는데 어려움을 줄 수 있다. 어떤 경우에는 각 가맹점에 대한 가맹본부의 이익이 직영점보다 적을 수도 있다. 제한된 독립성과 지나친 의존성도 단점으로 들 수 있다.

| 도표 7-9 | 프랜차이징의 원리

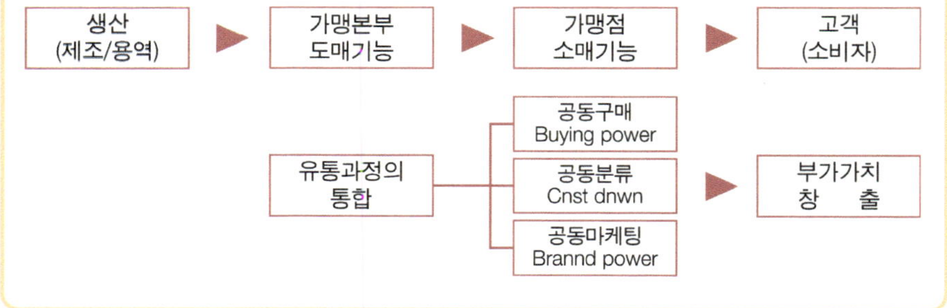

2.2 프랜차이징의 등장 배경

프랜차이징은 프랑스어의 franc와 francher의 합성어로 '자유를 준다'라는 의미로 중세 카톨릭 교회가 세금을 징수하는 관리에게 일정한 몫을 관리 자신이 갖고 나머지를 교황에게 납부했던 것에서 유래된 것으로 보이나 프랜차이즈를 사업화하기 시작한 곳은 미국이므로 프랜차이즈의 역사는 미국으로 최초의 상업적 소매 프랜차이즈는 1858년 이삭 싱어(Isaac Singer)에 의해 개발된 Singer Sewing Center이다. 19세기에 들어서면서 Singer의 사업 확장 모델을 여러 기업들이 벤치마킹하기 시작하였는데 대표적인 기업이 코카콜라이다. 코카콜라는 상품의 유통을 위해 보틀러(bottler)라는 도매업자에게 프랜차이즈 형태로 제품을 판매하였고 이후 10년 만에 프랜차이즈 숫자가 370개로 늘어났으며, 그 결과 순식간에 미국 전역에서 코카콜라가 유통되기 시작하였다.

1920~30년대에 걸쳐 자동차의 부품공급, 약국, 아이스크림, 의류, 화장품 등의 분야에서 프랜차이즈 산업이 시작되었고 이를 전통적 프랜차이즈 시스템이라 부르고 있다.

1950~60년대 초기에 프랜차이즈 산업의 성공으로 폭발적인 성장을 이룰 수 있었다. 리차드(Richard)와 모리스(Morice)라는 맥도날드 형제가 1937년 캘리포니아의 산 버나디노에서 시작한 드라이브인 형태의 맥도날드는 Ray Croc이라는 밀크쉐이크 믹싱을 판매하는 영업사원에 인수되면서 1955년 시카고에 1호점을 개설하였고, 이는 비즈니스 형태의 프랜차이즈의 시작일 뿐만 아니라 음식산업의 본질과 음식산업의 미래까지도 변화시키는 계기를 만들게 되었다.

맥도날드에 이어 던킨도너츠가 1950년에 창업하여 1956년에 프랜차이즈화 하였으며, 버거킹은 1951년에 창업하여 1957년에 프랜차이즈화, 쉐라톤은 1937년에 창업을 하여 1962년에 프랜차이즈화 하였다. 한국 프랜차이즈 산업이 본격화된 것은 1979년 10월 선진화된 프랜차이즈 시스템을 갖춘 롯데리아가 개점함으로써 기업형 외식 프랜차이즈 사업이 본격적으로 출범하였다.[10)]

현재 세계 각국에서 프랜차이즈 산업은 급속한 발전을 이루고 있으며, 국가의 중요한 경제정책 중 하나로 많은 가맹본부들이 세계시장의 진출과 성공을 위해 끊임없이 노력을 하고 있다.[11)] 한국의 프랜차이징은 짧은 역사에도 불구하고 경제적 · 사회적 · 문화적 · 정보 기술적 측면으로 눈부신 성장과 발전을 거듭하고 있다.

2.3 프랜차이즈 시스템의 유형

프랜차이즈 시스템은 다양한 업종과 업태에 적용될 수 있다. 즉, 이 시스템에는 많은 패턴과 비즈니스 방식이 존재하고 있다. 따라서 여러 가지 기준에 의해서 분류될 수 있으나, 여기서는 통상적인 분류를 통해 프랜차이즈 시스템의 유형을 본사가 채용하는 목적에 따라 살펴보면 다음과 같다.

상품유통을 통한 판매가 효과적으로 이루어지도록 개발되었느냐 아니면 프랜차이즈 패키지를 만들어 개발되었느냐에 따라 상품판매형 프랜차이즈와 비즈니스 패키지형 프랜차이즈로 분류할 수 있다.

1) 상품판매형 프랜차이즈(product distributing franchise)

프랜차이즈 회사는 자사의 상품을 일정지역이나 위치를 기준으로 프랜차이지에게 제공하고 팔 권리를 주는 것으로 브랜드 파워가 강한 상품의 제조회사가 주로 적용하는 프랜차이즈 기법이다.

자동차 딜러, 주유소, 타이어 판매처럼 실제상품이나 대표적 브랜드를 프랜차이즈화 하여 매출을 일으키는 것으로 국내에서는 SK주유소, 삼성전자 등 대부분 대리점의 형태로 국내에 소개되어 있다.

상품판매형 프랜차이즈의 유형

2) 비즈니스 패키지형 프랜차이즈(business-format franchise)

우리나라에서 최근 급속도로 발전해 가고 있는 프랜차이즈 사업의 형태이다. 이랜드, 놀부, 파리바게트, 롯데리아 등 우리나라에 잘 알려진 익숙한 프랜차이즈 모두가 이 형태의 사업이다.

패키지형 프랜차이즈 유형

■ 직영점(regular chain)

프랜차이즈 본사가 직접 매장을 운영하는 방식을 말한다. 이때 매장에 투입되는 자본과 매장 운영을 누가 행사하느냐가 관건인데, 자본이나 운영 모두 본사가 행사하는 경우는 당연히 직영이지만, 자본과 운영이 혼재되는 매장이 생겨나게 된다. 이럴 때의 직영점과 가맹점의 기준은 매장 운영의 주체가 누가 되느냐에 따라 결정되어야 한다.

■ 가맹점(franchise chain)

본사가 아닌 가맹점주가 자본을 투자하고 매장을 직접 운영하는 경우를 말한다. 본사의 기술과 노하우가 가맹점들의 자본과 서로 만나 빠른 속도로 사업이 전개될 수 있는 합리적인 유통시스템으로 프랜차이즈의 꽃이라 불린다. 흔히 말하는 체인점, 전문점, 가족점 등이 모두 여기에 속한다.

■ 자율체인점(voluntary chain)

업종별 또는 분야별로 특정한 상호를 전국에서 동시에 사용함으로써 상호의 지명도를 높이고 이용자에게 신뢰감을 안겨줄 수 있도록 공동브랜드, 즉 상호만을 서로 함께 쓸 뿐 매장 내의 상품이나 서비스에 대해서는 전혀 규제나 간섭을 하지 않는 형태의 체인이다. 편의점이나 잡화 체인점 등을 들 수 있다.[12]

2.4 프랜차이즈 사업의 선택조건

프랜차이즈 창업의 성공을 위해서는 다음과 같은 조건을 고려해야 할 필요성이 있음을 명심해야 한다.

1) 본사의 경쟁력

프랜차이즈 가맹점은 본사의 브랜드와 노하우, 인테리어 등 핵심 노하우를 로열티를 주고 사오는 소매업태이기 때문에 통일된 브랜드 이미지를 관리하고 영업노하우를 가진 본사의 경쟁력이 중요하며 본사의 재무구조, 운영상태, 가맹점 관리조직, 제조공장 및 유통라인과 직영점이 몇 개인지 확인한다. 최소한 3개 점포 이상은 되어야 한다.

2) 상권분석과 아이템 선정

자신이 선택한 프랜차이즈가 어떤 상권에 맞는 아이템인지를 확인해야 한다. 특히 중형 상권은 지역별 특성에 따라 특정 직업이나 연령대의 사람들이 모이는 성격이 다르므로 자신이 선택한 아이템과 상권의 성격이 맞는지 점검해야 한다. 아이템과 상권이 맞으면 본사와 계약을 잘 맺어야 한다. 본사와 계약을 맺을 때는 본사에서 지역 상권을 보호해 주는지 확인한다.

3) 부실 프랜차이즈 판단

단기간에 가맹점을 모집하는 프랜차이즈는 조심해야 하며, 본사가 직접 운영하는 직영점에 대한 확인이 필요하다. 하나의 프랜차이즈가 성공하려면 적어도 10년은 걸리므로 초기에 엄청난 광고를 투입해서 가맹점을 모집하는 곳은 문제가 있을 가능성이 높다.

제 3 절 벤처경영

3.1 벤처기업의 개념

벤처기업(venture business)은 연구개발이나 기술개발에 중점을 두는 기업, 소수의 핵심 창업자가 기술혁신을 개발한 아이디어를 상업화하기 위해 설립된 기업, 위험성은 크나 성공할 경우 높은 기대수익이 예상되는 기술집약적 기업으로 정의할 수 있다.

벤처기업은 고도의 기술을 전제로 모험심이 강한 창업가에 의해 세워지는 소기업을 의미한다. 개인 또는 소수의 핵심적인 창업자가 신기술과 새로운 아이디어를 기초로 개인투자가(angel capital)나 벤처캐피털(venture capital)로부터 자금을 조달받아 창업을 하는 것이다. 또한, 벤처기업이라 함은 중소기업 중에서 성장 유망한 혁신형 기업을 기술력 등 일정기준에 의거하여 선별한 기업을 말한다.

미국에서는 첨단기술의 중소기업(high technology small firm : HTSF), 새로운 기술기반 기업(new technology based firm : HTBF) 등으로 부르며 중소기업투자법에서 벤처기업을 '위험성이 크나 성공할 경우 높은 기대수익이 예상되는 신기술 또는 아이디어를 기반으로 영위하는 신생기업'으로 정의하고 있다.

벤처 성공 기업 : 안랩

벤처기업은 첨단기술, 새로운 아이디어를 사업화하는 데 있어서 경영의 위험성이 매우 높지만 성공할 경우 상당한 수익이 기대되는 신생기업이라고도 할 수 있으며, OECD는 'R&D 집중도가 높은 기업 또는 기술혁신이나 기술적 우월성이 성공의 주요요소인 기업'으로 정의하고, 볼링거(Bollinger)는 '소수의 핵심 창업자가 기술혁신 아이디어의 개발과 상업화를 위한 기술축적을 통해 위험부담은 높으나 성공할 경우 기대수익이 큰 사업을 운영하는 중소기업'으로 정의하고 있다.

❙도표 7-10❙ 벤처기업의 탄생과정

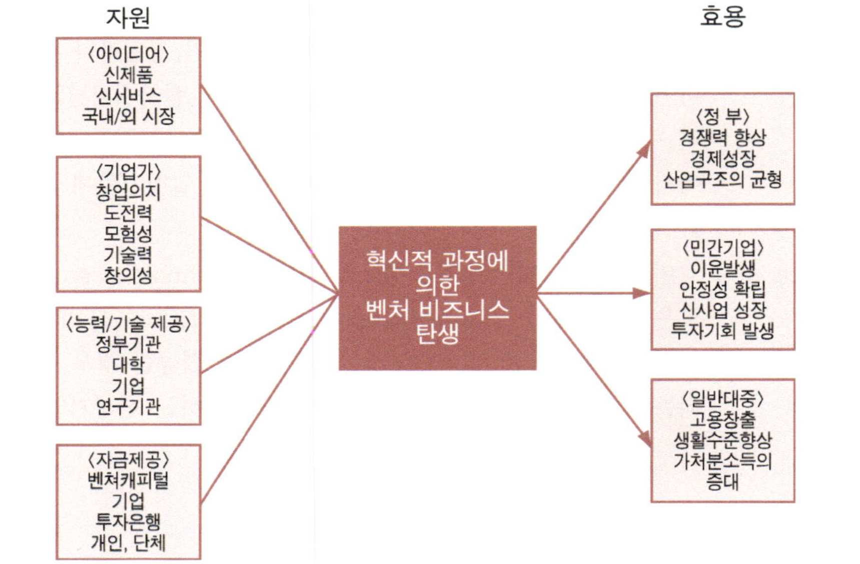

자료 : 박상범, 2006, 중소기업론, 삼영사

3.2 벤처기업의 등장 배경

벤처기업은 원래 미국에서 시작되었는데 그 역사적 배경을 살펴보면 〈도표 7-11〉과 같다.

미국은 이러한 벤처기업의 특징으로 첫째는 연구개발을 강조하거나 기술적으로 새로운 지식을 중심으로 한 기업, 둘째는 소수의 핵심 창업자가 혁신적인 기술 아이디어의 개발과 사업화를 목적으로 설립된 기업으로도 보고 있다. 일본의 경우는 벤처기업을 '독자의 우수한 기술과 경영 노하우(know-how)를 무기로 경영을 확대하고자 하는 기업가정신이 왕성한 독립형의 중소기업, 혹은 중견기업'으로 정의하고 있다.

국내의 경우 벤처기업을 '기업가정신을 바탕으로 위험이 많은 첨단기술 개발에 과감히 도전하여 새로운 시장을 개척하는 사업 또는 높은 위험성에도 불구하고 성공가능성을 보고 이에 과감히 도전하는 기업' 또는 '기술수준이 높은 신규기술의 기업화를 위해 기업가정신이 강한 기술 창업자 또는 기존 기업인이

도표 7-11 벤처기업의 역사적 배경

시대구분	내 용
1950년대	NASA를 중심으로 군사, 우주개발 등 국가적 프로젝트 수행에 따라 축적된 기술을 바탕으로 이직한 전문가들이 벤처기업으로 사업화를 추진
1960년대	미국 중화학공업의 성숙기/쇠퇴기 이후에 반도체산업의 발달로 수많은 벤처기업들이 태동, 실리콘 밸리를 중심으로 세계적 테크노폴리스를 태동시키며, 벤처기업들이 성장산업의 주역으로 등장(일본의 경우는 1970년대, 한국의 경우에는 1980년대 후반이 미국의 이 시기에 해당)
1970년대	반도체산업에서 유전공학, PC 등 첨단기술을 중심으로 벤처기업들이 탄생
1980년대	기술집약형 벤처기업을 육성하기 위하여 자본이득에 대한 세율인하 등을 통해 벤처캐피털이 양적·질적으로 성장하였고, 일반투자자들이 기술 및 산업에 투자함으로써 벤처기업의 사업화를 촉진
2000년대 이후	지난 2009년 말 국내 스마트폰 보급과 함께 앱경제(App. Economy)에 대한 관심이 높아지고 있고, 스마트 사회의 시대 조류와 함께 새로운 벤처 성장 동력이 될 것을 기대하며, 이러한 벤처 활성화가 국가 성장 동력의 중요한 역할을 할 것으로 기대

자료 : 홍성도, 2007, 벤처기업창업경영론, 학문사를 참고하여 편집

창업 또는 점진적 기술축적을 통해 위험부담은 높으나 성공시의 기대수익이 큰 사업을 운영하는 중소기업'으로 규정하는 정의가 일반적으로 사용되고 있다.

이러한 정의들로부터 벤처기업의 특징을 기술하면 첫째는 소수의 기술적 배경지식을 가진 기업가가 기술혁신의 아이디어를 사업화하기 위해 설립한 신생기업이며, 둘째는 높은 위험부담이 있으나 성공할 경우 매우 높은 기대이익이 예상되고, 마지막으로 모험적 사업에 대한 도전의식이 강한 기업가에 의해 주도되는 특징을 보인다. 이러한 이유로 벤처기업은 모험기업, 신기술기업, 기술집약 기업, 지식 집약적 중소기업, 연구개발형 기업, 하이테크기업 등으로 불리우고 있는 것이다.

3.3 벤처기업의 형태

벤처기업은 기업가에 의해 설립된 독립 사업체나 기업을 의미하나 최근에 벤처기업에 대한 관심과 중요성이 높아짐에 따라 대기업들도 참여하고 있어 다양한 형태의 벤처기업들이 나타나고 있다. 그 형태를 살펴보면 다음과 같다.

1) 독립벤처

벤처기업의 가장 전형적 형태로 독립적으로 벤처기업을 창업하여 운영하는 것을 의미한다. 이러한 대부분의 독립벤처의 경우 기업가의 배경이 이전의 직장을 의미하는 배양조직(incubating organization)이 대학, 연구소, 대기업인 경우가 많아 배양조직으로부터 파생되어 나온 사업이라는 의미도 포함하고 있다. 또한 이러한 형태의 벤처는 배양조직에서 익힌 경영능력을 갖추고 있어 기술 창업자와 벤처캐피털이 융합된 경우가 많다.

2) 합작벤처

중소규모의 벤처와 대기업이 합작(joint)한 경우로 전자가 고도의 기술력을 제공하고 후자가 자본과 판매망 또는 기술개발 결과의 활용과 적용에 역점을 둔 형태이다. 벤처가 자금부족이나 경영부실 또는 규모의 경제성을 실현하고자 하는 경우와 대기업이 전략적 필요성에 의해 벤처를 인수 · 합병하여 자회사나 사업부로 운영하는 형태이다. 또한 벤처는 지속적으로 기술보완 및 개발에 전념하고 기업경영의 총괄은 경영능력이 있는 대기업이 맡게 되는 경우이기도 하다.

3) 내부벤처

대기업이 회사내부에 모험자본을 마련해 놓고 기업내부의 조직구성원들에게 사업아이디어를 제안하여 벤처기업을 설립하게 하거나 참여하도록 하는 방식이다. 최근 대기업들이 적극적으로 추진하고 있는 전략으로 기업내부에 기업가정신을 고취시키는 수단으로 사용된다. 또한 대기업이 내부에 벤처캐피털을 마련해 놓고 기업내부의 종업원에게 좋은 아이디어를 창출하도록 하고 벤처기업에 참여하도록 하는 형태이다.

4) 복합벤처

경영능력이 부족한 기술 창업자가 자신은 기술개발에 전념하고 경영관리는 전문경영인에게 위임하여 기업을 경영하도록 하며 이때 벤처캐피털도 참여하는 형태이다. 대부분 전문경영인은 벤처캐피털사가 추천하고 벤처기업가의 동의를 얻어 영입되는 경우가 많다.

5) 도입벤처

연구기관의 연구결과나 특허와 같은 공업소유권, 해외의 선진기술을 도입하여 기업화하는 형태이다. 이는 대부분 벤처캐피털사의 주도로 추진되고 이에 관심이 있는 자본가를 참여시켜 벤처캐피털사와 합작투자를 하게 하는 경우이다.

6) 경영참가 벤처

벤처캐피털사가 벤처기업에 자본참여를 통해 투자하는 것은 도입벤처와 같으나 이 형태는 벤처캐피털이 벤처기업의 인사, 생산, 마케팅, 재무 및 회계 등 경영전반을 총괄하여 벤처캐피털의 자회사로 운영하는 형태이다.

7) 컨소시엄 벤처

벤처캐피털사가 컨소시엄을 구성하여 벤처기업에 투자하는 경우로써 주식뿐만 아니라 전환사채와 같은 지분을 갖는 투자와 지분대신 사용료(royalty)만을 받는 조건부 투자 등을 포함하여 공동으로 투자한 형태이다.

3.4 성공한 벤처 기업의 특성

1) 성공한 벤처기업의 특성

벤처기업의 성공요인에 관한 기존연구를 살펴보면, 기업가정신, 전략, 환경적요인 등이 성공요인으로 지적되고 있다. 더불어 상대적으로 중요시하는 성공요인은 리더십과 의사결정능력, 도전정신, 창업팀 구성 및 인재확보, 그리고 기술 및 마케팅에 대한 지식과 경험 등의 순이다. 반면에 상대적으로 덜 중요시 한 성공요인으로는 정부의 제도적 · 법률적 지원, 자금지원, 인맥 및 파트너 관계 등인 것으로 나타났다.[13)]

성공한 국내 벤처기업들의 사례를 중심으로 그 경영적 특성을 정리한 내용이 〈도표 7-12〉에 다섯 가지로 제시하고 있다. 이러한 다섯 가지 특성들에서 공통적인 것은 앞의 벤처기업의 정의에서 논의했던 부분과 일치되는 것으로, 주로 고도의 첨단기술 분야인 정보통신, 전자, 메카트로닉스, 바이오, 나노기술, 인터넷을 이용한 사업 분야 등에 사업화하여 성공하였으며 높은 위험을 감수한 기업가가 존재하고 있었다는 점이다.[14)]

도표 7-12 성공한 국내 벤처기업의 특성

성공특성	내 용
확실한 아이템 포착	• 수익성과 성장성이 기대되는 확실한 아이템 선정 : 성공한 벤처기업들은 정보통신과 반도체분야 등의 성장성을 파악한 후 이와 연관된 아이템을 선택하여 성공 • 기술트렌드와 일치하고 지속 성장이 보장되는 아이템 채택 : 반도체 장비, 통신용 S/W 등과 같이 제품의 전개방향이 예측 가능한 아이템을 미리 선정하여 위험을 줄이면서 기회를 선점
	• 사례기업 : '미래산업(반도체장비)'과 'KDC정보통신(멀티미디어용 S/W)'은 반도체와 인터넷의 성장성을 미리 예측하여 성공
구성원들의 결속력	• 조직구성원들이 일에 몰입하는 매니아적 근성을 발휘 : 창업자 와 동업자가 일에 몰두하여 강한 동질성과 특정문제에 집중하는 경향을 보였으며, 보상보다 일 자체에 흥미
	• 사례기업 : '한글과 컴퓨터'는 개성이 강한 세 사람이 한글워드 개발이라는 하나의 문제에 집중해서 개발
틈새시장의 공략	• 대기업이 진출하기 힘든 틈새시장을 공략 : 대기업이 시장이 작거나 특수한 기술이어서 진출하지 않는 시장에 집중 • 대기업과 긴밀한 관계정립과 안정적 수요기반을 마련 : 국내 시장에서 기반을 확보한 후 세계시장 진출
	• 사례기업 : '(주)한아시스템'은 네트워크 장비의 국산화에 도전하여 성공. 소형라우터 부문에서 세계시장 점유율 50%
아웃소싱활용	• 외부자원을 활용하여 경영효율을 높이고 비용을 절감 : 벤처기업은 필요한 경영자원을 제대로 갖출 수 없기 때문에 외부자원을 활용하는 것이 유리하고, 기술 이외에 인력관리 등도 외부에 의존하는 추세
	• 사례기업 : '두인전자'는 아웃소싱을 통한 사업으로 제품을 개발·설계만 하고 생산은 타 제조업체에 위탁. 협력업체를 이용한 비용절감으로 기업으로 성장
카리스마적인 리더십	• 성공한 벤처에는 강한 성취욕구, 기술적 안목, 리더십을 갖춘 기업가 존재 : 불확실한 기술과 사업아이디어를 사업화하는 과정에서 기업가의 비전과 카리스마가 성패를 좌우하는 결정적 요소로 작용
	• 사례기업 : '안철수연구소'의 변혁적 리더 안철수 원장

그러나 창업하려는 기업가들은 위에서 언급한 다섯 가지 요인들 이외에도 기술과 경영에 관한 충분한 지식을 갖춘 기업인이 되어야 할 것이다.

성공한 벤처 기업가들은 심리적 특성에 있어서는 정직과 긍정적 사고를 중요시한 반면에 위험감수 성향이나 헝그리 정신은 상대적으로 낮은 중요도

벤처 성공 기업 : 엔씨소프트

를 보였다. 이는 위험감수 성향과 성취 욕구를 강조하는 기업가에 관한 기존 연구와는 차이가 있다.

행동적 특징에 있어서는 대내외적 신뢰 확보와 적극적 사업추진 자세를 중용한 특성으로 꼽았다. 반면에 사교성이나 신중한 의사결정은 상대적으로 덜 중요한 특성으로 평가했다. 경영관리 능력에 있어서는 명확한 비전과 목표와 합리적 의사결정을 중요한 기업가 특성으로 파악했다. 반면에 보수적 자금관리나 공동체의식의 조성능력 등은 덜 중요한 기업가 특성으로 보았다.[15)]

경영사례

크루셜 텍, '리틀 삼성'을 꿈꾸다

■ 애플 그늘 떠나… BTP 최강자와 매출 1조원 꿈꾼다.

크루셜텍은 옵티컬 트랙패드(OTP) 분야에서 세계 1위 기술을 자랑한다. 2014년 내에 바이오 트랙패드(BTP) 기술을 앞세워 시가총액 · 매출액 1조원 달성을 목표로 하고 있다. 충남 아산에 위치한 크루셜텍 본사 내부 생산 현장(왼쪽)과 전경.(사진=크루셜텍 제공)

경기도 수원시 광교테크노벨리 내 위치한 나노소자특화팹센터(KANC) 건물. 삼성전자, LG전자는 물론 애플, 노키아 등 세계에서 손꼽히는 거대 기업들과 어깨를 나란히 하는 크루셜텍이 위치한 곳이다. 700여건의 특허를 가지고 있을 만큼 무(無)에서 유(有)를 창조하고 있는 크루셜텍은 지문인식 기술로 세계 시장 공략에 다시 한 번 시동을 걸고 있다.

크루셜텍은 안건준 대표가 삼성전자를 퇴사한 뒤 2001년 설립한 모바일 입력장치 전문기업이다. 크루셜텍이 국내외 인지도를 얻기 시작한 때는 세계 최초로 '모바일 트랙패드(MTP)'를 개발하면서부터다. MTP는 LED 빛을 이용한 광학센서로 모바일 화면에 커서의 움직임을 구현해주는 기능이다. 크루셜텍은 MTP 기술 종류인 '옵티컬 트랙패드(OTP)' 분야에서 세계 시장의 95%를 점유할 만큼 높은 기술력을 자랑한다. 볼 형식의 컴퓨터 마우스가 최근에 광학식 마우스로 바뀐 것도 크루셜텍이 개발한 기술이 있었기에 가능해진 것. 특히 블랙베리 스마트폰 본체 한 가운데 위치한 OTP를 크루셜텍이 공급했다는 것은 익히 잘 알려진 사실이다.

안 대표는 "현재 모바일 시장은 애플이 도입하는 기술은 꼭 따라가야 하는 트렌드가 형성됐다"며 "그러나 애플이 전세계 모바일 시장에서 차지하는 비율은 10% 수준에 불과한 만큼, 크루셜텍에겐 'NON-애플'이라는 나머지 시장을 공략할 수 있는 기회가 생긴 것"이라고 말했다. OTP분야에서 이미 확고한 입지를 굳힌 만큼, 시장에서 크루셜텍의 BTP 기술에 대한 기대치가 높게 형성돼 있다는 설명도 이어졌다.

크루셜텍은 '비전 1&1'을 내 · 후년 안에 달성하겠다는 목표다. 비전1&1은 시가총액 1조원, 매출액 1조원 달성을 의미한다. 안 대표는 우선 내년에 시가총액을 1조원을 이룰 수 있다는 자신감을 내비쳤다. 또 매출액 1조원은 2014년도에 가능할 것으로 기대했다.

크루셜텍 매출액 및 시가총액

(단위 : 억원)

구 분	2008년	2009년	2010년	2011년	2012년 3분기
매출액	425	622	2080	2521	1889
시가총액	상장 전		3952	3379	2090 (11월 29일 기준)

■ '氣·技·끼' 갖춘 맨파워= 크루셜텍은 기술과 끼를 겸비한 직원들이 한 데 모였다.

크루셜텍이 보유하고 있는 700여개의 특허도 직원들이 서로 머리를 맞대고 노력한 끝에 얻은 성과다. 크루셜텍은 6명의 특허 전문인이 있다. 로펌에서 특허분야를 담당했던 직원, 공대 출신 변호사 등 출신과 이력도 다양하다. 올해 100여개의 특허를 출원할 수 있었던 원동력은 바로 1600여명 전임직원의 노력과 이를 특화시킬 수 있는 특허팀이 서로 조화를 이뤘기 때문이다.

뿐만 아니라 크루셜텍은 중소기업에서 흔히 찾아볼 수 없는 기획실을 운영하고 있다. 일반적인 인사총무, 회계 부서는 별도로 있고 순수하게 크루셜텍의 미래를 기획할 수 있는 경영지원실이 안건준 대표의 직속 부서로 자리잡고 있다. 경영지원실 직원들은 공학 · 변호사 · 변리사 · 대기업 연구원 등 여러 분야 출신들로 구성돼 있다.

크루셜텍의 임원진은 안건준 대표 이하 김종빈 총괄 부사장(전 LG전자 PDP부문 상무), 정병철 연구 · 개발 전무(전 하이쎌(3,295원 △75 2.33%) 광디바이스사업 본부장), 강경림 경영지원 전무(전 쌍용 해외지원 담당), 최재준 영업총괄 상무(셀시아 테크놀로지스 CTO)가 주춧돌 역할을 하고 있다.

인재의 중요성을 알고 있는 안 대표는 올해 인력을 전년보다 40%나 증원했다. 위기가 닥쳤을 때 준비를 하는 것보다 사전에 위기를 대비할 수 있는 체력을 만들어 놔야 한다는 경영방침을 반영한 것이다.

안 대표는 "창업 때부터 '끼'있는 젊은이를 인재상으로 꼽아왔다. 학벌만 좋아 단체생활에 어울리지 못하는 직원보다 열정이 있는 인재들이 모여야 그룹파워를 자아낼 수 있다"고 강조했다.

자료 : 이투데이, 2012, 글로벌 강소기업이 답이다(www.etoday.co.kr)

요 약

중소기업이란 대기업과는 달리 인적 · 물적 자원의 규모가 작고 단순한 조직구조를 가지는 경향이 있으며 최종산출물 또한 단순한 생산절차를 필요로 하는 단일 품종이나 서비스를 생산하는 크기나 규모가 작은 기업을 일컫는다.

중소기업의 장점으로는 개인이나 소수 몇 사람이 출자를 하고 직접 경영에 참여하기에 기업의 소유주가 직접 경영하는 것이 일반적이다. 그러므로 창업자 대부분이 열정으로 창업하며 자기만족으로 헌신적으로 일한다. 단점으로는 대기업의 협력업체로서 종속관계를 유지하면서 불평등한 거래관계를 유지할 뿐 아니라 대기업에 비해 규모가 작고, 자본 · 자산규모 · 매출액 등이 상대적으로 적기 때문에, 금융기관이 평가하는 신용도가 대기업에 비해 낮아 불리하여 금융기관도 약할 수밖에 없다.

성공적인 창업을 위해서는 정부가 제공하는 각종 지원제도 및 혜택을 최대한 그리고 적절히 활용하는 것이 매우 중요하다. 우리나라는 중소기업의 창업을 지원하기 위하여 중소기업창업지원법을 마련, 창업에 대한 각종 지원책과 제도적 절차 및 지원업종에 대해 명기하고 있다. 중소기업 경영전략의 유형을 경쟁력 확보전략, 성장 전략, 국제화 전략 등을 들 수 있다.

프랜차이징은 프랜차이저(가맹본부)의 상호 및 상표, 경험, 노하우, 인지도를 프랜차이지(가맹점)가 일정한 대가를 지불하고 사용하도록 계약을 맺어 일정의 방식으로 사업을 운영하는 시스템을 말한다. 프랜차이즈 시스템은 다양한 업종과 업태에 적용될 수 있다. 상품유통을 통한 판매가 효과적으로 이루어지도록 개발되었느냐 아니면 프랜차이즈 패키지를 만들어 개발되었느냐에 따라 상품판매형 프랜차이즈와 비즈니스 패키지형 프랜차이즈로 분류 할 수 있다.

벤처기업은 연구개발이나 기술개발에 중점을 두는 기업, 소수의 핵심 창업자가 기술혁신을 개발한 아이디어를 상업화하기 위해 설립된 기업, 위험성은 크나 성공할 경우 높은 기대수익이 예상되는 기술집약적 기업으로 정의할 수 있다. 우리나라는 벤처기업을 기업가정신을 바탕으로 위험이 많은 첨단기술 개발에 과감히 도전하여 새로운 시장을 개척하는 사업 또는 높은 위험성에도 불구하고 성공가능성을 보고 이에 과감히 도전하는 기업으로 규정하고 있다.

성공한 벤처 기업가들은 심리적 특성에 있어서는 정직과 긍정적 사고를 중요시한 반면에 위험감수 성향이나 헝그리 정신은 상대적으로 낮은 중요도를 보였다.

토의주제

1. 우리나라 중소기업이 우리 경제의 성장과 발전의 핵심요소임에도 불구하고 그 기여도에 비해 그 역할과 중요성에 대한 사회적 평가가 높지 않은 이유에 대하여 생각해보자.
2. 중소기업 창업시 정책적 지원 제도와 자금지원의 현실성 여부에 대하여 생각해보고 각자의 의견을 말해보자.
3. 성공한 벤처기업가를 조사하여 창업에서 현재에 이르기까지 벤처기업가의 특성, 그리고 역할에 대하여 생각해보자
4. 우리나라에서 성공한 벤처기업을 찾아 그 특징과 조건에 대해서 생각해 보자.
5. 프랜차이즈 창업을 고려한다고 가정하고, 아이템 선정부터 실제 창업에 필요한 절차와 지원을 고려하여 어떻게 경영할 것인지 생각해보자.

참고문헌

1. 지용희 외, 2005, 중소기업론, 경문사.
2. 중소기업청, 2011년 관련 통계.
3. 박주영 외, 2010, 중소기업경영론, 학현사.
4. J. Longenecker, C. Moore and J. W. Petty, 2003, Small Business Management : An enterpreneurial emphasis(12th), Southwestern Publishing.
5. 이윤보 · 노화봉, 2006, 한국·미국·일본의 중소기업 정책 비교, 중소기업연구, 제28권 제3호, pp. 329-213.
6. 이종욱, 2007, 한국 중소기업의 자금조달 애로요인과 대책, 중소기업연구, 제29권 제4호, pp. 191-213.
7. 박주영 외. 2010, 앞의 책.
8. 김인호, 2005, 중소기업의 경쟁력 강화와 국제화 전략, 대한상공회의소.
9. J. Johnson and J. Vahlne, 1977, The international process of the firm, Journal of International Business Studies.
10. P. F. Druker, 1985, Innovation and Entrepreneurship, Harper & Row Publishers.
11. 류태모 외, 2002, 창업과 취업특성, 도서출판 대명, pp. 14-15.
12. 방용성외, 2010, 1인 창조기업 창업전략, 도서출판 글로벌.
13. 정성민 외, 2008, 국내 지방 벤처기업의 실패요인에 관한 탐색적 사례연구, 벤처경영연구, 제11권 제4호, pp. 91-113.
14. 정승화 외, 2008, 한국 벤처산업의 발전과정, 벤처경영연구, 제1권 제1호, pp. 1-12.
15. 배경화, 2005, 우리나라 중소·벤처기업의 창업성공 결정요인에 관한 실증적 연구, 한국외국어대학교 대학원 박사학위논문.

PART 2 경영관리의 실제

Chapter 08

경영관리 과정

학습목표

1. 경영관리 순환을 이해한다.
2. 경영관리의 4대 과정을 순서대로 설명할 수 있다.
3. 계획화 과정의 유형과 하위단위를 열거하고 설명할 수 있다.
4. 조직화의 일반원칙, 조직구조의 구성변수, 조직부문화별 조직구조를 이해한다.
5. 통제의 개념 및 통제시스템 설계와 고려변수를 이해한다.

Key-word

관리순환, 경영관리과정, 계획화, 기업사명, 목표관리, 조직화, 통제의 범위, 조직도, 유기적 조직, 부문화, 기능별 조직, 매트릭스 조직, 비공식 집단, 지휘, 통제

CHAPTER 08

경영관리 과정

대규모든 소규모든 모든 기업의 경영자는 같은 기능을 수행하게 된다. 실제의 일상 업무를 수행하는 사람들, 예컨대, 기계나 책상 또는 판매대에서 일하는 종업원들과 비교해 볼 때, 경영자는 기업에 대하여 분명 다른 방식으로 기여를 하게 된다. 이들은 계획, 감독은 물론 구성원들의 활동을 조정하는 책임을 가진다.

기업의 목표를 효과적이면서 경제적으로 달성하기 위하여 기업의 제자원의 사용을 계획, 조직, 지휘, 통제하는 과정을 경영(management)이라고 부른다. 기업은 하나의 시스템으로 볼 수 있는데, 시스템이란 소기의 목표달성을 위해 협동하는 상호관련된 부분의 집합이다. 경영은 이 시스템의 각 부분들을 통합하고 소망스러운 목표를 향해 협동하도록 하는 기능을 행한다. 관리(administration)도 거의 같은 의미로 사용되는 또 다른 용어로서, 학교, 병원과 같은 기관의 구체적인 운영에 더 자주 언급된다. 대체로 경영이 관리보다 상위적 개념으로 파악되기도 한다.[1)]

제 1 절 경영관리의 순환과 경영직능

1.1 경영관리의 순환

프랑스 경영학자 페이욜(H. Fayol)은 경영을 계획하고, 조직하고, 지시하며 조정하고 통제하는 작업으로 구정하였다. 이 활동은 관리과정에서 순차적으로 발생하기 때문에, 경영관리 과정이론이라고 하며, 계속 순환적으로 반복한다 하여 '관리순환'(management cycle)이라고 부르게 되었다. 이것을 간단히 줄여서 PDS방식의 관리순환이라고 표현하기도 한다. 즉, 〈도표 8-1〉에서 보는 바와 같이 경영관리의 시작은 계획하고(plan), 그것을 달성하기 위해 집행하고(do), 집행한 결과는 계획에 얼마나 부응하였는가를 확인(see)하는 과정이며 이것은 반복된다.

| 도표 8-1 | 관리순환

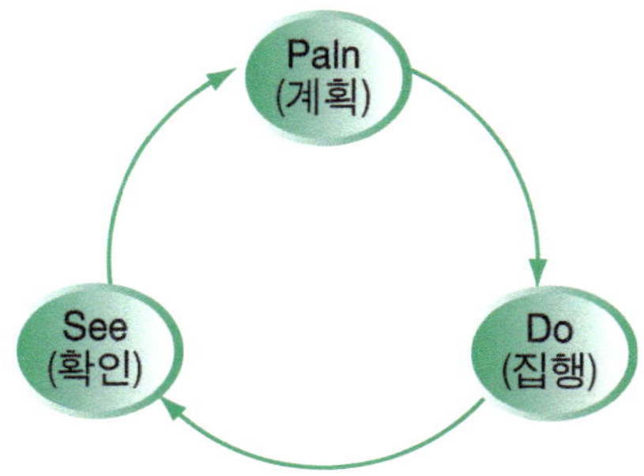

또한 경영학자들과 경영실무가들이 일반적인 통념으로 받아들이는 경영관리활동을 길릭(L. H. Gulick)은 POSDCoRB라고 명명하였다. 즉 계획화(planning), 조직화(organizing), 충원화(staffing), 지휘(directing), 조정화(coordinatiing), 보고화(reporting), 및 예산화(budgeting)이다.[2)]

1.2 경영관리의 직능과 구조적 차원

경영의 목표는 기업의 다양한 요소 즉, 사람, 기계, 돈, 건물, 원자재를 통합하여 공동의 소망목표를 향하도록 지휘하는 것이다. 이러한 활동을 페이욜(H. Fayol)은 기업활동의 본질적인 6대 기능이라고 설명하였다.

① 기술적 기능(생산 · 제조 · 가공)

② 영업적 기능(구매 · 판매 · 교환)

③ 재무적 기능(자금의 조달과 운용)

④ 안전적 기능(재산 및 종업원의 보호)

⑤ 회계적 기능(재산목록 · 대차대조표 · 원가계산 등 통제와 장부정리)

⑥ 관리적 기능(계획 · 조직 · 명령 · 조정 · 통제)

위에서 말한 기능에서 ⑥의 관리적 기능은 앞의 다섯 가지 기능을 수행하기 위한 전반적 운영활동이라 하며 이것이 경영관리 과정활동이다. 그리고 나머지 5가지 기능을 흔히 경영요소 관리라고 하여 경영직능론으로 발전하게 된다. 현대에 와서는 인사관리, 생산관리, 재무회계관리, 마케팅관리로 구분하게 된다.

이러한 관리직능의 각각의 활동은 관리해야 할 요소가 다를 뿐이고 경영관리 접근법인 경영관리 과정은 동일하다. 즉 각 기능들은 경영에 필요한 요소를 의미한다. 즉 재무자원, 물적자원, 인적자원 및 정보자원이라는 요소를 계획하고(planning), 조직화하며(organizing), 지휘하고(leading), 통제(controlling)해야 하는 관리과정론을 거쳐서 경영관리활동이 완성된다. 〈도표 8-2〉는 경영관리 4대 과정을 보여준다.

| 도표 8-2 | 경영관리의 4대 과정

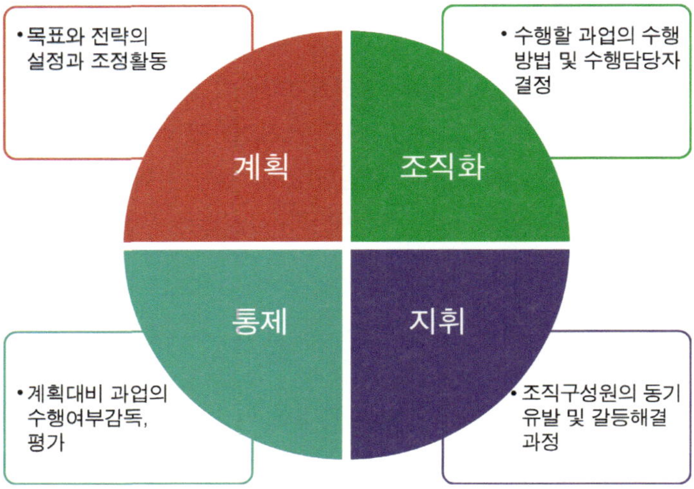

Management Process is planning, organizing, leading, and controlling the use of resources to accomplish performance goals.[3)]
Planning is the process of setting objectives and determining how to accomplish them.[4)]

제 2 절 계 획

〈도표 8-2〉에서 보았듯이 경영관리는 조직의 목표를 수행하기 위해 경영의 모든 자원을 계획하고 조직화하고 지휘하여 조정 및 통제를 하는 활동이며 그 과정의 출발은 계획 활동이다.

계획(planning)이란 기업의 미래에 해야 할 활동을 규정하고, 누가 해야 하는지를 규정하며, 어떻게 해야 하는지를 결정하는 과정이다.

2.1 계획수립의 중요성

경영자들은 다음과 같은 이유로 계획을 수립해야 한다.

① 방향 제시

계획활동은 제한된 희소자원과 노력을 조정하게 한다. 계획은 관리자나 비관리자 모두에게 방향성을 제시해 준다. 조직구성원 모두가 조직이 어디로 가고 있으며, 그 목표에 도달하기 위해 무엇을 기여해야 하는지에 관해 관심을 갖게 되고 자신들의 활동을 조정하고, 상호 협력할 수 있을 것이다. 이와 반대로 계획활동이 결핍될 때, 조직은 우왕좌왕하게 되며 목표달성을 위한 효율성을 얻을 수 없게 된다.

② 변화의 충격 감소

적절한 계획은 변화를 예측함으로서 불확실성을 감소시켜 주며, 동시에 경영자들이 변화에 대응하여 취해야 할 일련의 조치들을 명확하게 해준다. 계획활동은 또한 경영자들로 하여금 전망을 가지게 하며, 변화를 예측하게 하고, 변화에 따른 여파를 고려하게 하며, 적절한 대응 방안을 개발하도록 한다.

③ 낭비절감

또한 계획은 낭비적이고 중복되는 활동을 절감시켜 준다. 실행 이전의 조정은 불필요한 낭비를 막으며, 수단과 목표가 맞아 떨어질 때 비효율성은 제거될 수 있다.

④ 통제의 준거기준

마지막으로 계획수립은 통제를 용이하게 하는 목표나 기준을 설정하게 한다. 달성해야 할 바가 명확하지 않다면 그것을 제대로 이루었는지를 파악할 수가 없다. 계획활동을 통해 목표를 수립하였다면 통제기능을 통해 목표에 대한 실제성과를 비교평가 할 수 있으며, 유념할 이탈사항을 점검하여 필요한 수정행위를 가할 수 있는 것이다. 계획이 없다면 통제도 있을 수 없다.

셔머혼(J. R. Schermerhorn)에 의하면 좋은 계획을 세워야 하는 이유를 이렇게 설명한다.[5] 첫째, 좋은 계획은 활동의 집중성과 유연성을 높여주는데 이 두 가지는 성과를 성공적으로 내도록 하는데 매우 중요하다. 둘째, 좋은 계획은 사건별로 행동을 할 수 있도록 이끌어 준다. 또한 우선순위별로 사안을 나열함으로써 행동의 순위를 결정하게 해준다. 즉 계획은 조직구성원으로 하여금 행동지향을 촉진시켜준다.

〈도표 8-3〉에서는 계획활동에 포함되는 주제를 표시하였다. 계획활동에는 전략을 수립하는 과정이 필요하다. 전략은 기업단위의 수준별로 기업전략, 사업전략 및 기능전략으로 나뉘어 수립한다. 전략을 수립하기 위해 환경분석을 연계시켜 의사결정해야 하는데, 제9장에서 경영전략과 의사결정을 상세히 설명한다.

도표 8-3 계획활동에 포함되는 주제

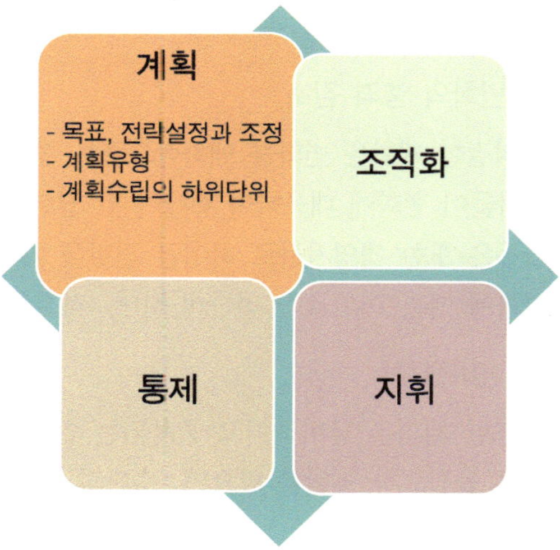

2.2 계획의 유형

계획을 분류하는 가장 일반적인 기준은 계획적용의 폭(breadth) 혹은 조직수준의 계층과 기간(time frame) 및 구체성(specificity)이다.

1) 계획적용의 폭과 조직계층에 의한 분류

폭의 차원에서 계획을 분류해 보면, 조직 전체에 적용되고 조직의 전반적 목표를 수립하며, 환경을 고려하여 조직의 자리매김을 하는 계획은 전략적 계획(strategic plans)이라고 할 수 있다. 반면 전체목표를 달성하기 위한 세부사항을 규정하는 계획은 운영적 계획(operational plans)이라고 부른다.

이러한 계획화는 〈도표 8-4〉에서와 같이 조직계층에 따라 대응되기도 한다. 즉 조직의 최고경영층은 전략적 계획을 수립하고, 중간관리층에서는 전술적 계획을, 그리고 하위감독층에서는 운영적 계획을 수립하게 된다.

전략적 계획과 운영적 계획은 기간, 범위, 조직목표의 포함여부에서 다르다. 운영적 계획은 단기에 사용하기에 적절하다. 예를 들어 조직의 1개월, 1주, 매일의 계획은 거의 운영적 계획에 속한다. 전략적 계획은 보다 긴 기간(3년 이상)에 적용하기에 적당하다. 이는 더 넓은 분야이되, 덜 구체적인 분야를 다룬다.

전략적 계획은 목표설정을 포함한다. 반면 운영적 계획은 이미 목표가 설정된 것을 전제한다. 따라서 운영적 계획은 설정된 목표를 달성하는 방식을 제공한다.

| 도표 8-4 | 계획수립과 조직계층

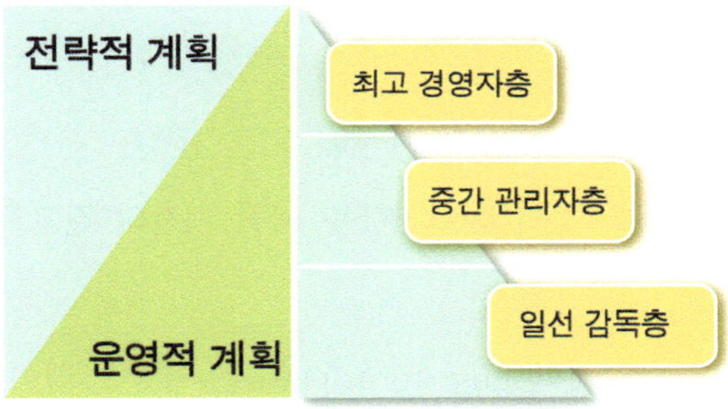

① 전략적 계획

전략적 계획(strategic plan)은 조직의 전략목표에 도달하기 위해 수립하는 계획으로서 조직의 가장 기본적인 방향타를 설정하는 일이다. 이때 조직의 자원을 어느 방향에 어느 정도를 투입하는지를 결정하는 것이 조직의 존립에 필요한 것인가를 정하므로 대개 최고경영층이 결정한다. 전략계획은 장기간에 걸쳐 적용된다. 전략적 계획의 결과물이 바로 전략목표이다

② 전술적 계획

전술적 계획(tactical plan)은 전략계획을 수행하기 위해 구체성을 가지며 실천지침이 포함되는 것으로 대개 중간관리층이 결정한다. 전술계획은 중간관리층이 하위부서에서 실천이 가능하도록 명확하게 개념을 정의하여 행동과 대응시키도록 하며, 수량과 기간을 명시하여 측정이 가능한 형태의 행동으로 재구성하는 것을 말한다. 전술계획은 전략보다 단기간에 걸쳐 적용된다. 전술적 계획의 결과물이 바로 전술목표이다.

③ 운영적 계획

운영적 계획(operational plan)은 전술적 계획의 수행과 운영을 하기 위해 고안된 가장 구체적이며 세부적인 행동을 명시하는 활동이다. 대개 이것은 하위감독층에 적용되는 것으로 실천을 위한 구체적 행동과 시간 및 수량을 명시한다. 운영적 계획의 결과물이 운영적 목표이다.

계획은 또한 구체성을 기준으로 범주화할 수 있다. 계획에 관해 생각해 볼 때 우리는 보통 구체적 계획(specific plans)을 떠올리게 된다. 이는 명확히 정의되고, 수용에 있어서도 오해의 여지가 없는 것이다. 그러나 때로는 유연성을 도모하기 위해 지침적 계획(directional plans)을 사용하는 것을 선호할 때도 있다.

2) 계획완수의 소요기간에 의한 분류

계획은 미래에 영향을 미칠 기간의 길고 짧음으로 분류할 수 있다.

① 장기계획

장기계획(long-term plan)은 어떤 조직이 자신의 성장가능성과 잠재력을 총동원하여 지속가능기업으로 존속하기 위해 기업의 자원과 강점을 활용한

활동을 명시한 가장 긴 기간에 걸쳐 이루어야 할 계획을 말한다. 대개는 5년 이상 10년 혹은 10년 이후의 모습을 그려보는 것을 장기계획이라고 하지만 업종과 상황에 따라 장기계획은 그 기간을 더욱 짧게 3년 혹은 1년으로 정하는 경우도 있다.

② 중기계획

중기계획(mid-term plan)은 장기계획과 관련하여 향후 2-3년간의 실천계획을 마련하는 것을 말한다.

③ 단기계획

단기계획(short-term plan)은 대개 1년 미만의 기간 동안 기업이나 기타 조직이 달성해야 하는 활동을 명시하는 계획이다.

단기와 장기 범주 간에는 밀접한 연관이 있으며, 앞서 논의된 전략적, 운영적 계획도 사정은 마찬가지다. 전략적 계획은 장기계획과 단기계획을 다 포괄하지만, 보다 크고 장기적인 면에 강조를 두게 된다. 운영적 계획은 대개 단기적인 성격을 가지는 것이 보통이다.

3) 구체적 계획과 지침적 계획

구체적 계획은 명확히 정의된 목표를 가진다. 따라서 애매함이나 오해의 소지가 없으며, 수시로 철회 또는 수정이 가해진다. 이러한 계획은 명확성이나 예측가능성을 요한다.

반면, 불확실성이 높을 때는 예기치 않은 변화에 대응할 수 있는 유연성이 요구되므로 지침적 계획을 사용하는 것이 바람직하다. 지침적 계획은 일반적인 지침과 노력 집중점을 제시하고, 그 외에도 경영관리의 직능별로 계획을 수립할 수 있다. 예컨대 인사관리에는 인적자원 계획을, 같은 방법으로 생산, 품질계획, 마케팅 계획 및 재무계획 등을 세울 수 있다.

또 다른 각도로 계획을 구분할 때는 성장계획과 이익계획이 있다. 성장계획(growth plan)은 기업의 구체적 성장률을 제시함으로써 나아갈 방향에 있어 매출규모의 팽창에 주안점을 둔다. 이것은 대개 창업초기에 추구하는 계획이 되고, 이와 반대로 이익계획(profit plan)은 이익률이 최대가 되도록 하기 위한 활동계획을 세운다. 이것은 일정한 궤도에 오른 기업이 소위 '질

(質) 경영' 혹은 '부가가치 경영'이라는 내용으로 단위당 이익에 주안점을 두는 계획이다.

2.3 계획화의 하위 단위

이처럼 계획화는 미래의 활동을 미리 그려보는 것인데, 〈도표 8-5〉에서와 같은 절차를 통하여 수립된다. 이것은 추상적이고 이념적인 관념의 수준에서 시작하여 구체적이고 미세한 활동을 아우르는 과정까지를 망라한다.

| 도표 8-5 | 계획화의 하위단위

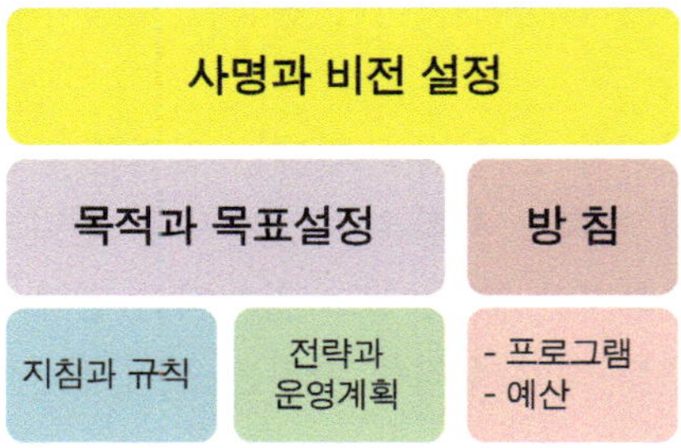

1) 사명과 비전 설정

첫 번째 관리의 기능인 계획은 조직의 사명과 비전을 수립하는 과정을 일컫는다. 최고경영자는 조직의 존재이유와 목표에 대한 최상위적 경영철학인 경영사명(business mission)을 설정하여 조직의 비전(vision)을 설정해야 한다. 대개 사명선언(missicn statement)을 함으로써 조직의 존재이유를 조직내부구성원과 외부환경에 알린다.

사명선언은 조직구성원이 어느 방향으로 노력해야 하고 그 이유를 분명하게 해주며 외부의 이해관계자에게 조직의 존립이유를 분명하게 알려줌으로써 기업의 이미지를 확고하게 해준다.

Mission Statement is the organization's statement of how it will achieve its purpose in the environment in which it conducts its business.[6)]

2) 목적과 목표설정

사명이 결정되고 나면 기업은 조직목표(organization objectives)를 세워야 한다. 목적(goal)과 목표(objectives)는 기업의 노력이 투여되고 기업이 지향하는 표적이나 결승점을 나타낸다.

모든 기업은 단일이 아닌 다중의 목표를 가지게 되며 공식적으로 밝히는 명목적 목표가 있는 반면 실제 경영수행과정에서의 실제적 목표가 존재하며, 때로는 이것이 상충하기도 한다.

한편 조직목표는 계층 간에 관련되어서 존재한다. 한 기업의 전체목표가 투자자의 자본에 대한 이윤을 창출하기 위해 만들어진다고 가정할 경우, 하위계층의 세부목표는 이 주요 목표를 지원해야 하며, 다른 수준에서 다른 목표가 설정되고 지원되기도 한다.

3) 방침

계획화 과정은 방침을 설정케 해준다. 정책 또는 방침(policy)은 관리자나 작업자들이 미래에 발생할 문제에 대한 의사결정방식을 정해둔 일반적 지침이다. 방침은 어떤 결정이 만들어져야 하는가에 대해서는 규정하고 있지는 않다. 그 과정을 이끌 뿐이며 궁극적인 선택은 의사결정자에 의해 이루어진다. 정책은 반복되는 문제가 발생할 때마다 의사결정 과정을 되풀이하지 않도록 하므로, 서로 다른 사람이나 부서의 의사결정이 일관성이 있도록 도와준다.

4) 지침과 규칙

계획화는 또한 기업운영에 대한 낮은 수준의 지침을 제시한다. 즉, 실행 가능한 절차를 마련하도록 해준다. 절차(procedure)란 활동을 수행하게 하는 정의된 방식을 말한다. 규칙은 절차보다 훨씬 세부적이다. 규칙(rule)은 작업자가 취해야 하거나, 취하지 않아야 할 특정행동에 대하여 규정하고 있는 것이다. 규칙에는 의사결정의 여지가 없다.

5) 전략과 운영계획

계획은 즉시성의 수준에 따라 나누어질 수 있다. 장기계획은 기업으로 하여금 미래를 바라보도록 한다. 단기계획은 즉시 취해야 할 행동방안에 대한 세밀한 시각을 제시하기도 한다.

장기계획은 일반적으로 전략이라 불리며, 단기계획은 운영계획으로 불린다. 전략(strategy)은 장기적 목표의 달성을 위해 따라야 할 행동경로에 대한 전반적 지침이다. 또한 장기적 지침 역할을 하므로 상위층의 경영자에 의해 수립된다.

운영계획(operating plans)은 전략을 지원하기 위해 요구되는 계획화된 특정행동으로서, 단기적 돋표에 보다 집중하며 하위층 관리자에 의해 마련된다.

6) 프로그램

프로그램(program)은 또 다른 종류의 운영계획으로서, 일정한 과업을 완성시키기 위해 필요한 목표, 방법, 작업배당, 예산 및 제반 지침과 자원 등을 한 곳에 결집시킨 것이다. 예를 들어 기업은 그 생산시설을 자동화하기 위한 프로그램을 마련할 수 있다.

7) 예산

예산(budget)은 구체적인 수치로 표현된 운영계획으로서, 주로 재무적 형태를 취한다. 이는 예상 또는 허용지출을 보여 주며, 때로는 근무시간, 재료, 선적시간, 그 외 수치적으로 표현될 수 있는 모든 요소들을 나타내기도 한다.

2.4 목표설정과 목표에 의한 관리(MBO)

전통적 목표수립에 대응하는 새로운 목표수립 방식으로 목표에 의한 관리(MBO : management by objectives)를 들 수 있다. 이는 볼 수 있고, 증명할 수 있고, 측정할 수 있는 목표를 참여의 방식에 의해 수립하는 것에 중점을 둔다. MBO는 통제를 위한 목적으로 목표를 사용하는 것이 아니라, 동기부여를 위한 수단으로써 목표를 사용한다.

1) MBO의 의미

MBO의 개념은 목표를 설정하고 관리하는 새로운 방향성을 강조하며 주로 상층부에 의해 하달되던 방식에 대한 반대적 방식으로 하층부에서 목표를 설정하여 관리한다는 것을 강조한다.

MBO는 조직전체 목표를 각 조직단위와 개별 구성원에 대한 특정목표로 옮기는 것을 강조한다. MBO는 목표가 조직 전체에 부과되는 과정을 설계함으로써 목표의 개념을 확산시킨다. 〈도표 8-6〉에서 보듯이 조직의 전체목표는 조직의 각 계층(사업부, 부서, 개인)에 대한 특정목표로 전이되어 간다. 그러나 하위부문 관리자들이 목표설정에 함께 참여함으로써 MBO는 '위로부터(top down)' 뿐 아니라 '아래로부터(bottom up)'의 목표설정을 가능하게 한다. 그 결과 한 계층의 목표와 다음 계층의 목표를 연결하는 목표의 계층화(hierarchy of objectives)가 일어나게 된다. 또한 개별 종업원들에 대해 MBO는 특정한 개별 과업목표를 제시한다. 따라서 각 개인은 자신이 소속된 부문에서 성과를 달성하기 위해 기여하기로 정해진 바를 실행하면 되는 것이다.

〈도표 8-6〉에서 보는 바와 같이 모든 구성원이 자신의 목표를 달성하게 되면 부문의 목표가 달성되고 나아가 조직전체 목표가 실현된다.

일반적으로 MBO 프로그램을 구성하고 있는 4요소가 있다. 목표규명(good specificity), 참여적 의사결정(participative decision making), 분명한 기간설정(explicit time period), 성과평가(performance feedback)가 그것이다. MBO에서 목표는 측정되고, 평가될 수 있는 보다 가시적인 목표들로 전

도표 8-6 목표의 연쇄

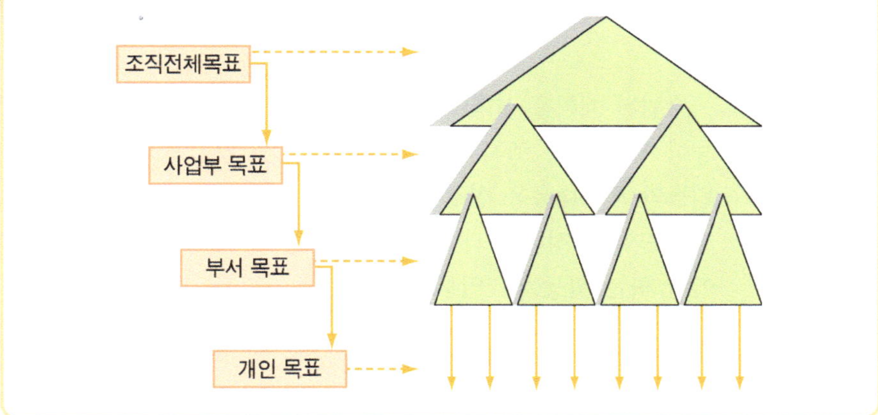

환되어야 한다.

2) MBO의 특징

MBO는 다른 목표설정방식과 차이가 난다. 목표를 부과하는 방식과 예상기간을 미리 설정하는 것이며, 결과에 대한 피드백에서 다음의 특징을 가진다. MBO에서의 목표는 상사에 의해 일방적으로 결정되고 그런 다음 부하에 하달되는 방식인 부과식 목표(imposed goals)를 참여결정식 목표(participatively determined goals)로 대체한 것이라 할 수 있다. 상사와 부하가 함께 목표를 선택한다.

각 목표는 그것이 완료될 것으로 예상되는 기간이 미리 설정된다. 대개 3개월, 6개월 또는 1년을 그 기준으로 한다. 따라서 상사와 부하는 특정의 목표뿐만 아니라, 그것을 달성하기로 하는 명시된 기간을 가지게 된다.

MBO 프로그램의 마지막 요소는 성과에 대한 피드백이다. MBO는 목표를 향해 계속적인 진보를 하도록 연속적인 피드백 기능을 수행하게 된다. 이렇게 함으로써 각 개인들이 자신의 행동을 평가, 보완할 수 있도록 각 개인에게 계속적으로 피드백시키며, 주기적인 평가에 의해 보완되고 진척사항이 점검된다.

제 3 절 조직화

수립된 계획을 실행에 옮기기 위해서는 필요한 자원을 조정하고 분배하는 기능이 필요하다. 조직화(organizing)란 설정된 목표를 달성하기 위해 조직구성원들의 직무내용을 설정하고, 그 직무를 수행하는데 필요한 권한과 책임의 한계를 명확히 정하는 과정이라고 정의할 수 있다. 즉 기업이 목적달성을 위해 해야만 하는 활동(일, 업무)에 물적 및 인적자원을 배치하는 것이다.

조직화 활동에서는 〈도표 8-7〉과 같은 주제를 다룬다.

┃도표 8-7┃ 조직화 활동에 포함되는 주제

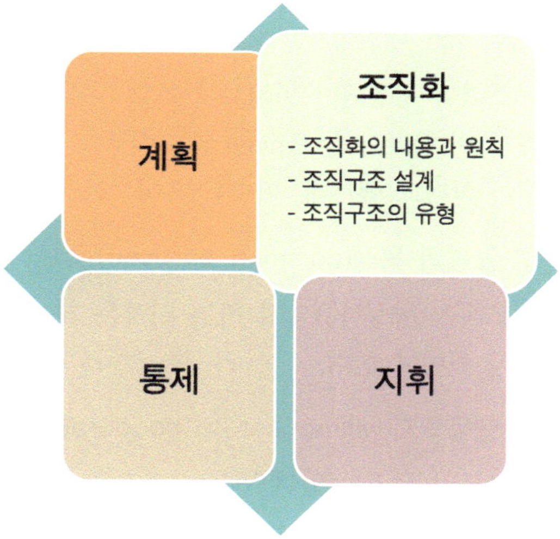

조직 내에서 누가 어떤 직무를 어느 정도의 권한을 가지고 할 것이며, 어디에서 의사결정을 하고 누가 누구에게 보고하는지를 규정한다. 또한 각 부분은 전체의 조직에 어떻게 활동하면서 조직목적을 달성하는가를 결정하는 과정이다.

Organizing is the process of blending human and material resources through a formal structure of tasks and authority; arranging work, dividing tasks among employees, and coordinating them to ensure implementation of plans and accomplishment of objectives.[7)]

기업에서 조직화는 전형적으로 자재조달, 연구개발, 생산운영, 마케팅, 인사관리, 자금조달과 재무 및 회계와 같은 기능과 직무를 하위부서로 나누어 수행하는 업무분장과 부서화를 의미하기도 한다. 조직화의 과정에서 경영자는 기업의 자원이 목표달성을 위해 상호작용하는 방식을 다루는 구조와 규칙을 수립해야 하므로 내부적인 조직도(organization chart)인 아키텍처(architecture)가 필요하다.

3.1 조직화의 내용과 원칙

1) 조직화의 내용

조직이 생성되기 위해서 그리고 기왕에 형성된 조직이 존속, 유지되기 위해서 버나드(C. I. Barnard)는 다음 3가지 조건이 필수적으로 갖추어져 있어야 한다고 했는데, 이것을 흔히 '조직생성과 존속의 3대 요소'라고 말한다.

① **공통의 목적**(common purpose)

조직을 형성하겠다고 하는 시작은 개개인이 달성하기는 힘든, 공통의 목적이 있어야 한다.

② **협동의지**(willingness to cooperate)

공통의 목적이 있어 구성된 조직은 모든 구성원들이 목적 달성을 향해 협동하겠다는 의식이 없이는 어떤 성과도 있을 수 없다. 따라서 협동하려는 의욕이 조직생성과 조직효과성에 필수요소가 된다.

③ **의사소통**(communication)

공통의 목적은 조직구성원의 단결력인 협동심을 필요로 한다 했는데, 이러한 양자는 의사의 교류나 소통이 없이는 불가능하다. 한편 상층부에서 매우 큰 포부를 갖고 목표나 전략을 설정했다 하더라도 하층부에게 전달되는 과정이나 방법의 적절성에 따라 성과에 매우 큰 차이를 초래할 수 있다. 따라서 커뮤니케이션은 조직의 활동을 집단화하는데 필요한 요소이다.

협동하는 마음이 조직유지를 위한 팀워크의 핵심이다

형성된 조직이 공통목적을 달성하려면 직무담당자가 직무수행을 효과적으르 달성하기 위해 직무를 할당해야 하고, 권한과 책임한계 등을 설정해야 가능하다. 그러기 위해선 직무, 권한 및 책임에 대한 합리적인 배분과 규정이 필요하다.

직무(job)란 조직 구성원에게 부여되어 이루어져야 하는 일정 종류와 범위의 일을 말한다. 경영조직은 직무 혹은 직능(function)을 명확히 분류하고 부여함으로써 본연의 목적활동을 수행하게 되는 것이다.

권한(authority)이란 직무수행을 위해 조직이 부여하는 공식적인 힘 또는 재량권을 의미한다. 어떤 계층에 속하더라도 적절한 권한이 주어져야 하는데, 이러한 권한은 두 가지 주요한 측면을 가진다. 첫째, 기업자금을 활용하거나, 새로운 사실을 유포하는 것과 같이 어떤 행동을 실행할 수 있는 권리, 둘째, 부하들에게 할당된 임무를 수행하도록 요구할 수 있는 권리가 그것이다.

권한은 종업원이 의사결정을 할 수 있고 직무 수행에 요구되는 조처를 취할 수 있도록 허용하는 것이다. 또한 기업의 제 자원이 최적으로 활용되도록 하는 것과도 관련된다. 생산직 근로자는 귀중한 기계류를 사용하거나 잘못된 조립을 거부하거나 오기능 또는 위험상황이 발생했을 때 작동을 중지시킬 수 있는 권한을 가진다.

조직의 상위직무로 올라갈수록 권한의 수준도 증가되어 신제품 개발이나 기업확장에 많은 기업자금을 쓸 수 있는 권리를 가지기도 한다. 책임과 권한은 동등하거나 균형을 갖추는 것이 중요하다. 즉 특정 직무에 지나치게 많거나 적은 권한이 주어져서는 안된다. 한편 다른 사람을 지휘할 수 있는 권한은 공식조직의 운영에는 기본이다. 기업에서 노동의 분업이 원만하게 기능한다면, 관리자는 부하들에게 조직목적이 정한 업무를 수행하거나, 계획된 기준에 따라 작업할 것을 요구하는 권한을 가져야 한다. 이는 부하에 대한 감독권한이 없다면 대부분의 조직은 유지가 곤란하기 때문이다.

직무에서 책임과 권한의 등가원칙 : 비행조종사는 비행할 때 전적으로 권한을 소유하지만 그에 대한 책임량도 동일하게 가진다

직무와 관련한 책임이란 종업원이 직무를 수행하면서 준수해야 하는 의무이다. 책임(responsibility)은 올바른 과업수행을 위해 기준과 부합되어 수행되어야 하는 활동을 규정하는 것이다. 예를 들어, 한 생산직 노동자가 전기스토브의 판넬을 설치하는 책임을 가진다고 가정할 때 적절한 수와 사이즈의 볼트를 사용하여 다른 부위를 손상시키지 않고 그 볼트를 조이는 것을 내용으로 할 것이다.

2) 조직화의 원칙

경영목적을 달성하기 위해 형성된 조직구조는 직무 및 책임과 권한을 잘 배분하거나 할당하고 효율적인 활동으로 촉진하기 위해 몇 가지 규정(rule)에 따를 것을 주장하는 이른바 고전적인 의미의 '조직화 원칙'이 있다.

① 분업의 원칙(전문화의 원칙)

분업의 원칙은 조직을 구성할 때는 각 구성원이 가급적 소수의 기능을 전문화시켜서 능률을 올릴 수 있도록 직무배분을 하라는 것이다. 이것은 일명 '기능화의 원칙'으로 불리우나, 보통 '전문화 원칙'(principle of specialization)으로 통한다.

노동의 분화 또는 분업(division of labor)이란 전체작업이 한 개인에 의해서 행해지기보다는 작업단계별로 다른 작업자에 의해 수행되는 것을 일컫는다. 노동의 분화가 이루어지는 근본적인 이유는 전체 활동보다 한 가지 부문활동에 전념하는 것이 그 개인을 전문화, 특화시키기 때문에 경제적 효율성(economic efficiencies)이 높아진다는 점 때문이다.

그 외에도 노동의 분화에 따른 효율성이 많다. 한 사람이 한 가지 직무를 계속적으로 수행할 때 반복학습에 따라 기술향상이 수반된다. 다른 단계를 준비하는 활동 등에 소요되는 시간이 단축될 수 있다. 또 지적할 수 있는 장점은 전문화에 대한 훈련이 조직적 차원에서는 보다 경제적이고 효율적이 된다는 것이다. 즉 근로자들에게 특정의 반복 과업에 관한 훈련을 쉽게, 적은 비용으로 수행할 수 있다.

고전 이론가들은 노동의 분화를 생산성 증가를 위한 가장 본원적 원천이라고 보았다. 20세기 초반에 이러한 사고는 일반화되었다. 그 이전에는 전

분업화의 원칙 : 컨베이어벨트 앞에서 같은 일만 반복하는 작업자 모습

문화가 이루어지지 않은 시기였으므로 노동의 분화를 도입한 전문화는 생산성의 일대 증진을 가져왔다. 그러나 그 장점은 어느 정도의 시기를 거쳐 한계를 가지게 되었다. 노동의 분화는 인간에 대한 비경제성–지루함, 피로, 스트레스, 생산성 저하, 품질 저하, 태만, 결근, 이직이 경제적 이점보다도 앞질러 결국 노동소외의 문제를 야기하게 되었다.

이러한 측면은 오늘날 대부분의 조립라인 작업장이나 사무직에도 적용되는 문제이다. 노동의 분화를 증가시키는 것은 조직 내 직무를 설계할 때 매우 중요한 목표인 것은 분명하지만 보편적 원리로 삼기에는 현재 많은 문제점을 갖고 있다.

② 명령통일의 원칙

명령통일의 원칙(principle of unity of command)은 한편 '명령일원화의 원칙'이라고도 하는데, 한 사람의 부하는 한 사람의 상사에게서 명령을 받아야 한다는 것이다. 만일 여러 상사로부터 명령을 받도록 조직화된다면 명령내용 간에 혹은 명령을 하달한 상사 간에 혼란과 갈등이 유발되어 조직안정은 물론 조직효율성을 저해할 수도 있기 때문이다.

③ 통제범위의 원칙

통제의 범위(span of control), 즉 한 사람의 상사에 의해 직접 감독받는 부하의 수는 제한되어야 한다. 감독은 주로 과업할당, 동기부여, 오류의 발견, 수정, 보완과 관련된 활동으로 규정된다. 효율적 관리는 상사가 적절한 수의 부하를 거느리는 것에서 비롯된다. 가장 적절한 수는 일반적으로 6~8

명인 것으로 알려져 있다. 그러나 적절한 부하의 수는 작업자의 작업 유형이나 권한의 양, 또는 다른 요인에 따라 다르게 정해진다. 예를 들어 자동차 조립라인과 같은 작업에서는 1명의 감독자에게는 50명의 부하직원이 보통이다.

④ 계층단축화의 원칙

위양된 책임과 권한 및 의사소통 경로의 흐름은 잘 규정된 '명령의 연쇄'(chain of command) 속에서 일어나야 한다. 명령의 연쇄는 '스칼라(Scalar) 원리'와 연관을 가지게 되는데, 이는 조직의 바닥(bottom)에서 톱(top)까지 누가 누구에게 보고하는지에 대한 사항을 밝혀 놓은 것이다. 즉, 모든 직무가 특정 감독과 부하의 조직적 구조 속에서 명확히 위치화될 것을 요구한다. 그 결과 모든 사람들은 자신의 임무가 무엇이며 그 수행을 위해 어떠한 권한을 가지는지를 알게 하는 것을 조직계층을 통해 알 수가 있다. 따라서 '계층단축화(principle of scalarship or hierarchy)의 원칙'은 불필요한 긴 명령연쇄로 인한 조작의 역기능을 줄이기 위해 짧게 설계해야 함을 의미한다.

그러나 이 부분은 현대에 이르러 비판을 받고 있다. 즉, 조직화의 고전원칙에서는 가급적 통제범위는 작게 설계하는 것이 좋다고 한다. 통제범위(span of control)를 작게 조직을 설계하면 그 결과 조직계층은 늘어나게 된다. 한편 관리의 계층은 짧을수록 좋다고 하는 원칙은 전자의 통제범위논리와 상충된다. 따라서 조직화의 고전원칙은 조직의 상황에 따라 상호간 적정성을 위한 조정이 필요하다.

■ **통제범위와 관리계층**

어떤 두 조직이 각각 4,100명의 임원과 직원을 보유하고 있다고 보자. 아래 그림에 나타나 있는 바와 같이, 한 조직은 4명 단위의 관리범위를 갖고 있고, 다른 조직은 8명 단위의 관리범위를 가진다. 관리폭이 더 넓은 쪽은 관리계층이 2단계 적어져서 관리자의 수도 800명 정도 더 적게 차지한다. 통제의 범위가 넓은 조직은 비용 면에서는 유리하다고 할 수 있다. 그러나 문제는 통제의 범위가 넓다면 조직이 효율적으로 관리될 수 있느냐 하는 것이다.

통제의 범위가 좁을수록 관리자가 그의 부하를 통솔함에 있어 보다 직접적인 관여를 행할 수 있다. 이론적으로 5명의 부하를 거느린 관리자는 10명의 부하를 거느린 상사보다 부하에 대해 2배의 시간을 할애할 수 있을 것이다. 그러나 부하가 관리자에게 할애해 주기를 요하는 시간은 조직 내 계층별로 다르다. 관리계층이 상향할수록 비공식적인 의사결정의 비중이 늘게 된다. 이러한 비정형 의사결정(nonprogrammed decision)은 표준화가 부족하므로 더 많은 시간을 소요한다. 게다가 그 독특한 성격은 상급자들의 자문을 더 많이 필요로 한다. 그 결과 관리자들은 보다 효율적으로 상호작용(interaction)할 수 있고, 조직상부로 올라갈수록 더 적은 부하를 관리하게 된다. 이러한 논리를 따를 때, 조직 하부에서는 통제 범위가 넓고, 상부에서는 통제범위가 좁아지게 된다.

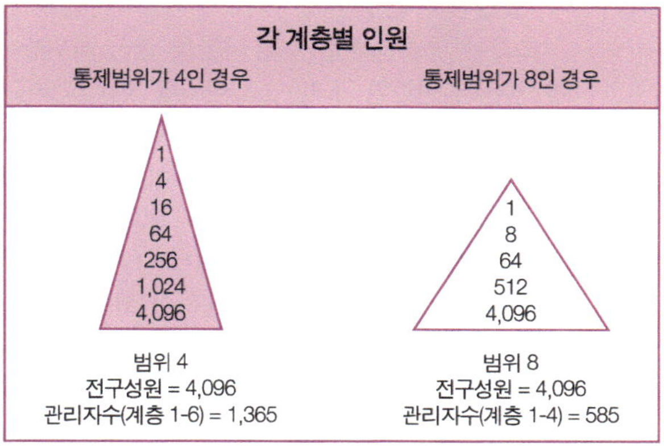

⑤ 권한위양의 원칙

권한 위양의 원칙(principle of delegation of authority)은 상위자가 하위자에게 일상적이고 정형화된 일을 맡김으로써 상위경영자 스스로는 보다 전략적이고, 창의적이며 예외적인 의사결정을 하게 하는 것을 말한다.

예컨대 이사회의 승인을 얻은 최고경영자는 폭넓은 책임과 의사결정 및 지휘에 관한 권한을 가진다. 그러나 최고경영자나 수뇌자가 경영전반에 관한 모든 문제를 돌보는 것은 불가능하다. 따라서 다른 이들에게 과업을 위임시키고 이들은 특정 임무와 의사결정에 전념하면 된다. 바꿔 말해 기업의 최하위층의 작업자에게까지 책임과 권한이 위양되게 된다.

책임과 권한의 위양이 가지는 또 다른 의미를 새겨 볼 만하다. 상사는 부하에게 책임을 위양하므로 부하들이 과업을 수행할 수 있는 권한을 인정한 것이 되지만, 관리자는 위양된 업무의 완수에 대한 책임(accountability)을 가지게 된다. 따라서 일이 잘못된 경우 과업을 위양 받은 사람이 아니라, 위양한 관리자의 감독이 과오를 범한 것으로 간주되는 것이 상례이다. 이것은 다른 한편으로 볼 때, '예외의 원칙' (principle of exception)이라고 하여 상위 경영자는 예외적인 일을 주로 몰두하고, 하위자에게 반복적인 일을 하게 함으로써 기업전체의 시너지 효과를 얻게 하는 것을 의미한다.

그런데 이 권한위양과 관련하여 함께 논의할 수 있는 것은 의사결정권한이 조직의 상층부에 집중되었을 때와 조직하층부에도 위양되었을 때를 분리하여, 전자를 집권화된 조직, 후자를 분권화된 조직이라고 명명한다.

■ **집권화와 분권화**

조직이 명령연쇄를 통해 권한을 관리 하위층까지 분산시키는 정도는 매우 다양하다. 집권화된 조직(centralized organization)은 거의 모든 권한이 상위의 몇몇 직위에 집중되어 있는 조직이다. 집권화된 조직을 갖춘 기업에서는 중요한 운영상의 결정이 최고경영자층에 의해 이루어진다. 그 이하층에서는 결정된 바를 효율적으로 실행하기만 하면 된다. 분권화된 조직(decentralized organization)은 많은 권한을 실제 집행관리자들에게 위양한 조직으로, 일선감독자나 부서장에게 작업과 관련한 최대한의 책임과 권한을 부여한다. 최고 경영자는 기업의 전반 목표와 방침 및 감시, 및 예외적 상황의 처리에 주력하면 된다.

집권화된 조직은 관리자에게 제한되고 타이트한 통제범위를 부여하므로 각 관리자가 통솔하는 부하의 수는 적다. 이는 또한 더 많은 권한계층을 가지게 되므로 아래 그림에서 보는 바와 같이 수직적 조직구조를 이룬다. 분권화된 조직의 관리자는 더 넓은 통제범위를 가지고 수평적 조직구조를 이루는데, 이는 부하들에게는 더 많은 권한과 자유가 주어지며 상부로부터는 덜 직접적인 감독을 받게 하기 때문이다.

3.2 조직구조 설계

조직화 과정(organizing process)에서 경영자는 기업의 자원이 목표달성을 위해 상호작용하는 방식을 다루는 구조와 규칙을 수립한다. 그 결과로 형성되는 내부구조가 조직(organization structure)이다. 이 구조는 수행되어야 할 과업과 활동내역, 활동 간의 관계 및 기업의 각 개인이 계획된 목표를 추구하면서 행하게 되는 역할을 규정하게 된다.

따라서 경영은 조직화 기능이나 과정 및 조직 그 자체를 책임지게 된다. 조직은 모든 다른 활동들이 일어나는 틀을 형성한다. 부실한 조직은 혼란, 낭비, 불만족을 야기하게 된다. 건강한 조직은 종업원들이 조직목표를 달성하기 위한 최선의 노력을 기울이게 한다.

조직의 구조화 즉, 아키텍처는 기업의 조직전체 모습을 총칭하는 단어로서 공식적인 조직구조, 통제시스템, 인센티브 시스템, 조직문화를 명시해주는 개념을 말한다.[9] 이러한 구조를 짜는 것을 우리는 부문화한다고 표현한다.

Organization Structure is a system of tasks, reporting relationships, and communication linkages.[8]

1) 조직구조의 구성변수

조직구조란 조직의 틀을 나타내는 것이다. 인간은 그 특성을 정의하는 신체골격을 가진다. 마찬가지로 조직도 자신을 보여주는 일정한 구조를 가진다. 조직의 구조는 3부분에 의해 특성화될 수 있는데, 복잡성, 공식화, 분권화가 그것이다.

〈도표 8-8〉에서와 같이 조직구조는 조직구조를 구성하는 3가지 변수의 조합에 따라 다른데, 그 변수는 복잡성의 정도, 공식화의 정도 및 집권화의 정도이다.

도표 8-8 조직구조의 구성변수

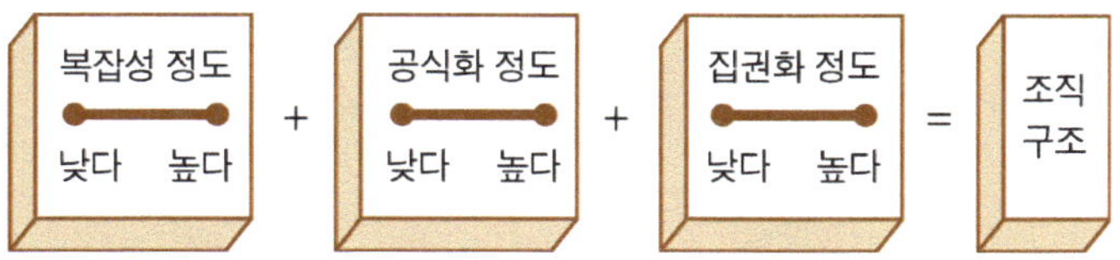

① 복잡성(complexity)

복잡성(complexity)은 조직내부에 있는 다양성, 차이성을 고려하는 개념이다. 노동 분업, 조직 내 수직적 계층, 지리적 분산정도가 많거나 높을수록 인적요소와 그들의 활동을 조정하기가 어려워진다. 이러한 상태를 우리는 복잡성이라 부르게 된다.

② 공식화(formalization)

공식화(formalization)는 조직이 종업원의 행동을 지휘하기 위해 규칙과 절차에 의존하는 정도를 말한다. 어떤 기업조직은 그러한 기준이 되는 지침을 최소한으로 사용하는가 하면, 다른 조직들은 종업원들에게 할 수 있는 바와 할 수 없는 바를 지시하는 무수한 규정을 두기도 한다. 조직 내에서 규칙과 규제가 많을수록 조직의 구조는 보다 공식화된다.

③ 집권화(centralization)

집권화(centralization는 의사결정 권한이 어디에 주어지는가와 관련한 개념이다. 어떤 조직은 의사결정이 매우 집권화되어 있어, 문제가 발생할 경우 상위 관리자가 적절한 조처를 취한다. 다른 조직에서는 의사결정권한이 하위계층으로 위임되기도 한다. 이는 분권화(de-centralization)로 알려져 있다.

2) 기계적 조직구조와 유기적 조직구조

각각의 환경에 맞게 조직 구조를 설계하는 기업은 기본적으로 두 가지를 선택할 수 있다. 하나는 비교적 안정적인 환경을 전제하는 기계적 조직이냐이고 다른 하나는 불확실성이 많은 환경을 접하는 유기적 조직이냐이다.

〈도표 8-9〉는 위에서 설명한 조직구조의 구성변수와 다른 요인을 추가하여 대표적으로 양 극단의 두 가지 조직형태를 보여준다.[10] 첫 번째인 기계적 조직구조(mechanistic organization)의 대표적인 예가 관료주의(bur-eaucracy)이고, 두 번째인 유기적 조직구조(organic organization)의 대표적인 예가 애드호크러시(adhocracy)이다.

① 기계적 조직구조

고전적 원리들을 검토해 볼 때 초기의 이론가들이 가장 이상적으로 여긴 조직구조는 기계적 조직임을 알 수 있다. 기계적 조직은 명령통일의 원칙을 강조함으로써 각 작업자가 한 사람의 상사에 의해 통제, 감독되는 공식적인 권한계층을 중요하게 여기고 있다. 또한 통제의 범위를 점차 늘리는 것을 목표로 하므로 조직구조는 보다 비개인화 된다.

관료주의에서는 조직의 상부와 하부간의 심리적 간격이 확대되므로, 최고경영자는 표준과업이 준수될 수 있도록 많은 규칙과 절차를 부여하게 된다. 즉, 최고 경영자가 직접감독을 통해 하위층의 활동까지 관리할 수 없으므로 규칙과 절차를 제시하게 된다. 또한 분업의 정도가 높아 직무의 성격을 단순화, 일반화, 표준화시키고 있다. 부서화를 통한 전문화 증대는 비개인성은 물론 개별부서를 조정할 수 있는 다양한 관리활동의 필요성을 증가시키기도 한다.

|도표 8-9| 기계적 조직과 유기적 조직

기계적 조직구조	유기적 조직구조
□ 경직된 위계질서	□ (수직과 수평 모두) 협력, 유연적 조직
□ 고정된 의무	□ 융통성 있는 의무
□ 많은 규칙(높은 공식화)	□ 적은 규칙(낮은 공식화)
□ 공식화된 커뮤니케이션 채널	□ 비공식적 커뮤니케이션
□ 집중화된 의사결정 권한(집권화)	□ 탈집중화된 의사결정 권한(분권화)
□ 피라밋 조직	□ 수평적 구조

기계적 조직구조를 지지하는 고전이론가들은 복잡성, 공식화, 집권화의 정도가 높은 조직을 바람직한 것으로 보고 있다. 조직구조란 규칙, 절차, 일반화에 의해 기름을 칠수록 더욱 좋은 기계가 되는 것과 같다고 보는 것이다. 따라서 인간의 판단이나 활동은 오히려 비효율성과 비일관성을 낳는 것이므로 최소화되어야 한다고 주장하였다. 표준화가 높을수록 조직은 안정적이고 예측가능하며, 혼란과 모호성이 제거될 것이라는 관료제 만능주의론도 있다.

그러나 관료주의가 언제나 보편적으로 이상적인 것은 아니다. 즉, 관료주의가 적절치 못한 상황이 존재한다는 것이다. 그러한 상황은 어떠한 것들인가? 또한 관료주의가 바람직하지 않다면 대안적 조직구조는 어떤 것이 있는가?

② 유기적 조직구조

앞에서 살펴본 기계적 조직은 극단적인 조직유형으로서, 구조성(structural components)이 가장 높은 조직이다. 개념적 대비를 위해 다른 극단에 있는 조직유형으로서 구조성이 가장 낮은 조직을 유기적 조직(organic structure)이라고 한다.

관료적 조직 또는 기계적 조직이 경직되고 안정적인 조직구조라면 유기적 조직은 유연하고 변화에 적응하기 쉬운 조직이다. 따라서 표준화된 직무와

규칙을 두지 않고 요구가 발생할 때 급속히 변화하는 것을 가능하게 한다.[11)]

유기적 조직구조인 애드호크러시에도 분업은 존재한다. 그러나 사람들이 행하는 과업은 표준화되어 있지 않다. 작업자들은 기술적으로 유능하고 다양한 문제를 다룰 수 있도록 훈련받는다. 훈련을 통해 그들은 일련의 문제를 해결하는 능력을 가지게 된다.

애드호크러시에는 공식절차와 직접적 감독이 거의 없는데 그 이유는 작업자들이 훈련을 통해 작업적 행동에 대한 표준을 습득하였기 때문이다. 예를 들어 한 컴퓨터 엔지니어에게 과업이 주어진다. 이 때 그는 그 과업을 어떻게 수행해야 하는지에 관한 규정이나 절차를 제시받지 않는다. 대부분의 문제를 자신이 해결하거나 동료와 의논하여 해결한다. 직업상 표준이 그의 행동을 인도하게 된다. 또한 전문가들이 문제에 재빨리 대응하기 위해, 그리고 최고 경영자가 필요한 의사결정을 위해 요구되는 전문적 지식을 가지지 못함으로 조직의 집권화 정도는 낮다.

유기적 조직구조는 작업자의 과업과 책임이 사안별로 변동하는 일시적인 작업 집단으로 생각할 수 있다. 유기적 조직구조를 발견할 수 있는 조직의 예로 컨설팅(자문)기업, 연구소, 조난구조 조직, 우주항공 기업을 들 수 있다.

> **Mechanistic Design** is centralized, with many rules and procedures, a clear-cut division of labor, narrow spans of control, and formal coordination.[12)]

3.3 조직구조의 유형

고전이론가들은 조직 내 활동은 부서의 단위로 특화되고 집단화되어야 한다고 보았다. 이렇게 직무를 공식적으로 집단화하여 묶는 것을 부문화(departmentalization) 혹은 부서화라고 한다. 노동의 분화는 조정을 필요로 하는 숙련 작업자들을 양산하였다. 따라서 이들 숙련 작업자들을 특정 관리자의 지휘 하에 부서단위로 묶는 '조정'이 필요하게 되었다.

이러한 부서화는 기본적으로 수행되고 있는 작업 기능, 예컨대 인적자원, 구매, 마케팅, 재무, 회계, 생산 등의 기능별로 공식조직으로 묶어 놓은 것이 가장 일반적이다. 또는 제공되고 있는 제품이나 서비스, 목표고객, 지리적 범주,

또는 투입물이 생산물로 전환되는데 사용하는 공정 등을 기준으로 부문화가 이루어진다. 이것들 중 기업의 특성에 따라 복수의 기준이 혼합되어 적용되는 일도 많다. 다만 기준을 선택할 때는 조직목표와 개별 단위의 목표달성에 어느 정도 기여할 수 있는지를 고려하여야 한다.

1) 기능별 조직

직무를 부서화하는 가장 일반적인 방법은 각 경영기능의 전문가들을 한 곳으로 모으는 기능별 부문화(functional departmentalization)에 의한 조직이다. 경영의 기능은 기술, 생산, 회계, 재무, 인사, 마케팅 등을 단위로 직무를 묶어 공식조직으로 구조를 짜는 것이다. 〈도표 8-10〉에서는 기능별 부문화 조직구조의 예를 보여준다.

| 도표 8-10 | 기능별 조직

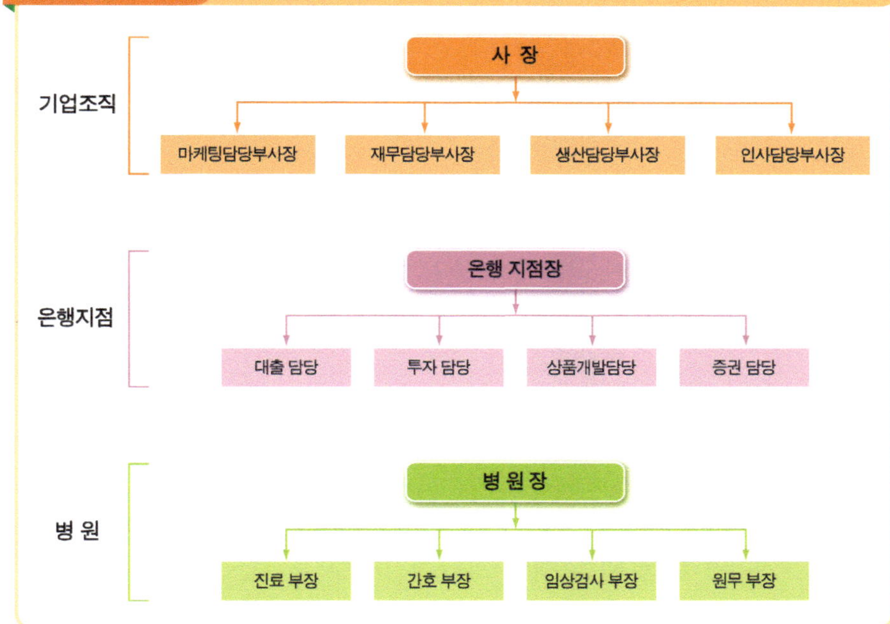

Departmentalization is the process of grouping people and job into work units.[13)]
Functional Structure groups together people with similar skills sho perform similar tasks.[14)]

각 기능은 조직의 목표와 활동을 구체적으로 반영하기 때문이다. 예를 들어 병원은 연구, 진료, 경리 등을 담당하는 부서를 가질 수 있으며, 은행에는 대출담당, 투자 담당, 상품개발 담당, 증권 담당 등으로 부서를 나눌 수 있다. 이것은 다른 말로 직능별 부문화 혹은 직능별 조직구조라고도 하며 다음과 같은 장단점을 가진다.

① 장점

- 논리적으로 유사하게 전문화된 업무가 결합되어 '규모의 경제'가 실현된다.
- 기능적으로 전문화되어 교육훈련의 효과가 커지고, 교육훈련 비용이 적게 든다.
- 기능 내에서 명확하게 경력경로가 형성된다.[15)]
- 논리적으로 유사한 직무를 수행하는 동료들은 심리적인 안정감과 동일시가 형성된다.

② 단점

- 직무 담당자의 작고 편향된 기능화로, 기능 부서 간에 파벌주의가 형성될 수 있다. 이것은 가장 큰 단점으로서 달리 표현하면 기능별 굴뚝현상(functional chimneys problem)이라고 한다. 즉, 각 기능 간에 커뮤니케이션이 되지 않고 조정이 결핍되어 나타나는 현상을 말한다.[16)]
- 전문화의 결과 타 분야의 지식이 모자라며 따라서 전반관리자 양성이 더디다.
- 거시적인 시야, 즉 제품, 시장, 경영환경 등의 변수를 접촉하지 않는 부문은 여전히 관심이 적은 문외한이 될 수도 있다.
- 최고경영층으로 의사결정이 집중된다.

2) 제품 및 고객별 조직

부문화 방법의 다른 유형은 사업부제이다. 사업부제(divisional system)의 부문화는 기능식 부문화와는 다른 개념인데, 독립적인 사업으로 부서화된 형태 내부에 기능식 부문화가 사업부별로 구성되는 것을 말한다. 사업부제 부문화는 동일한 제품이나 고객별 부문화가 있고, 지역별 및 공정별로 묶어서 조직을 짜는 방법이 있다.

〈도표 8-11〉은 모 석유회사의 제품별 부문화(product departmentalization)에 의한 조직을 나타내고 있다. 이 회사의 각 주요 제품별 부서는 생산라인과 관련을 가지면서 전문가이자 책임자인 부사장의 권한 하에 놓인다. 이것을 기능별 부서화와 비교해 볼 때, 제품관리자에게 상당한 자율권과 통제권한을 부여하기 위해 제조를 비롯한 주요 활동이 부서별로 다시 나누어져 있다.

Divisional Structure groups together people working on the same product, in the same area, with similar customers, or on the same processes.

| 도표 8-11 | 제품별 조직

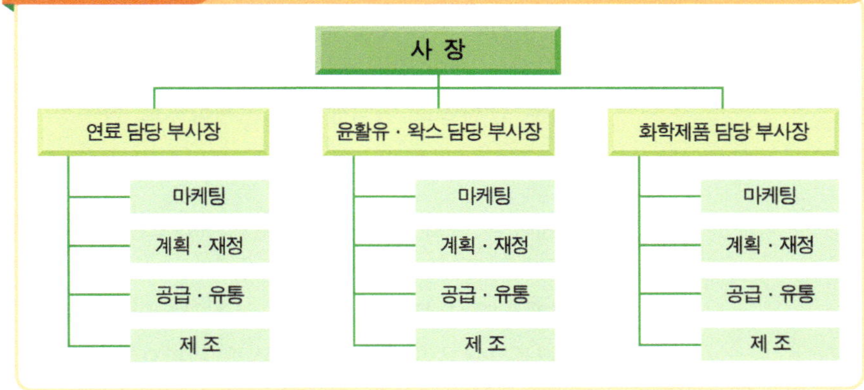

한편, 활동이 제품과 관련된 조직이 아니라, 서비스와 관련된 조직에서는 각 서비스 내용별로 부서화가 이루어질 것이다. 예를 들어 회계법인기업의 경우 조세, 경영상담, 감사 등의 활동을 골간으로 하여 부서화가 행해질 것이다. 그리하여 각 부서는 부서장의 지휘 하에 일련의 서비스 활동을 제공하게 된다.

조직이 목표로 삼는 고객 유형에 따라 부서화를 행할 수 있다. 가령 사무용품 기업의 판매활동은 도매, 소매, 공공기관 납품을 기준으로 〈도표 8-12〉에서와 같이 크게 3부서로 분류된다. 큰 법률법인은 고객이 기업인지 개인인지에 근거하여 그 요원들을 배치할 수 있다. 고객별 부문화(customer departmentalization)의 전제는 각 부서가 담당하는 고객은 그 부서만이 가장 잘 해결할 수 있는 욕구와 문제를 가진다는 것이다. 장점과 단점을 요약하면 다음과 같다.

❙도표 8-12❙ 고객별 조직

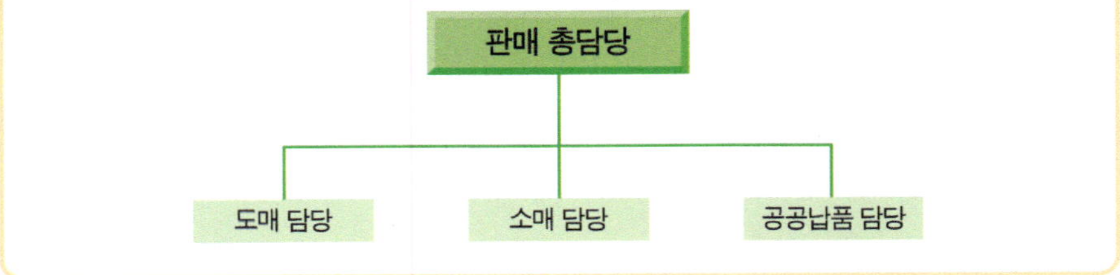

① 장점

- 제품 및 고객별로 사업부 단위가 책임을 갖게 되어 특정제품을 소비하는 고객의 욕구파악이 확실해진다.
- 모든 노력은 특정제품 및 고객중심으로 집중되어 관리가 용이하고, 특히 신제품 개발전략수립이 용이하다.
- 사업부 단위별로 이익센터가 존재하므로 직무성과가 증대된다.

② 단점

- 각 제품별 사업부조직의 하부에 지원인력이 모두 필요하므로 전반관리자의 확보나 훈련부담이 크다.
- 특정제품의 부문화에 소속된 조직구성원들은 지나친 경쟁으로 인해 타 제품사업부와의 조정 및 통제가 필요해진다.

3) 지역별 조직

부문화의 또 다른 방식은 지리적 기준에 따른 것으로 이를 지역별 부문화(geographic departmentalization)에 의한 조직이라고 한다. 가령 판매 기능은 〈도표 8-13〉에서와 같이 동부, 서부, 남부, 북부 지역으로 세분화될 수 있다.

❙도표 8-13❙ 지역별 조직

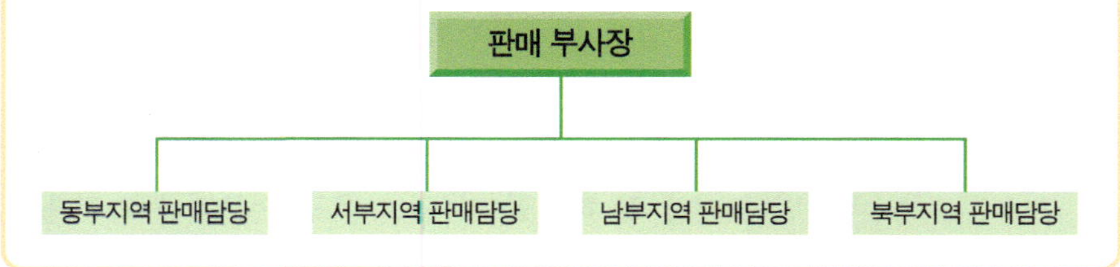

① 장점

- 지역의 인접성으로 인한 시장, 고객 파악 용이성 및 수송, 마케팅 전략 수립의 용이성을 확보할 수 있다.
- 특히 마케팅 활동의 경영에서 강점을 발휘할 수 있다.

② 단점

- 각 지역별로 스텝 부문의 지원 인력이 모두 들어가야 하므로 간접인력의 비용규모가 커진다.
- 직능별(생산, 판매, 총무, 재무) 관리자의 확보나 훈련 부담이 크다.

4) 공정별 조직

〈도표 8-14〉는 알루미늄 공장의 다양한 생산부서를 나타내고 있다. 이때 각 부서는 알루미늄관의 생산 중 한 가지 특정분야만을 다루고 있다. 재료금속은 커다란 용광로에 투입된다. 그런 다음 튜브제작부로 넘겨져 다양한 사이즈와 형태의 튜브로 제조된다. 그 다음 완성부로 넘겨져 적당한 크기로 절단, 정리된다. 마지막으로 검사, 포장, 운송부문에 오게 된다. 이와 같은 각 과정은 각기 다른 기술을 요하게 되므로 동질적인 활동을 중심으로 범주화시킬 수 있다.

이러한 공정별 부문화(process departmentalization)에 의한 조직은 제품뿐만 아니라, 고객을 처리하기 위해서도 사용할 수 있다. 가령, 운전면허증을 발급받기 위해 운전면허장에 가면 면허증 발급 전에 몇 개 창구를 반드시 거치게 된다. 가령 지원자는 시험접수, 수수료납부, 신체검사, 발급 등의 분리된 창구를 통과해야 할 것이다.

| 도표 8-14 | 공정별 조직

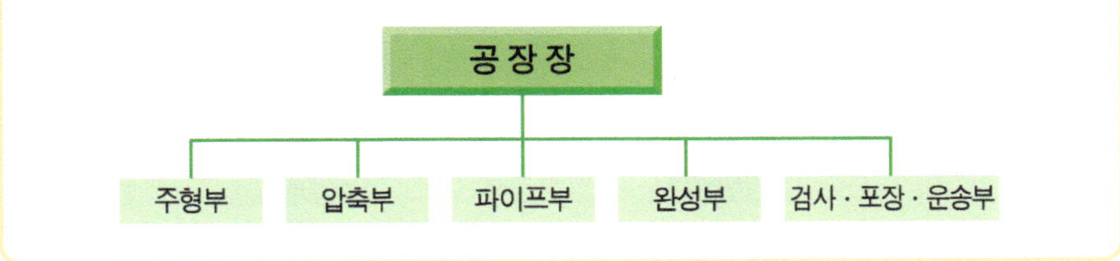

도표 8-15 혼합형 조직

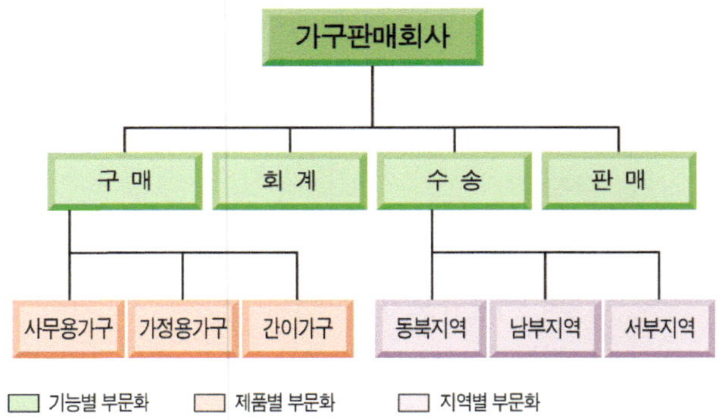

대기업들은 이 3가지 부문화의 분류방식을 각각 사용하기도 하지만 대개 〈도표 8-15〉와 같이 혼합하여 사용하기도 한다.

5) 매트릭스 조직

일회용 프로젝트, 예컨대 도로, 댐, 교량 건설 또는 비행기지, 우주탐험대, 연구소 설립 등을 다루는 기업이 사용하는 독특한 유형의 조직을 매트릭스 조직(matrix organization)이라 한다. 이는 프로젝트 경영자에게 각기 다른 라인에 속해 있는 전문가들에 대하여 일시적 권한 행사를 허용한다. 〈도표 8-16〉에서 보는 바와 같이 전문가들은 요구되는 프로젝트에 배치된다.

도표 8-16 매트릭스 조직

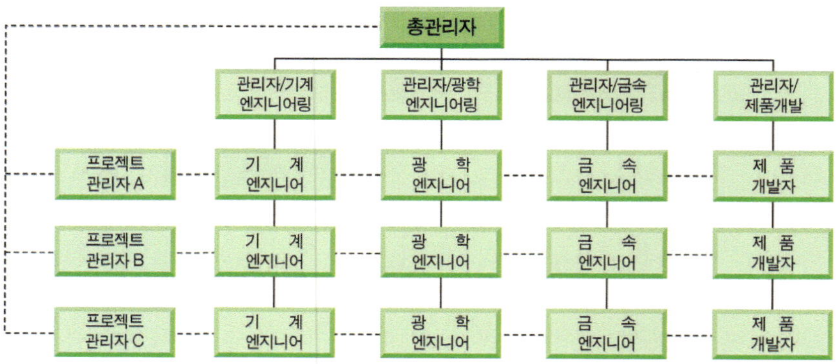

그러나 한 명의 종사자는 각 감독자에게 이중 보고를 해야 하는 단점을 가진다. 매트릭스 조직 또는 그 변형조직은 점차 증가하는 추세이다. 특히 하이테크 기업에서 그러한데, 모든 주요기능들이 전문부서가 제공하는 정보와 서비스에 크게 의존하기 때문이다. 매트릭스 조직에서 전문부서 요원은 특정 주요 기능이나 프로젝트위원회가 설정하는 목표과업을 일시적으로 배정받게 된다.

6) 팀조직과 네트워크조직

환경변화가 심하고 경쟁이 심화되면 조직구조는 더욱 유연한 방식으로 설계될 필요가 있다. 또한 기업조직은 다양한 조직구조를 설계하는데 그 중에 몇 가지를 살펴본다.

① 팀조직

큰 프로젝트를 수행하는 경우, 혹은 환경이 빠르게 변할 경우 종전의 피라미드 조직인 부(部)나 과(課) 조직 형태의 의사결정의 속도로는 경쟁력이 없게 된다. 따라서 수직적인 계층의 수를 줄이고 팀을 운영하는 팀장과 팀원이라는 두 단계 정도로 계층 단축화를 하는 팀조직(team organization)으로 설계하는 것이 효율적이다.

이때 팀장은 감독의 기능보다는 코치의 기능에 가깝다. 직무를 부여하는 팀장은 수시로 팀원을 교체하기 쉽고 변화에 대한 저항도 적다. 팀조직이 효율적이려면 팀원에게 권한위임이 잘 되어 있어야 하며 정보의 의사소통이 원활해야 한다.

② 네트워크 조직

정보통신 기술의 발달로 이제는 마치 인터넷상의 거미줄처럼 연결되어 있는 개념으로 빠른 의사결정을 할 수 있게 되었고 이러한 개념으로 조직을 설계할 수 있다. 네트워크 조직(network organization)은 기업핵심에는 자사종업원에게 직무를 부여하되 아웃소싱업체의 관계자와 연결되어서 마치 하나의 조직처럼 굴러가는 것이다. 네트워크 조직은 규모는 작다. 그러나 자신의 강점이 있는 기능만 자신의 종업원으로 고용하고 다른 기능의 경우는 외주업체에 연결되어 있으며 물리적인 공간을 뛰어넘어 의사결정이 동시에 이루어지고, 때로는 온라인상에서 업무가 진행된다.

네트워크 조직은 나라를 넘어서도 연계될 수 있다. 예를 들어 미국의 인터넷기업은 미국에 본사를 두고 있고 경영진은 미국인이지만 노동력은 인도나 필리핀에서 조달하는 글로벌 네트워크조직이 될 수 있다. 정보통신의 발달은 공간을 뛰어 넘어 경영의 자원을 전 세계적인 스펙트럼으로 확장하여 네트워크로 연결되어 관리되고 있는 것이다.

제 4 절 지 휘

훌륭한 계획과 조직화가 이루어져도 사람들이 적절한 직무를 올바른 방식으로 수행하지 않는다면 무용지물이 되고 말 것이다. 지휘(leading)란 조직구성원으로 하여금 기업목표 달성에 필요한 일을 수행하도록 지도하고 동기부여하는 과정이다. 이는 부하에게 어떤 일을 어떻게 해야 하는가를 말해 주거나 보여주며, 실수를 지적하고 수정하도록 지도하는 것을 의미한다. 〈도표 8-17〉에서와 같이 지휘활동에 포함되는 주제의 첫 번째로 중요한 요인은 리더십과 동기유발이다. 효과적인 지휘를 하려면 부하와 동료작업자를 동기유발시키는 일종의 감수성과 리더십을 필요로 한다.

Leading is the process of inspiring others to work hard to accomplish important tasks.

지휘의 또 다른 측면은 노력을 조정하는 것이다. 경영에서 조정(coordinating)은 조직 각 부문-개인, 부서, 관리계층-간의 커뮤니케이션을 촉진시켜 공통의 목적을 위해 상호협력할 것을 유도하는 과정이다. 오늘날 기업시스템은 매우 복잡하므로 많은 관리자들은 조정을 위해 요구되는 정보와 의사소통의 제공을 컴퓨터에 과도하게 의존할 수밖에 없다. 조정은 노력의 중복이나 또는 필수적인 활동이 생략되는 것을 막아준다. 또한 각 부문의 전체적 노력이 적절한 시기에 연속선상에 일어나도록 해준다. 결국, 지휘는 조직구성원들이 기업의 목표를 지향하여 일할 수 있도록 하는 영향력을 가지려면 커뮤니케이션을 촉진시키는 역할도 해야 한다.

❙도표 8-17❙ 지휘화에서 다루어질 주제

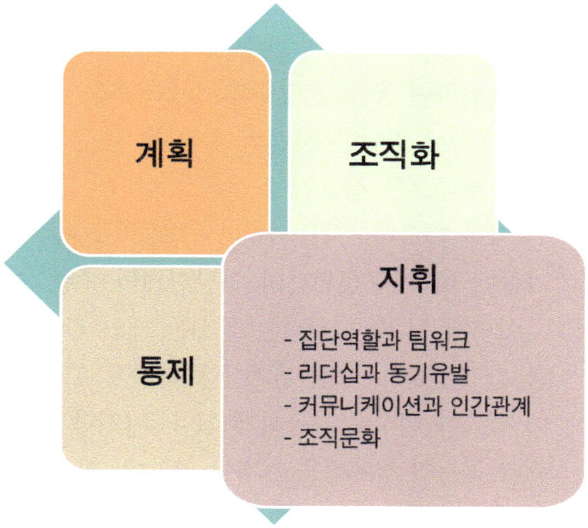

4.1 집단역학과 팀워크

지휘의 기능에서 다루어질 주제에서는 조직목표를 달성하기 위해 구성원을 어떻게 이끌어가야 하는 가에 대해 리더십과 동기유발은 장을 달리하여 제10장에서 상세하게 다루도록 한다. 커뮤니케이션과 인간관계관리는 제11장에서 살펴볼 것이다.

인간은 혼자서 살 수 없다. 그리하여 아리스토텔레스는 '인간은 사회적 동물'이라고 규정했을 것이다. 그것은 매슬로우(A. Maslow)가 말하는 인간본능이라 할 수 있는 기본욕구 중 소속감 및 존경의 욕구단계와 맥을 같이하는 것이기도 하다. 경영조직은 사람과 물자의 조합체로서, 사람들은 공통의 목적 하에 활동을 한다.

경영조직의 이러한 사회-기술시스템(socio-technical system) 중에서 사회시스템에 대해 이해하는 것이 중요하다. 곧 경영활동은 많은 팀 또는 집단활동에 의해 이루어지므로 이 복잡한 사회시스템 내에서 일어나는 집단행동을 이해하고 효율적인 작업집단으로 개발시키려는 활동을 집단역학(group dynamics)이라고 한다.

1) 집단과 팀워크의 이해

집단이란 사회학적 관점에서 보면, 두 사람 및 그 이상이 공동의 목표달성을 위하여 공동의 정체성(identity)을 가지고 상호작용하는 집합체를 말한다. 따라서 집단은 사람의 수가 둘 이상의 복수이어야 한다. 그리고 집단은 어떤 형태로든 상호간에 접촉을 한다. 상호접촉의 기회는 집단의 규모(size)에 따라 다르다. 적은 수의 구성원으로 이루어진 집단에서 구성원의 수가 증가함에 따라 구성원간의 인간관계의 수는 기하급수적으로 늘어나게 된다.

이렇게 될 때 나타나는 문제는 개인 간 갈등이나 커뮤니케이션 장애 및 집단 간 갈등이다. 인간관계를 이해하기 위해 집단의 크기나 리더십 스타일 등이 중요한 변수로 작용하게 된다. 마지막으로 집단내의 구성원들은 공동의 목표나 공동의 정체성을 가져야 하는데, 공동의 목표(common purpose)는 집단 생성의 동기가 되는 것이다. 또한 공동의 정체성이란 집단내의 자기가 타집단의 타인과 다른 그 무엇을 갖고 있다는 식별력 또는 정체성을 의미한다.

이러한 집단에 대한 핵심개념으로 집단을 정의할 수가 있는 것이다. 팀워크(teamwork)란 특별한 목적으로 가진 사람들이 모여 집단 혹은 팀이 되고, 그 집단 구성원이 함께 목표달성해가는 과정을 말한다. 그리하여 팀워크가 잘 되었을 때 성과가 좋고 그렇지 않을 때 역의 결과가 나오게 된다.

팀워크는 공통의 목표를 확인하는 것에서 시작하고, 개인 성과의 합보다 더욱 큰 집단적 성과를 창출한다

2) 집단의 유형

모든 사람은 여러 집단(group)에 소속되어 있다. 집단은 일(work)에 근거하여 형성되거나 지리적 근접성에 근거해 지역공동체(community)가 생길

수도 있다. 또는 가족도 집단이며, 취미생활을 같이하는 동호인 그룹도 집단이다. 따라서 일과 관련한 집단을 보면 직능집단(task group)과 프로젝트 그룹, 태스크포스(task force)가 있고, 공식성을 기준으로 하면 공식집단과 비공식집단으로 나누어 볼 수 있다.

공식집단과 비공식집단의 특성은 다음과 같다.

① 공식집단(formal group)

공식집단이란 공식적인 권위가 부여된 집단이며, 목표수행을 효율적으로 하기 위해 직무와 권한이 배분된 집합이다.

공식집단은 작업집단 내에서 직무가 부여되고 상사의 명령을 부하가 받아야 하는 명령체계가 있는 영구적인 수명을 갖는 명령집단을 말한다. 이러한 집단의 대표적인 예가 모든 조직의 부서나 위원회, 작업 집단 및 태스크포스(task-force) 등이 있다.

② 비공식집단(informal group)

비공식집단은 공식집단이 형성된 곳에서 권한이나 직무와 무관하게 자연발생적으로 생성되는 집단이다. 비공식집단은 친교나 감정에 의해 일시적 혹은 영구적으로 생성, 존속하게 되며, 공식집단에 영향력을 미칠 수도 있는 힘을 갖게 된다.

비공식집단의 예로는 동호인클럽, 동창회, 동향인모임, 회사입사동기생 등의 집단이 있다. 비공식집단을 활용하고 이해하는 것이 관리자에게 중요하다. 그 이유는 비공식집단이 갖고 있는 다음과 같은 긍정적 효과 때문이다.

파벌주의는 비공식 집단화의 폐해로 나타난다

첫째, 공식집단의 영향력 있는 구성원을 비공식적으로 가까이서 접촉할 기회를 갖는다. 둘째로는 작업집단인 공식집단에서 해결할 수 없는 비일상적이고 불확실하고 감정적인 속성의 문제를 해결하는데 매우 좋은 기회를 제공해준다. 문제해결 외에도 유용한 정보도 제공해 주게 된다. 인간의 감정구조가 수학의 공식대로 명쾌히 떨어지지 않는 부분이 있는데 이것은 비공식집단의 상호작용통로가 원활한 의사소통창구 역할을 하게 되기 때문이다.

비공식집단은 동시에 다음과 같은 부정적인 효과를 갖는다. 첫째, 공식집단에 오히려 막강한 힘으로 압력을 행사한다. 둘째, 공식집단 내에서 당해 비공식집단이 아닌 여타 멤버에게 배타적으로 행동하여 파벌주의(section-alism)를 야기할 수도 있다.

3) 집단생성과 집단소속 동기

〈도표 8-18〉에서와 같은 순서로 생성된다. 집단은 개인들 다수가 모이고, 모인 이후에 구성원들 간에 상호작용을 하게 된다. 그 사이에서 공동의 욕구가 일치하게 되고, 이러한 욕구를 충족시키기 위한 하나의 목표점이 형성된다. 나아가 공동의 정체성을 갖게 하여 집단에 명칭을 부여하거나 통일된 규정 등으로 타인과 타집단과의 차별화된 형태인 그 집단의 정체성을 갖게 된다.

왜 사람들은 집단에 가입(join)하는가? 그리고 그 집단에 계속 남아 있기를(remain) 원하는가? 집단 가입 및 집단에의 체류 이유는 집단이 가지고 있는 매력가치 때문이다. 집단이 주는 매력(attractiveness)에는 다음과 같은 것이 있다.

도표 8-18 집단의 생성

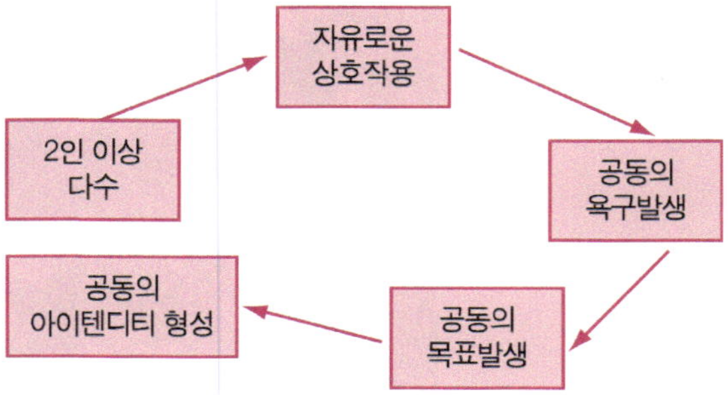

① 지위와 신분(prestige and status)

"나는 어떤 팀의 멤버이다."라고 하는 것은 그 집단이 사회적 지위를 부여했다는 것인데, 이런 지위나 신분의 획득을 위해 집단에 가입한다.

② 안전(security)과 힘(power)

혼자서 활동하는 것보다 어떤 집단의 멤버로 활동하는 것이 힘이 생성되며, 두려움이 적게 되어 다른 세력으로부터의 위협에 보다 잘 방어하고 저항할 수 있게 된다. 집단에 소속한다는 것은 또한 타인으로부터 보증을 받을 뿐 아니라, 많은 지침과 지원을 받게 되어 불확실과 미지로부터 해방할 수 있게 한다.

작업집단에서 노동조합에 가입하는 것은 그러한 대표적인 예가 되겠고, 노조에 가입하라는 노조집행부의 홍보 전략에서 안전의 이슈가 호소력을 갖는 원인이 되기도 한다. 또한 개인의 주장보다 집단의 요구는 힘(power)이나 세력(force)으로 인하여 관철이 용이하게 된다.

작업집단 이외의 비공식집단은 타인에게 권리를 행사하는 연습의 기회를 제공하기도 한다.

③ 자존감(self-esteem)

"나는 어떤 집단의 봉사책임자이다." 혹은 "부양책임을 진 가장이다"라고 하는 소속 의식은 자신으로 하여금 가치있는 사람으로 인식하게 함으로써 중요성에 대한 의미를 갖게 한다.

인간은 받을 때보다 주고, 베풀며, 누군가를 위해 일한다고 할 때 자기존중감을 갖고, 살만한 가치가 있다고 의미를 부여하기도 한다. 더욱이 그 단체가 매우 가치있는 집단일 때는 그 집단의 소속멤버인 것에 자부심을 갖게 될 것이다.

④ 친화욕구(affiliation needs)

매슬로우의 기본욕구단계에서 소속 및 애정/친화 욕구가 있다. 인간의 기본욕구 중에는 어떤 집단에 소속하여 사회적 상호작용을 통한 관계욕구를 가지고 있어서 집단에 가입하게 된다. 직무와 관련하여 볼 때도 평생 독립적으로 생활해도 충분할 만큼의 유산을 받은 백만장자라 하더라도 중하위수준의 봉급생활자의 직업을 버리지 않는 이유가 거기에 있다. 직업이나 작업집단내의 상호작용이 이러한 인간본연의 친화욕구를 충족시켜주는 1차적 수단이 된다.

⑤ 공동선 및 공동의 목표(common goal)달성

봉사를 하여 보람 있는 일을 한다거나, 어떤 취미활동을 할 때 같은 뜻을 가진 사람들이 집단을 만들게 되면 혼자 하는 것보다 그 효과의 합이 커지는 시너지효과가 생긴다. 즉 공동선(common goal)을 이루는 공동의 목표 때문에 집단에 소속하고 구성원 간에 목표성취를 위해 부단히 동기부여하게 된다.

4.2 리더십과 동기유발

지휘화에서 중요한 핵심은 조직이 지향하는 목표를 달성하기 위해 조직구성원을 조화롭게 이끌어가는 리더십이 중요하다. 리더십은 조직구성원을 설득하기 위해 지도자(leader)와 추종자(follower)간의 상호작용을 이해하고 리더십을 발휘하기 위한 도구로서 권력의 속성을 파악해야 한다. 또한 리더십의 효율성은 개인의 탁월함에서 비롯되는지 아니면 리더의 행위인지 상황요인인지 리더십의 이론 설명은 다양하므로 제10장에서 자세히 살펴보기로 한다.

구성원을 조직의 목적에 부응하는 바람직한 행동을 유발하는 것을 구성원 동기유발이라고 한다. 동기유발 즉 모티베이션(motivation)은 인간의 심리적 과정을 이해하고 유인하는 것이다. 경영자는 인간의 욕구를 탐구하여 체계적으로 동기를 유발시키는 것이 필요한데 제10장에서 상세하게 설명하기로 한다.

4.3 커뮤니케이션, 인간관계, 조직문화

사람을 통솔할 때 집단적인 상황에서 필연적으로 의사소통(communication)을 필요로 하는데 이때 효율적인 상호작용을 하는 것이 중요하다. 커뮤니케이션의 장애요인을 파악하고 활성화하는 방안에 대해서는 제11장에서 상세하게 다루도록 한다.

조직은 두 사람 이상이 공통의 목적을 가지고 모였으므로 다양한 인간관계가 형성된다. 그러므로 사람사이의 관계에서 갈등이 발생하기도 하는데 이러한 갈등의 순기능과 역기능을 파악하고 관리하는 것이 중요하다.

조직은 다른 조직과 구별되는 공통의 공유된 가치를 가지게 되는데 이것을 조직문화라고 한다. 조직문화는 최고경영자의 의지가 영향을 주기도 하지만 전략적으로 조직의 문화를 정립하기도 한다. 조직의 문화에 대한 속성이나 조직문화의 유형 등의 이론을 이해하여 바람직한 방향으로 조직을 이끌어 나가는 것이 중요하다.

인간관계와 갈등문제 및 조직문화에 대한 상세한 설명은 제11장에서 살펴보기로 한다.

제 5 절 통 제

경영관리의 기능에 있어서 통제(controlling)는 계획 → 조직화 → 지휘 다음에 오는 최후의 기능이며 완성의 의미를 갖는다. 통제는 미리 설정된 계획과 일치하는지를 감독, 조정하는 기능이므로 계획만 있고 통제가 없다면 계획된 활동의 과정에서 수행되는 모든 활동에 대한 보장이 없게 된다.

통제(controlling) 기능은 기업 전체의 성과와 각 부문을 평가하고 기업운영을 개선시키기 위한 변화를 가져오게 하는 활동이다. 여기에는 계획했던 활동들이 실행되었는지 모니터링하고, 계획에서 벗어난 편차를 바로잡아주는 일도 포함된다.[17)]

이 기능은 분명히 경영이 행하는 다른 기능들과 관련을 가지지만 특히 계획기능과 밀접히 연관된다. 통제의 한 부분으로 이루어지는 평가는 계획이 잘 수행되었는지 또는 목표가 잘 달성되었는지를 알게 한다. 바꿔 말해 이러한 정보는 계획과 통제의 두 기능 간에 계속적인 상호작용이 이루어지게 하므로 새로운 계획을 형성하는데 영향을 미친다.

〈도표 8-19〉는 통제활동에 포함되는 주제를 나타낸다. 아래에서는 통제의 정의와 중요성은 무엇이며 어떤 과정을 거치며 통제에는 어떤 유형이 있는가를 살펴보기로 한다.

| 도표 8-19 | 통제에서 다루어질 주제

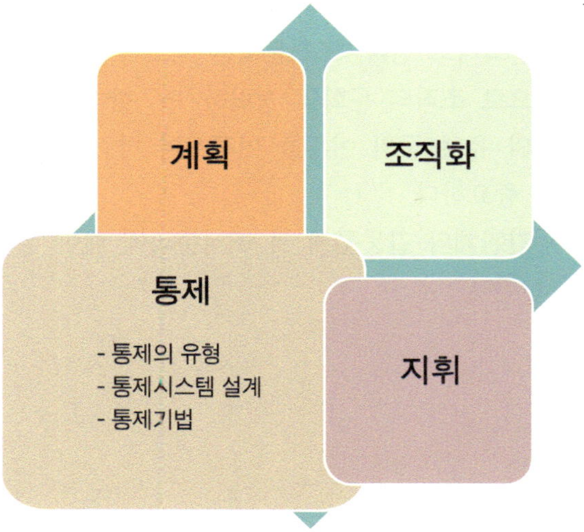

Controlling function evaluates an organization's performance against its objectives.[18)]

5.1 통제의 의의

통제(controlling)란 설정된 목표나 계획과 실제의 성과를 비교, 감독하여 목표달성을 위해 발견되는 편차에 시정조치를 행하는 일련의 활동을 말한다. 통제의 정의에서 알 수 있듯이 통제는 계획(planning)과 밀접히 관련되는 경영기능이다. 따라서 계획과 목표는 표준에 의해 측정되고 또한 성과가 평가되어야 한다. 비교 평가한 후에 불일치한 부분은 수정, 보완하는 것이 통제의 기능이다.

1) 통제의 중요성

통제는 표준이나 목표와 일탈된 오차를 발견하고 시정하게 해준다. 즉, 통제는 기업운영의 실제 결과–매출, 생산, 비용, 품질, 종업원성과–를 과업 목표나 기준과 비교하는 것을 가능하게 한다. 기준(standards)은 이상적인 결과로 간주될 수 있는 것으로 통제의 첫 단계에 설정되어야 한다. 따라서 기준은 계획과정의 일부로 설정되는 것이 바람직하다.

통제과정에서 운영의 결과는 계량적인 방식으로 측정되기도 한다. 통계적으로 처리된 품질관리보고서나 매출보고서, 예산변동보고서 및 사무업무, 재고, 공장유지, 인사문제 등에 관한 보고는 효율적 통제에 필요한 대량의 정보를 제공해 준다.

그런 다음 이러한 운영 데이터는 과업기준과 비교되어 그 차이가 밝혀진다. 이때에 조사가 필요하다. 많은 요인들이 과업과 기준의 차이를 낳게 한다. 때로는 기준을 조정해야 할 필요가 생기기도 한다. 예를 들어 기업이나 부서가 조직화되는 방식이 잘못되었거나, 지휘나 조정노력이 부적절했을 수도 있다. 기업환경을 이루는 여러 요인들 예컨대, 경기침체나 소비자 신뢰 저하 및 정부규제들이 예기치 못한 결과를 낳기도 한다.

먼저 문제를 규명하고 그 원인을 밝힌 다음, 이들을 시정하기 위한 관리조치가 취해져야 한다. 이렇게 볼 때 통제기능은 계획 기능에 대한 단서를 제공하기도 한다.

경영관리에 있어 통제는 최후의 기능이며 완성의 의미를 갖는다

통제절차를 통해 품질이 저하되는 문제는 새 기계나 개선된 관리감독을 필요로 하며, 특정부서의 과다한 비용은 더 효율적인 절차나 때로는 제한을 가할 필요성을 발견하도록 해준다. 같은 식으로 특정제품의 매출이 저조한 것은 판매수수료율이 낮거나 광고나 촉진 제품 개선이 이루어지지 않았기 때문이라는 사실을 알 수 있다. 기업에서 흔히 볼 수 있는 이런 문제들은 계획, 조직화, 지휘, 통제라는 경영관리 순환의 새로운 출발점이 된다.

대규모 경영조직에서 명시화된 통제시스템이 없으면 다양한 조직구성원의 주관적인 잣대로 인하여 혼란을 초래하고 결국 목표치 달성이 어렵게 된다.

2) 통제의 유형

시스템들은 성과를 표준과 비교하고 피드백한 후 편차를 발견하여 통제한다. 이와 같이 피드백의 통제방법이 가장 일반적이지만 통제의 시점을 중심으로 보면 〈도표 8-20〉에서와 같이 다음의 3가지로 설명된다.

| 도표 8-20 | 통제의 유형

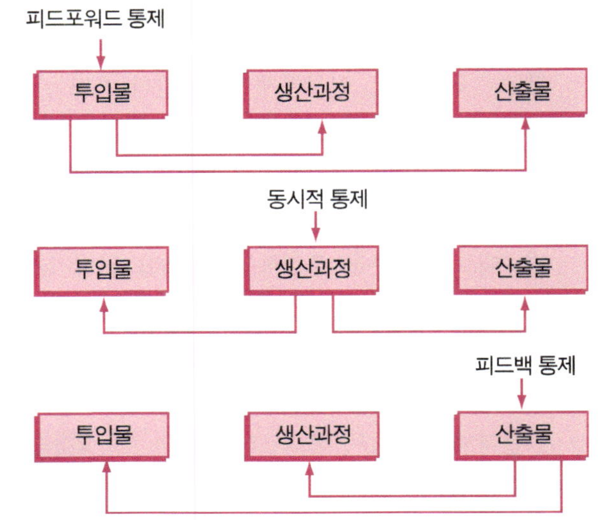

① 사전 통제(feedforward control)

경영시스템을 투입(input), 변형(transformation), 산출(output)로 볼 때, 사전통제는 산출물시점이 아니라, 조직 내의 투입물인 인적, 물적, 재무적 자원에 초점을 맞추는 통제이다. 이런 의미에서 이것을 사전적(preliminary) 또는 예방적(preventing) 통제라고 말할 수 있다. 사전적인 통제의 예로는 두 가지가 있다.

- 원자재 통제 : 이것은 물적 자원의 품질표준에 적합한지를 통제하는 것이다. 통제방법으로 샘플링 기법이 보조적으로 사용된다.
- 인적자원 선발통제 : 조직의 인적자원이 조직에 들어오기 전에 조직에 적합한 인력인지를 파악해야 한다. 따라서 인적자원에 대한 자격요건이 합리적으로 설정되어 있어야 하며 인턴십을 활용할 수도 있다.

② 동시 통제(concurrent control)

투입물이 들어와 직무가 수행되는 실제적인 시점에서 즉시적 통제를 하는 것이다. 현대는 컴퓨터를 통하여 대내외의 정보를 실시간(real-time) 중심으로 통제하게 되므로, 컴퓨터와 통신의 발달로 인해 가장 많이 쓰이는 통제

유형이 되었다. 동시통제 방법은 직접 작업하는 과정을 관찰하고 작업자뿐 아니라 기계, 장비 등의 process(공정)현장에서 가동되는 중에 통제한다.

③ **사후 통제(feedback control)**

투입물이 들어와 변형과정인 생산, 운영과정을 거치고 난 후 나타난 산출물에 통제 초점을 맞춘다. 이 산출물을 보고 거슬러 올라가 애초의 표준이나 계획에 어떤 오차가 있는지를 평가하게 된다.

산출물의 통제는 양적 기준과 질적 기준이 있다. 질적 기준통제에는 품질관리(QC)의 다양한 기법이 쓰인다.

5.2 통제시스템 설계

효율적인 통제를 하기 위해서는 통제시스템이 구축되어야 한다. 통제시스템을 설계할 때에 조직의 규모와 분권화의 정도 및 조직문화와 같은 고려할 변수에 따라 적절한 통제시스템을 달리 적용할 수 있다. 또한 통제시스템을 설계하는 첫 단계는 표준이 설정되어야 하고, 성과를 측정한 다음 표준과 성과를 비교하여 수정조치와 피드백을 하게 된다.

1) 통제시스템 설계와 고려변수

효과적 통제시스템을 설계함에 있어 고려할 변수들은 〈도표 8-21〉과 같다. 통제시스템의 설계시 고려할 변수를 환경요인으로 잡고 그것에 따른 통제시스템을 적용시킨 것이다.

조직규모가 클 때에는 공식적이고 비개인적인 통제가 적합하고 작으면 비공식적이고 개인적 통제가 적절하다. 높은 계층 직위일수록 통제기준이 많고, 낮을수록 단순하고 계량적인 기준이 필요하다. 분권화 정도가 높을수록 통제의 수나 통제의 완성도를 높여야 한다. 그러나 분권화 정도가 낮으면 통제의 수는 줄인다.

개방적이고 지원적인 조직문화는 비공식적 통제와 자율관리시스템을 두고, 위협적인 조직문화는 공식적 통제 및 타율적 통제설계법이 적절하다.

도표 8-21 통제시스템 설계와 고려변수

환경적응적 요인		적합한 통제시스템
조직의 규모	소규모	비공식적, 개인적
	대규모	공식적 · 비개인적 · 치밀한 규정
직위와 수준	고	많은 기준
	저	적은 기준, 측정하기 쉬운 기준
분권화의 정도	고	통제의 수와 심도의 증대
	저	통제의 수를 줄임
조직문화	개방적 · 지원적	비공식적, 자기관리
	위협적	공식적, 외적으로 강요된 통제
활동의 중요성	고	치밀하고 광범위한 통제
	저	느슨한 식적인 통제

2) 통제시스템의 과정 설계

전형적인 통제시스템의 과정은 〈도표 8-22〉에 있듯이 시스템에는 5단계의 하위요소로 나뉜다. 목표와 표준의 설정, 성과의 측정, 실제성과와 표준의 비교, 수정 및 보완조치 및 강화요인 제공이다.[19]

도표 8-22 통제시스템

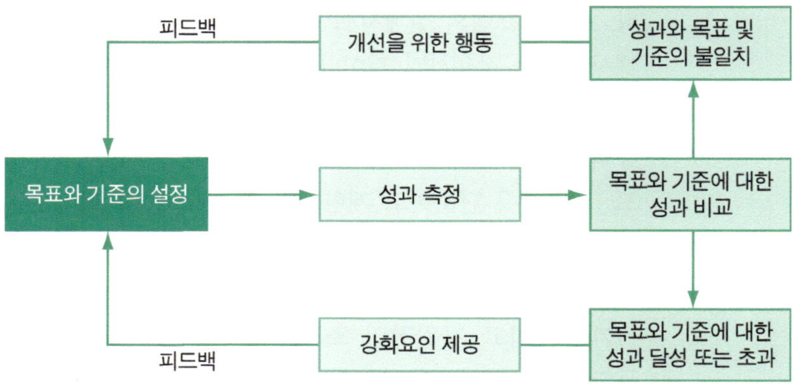

자료 : C. W. L. Hill and S. L. McShane, 2009, Principles of Management, McGraw Hill, 김기태 외, 2011, 경영학원론, 경문사.

① 1단계 : 표준의 설정

조직의 전략적 목표 및 계획화는 표준화된 자료가 있어야만 계량적으로 측정할 수 있다. 따라서 '표준(standard)' 혹은 기준은 업적을 측정하고 평가하기 위한 것으로서 다음 5가지가 쓰인다.

- 시간 표준(time standards) : 특정 제품이나 용역을 산출하는데 소요되는 시간의 거리(time span)로서, 좋은 통제 시스템을 갖춘 조직은 직무 단위별로 표준시간을 설정한다. 이것은 또한 적시성을 재는 기준이다.
- 생산성 표준(productivity standards) : 제한된 시간 내에 산출된 제품과 서비스의 산출량이다.
- 비용 표준(cost standards) : 비용표준은 제품과 서비스를 생산하는 것과 관련된 비용에 기반한 표준이다.
- 품질 표준(quality standards) : 질의 표준은 소망스런 품질수준의 완성도에 기반한 표준을 말한다.
- 행동 표준(behavioral standards) : 조직 구성원들에게 요구되는 바람직한 행동타입에 근거한 개념이다. 이외에도 판매량에 화폐가치를 부여한 수익표준과 모든 물적 항목에 금액으로 표시한 비용표준이 있다.

② 2단계 : 업무성과의 측정

설정된 표준을 가지고 실제의 성과를 측정하는 단계이다. 이 단계에서는 측정방법(how to measure)에 관한 것을 다루게 된다. 측정방법은 다음과 같다.

- 사람에 의한 관찰
- 통계보고서 제출
- 구두의보고
- 서면 보고
- 전자매체를 통한 보고

또한 측정내용은 앞에서 열거한 표준을 가지고 측정하며, 여기에 덧붙여 종업원의 이직이나 결근율, 종업원의 직무만족도 등을 측정한다.

대개의 조직은 시간단위별로 성과를 측정한다. 즉, 일별(daily), 주간(weekly), 월별(monthly), 분기별(quarterly), 연간(yearly)으로 나누어서 측정한다.

③ 3단계 : 실제 성과와 표준의 비교

1, 2단계에서 행한 표준이 설정되고 실제성과를 측정함으로써 과연 표준에 얼마나 근사한가, 충족되는가를 비교한다. 이 때 실제의 성과가 표준과 일탈하게 되면, 그 오차(variation)는 허용될 수 있는 것인지도 함께 검토한다. 만약, 그 편차가 통제허용치(control tolerance) 범위에 속한다면 수정행동을 할 필요는 없게 된다.

④ 4단계 : 수정, 보완 조치

3단계에서 양자가 비교된 후, 발견된 편차에 대한 경영자의 행동 선택이 필요하게 된다. 이 때 관리자는 실제의 성과가 표준에 미치도록 시정시킬 수도 있고, 그것이 아니면, 표준 자체를 수정할 수도 있다. 전자의 경우, 성과에 대한 시정조치는 경영 전략이나, 조직구조, 보상체계, 교육훈련, 직무재설계, 재배치 등의 조치가 취해질 수 있다. 또한 이런 조치가 유효하지 못하다고 판단되면 업적 표준을 수정하는 방법을 취하게 된다.

⑤ 5단계 : 강화요인 제공

만약 목표와 표준이 충족되거나 초과된다면 관리자는 긍정적인 면을 강화할 필요가 있다.[20] 이는 업무우수, 보상, 지분참여, 보너스 또는 경력측면을 강화해주는 보상활동이 그 예가 될 수 있다.

긍정적인 강화(positive reinforcement)를 제공하는 것은 교정활동을 가져옴으로써 중요한 통제시스템의 기능을 갖게 된다. 행동과학자의 연구에 의하면 긍정적인 강화는 미래에도 자신이 인정받았던 것을 다시 잘 할 것이라고 주장한다. 만약 긍정적인 강화가 제공되지 않는다면 자신들이 저평가된 느낌을 가지게 될 것이고, 열심히 일하겠다는 동기유발의 효과가 덜할 것이며 어떤 경우는 더 잘 대우해주는 다른 조직을 찾을 수도 있기 때문이다.

5.3 통제기법

통제시스템을 잘 작동하게 하려면 여러 가지 통제기법(control techniques)이 있다. 통제가 실현되는 대표적인 기법으로는 개인적 통제, 관료적 통제, 결

과통제, 문화적 통제, 인센티브를 통한 통제, 시장통제 등이 있다.[21)]

1) 개인적 통제

개인적 통제(personal controls)는 리더가 관리적 권한을 이용하여 개인적인 접촉에 의해 부하직원을 직적 감독하고 보상을 주며 처벌하는 것이다. 대개 소규모의 조직과 부서에서 사용되는 것으로 관리자의 권한이 남용되면 과도한 감독으로 비효율을 가져올 수도 있다.

2) 관료적 통제

이 개념은 독일의 사회학자인 막스베버(Max Weber)가 위계적인 관료시스템이 관리효율을 가져온다고 주장하여 사용한 개념이다. 관료적 통제(bureaucratic control)는 절차와 규정 및 공식화되고 성문화된 방법 및 의사결정의 권한범위를 사전에 규정한 것에 바탕하여 통제하는 것이다.

3) 결과통제

직무가 확실히 규정될 수 있고, 측정할 수 있는 결과물인 경우에 산출물이 약속대로 이루어졌는지를 평가한 후 수정조치나 강화하는 통제방법이다.

4) 문화적 통제

조직의 문화는 구성원들 사이에서 공유된 가치와 전제로 구성되어 있다. 문화적 통제(cultural control)는 사회화된 종업원의 행동통제를 포함하는 것으로, 구성원들은 어떤 사건이 발생했을 때 조직의 가치와 가정을 내부화하고 그것과 일관된 방식으로 행동하게 된다. 즉 조직의 목표와 조직문화에 조화하고자 자기행동을 통제하게 된다.

5) 인센티브를 통한 통제

인센티브는 보통 결과통제에 사용되는 성과지표로 결정되는데 목표를 초과하여 달성한 부분에 대한 강화의 수단이 된다. 종업원에게 인센티브를 주어서 다른 통제 메커니즘의 필요성을 줄이는 것이 가능하다.

6) 시장통제

시장통제(market control)는 자본과 같은 가치 있는 자원을 위한 내부시장을 설정하여 개인과 부서의 행동을 통제하는 것이다. 시장통제는 대개 상이한 제품부서로 구성된 다각화된 기업 내에서 사용된다. 일본의 전자제조업체인 마쓰시다에서는 창업자 마쓰시다 고노스께가 자주 시장통제방법을 사용했다. 신제품 개발과 판매를 내부시장을 확립하는 부서책임자들끼리 경쟁하도록 하는 것으로 내부경쟁에서 승리한 팀은 인정과 보상을 얻는 방식이다.[22)]

경영사례

계획화 활동 : 삼성전자의 경영이념체계

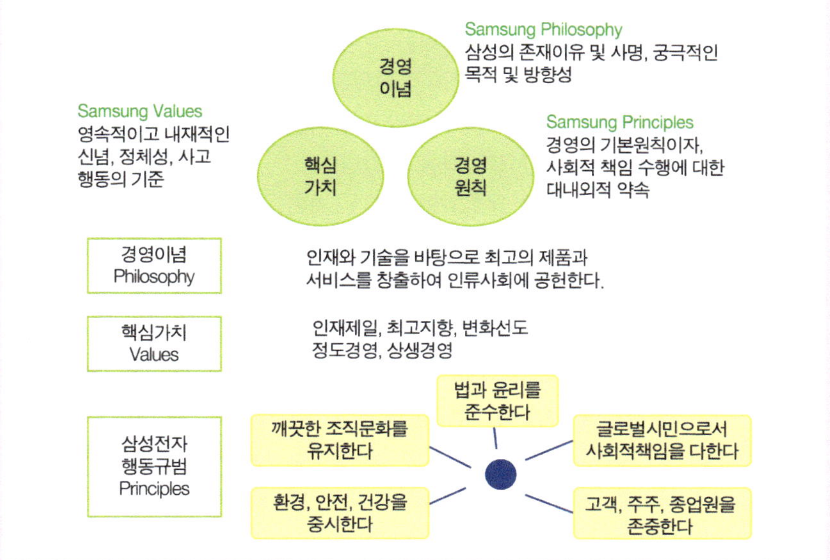

자료 : 삼성전자 홈페이지 www.sec.com

경영사례

조직화활동 - 한국공항공사 조직도 예시

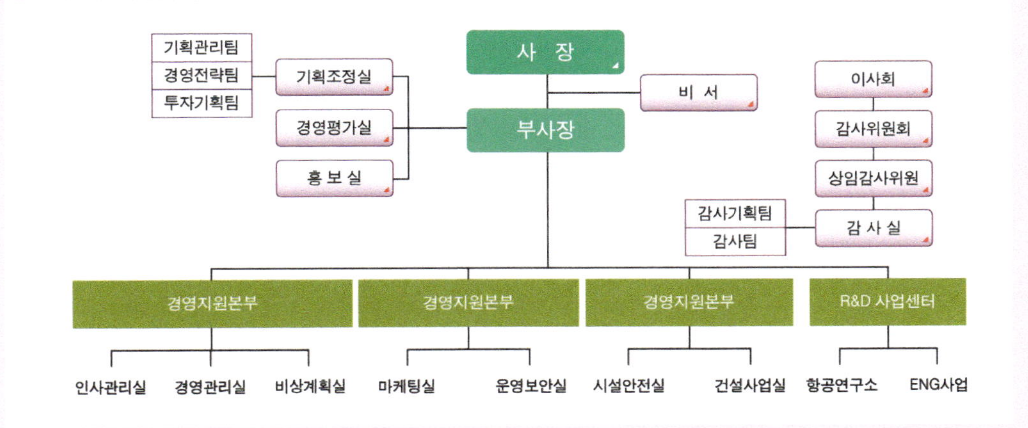

자료 : 한국공항공사 홈페이지, www.airport.co.kr

요 약

기업의 목표를 효과적이면서 경제적으로 달성하기 위하여 기업의 제자원의 사용을 계획, 조직, 지휘, 통제하는 과정을 경영이라고 부른다.

경영관리는 계획을 짜고 그 계획을 실행하며, 실행한 후에는 처음의 계획과 비교하여 잘 시행되었는지 평가하는 활동인 통제활동을 해야 하며 이 과정은 반복하여 순환하게 된다. 이러한 순환의 의미를 PDS라고 한다. 관리의 순환은 좀 더 구체적으로 4개의 과정으로 범주화할 수 있으며 다음과 같다.

경영관리과정의 처음은 계획화활동이다. 계획을 적용되는 폭과 조직계층에 따라 분류하면 전략적 계획, 전술적 계획, 운영적 계획으로 나눌 수 있다. 또한 기간에 따라 단기와 장기로 분류하며, 구체적 계획과 지침적 계획으로 분류한다. 계획의 하위단위는 사명과 목표설정, 방침설정에서 출발하여 예산활동에 이른다.

조직화 과정에서는 조직화의 일반원칙이 있다. 즉 분업의 원칙, 명령통일의 원칙, 통제범위의 원칙, 계층단축화의 원칙, 권한위양의 원칙을 이해하고 조직화를 해야 한다. 조직구조를 설계하는 변수인 복잡성, 공식화, 및 집권화의 수준에 따라 기계적 조직과 유기적 조직으로 분류되는 것을 학습하였다. 조직구조는 부문화를 하는 방식에 따라 기능식 조직, 제품별 조직, 고객별 조직, 지역별 조직, 공정별 조직 및 매트릭스 조직으로 분류된다. 또 이러한 조직구조의 장점과 단점을 가지고 있으며 업종에 따라 적절한 조직구조가 존재한다. 또한 최근에는 팀조직을 활용하여 네트워크 조직을 설계한다.

지휘는 조직의 계획과 조직화된 시스템을 바탕으로 다양한 구성원들을 동기유발하여 목표를 달성하는 것이다. 사람을 지휘하고 통솔하려면 집단의 속성을 이해하기 위해, 집단역학을 이해한다. 리더십의 이론을 배우며 동기유발을 위해 욕구이론을 학습한다. 또한 커뮤니케이션의 장애가 없도록 소통해야 하며 갈등을 관리하여 인간관계와 조직문화를 이해해야 한다.

통제활동은 경영과정의 마지막 활동으로써 계획화와 밀접하게 연관된다. 통제활동의 기능은 기업전체의 성과와 각 부문을 평가하고 계획했던 목표와 어느 정도 부합하여 경영이 실행하였는지 모니터링하고 계획에서 벗어난 편차를 개선시킨다. 통제에는 사전통제, 과정통제, 사후통제가 있다. 통제를 효율적으로 이끄는 것은 표준을 설정하는 것이다.

토의주제

1. 경영관리순환에서 PDS 방식과 POSDCCoRB 방식의 차이와 경영관리 4대 과정의 차이는 무엇인가?
2. 계획화과정에서 기업의 경영자라고 가정하고 기업의 계획을 하위단위인 사명과 비전설정에서 출발하여 예산 설정에 이르기까지 전 과정을 기획하고 토의해 보자.
3. 조직화의 일반원칙을 현대의 조직화의 상황에 적절한지 비판적으로 토의해보자.
4. 집단역학의 의미는 무엇이며, 왜 사람들은 집단에 가입하려고 하는가?
5. 자신이 종업원을 고용한다면 어떠한 통제시스템을 설계할지 상상하고 토의해보자.

참고문헌

1. 양춘희, 1998, 경영학원론, 서울 : 선학사
2. H. Fayol, 1916, L'administration Industrialle et Generale, Paris: Dunod.
3. J. R. Schermerhorn Jr., 2011, Introduction to Management, Wiley & Sons, Inc.
4. J. R. Schermerhorn Jr., 2011, Introduction to Management, John Wiley & Sons, Inc.
5. J. R. Schermerhorn, 2010, Introduction to Management, Wiley & Sons, Inc.
6. R. J. Ebert and R. W. Griffin, 2013, Business Essentials, PEARSON.
7. L. E. Boone and D. L. Kurtz, 2011, Contemporary Business, John Wiley & Sons, Inc.
8. J. R. Schermerhorn Jr., 2011, *op. cit.*
9. D. Naidler and R. Shaw, 1997, Organization Architecture, San Francisco : Jossey-Bass.
10. T. Burns and G. M. Stalker, 1961, The Management of Innovation, London : Tavistok.
11. D. Dougherty, 2001, RE-imagining the Differentiation and Integration of Work for Sustained Product Innovation, Organization Science September/October.
12. J. R. Schermerhorn Jr., 2011, *op. cit.*
13. J. R. Schermerhorn Jr., 2011, *ibid.*
14. J. R. Schermerhorn Jr., 2011, *ibid.*
15. K. M. Bartol and D. C. Martin, 1994, Management, McGraw-Hill.
16. J. R. Schermerhorn, 2010, Introduction to Management, Wiley & Sons, Inc.
17. L. J. Gitmsn and C. McDaniel, 2005, The Future of business, Thompson. 정재영 외, 2006, 앞의 책.
18. L. E. Boone and D. L. Kurtz, 2011, Contemporary Business, John Wieley & Sons, Inc.
19. S. G. Green and M. A. Welsh, 1988, Cybernetics and Dependence: Refraining the Control Concept, Academy of Management Review, 13. No. 2, pp. 287-301.
20. W. L. Charles, S. McShane and L. Hill, 2009, Principles of Management, McGraw Hill, 김기태 외, 2011, 앞의 책.
21. 김기태 외, 2011, 위의 책.

Chapter 09

경영전략과 의사결정

학습목표

1. 경영전략의 기초적 요소를 이해한다.
2. 기업전략, 사업전략, 기능전략의 관계를 이해한다.
3. 경영전략 수립을 위한 환경분석의 프로세스를 수립할 수 있다.
4. 전통적 전략과 가치혁신 전략의 비교하여 설명할 수 있다.
5. 의사결정의 유형을 비교하여 설명할 수 있다.

Key-word

경영전략, 기업전략, 사업전략, 기능전략, 외부환경분석, 내부환경분석, SWOT분석, 가치혁신전략, 전략적 의사결정, 관리적 의사결정, 업무적 의사결정, 집단의사결정

CHAPTER 09 경영전략과 의사결정

제 1 절 전략의 개념

1.1 전략의 정의

전략(strategy)이란 일반적으로 전쟁에서 승리를 하기 위한 계획이란 의미로 고대 그리스시대의 알렉산더(Alexander)대왕이 영토 확장을 하기 위한 전쟁계획 과정에서 사용하기 시작한 용어이다. 고대 군사학에 기초를 두고 있는 개념으로 국가의 흥망을 결정하는 중요한 요소(손무, 손자병법)로 말하고 있으며, 현대에서 경영에 있어서의 전략은 경쟁사와의 생사(生死) 즉, 경쟁사와 흥망의 대립적인 개념이 아니라, 지속적인 경쟁우위를 점하기 위한 구체적인 방안을 창안하는 것이다. 즉, 경영에 있어서의 전략이란 '제한적인 경영자원을 배분하여 경쟁사보다 경쟁우위를 창출하고 유지시키는 의사결정'이라고 할 수 있다.

전략은 고대 그리스의 strategos(장군), stratego(자원의 효과적 사용을 통하여 적에게 승리하기 위한 계획의 수립)에서 유래한 용어로 장군의 공격목표의 선택과 병력의 투입을 하는 기술의 의미로 군사전략(military strategy)이라는 용어에서 유래되었다.

경영학에서 전략이란 용어는 경영전략(business strategy) 또는 전략경영(strategic management)라는 용어로 사용하고 있는데 챈들러(A. D. Chandler)는 그의 저서 '경영전략과 조직(strategy and structure, The MIT Press, 1962)'에서 '전략이란 기업의 장기적인 목표의 결정과 그 목표를 달성하기 위한 행동을 결정하고 경영자원을 배분하는 것이다'[1)]라고 하여 기업의 기본적인 장기목표를 달성하기 위한 자원의 배분으로 말하고 있으며, 오메(K. Ohmae)가 '경영전략이란 한 마디로 어떻게 하면 경쟁자에 비하여 경쟁우위를 가질 것인가 하는 문제이다. 경영전략은 효율적인 방법으로 경쟁자에 비하여 경쟁우위를 상승시키는 노력이라고 볼 수 있다.'라고 한 바와 같이 경쟁상황에 서 경쟁우위를

진시황릉의 전차출토품 : '전략'은 군사에 대한 계획에서 유래

Strategy is a general plan or set of plans intended to achieve something and the art of planning the best way to gain an advantage or achieve success, especially over a long period.

갖기 위한 방법을 체계적으로 분석하는 구체적인 사고 방식을 말한다. 따라서 전략이란 경쟁우위를 지속적으로 확보하기 위한 계획이라고 할 수 있다.

손무(孫武)는 그의 저서 손자병법에서 전략의 필수요소로 道, 天, 地, 將, 法을 이야기하고 있다. 道란 국가가 추구하여야 할 목적의 의미로 현대적인 의미로 조직구성원들이 추구하여야 할 가치를 공유하고(shared value), 기업의 목적을 추구하는 것으로 기업의 나아가야 할 방향에 대한 인식을 같이 하는 것으로 동일한 목적의식을 가지는 효과(effectiveness)로 일의 방향에 대한 관점이다. 天은 외부환경에 대한 것으로 사람이 처한 환경에 대한 관점으로 사람이 통제가 불가능한 요소들, 즉 일기의 변화나 계절의 흐름에 관한 것을 의미하는 것으로 현대적인 의미로는 기업을 둘러싸고 있는 외부환경에 대한 개념으로 정치적 요인, 경제적 요인, 사회적 요인, 기술적인들에 대한 변화를 의미한다.[2)] 즉, SWOT 분석에서 외부환경의 기회(opportunities)와 위협(threats)의 의미로 기업이 통제불가능한 요소에 관한 관점이다. 地는 지금 위치한 곳의 산새와 지형에 관한 관점으로 현대적인 의미로는 산업의 구조적인 특성과 경쟁의 위치를 의미한다. 즉, 현재 산업의 매력과 향후 산업의 전망에 대한 관점이다. 將은 지

| 도표 9-1 | 경영전략의 기초적 요소

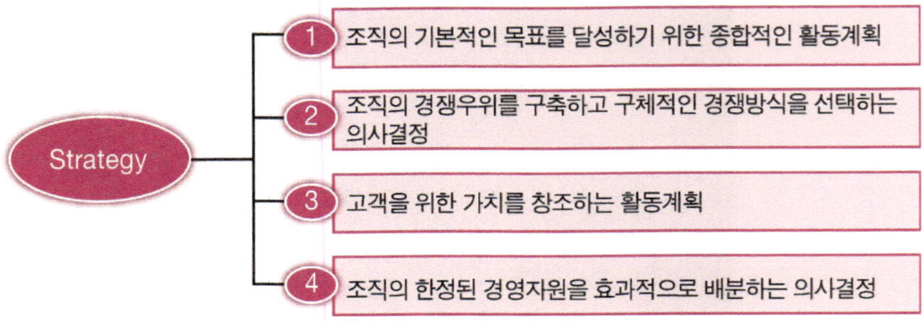

자료 : W. Glueck, 1980, 'Business Policy and Strategy Management', Mcgraw-Hill.
M. Poter, 1996, "What is Strategy", Harvard Business Review, Nov.~Dec.
K. Ohmae, 1988, "The Mind of the Strategy", Harvard Business Review, Nov.~Dec.
J. Barney, 1997, "Gaining and Sustaining Competitive Advantage", Addison-Wesley Publishing Company.

도자의 능력과 지혜를 의미하는 것으로 현대적인 관점에서는 최고경영자의 리더십과 경험과 지식을 얼마만큼 가지고 있는지에 대한 관점이다. 法은 조직의 운영원칙에 관한 것으로 조직구조와 명령계통의 효율성의 관점으로 현대적인 의미로는 기업구조와 관리프로세스의 효율성을 추구하는 정도의 관점이다. 將과 法의 관점은 SWOT분석에서 내부환경의 강점(strength)와 약점(weakness)과 같은 기업내부의 상황에 대한 인식으로 외부환경의 기회(opportunities)와 위협(threats)을 결합하여 기회를 강점과 결합하거나, 약점과 결합하여 기회를 잘 이용하기 위하여 내부적인 약점을 우회보완하기 위한 전략과제들을 도출하거나 위협과 결합하여 강점으로 위협을 극복하거나, 위협적인 외부환경에서 내부적인 약점까지 있다면 타 분야로의 전환을 추구하는 등의 전략과제를 도출하고 최적안을 선택하여 시행하여야 하는데, 과거의 군사전략으로서의 관점과 현대적인 의미에서의 경영전략과 일맥상통(一脈相通)하는 바가 크다.

이를 종합하여 전략의 정의를 살펴보면 다음과 같다.

첫째, 조직의 기본적인 목표를 달성하기 위한 종합적인 활동계획이다.[3] 따라서 전략은 일상적인 업무와는 구별되는 미래지향적이고 종합적인 측면을 가지고 있다. 즉, 전략이란 기업이 달성하여야 하는 비전과 목표를 수립하고, 이를 달성하기 위한 수단을 강구하는 것이다.

둘째, 조직의 경쟁우위를 구축하고, 구체적인 경쟁방식을 선택하는 의사결정

▌도표 9-2▌ 손무의 전략의 필수요소와 현대적 의미

Sun-Tzu's Art of War	Modern Business Strategy
道 →	Mission and Objective
天 →	Changes in the External Environment
地 →	Industry Structure and Competitive Landscape
將 →	Top Management Leadership
法 →	Organization Principles and Management Processes

자료 : 장세진, 2010, 글로벌시대의 경영전략(6판), 박영사, p. 10에서 재편집

으로 경쟁상대보다 상대적인 경쟁우위를 점하고 유지하기 위하여 선택가능한 다양한 방법 중에서 최적안을 선택하는 의사결정을 하는 것을 말하고 있다.[4)]

셋째, 전략이란 고객의 가치를 창조하는 활동계획으로 경쟁우위는 경쟁사보다 높은 고객가치를 제공할 때 나타나는 것으로 고객을 위한 가치를 높이기 위한 노력을 말한다.[5)]

넷째, 전략이란 조직의 한정된 경영자원을 효과적으로 배분하는 의사결정으로 한정된 자원으로 최대의 성과를 창출하기 위한 자원의 선택과 배분을 위한 의사결정과정을 말한다.[6)]

1.2 전략의 수준

전략은 전략의 수립주체와 전략의 범위, 의사결정의 깊이에 따라 〈도표 9-3〉과 같이 기업전략(corporate strategy), 사업전략(business strategy), 기능전략(functional strategy)로 그 수준을 나누어 볼 수 있다.

1) 기업전략

기업전략(corporate strategy)은 어느 사업분야에 참여할까?(What sets of Business should We compete in?)에 대한 전략으로 사업영역의 설정과 같은 기업의 사업방향과 종합적인 관점에서 무엇을 할 것인가에 대한 것을 수립하는 전략이다. 기업의 비전과 목표를 설정하고 이를 달성하기 위하

도표 9-3 전략의 수준과 내용

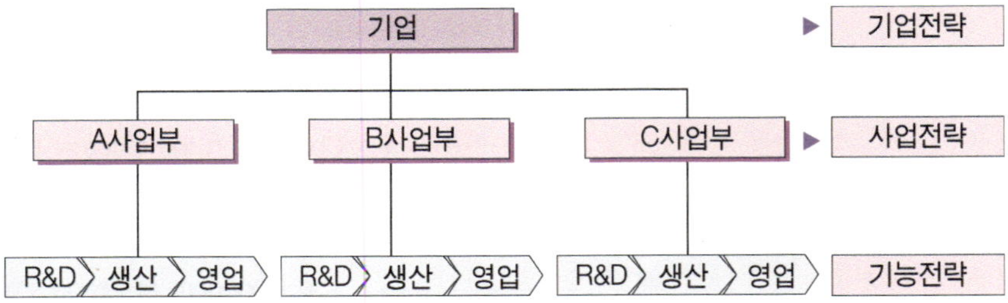

- 기업전략
  어느 사업분야에 참여할까?
  What sets of Business should We compete in?
- 사업전략
  이 사업분야에서 어떻게 경쟁할까?
  How should We compete in a specific Business?
- 기능전략
  마케팅전략, 영업전략, 재무전략, 인적자원전략, 생산전략 등

자료 : 이승주, 2003, 경영전략실천매뉴얼, 시그마인사이트컴, p.15

여 경영자원을 배분하고 조정하는 일련의 활동을 의미한다. 기업전략의 수립주체는 이사회 구성원, 대표이사, 사장과 같이 기업의 전반적인 부문을 총괄하는 사람들이며, 기업전략은 대외적인 측면이 많이 고려되어 장기적이고, 수정이 곤란한 경우가 많다.

기업전략의 수준에서는 기업의 재무적인 성과뿐만 아니라 비재무적인 목표의 달성에 대한 책임을 지게 되며, 이러한 결과들은 주주들의 관심사항으로 주주총회에 주요안건이 되며 주주들의 관심사항일 뿐만 아니라, 향후의 기업의 여러 가지 성과에 영향을 미치는 주요한 요소이다.

기업전략은 최상위전략으로서 하위 전략인 사업전략에 대한 지침을 마련하는 역할을 수행하게 되는 것으로 주로 사업영역의 설정과 사업 간의 자원배분, 조직구조에 대한 기본설계가 주요 구성요소이다. 사업영역의 설정은 기업의 사업범위에 관한 것으로 어떤 제품시장(product market)에 참여할 것인가를 결정하는 하는 것으로 다음과 같은 특징을 갖는다.

첫째, 기업의 사업영역의 결정에 관한 사항으로 표적시장(target market)의 설정과 제품의 생산에 대한 의사결정을 하는 것이다.

둘째, 사업부문이 복수인 경우, 사업부문 간 투자의 우선순위의 결정을

통한 투자자본의 효율성을 최대화하는 의사결정에 관한 사항으로, 최적의 자원배분을 달성하는 의사결정을 하는 것이다.

셋째, 부문들 간의 최적결합을 통하여 사업부문간의 시너지 효과(synergy effect)를 극대화시키기 위한 의사결정을 하는 것이다.

POSCO의 신사업 진출 전략 : 해수 리튬 추출 사업

2) 사업전략

사업전략(business strategy)은 기업전략의 하위수준의 전략으로 기업전략에서 의사결정된 사업부문에서 어떻게 경쟁할까?(How should We compete in a specific Business?)에 대한 전략으로, 제품이나 서비스의 경쟁적 우위를 유지하는 데 초점을 둔다. 즉, 기업전략에서 선택한 사업영역(시장과 제품의 영역)에서 경쟁적 우위를 점하기 위한 구체적인 운영목표와 운영전략을 수립하는 것이 필요하다.

현재 산업의 구조 및 경쟁의 특성과 소비자 수요에 대한 이해가 필요하며, 경쟁사의 경영자원, 조직문화, 경영자의 리더십 및 전략을 파악하고, 자사의 경영자원 및 조직문화, 경영자의 리더십과 보유하고 있는 핵심역량을 바탕으로 경쟁우위를 창출 및 유지를 하기 위한 구체적인 방안을 수립하는 것이다.

사업전략을 수립하기 위해서는 경쟁영역과 경쟁우위의 요소를 고려하여 구체적인 전략을 수립하여야 하는데, 먼저 경쟁영역은 시장에 관한 관점으로 넓은 영역과 특정한 시장에 집중하는 좁은 영역으로, 경쟁우위의 요소로는 동일한 품질에 낮은 가격으로 경쟁하는 저 원가 경쟁우위와 제품의 상징적·기능적 측면에 있어서 높은 가치를 제공하는 차별적 우위를 점하는 요소로 나누어 볼 수 있으며, 넓은 경쟁영역에서 원가우위전략, 차별화 전략으로, 좁은 경쟁영역에서 집중화 전략으로 경쟁우위를 점하기 위한 구체적인 전략을 수립할 수 있다.

| 도표 9-4 | 경쟁영역과 경쟁우위에 따른 사업전략

경쟁영역 \ 경쟁우위	저원가	차별화
넓은 영역	원가우위 전략 (Cost Leadership)	차별화 전략 (Differentiation)
좁은 영역	원가 집중화 (Cost Focus)	차별적 집중화 (Differentiation Focus)

사우스웨스트 항공의 원가우위 전략

– 항공기는 지상에 있을 때는 경비를 낳고, 비행하고 있을 때는 이익을 낳는다 –

1. 선택적 고객서비스를 통한 원가절감
   - 고객의 좌석을 지정하지 않음.
   - 기내서비스의 유료화
   - VIP라운지가 없음.
   - 타항공사와 환승을 위한 시간조절을 하지 않음.
   - 항공사간 수화물 전송을 하지 않음.
   - 공항이용료, 착륙료 등의 비용이 비즈니스모델에 적합하지 않은 경우 노선을 과감하게 포기.
2. 표준화 및 직원의 역할 재분배를 통한 원가 절감
   - 보유기종을 보잉737기로 통합하여 발생비용 절감
   - 승무원이 직접 다음 행선지 출발 전 기내 청소

물론 기업에서 취급하는 품목이 하나일 경우에는 사업전략이 기업전략과 동일하여 양자를 구분하여 고찰할 필요성이 없으나, 대부분의 기업은 사업 단위별로 기업전략에서 수립된 사업영역에서 구체적인 운영전략인 사업전략 수립의 필요성이 있다.

3) 기능전략

기능전략(functional strategy)은 사업전략의 하위수준의 전략으로서 사업전략에서 제시된 전략 방향에 따라 구체적인 실천방안을 수립하는 전략이다. 기능전략은 기업의 각 기능별로 세분화된 부문관리자에 의하여 수립되고 실천되어 진다. 생산, 인적자원, 재무, 마케팅, 회계와 연구개발의 각 분야별로 사업전략을 가장 효율적으로 달성하기 위하여 자원의 배분과 활용을 극대화하는 데 그 초점이 있다.

제 2 절 경영전략 수립을 위한 환경분석

경영전략은 두 단계의 분석 프로세스를 통하여 수립할 수 있다. 그 첫 번째는 우리는 어디에 있는가에 대한 것이며, 두 번째는 우리는 어느 곳으로 가고자 하는 것에 대한 것이다. 우리가 어디에 있는지에 대한 분석은 환경분석(외부, 내부 환경분석)을 통하여, 어느 곳으로 가고자 하는 것은 전략과제를 도출하여 구체적인 행동계획을 수립하는 것이 필요하다.

2.1 외부환경 분석

1) 거시환경 분석(PEST 분석 / 5 Dimension 분석)

거시환경 분석은 장기적으로 산업과 기업에 장기적으로 영향을 줄 수 있는 요인들을 분석하여 그 영향들이 어떻게 기업의 현재와 미래에 기회와 위협요인으로 작용할 것인가를 분석하는 것이다.

거시환경 분석의 구체적인 내용은 정치적/법적 환경, 경제적 환경, 사회문화적 환경, 기술적 환경, 생태학적 환경(인구통계적 환경)으로 나누어 기회요인과 위협요인으로 분석할 수 있다.

거시환경 분석에 쓰이는 방법으로는 언론자료 분석, 라이프스타일 분석, 소비자 설문조사, 각종 기술적 예측 방법, 규제분석과 시나리오 분석 등을 통하여 할 수 있다.

2) 산업구조-시장분석

산업구조분석은 기업이 전략을 수립하는 데 중대한 영향을 미치는 산업 내 경쟁요소들을 파악할 수 있도록 한다. 산업환경의 변천은 산업의 매력도의 변화를 가져오고, 이는 기업의 전략을 수정하도록 하기 때문이다. 산업환경의 변화에 대한 이론으로 제품 수명 주기(PLC, Product Life Cycle) 이론과 마이클 포터의 산업구조분석(5-F Model)을 들 수 있다.

① 제품 수명 주기(PLC, Product Life Cycle)

현재 제품의 수명주기를 파악하고 제품이 제품수명주기상 위치하고 있는 바를 분석하는 것이다. 모든 산업은 일반적으로 도입기(introduction), 성장기(growth), 성숙기(maturity), 쇠퇴기(decline)의 단계를 거친다.

| 도표 9-5 | 제품수명주기(Product Life Cycle : PLC)

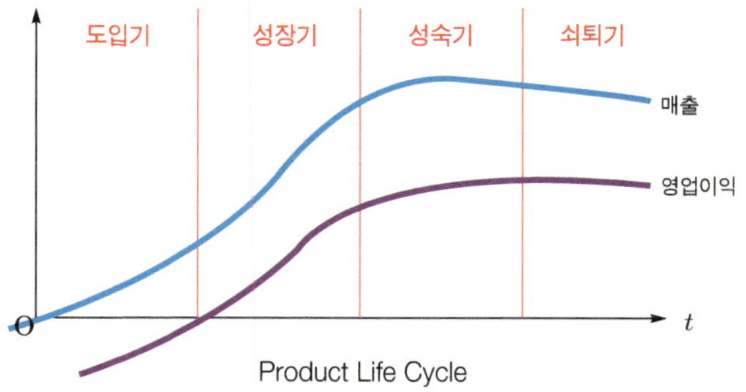

■ 도입기

도입기는 신제품의 개발과 시장출시를 의미한다. 제품의 개발에 많은 R&D 비용이 소요되었으나 초기 소비자의 제품존재인지의 부족과 제품자체의 신뢰부족으로 매출이 저조하여 기업의 재무적 요구가 매우 크다.

■ 성장기

성장기에는 기업의 경쟁우위(차별적 우위)를 가지기 시작하면서 제품과 브랜드의 차별이 일어나고 급속한 성장이 이루어지는 단계이다. 수요가 공급을 능가하게 되고 많은 재무적 성과가 일어나지만 제품라인의 추가와 제품개선을 위한 지속적인 자금투입이 일어나게 되며, 모방제품이 시장에 등장하게 된다.

■ 성숙기

많은 경쟁사가 시장에 진입하게 되고, 대부분의 소비자가 이미 제품을 구매하였기 때문에 매출성장의 정체가 일어난다. 성숙기가 진행되면서 대량생산에 의한 규모의 경제를 추구로 가격경쟁이 심화되고 경쟁제품 속성 간 정교한 구별이 일어나게 된다.

■ 쇠퇴기

기술혁신, 소비자취향의 변화, 경쟁심화 등으로 제품이 시장성을 잃어감에 따라 매출이 급속히 감소하고, 이익도 감소하는 시기이다. 과잉생산이 산업구조의 개편을 초래하며 극심한 가격경쟁, M&A와 파산 등에 의하여 산업집중도가 가속화 된다. 기업은 쇠퇴기에 있는 제품을 수익 없는 시장에서 철수시키거나 촉진 등의 비용을 줄인다.

제품수명주기 이론은 시간의 경과에 따른 판매량을 분석하여 제품 수명주기상의 위치를 파악할 수 있으며, 제품수명 주기의 유형에 따라 유행제품, 주기형 제품, 장수제품, 성장형 제품으로 나누어 볼 수 있으며 그에 따른 시장의 성장성과 시장특성에 따른 전략을 수립할 수 있다.

Product life cycle(PLC) is the stages through which a product or its category bypass. From its introduction to the marketing, growth, maturity to its decline or reduce in demand in the market.

② 포터의 산업구조분석(5-F Model)

Michael E. Porter
미 하버드대 교수

포터의 산업구조분석은 산업의 매력도는 다섯 가지 경쟁요소 즉, 기존기업간의 경쟁, 잠재적 진입자의 위협, 공급자의 교섭력, 구매자의 교섭력과 대체재의 위협에 의하여 결정된다고 하였다.

■ 기존기업간의 경쟁

기존 기업들 간의 경쟁강도에 따라 기업의 매력도에 영향을 미치게 되는 데, 산업의 경쟁강도가 낮으면 시장매력도는 증가한다. 시장의 크기가 크고 시장성장성, 제품차별화 정도가 높으면 경쟁강도는 낮아지고, 경쟁기업의 수, 고정비용의 비중, 철수장벽, 초기자본의 크기와 산업의 경기변동이 적으면 산업의 매력도는 증가된다.

■ 잠재적 진입자의 위협

해당 산업이 유망한 산업이라고 할 때, 많은 기업들이 해당산업에 진입하려고 할 것이며 이 때 모든 산업에서 진입이 자유롭게 허용된다면, 해당 산업에 대한 매력은 점차 낮아질 것이다. 실제로 진입이 일어나지 않는다고 하더라도 해당 산업에 대하여 잠재적 경쟁자가 진입할 수 있는 위협으로 인하여 경쟁수준으로 가격을 낮추어야 한다. 이러한 진입장벽(entry barrier) 또는 퇴거장벽(exit barrier)이 없는 경우를 준 경쟁적 시장(contestable market)이라고 하며, 준 경쟁적인 시장의 정도는 산업의 매몰비용(sunk cost)의 존재 유무에 따라서 결정된다.[7)]

■ 공급자의 교섭력

공급자들이 원자재의 가격이나 물량조절로 교섭력을 발휘하는 정도로 공급자의 교섭력이 낮을수록 시장매력도는 증가한다. 공급자의 수, 제품차별화 정도, 공급자의 전환비용(switching cost)이 높을수록, 대체제의 수, 공급자의 정보수준, 공급자의 전방 통합능력이 낮을수록 산업의 매력도는 증가한다.

■ 구매자의 교섭력

구매자는 가격인하, 품질향상, 서비스 증대의 요구를 통해 기업의 수익성을 감소시킨다. 구매자의 교섭력이 낮을수록 시장매력도는 증가한다. 구매자의 수, 제품차별화 정도, 구매자의 전환비용(switching cost)이 높을수록,

| 도표 9-6 | 포터의 산업구조분석모형

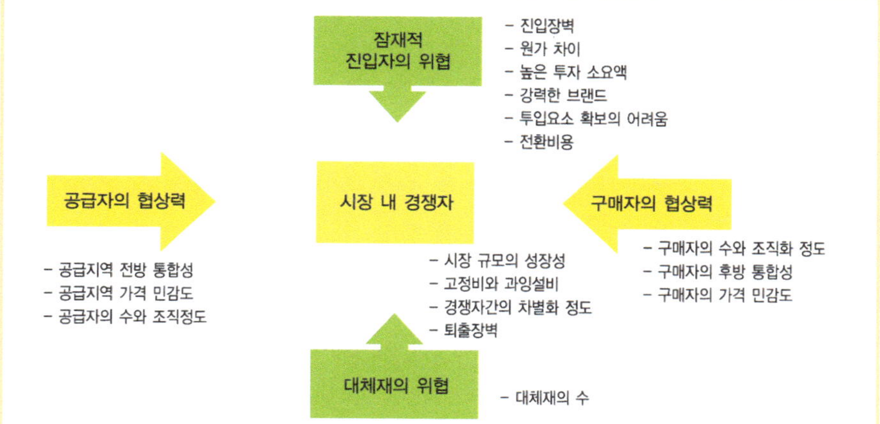

자료 : 장세진, 2010, 글로벌시대의 경영전략(6판), 박영사, p. 97에서 재편

대체재의 수, 구매자의 정보수준, 구매자의 전방 통합능력이 낮을수록 산업의 매력도는 증가한다.

■ 대체재의 위협

대체재의 유무, 개발 가능성에 따라 산업의 매력도에 영향을 받는 것을 말한다. 대체재가 존재하지 않거나, 개발 가능성이 낮을수록 시장매력도는 증가한다. 사용자의 교체비용이 높을수록, 대체재의 유용성, 가치와 대체재 공급자의 공세정도가 낮을수록 산업의 매력도는 증가한다.

3) 고객분석

전략수립을 위한 상황분석의 핵심부분은 제품구매 당사자인 고객을 분석하는 일이다. 따라서 고객분석은 고객의 구매행위에 대해 시장특성, 구매의사결정 형태, 구매의사결정에의 참여자, 구매의사 결정에 영향을 주는 요인, 구매과정 등을 분석하는 일이다.[8] 고객들이 다른 기업의 제품보다 특정 기업의 제품을 선호하는지를 명확히 분석함으로써 해당 기업의 잠재적인 시장점유율을 높이기 위한 것으로 고객의

고객니즈의 변화 : 케익 대신 떡케익의 유행(그림 출처 : http://kinogirl100.blog.me/152006140)

인구통계적 특성, 지리적 특성, 심리분석 특성과 구매행동 특성 등이 기회와 위협요인으로 작용하는 것을 분석하기 위한 것이다.

4) 경쟁분석

기업이 전략을 수립할 때 경쟁기업의 반응을 이해하지 않고서는 올바른 경영전략을 수립할 수 없다. 따라서 경쟁분석은 경쟁기업의 미래의 전략과 주요한 행동을 예측케 하고, 자사의 전략에 대한 경쟁자의 대응을 예측하여 자사에 유리하도록 전략을 수립하게 한다. 이렇게 경쟁자의 행동을 예측하기 위해서는 경쟁자의 전략, 경쟁자의 목표, 경쟁자의 가정, 경쟁자의 경영자원 등을 파악하여야 한다.[9)]

도표 9-7 경쟁자 분석틀

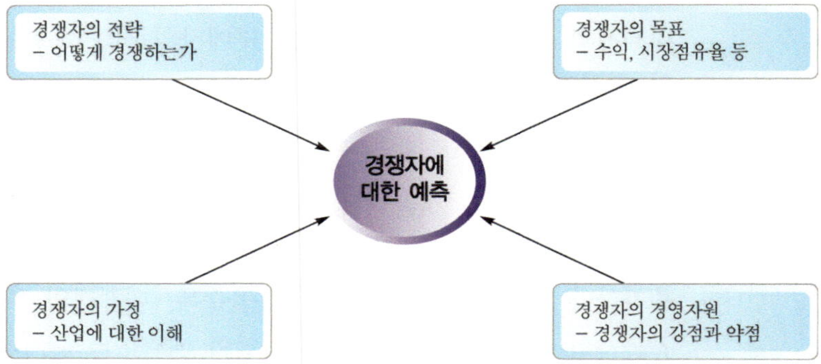

자료 : 장세진, 글로벌 시대의 경영전략(6판), 박영사, p. 249.

2.2 내부환경 분석

1) 내부환경 분석의 목적

전략을 수립하기 위해서는 기업의 외부환경 분석을 통하여 기회요인과 위협요인을 도출하고 이와 함께 내부역량에 대한 객관적인 분석이 있어야 한다.

내부환경 분석의 목적은 기업이 보유한 내적자원의 능력을 평가하고 경쟁우위의 원천이 되는 강점과 경쟁열위인 약점을 파악하여, 외부환경의 기회와 강점을 결합하여 경쟁우위를 유지하거나 새로운 사업기회의 모색과 새로운 능력과 개발을 통하여 강점을 강화하고 약점을 보완하여 경쟁우위를 지속하는 데 있다.

2) 내부환경 분석의 과정

① 내부자원의 분류와 확인

기업이 보유한 자원은 유형자원과 무형자원으로 분류할 수 있다. 유형자원은 가시적 자원으로서 재무적 · 물질적 자산을 의미하며, 무형자원은 비가시적 자원으로서 기업의 명성, 기술, 이미지, 노하우 등을 의미한다.

무형자원은 기업의 경쟁우위를 점하기 위한 보다 중요한 자원으로 인식되고 있는 데 이는 기업의 경쟁력이 자본과 규모의 경제를 가지기 위한 시설과 같은 유형자원보다 인간의 창의력에 기반한 아이디어에 대한 비중이 점차 증대되고 있기 때문이다.

② 기업의 생산능력 확인

기업이 보유한 능력은 기능적 능력(functional), 지위적(positional), 문화적(cultural), 규제적(regulatory) 능력으로 나누어 볼 수 있는데, 기능적 능력은 어떤 일을 할 수 있는 능력을, 지위적 능력은 고객으로부터 얻은 명성이나 유리한 생산입지 등과 같이 과거의 행동이나 의사결정으로부터 얻은 것이며, 문화적 능력은 조직전체와 연관이 있는 것으로 집단이 공유하는 가치관과 태도 등을 말한다. 규제적 능력은 지적 소유권, 특허권, 계약 등과 같은 법률적 권리로서 법률로 보호받을 수 있는 것으로 방어적 지위를 구축할 수 있다.

③ 모든 자원의 잠재력 평가

기업이 보유하고 있는 제 자원과 능력의 잠재력을 평가함으로써 경쟁력을 유지, 개발시키면서 자원의 이용결과로 이윤을 추구하고 있는지를 평가하여야 한다.

④ 자사능력의 최대 발휘

외부환경의 기회와 자사의 제 자원과 능력을 최대로 활용하는 전략을 수립함으로써 자사의 자원과 능력을 극대화시켜야 한다.

⑤ 피드백

모든 자원의 소요량과 확보량을 분석하여 그 차이를 규명하고 약점이 최소화되도록 제 자원을 배분할 수 있도록 한다.

| 도표 9-8 | 내부환경 분석 포인트

마케팅Power	고객 Power	경영Power
• 품질에 대한 명성 • 상품 특징과 차별화 • 브랜드 인지도 • Product Mix의 폭－시스템 능력 • 고객지향성 • 세분화/집중 • 유통경로 • 소매상과의 관계 • 광고 및 판촉역량 • 판매원 • 고객서비스와 상품지원	• 규모와 애호도 • 점유율 • 서비스하고 있는 세분시장의 성장률	• 경영진의 자질 • 사업에 대한 지식 • 문화 • 전략적 목표와 계획 • 기업가적 진취성 • 계획/운영 시스템 • 임직원의 충성도－이직률 • 전략적 의사결정의 질
혁신Power	**생산Power**	**재무Power**
• 상품과 서비스의 우수성 • 신상품개발 능력 • 연구개발력 • 기술 • 특허권	• 원가구조 • 생산운영의 유연성 • 설비 • 원자재에의 접근성 • 수직적 통합 • 근로자의 작업태도 및 동기부여 • 생산능력	• 영업에서 • 단기자산에서 • 부채를 통한 조달과 주식 발행을 통한 조달 • 자본조달에 대한 모기업의 의지

2.3 전략과제의 도출

외부환경 분석으로 기회와 위협요인이 분석되고, 내부환경 분석을 통하여 강점과 약점이 분석되면 기업이 실행하여야 할 전략과제를 도출하여야 한다. 외부환경의 기회(opportunity)와 위협(threat)과 내부환경의 강점(strength)과 약점(weakness)을 결합하여 SO, WO, ST, WT의 전략적 대체안을 도출할 수 있으며 이를 바탕으로 실행하여야 할 전략과제를 도출할 수 있다. 전략과제는 외부환경의 기회를 살리기 위한 방향으로 3~4개 정도를 선택하고 구체적인 실행 계획을 수립하여야 한다.

다음과 같은 단계에 의하여 분석하고 전략과제를 도출하여야 한다.

첫째, 사업 종류, 사업영역, 경쟁상황, 최고경영층의 방향에 관한 자료를 준비한다.

둘째, 외부환경에 대하여 경제적, 사회적, 정치적, 인구통계학적, 제품과 기술, 시장과 경쟁의 6가지 요인에 관하여 기회와 위협을 평가하고 정리한다.

셋째, 외부환경에 있어서 장래에 대한 평가와 예측을 준비한다.

넷째, 내부조직의 강약점을 관리와 조직, 운영, 재무, 마케팅 등의 측면에서 도출한다.

다섯째, 외부의 기회와 위협, 조직의 강점과 약점을 상호 연계하여 전략 대안을 개발한다.

여섯째, 전략 대안 중에서 전략적 선택을 한다.

| 도표 9-9 | SWOT 분석의 내용

내적요소 / 외적요소	강점(S) 5~10개의 강점을 나열함	약점(S) 5~10개의 약점을 나열함
기회(O)	SO 전략	WO 전략
5~10 개의 외적인 기회를 나열함	여기서 기회의 이점을 얻기 위해 강점을 활용하는 전략을 생성함	여기서 약점을 극복하면서 기회의 이점을 살리는 전략을 생성함
위협(T)	ST 전략	WT 전략
5~10 개의 외적인 위협을 나열함	여기서 위협을 피하기 위해 강점을 활용하는 전략을 생성함	여기서 약점을 최소화 하고 위협을 피하는 전략을 생성함

제 3 절 가치혁신 전략

3.1 전략관점의 변화

1) 가치혁신전략의 개념

다른 회사와 싸워 이기는 것이 목표인 '경쟁전략'은 한정된 영토를 놓고 싸우는 전쟁과 다를 바 없다. 기존 경영전략은 한마디로 경쟁에서 이기는 법에 주목했다. 하버드대 마이클 포터 교수는 광범위한 분석 도구를 제시했지만 '경쟁'이라는 틀을 벗어난 적이 없었다. 90년대 소개된 하멜(G. Hamel)과 프라할라드(C. K. Prahalad) 교수의 핵심역량 이론도 그 틀에서 벗어나지 못하고 있다.

그러나 가치혁신 기업은 경쟁이란 고정관념을 떨쳐버리고 경쟁자들이 보지 못하는 새로운 시장을 개척해낸다. 가치혁신은 슘페터가 주창한 '창조적 파괴' 개념과도 큰 차이가 있다. 신기술이 구기술을 파괴하는 슘페터의 기술혁신과 달리 가치혁신에서는 신시장이 기존 시장을 깨뜨리지 않는다. 창조적 파괴의 핵심은 기업가 정신이지만 가치혁신의 핵심은 지식과 아이디어다.

2) 전략이동

많은 기업들이 어떻게 하면 더 싸게 만들까에 집중하고 있지만 개발도상국과의 경쟁은 개발도상국의 낮은 전략요소비용으로 원가경쟁력이 낮은 상태이며, 일부 기업들은 더 나은 차별화 제품을 만들기 위해 노력하고 있지만 원천기술의 부족은 차별적 우위를 갖는 제품을 만드는 데는 한계가 있다.

따라서 이제 전혀 다른 전략이 필요하다. 이미 포화상태에 빠진 시장에서 경쟁하는 것이 아니라 새로운 시장의 개척자가 돼야 한다. 전략이동이란 비약적인 수요증가로 새로운 시장공간을 열고 이 시장을 장악하는 제품과 서비스를 만들어내게 하는 것이다. 부진한 내수를 회복하고 저성장의 굴레에서 벗어나기 위해서는 경쟁을 넘어 새로운 수요를 창출하는 새로운 제품이 출현하여야 한다. 가치혁신을 통해 새 시장을 창출하는 기업들이 더 많아져야 한다.

도표 9-10 전통적 전략과 가치혁신 전략의 비교

전략요소	전통적 전략	가치혁신 전략
업종에 대한 가정	- 주어진 경영조건 및 경영환경에 최선을 다한다 - 한정된 시장 zero sum 게임에 급급	- 산업조건 초월, 경쟁과 무관하게 전략 성공을 위한 아이디어와 기회를 모색하여 신시장 창출
전략적 초점	- 단순히 경쟁사와 싸워 이기고 앞서려는데 초점	- 경쟁사들과 직접 경쟁하기 보다는 새로운 가치를 창출하여 차별적 우위확보
고객초점	- 고객의 드러난 욕구 충족으로 고객기반을 확대 - 고객의 다양한 요구를 모두 충족시키기 위해 노력	- 고객이 가치를 두는 특성에 내포된 강력한 공통성을 기반으로 전략수립(숨겨진 욕구) - 대다수 고객들이 중요하다고 생각하는 핵심적이고 공통적인 가치에 초점
자산과 능력	- "현재 가지고 있는 것으로 최대한의 성과를 올릴 수 있는 방법 연구 - 기회포착에 제약	- 만약 "새롭게 시작하면 어떨까"하는 방법을 연구 - 현재의 상황으로 인해 제약받거나 편견에 사로잡히지 않고 사업가능성을 타진
제품/서비스의 제공	- 그 산업이 전통적으로 제공한 상품과 서비스에 의해 정의되며 명확하게 설정된 한계 내에서 발현 - 제품 또는 서비스를 극대화	- 구매자들 원하는 문제의 총체적인 해결측면 고려 - 그 산업이 고객에게 강요해온 불편한 점을 극복 - 제품과 서비스로 전체적 해결안을 모색

3.2 블루오션 전략

1) 블루오션 전략의 개념

블루오션(blue ocean) 전략은 김위찬 교수와 르네 마보안(Rene Mau-borgne) 교수가 제창한 방법론으로 기업이 더 많은 가치를 창출하기 위해서는 경쟁시장이 아니라, 경쟁이 없는 새로운 시장을 창출해야 한다는 내용이다. 즉, 블루오션 전략은 산업혁명 이래로 기업들이 끊임없이 거듭해 온 경쟁의 원리에서 벗어나, 발상의 전환을 통해 고객이 모르던 전혀 새로운 시장을 창출해야 한다는 전략이다. 이 새로운 시장은 차별화와 저비용을 동시에 추구함으로써 기업과 고객 모두에게 가치의 비약적 증진을 제공하는 시장으로, 다른 기업과 경쟁할 필요가 없는 무경쟁 시장이다. 쉽게 말해 기존의 치열한 경쟁시장 속에서 시장점유율을 확보하기 위해 애쓰는 것이 아니라, 매력적인 제품과 서비스를 통해 자신만의 독특한 시장, 곧 싸우지 않고 이길 수 있는 시장을 만들어 내는 전략을 말한다.

2) 레드오션 vs. 블루오션

레드오션(red ocean)에서는 경쟁이 치열하고 기업활동 체계가 가격혁신이나 성능차별화 중 어느 하나를 선택하여 집중하도록 되어있다. 반면, 존재하지 않은 시장을 창출하고 경쟁 자체를 무의미하게 만드는 블루오션(blue ocean)시장에서는 고객의 새로운 요구를 창조하고 적극 수용하여 가치와 원가의 개념을 깨뜨리는 차별화 전략을 수행하게 된다. 기존시장의 규칙과 수요에 의존하지 않고 새로운 규칙과 수요를 창출하는 블루오션 전략을 수행하기 위해서 시장 및 제품을 찾아내는 방법과 이를 실현하는 방안 모두가 중요하다.

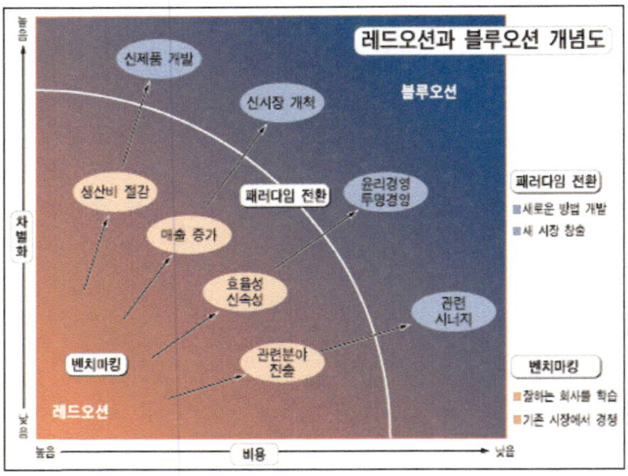

중앙일보, 2005. 9. 23

도표 9-11 레드오션 vs. 블루오션의 비교

레드오션 전략	블루오션 전략
기존 시장 공간 안에서 경쟁	경쟁자 없는 새 시장 공간 창출
경쟁에서 이겨야 한다	경쟁을 무의미하게 만든다
기존 수요 시장 공략	새 수요 창출 및 장악
가치-비용 가운데 택일	가치-비용 동시 추구
차별화나 저비용 가운데 하나를 택해 회사 전체 활동 체계를 정렬	차별화와 저비용을 동시에 추구하도록 회사 전체 활동 체계를 정렬

3.3 전략 캔버스

전략캔버스(strategy canvas)란 가치혁신전략 수립의 핵심 도구로 현재의 상품이나 서비스가 제공하지 못하는 가치를 찾아내는 도구이며, 경쟁요소의 상대적 수준을 나타내는 '가치곡선(value curve)'을 통해 새로운 전략이 택해야 할 방향을 제시한다.

공급자의 눈이 아니라 고객의 시각에서 볼 때 회사가 제공하는 가치가 과연 다른 회사와 얼마나 차별화 되는지를 한 장의 그림으로 표현하는 것으로 전략캔버스가 기업의 주요 방법론으로 부상하고 있는 것은 기업들이 이제 관심 차원을 넘어 블루오션전략을 실행하는 단계로 넘어가고 있음을 뜻하기도 한다.

전략 캔버스의 내용을 정리하면 다음과 같다.

- 기업이 고객에게 제공하는 가치를 한눈에 볼 수 있도록 그린 그래프
- 선으로 표현되는 가치를 가치곡선(value curve) 이라 부름
- 가로축(경쟁요소), 세로축(경쟁요소에 대한 투자 정도)으로 구성
- 전략 캔버스의 장점
  - 경쟁자들의 전략과 자사의 전략을 한 눈에 비교 가능
  - 남들이 개척하지 않은 전혀 새로운 시장 공간 창출 기회 포착이 용이
  - 회사의 큰 그림이 일목요연하게 정리돼 일관성이 있는 경영 가능
  - 투자 여부를 판가름 하는 기준이 되기도 함

도표 9-12 전략캔버스의 작성 예(시르크 뒤 솔레이유의 전략캔버스)

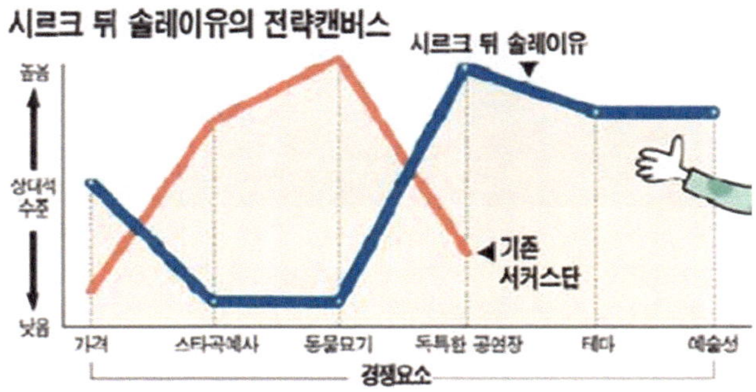

자료 : 나카노 아키라 저 · 고은진 역, 2010, 김위찬 르네마보안의 블루오션 전략, 비즈니스맵.

제 4 절 의사결정

4.1 의사결정의 정의

의사결정(decision making)의 문제는 경영계획을 전제로 하고 있다. 경영계획을 기초로 의사결정을 하기 때문에 계획과 의사결정은 매우 유기적이고 밀접한 관계를 갖고 있다.

의사결정이란 계획수립과정을 통하여 일정한 목표를 설정하고, 그 목표를 효과적으로 달성하기 위하여 여러 가지 대안들 중에서 가장 유리하고 실행가능한 대체안(alternatives)을 선택하는 합리적인 인간행동으로 정의된다. 즉, 의사결정이란 효과적인 목표달성을 위하여 대체적 가능성이 있는 다양한 활동과정 중에서 특정한 하나의 활동과정을 선택하는 것이라고 할 수 있다.[10)]

Decision making can be regarded as the mental processes (cognitive process) resulting in the selection of a course of action among several alternative scenarios. Every decision making process produces a final choice.

의사결정 효율성의 예 : 현대 중공업이 작업현장에 와이브로를 적용하여 실시간 작업정보를 공유함으로써 공사기간 단축과 불량률 저하 달성

4.2 의사결정 과정

의사결정과정(decision making process)은 전형적으로 여러 가지 대체안 중에서 최적안을 선택하는 과정이다. 의사결정은 단순히 여러 가지 대체안들 중

| 도표 9-13 | 의사결정 과정

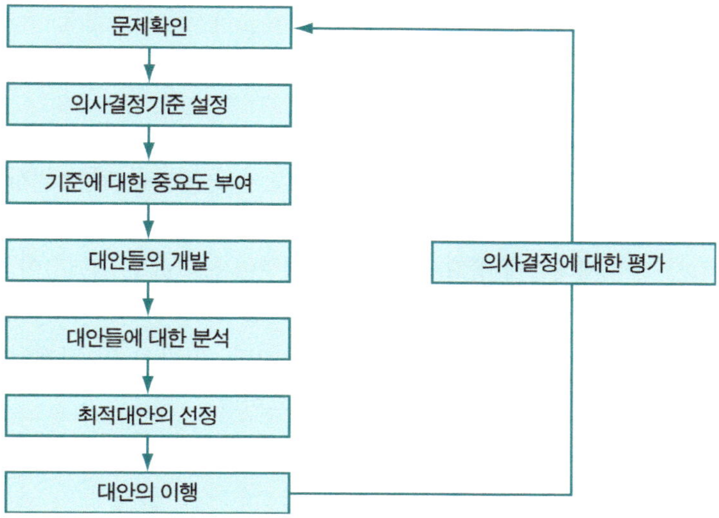

에서 하나를 선택하는 행동이 아니라 의사결정의 객관성과 합리성 그리고 경제성을 충족시켜야 하며, 이를 위하여 〈도표 9-13〉에서와 같이 문제의 정의에서부터 대체안의 선택과 결정 및 효과를 평가하는 8개의 단계에 의하여 이루어진다. 의사결정의 구체적인 단계는 다음과 같다.

1) 의사결정의 문제 규명과 확인

의사결정과정은 문제의 제기에서부터 과정적인 차이점, 불확실성과 모순으로부터 시작된다.[11] 따라서 불확실성과 모순성을 최소화하고 당면한 과제를 해결하기 위하여 문제를 명확히 규명하여야 한다.

문제의 유형은 다음과 같이 정리할 수 있다.

- 달성하여야 할 목적이 두 가지 이상이 있을 경우
- 선택하여야 할 대체적인 활동과정이 둘이상일 경우
- 어떤 활동 과정이 목적을 극대화시킬 수 있는지 불명확한 경우

이상과 같이 당면과제를 해결하는 것이 의사결정인 만큼 불확실성이나 모순이 당연히 나타난다. 경영자는 계획에서 발생되는 의사결정의 문제를 올바르게 확인하고 목표에 따른 결정의 기준이 무엇인가를 계획과 다른 조직의 경우를 비교하여 목표를 효과적으로 달성하여야 한다. 의사결정과정의

첫 번째 단계는 문제의 중요성과 결정가치 등을 확인하는 것이라고 할 수 있다.

2) 의사결정 기준 설정

의사결정의 두 번째 단계는 의사결정에 관련성을 갖고 있는 다양한 조직 내적 · 외적요소를 평가하는 단계로 평가를 위한 의사결정기준이 무엇인지를 확인하여야 한다. 경영자가 관심과 관련성을 갖고 있는 문제를 확인하고, 문제해결에 중요한 의사결정기준(decision criteria)이 확인되어야 한다. 의사결정문제에 대한 기준은 관련성 평가의 기초가 되고 평가의 가치와 유효성을 결정할 정도로 매우 중요하다. 따라서 이 단계에서 확인되지 않은 것은 분명하게 확인하는 것이 필요하다.

3) 기준에 대한 중요도 부여

의사결정과 관련성을 갖게 되는 기준들은 동일한 중요도를 갖는 것은 아니다. 따라서 두 번째 단계에서 나열된 항목들에 대한 중요도를 확인하고, 요소 또는 항목별로 가중치를 주어야 한다.

단순한 접근에 따른 중요도의 결정방법은 가장 중요한 기준에 10의 중요도를 주고 이 기준에 따라 나머지에 중요도를 할당한다. 그러므로 5를 받은 기준과는 상대적으로 가장 높게 점수가 매겨진 요소가 2배로 중요할 것이다. 이러한 방법에 따라 의사결정의 관련성을 갖고 있는 기준에 우선권을 할당하게 된다.

4) 대체안의 개발

네 번째 단계에서는 경영자로 하여금 문제를 해결하는데 성공할 수 있는 실행가능한 대체안들을 제시하는 단계이다. 이 단계에서는 대안들을 평가하는 어떤 시도가 이루어지는 것이 아니며 다만 대안을 제시하는 것이다.

5) 대체안의 분석

다섯 번째 단계에서는 제시된 대체안을 확인한 후 개별 대체안을 중심으로 비판적인 분석을 하여야 한다. 각 대체안들의 강점과 약점은 의사결정 기준과 중요도들과 비교함으로써 불확실성을 감소시킬 수 있다. 각 대체안들

| 도표 9-14 | 비용-성과 매트릭스(pay off matrix)

성과 \ 실행 난이도		
성과 (높음)	큰 성과 실행 용이 (Bonus)	큰 성과 실행 어려움 (시간낭비)
성과 (낮음)	작은 성과 실행 용이 (Quick Win)	작은 성과 실행 어려움 (각고의 노력)

은 의사결정 기준과 대조하여 평가함으로써 전체적인 대안의 평가(evaluation)가 가능하다.

6) 최적 대체안의 선정

의사결정의 여섯 번째 단계는 지금까지 제시되고 평가된 최적의 대체안을 선택하는 단계이다. 결정과정에서 모든 관련성을 갖고 있는 요소를 정하고 객관적으로 비교하여 실행가능한 대체안들을 확인하며 가장 높은 평가를 받은 대체안을 선택하게 된다. 〈도표 9-14〉는 의사결정 기준에 따라 최적안을 선택하는 예로서 의사결정의 기준은 경우에 따라 변경이 가능하다.

7) 대안의 이행

의사결정의 일곱 번째 단계는 대안의 이행(implementation) 단계로 선택안을 집행하는 단계이다. 이 과정에서는 결정내용에 따라 책임자에게 전달되는 과정을 포함한다. 문론 결정을 이행하는 책임자가 과정에 참여한다면 효과성과 이행가능성이 크게 증대 될 수 있다.

8) 의사결정에 대한 평가

의사결정의 마지막 단계는 결정의 결과가 문제를 효율적으로 해결하였는지를 확인하기 위하여 의사결정에 대한 내용을 평가하는 단계이다. 여기서 경영상의 의사결정에는 합리성(rationality)이 전제되어야 하며, 합리성이란 경영자들이 지속적이고 특정한 제한 속에서 가치를 극대화시킬 수 있는 선택을 의미한다.

제 5 절 의사결정에서의 합리성

5.1 합리성의 의의

합리적으로 행동하거나 의사결정을 하기 위해서는 현재의 주어진 환경과 제약하에서 목표를 달성할 수 있도록 하는 대체안적인 행동과정을 명확히 이해하여야 한다.[12] 그리고 추구하는 목표라는 관점에서 대체안을 분석하고 평가할 수 있는 능력과 정보를 가져야 하며, 목표달성을 가장 효과적으로 만족시키는 대체안을 선택함으로써 최적의 해결안에 도달하여야 할 것이다.

그러나 어떠한 경우에도 완벽한 합리성을 이루는 것은 불가능하다.

그 이유로는 첫째, 과거에 영향을 미칠 수 있는 의사결정을 할 수 없기 때문이다. 의사결정은 미래의 일정한 상황에 대한 것으로 미래에는 불확실성이 존재한다. 둘째, 목표를 달성하기 위하여 가능한 모든 대체안을 모두 찾기란 불가능하기 때문이다. 그리고 모든 대안들에 대한 장점과 단점을 아는 것 또한 불가능하다. 따라서 이러한 제한된 대안들 중에서 의사결정을 하여야 하며, 이를 제

| 도표 9-15 | 합리성에 대한 가정

문제를 명백하고 확실하게 정의하고 있다.
정의가 잘된 하나의 목표가 달성될 것이다.
모든 대안과 그 결과에 대해 알고 있다.
가장 최선의 대안을 선택할 것이다.
이러한 선택은 지속적이고 안정적이다.
어떠한 시간이나 비용 측면의 제약은 존재하지 않는다.
최종선택이 목표달성을 극대화시킬 것이다.

↓

합리적 의사결정

자료 : 송병선 외, 2010, 경영학 원론, 무역경영사, p. 111

한된 합리성이라고 하며, 이러한 제한된 합리성에 의해 만족스러운 의사결정을 할 수 있다.

완벽하게 합리적인 결정을 하는 사람은 완전히 객관적이고 논리적인 사고를 기초로 할 것이다. 그리고 결정된 문제를 신중하게 확인하고 명확하고 세밀한 목표를 세워야 한다. 의사결정의 합리성은 〈도표 9-15〉와 같이 요약된다.

제 6 절 의사결정의 유형

6.1 정형적 · 비정형적 의사결정

사이먼(H. A. Simon)은 의사결정의 패턴을 정형적 의사결정(programmed decision)과 비정형적 의사결정(non-programmed decision)의 두 가지 유형으로 구분하고 있다.

1) 정형적 의사결정

정형적 의사결정은 반복적이고 잘 정의되어진 문제에 대해 행해지는 의사결정을 말한다. 조직운영에 있어서 여러 가지 사소한 문제들이 빈번히 나타난다. 이러한 문제들은 일상적이고, 관리자들은 분명한 성과기준, 명확한 정보 그리고 행동 대안들을 잘 알고 있다. 정형적인 의사결정과정은 문제파악과 문제해결에 대한 상당한 정도의 확실성을 가지고 있고, 또한 행해야 할 바가 규칙과 절차에 명확하게 나타나 있다.

2) 비정형적 의사결정

비정형적 의사결정은 중요하고 잘 파악되어지지 못한 문제에 대해 행해지는 의사결정이다. 관리자들은 전에 같은 문제를 해결해 본 적이 없고, 요구되는 성과수준을 확실히 알지 못하고 있으며, 그리고 모호하고 불명확한 정보를 가지고 있다. 이러한 경우 해결책은 새로운 방법이 되고, 또 전문적인 문제에 많이 발생한다. 의사결정과정의 특징으로는 불확실성을 들 수 있다. 어떻게 해야 하는지에 대해 지침을 제공해 줄 규칙이나 절차는 없다.

6.2 전략적 · 관리적 · 업무적 의사결정

앤소프(H. I. Ansoff)는 의사결정의 유형을 전략적 의사결정(strategic decisions), 관리적 의사결정(administrative decisions), 업무적 의사결정(operating decisions)의 세 가지로 분류하여 설명하고 있다.

1) 전략적 의사결정

전략적 의사결정은 기업의 내부문제보다는 기업과 외부환경의 관계에 관한 의사결정으로서, 기업의 기본적인 성격과 목적에 대한 것이다. 그 예로서는 다각화에 대한 결정, 성장방식에 관한 결정 등을 들 수 있다.

2) 관리적 의사결정

관리적 의사결정은 전략적 의사결정을 구체화하기 위하여 기업의 자원을

도표 9-16 경영자의 주요한 의사결정 영역과 내용

구 분	전략적 의사결정	관리적 의사결정	업무적 의사결정
문제	기업의 자본수익성을 최적화하는 제품, 시장믹스의 선택	최적의 성과를 올리기 위하여 기업의 자원들을 조직화 하는 것	잠재적 자본수익성의 최적실현
문제의 성질	제품시장의 제기회에 기업 전체 자원을 배분하는 것	자원의 조직, 조달 및 개발	주요 직능영역에 대한 자원배분의 예산화, 자원이용과 변환 일정계획, 감시와 통제
주된 결정사항	각종의 목적 및 목표 다각화 전략 확대화 전략 관리전략 재무전략 성장방식 성장의 타이밍	조직기구 : 정보, 권한, 책임의 흐름구조 자원변화구조 : 직무흐름, 유통 시스템, 시설의 입지 자원조달과 개발 : 자금, 시설 및 설비, 인적자원 원재료	업무상의 목적 및 목표가격 설정 및 생산량 업무활동의 수준 : 생산일정계획, 재고수준 등 마케팅 방침과 전략연구개발의 방침과 전략통제
주된 특징	집권적 의사결정 부분적 무지, 비반복적 의사결정 수정 불가	전략적 업무활동의 모순 개인목표와 조직목표의 모순 경제적 · 사회적 변수들의 강한 결합 전략적 혹은 업무적 문제들에 관련된 의사결정	분권적 의사결정 위험 및 불확실성 반복적 의사결정 의사결정의 다양성 복잡성에 의한 최적화의 희생 수정가능한 의사결정

조직화하는 것과 관련된 의사결정이다. 그 예로서는 인원, 자재 등의 경영자원을 조달하고 개발하는 것과 관련된 결정을 들 수 있다.

3) 업무적 의사결정

업무적 의사결정은 기업 자원의 변천과정에서 효율을 최적화하는 것과 관련된 의사결정이다. 그 예로서는 판매가격과 생산량의 결정, 생산일정계획 등을 들 수 있다.

제 7 절 집단의사결정

7.1 집단의사결정의 개요

조직 내에서 많은 의사결정은 집단을 중심으로 이루어진다. 조직의 활동이나 전략의 수립과 같은 중요한 의사결정은 모두 집단 내에서 이루어진다. 위원회, 태스크포스(taskforce), 팀 또는 이와 비슷한 집단이 의사결정을 하는 수단으로 집단의사결정(group decision making) 방법이 이용된다. 경영자의 역할수행에 소요하는 시간의 40%이상을 회의와 같은 집단의사결정에 사용한다.[13)] 물론 이러한 회의에 할애하는 비율에는 해결하고자 하는 문제를 확인하고, 그러한 문제에 대한 해결안을 강구하며, 해결안을 이행하기 위한 수단을 결정하는데 소요되는 시간까지 포함된 것이다.

7.2 집단의사결정의 장점과 단점

1) 장점

- 집단의사결정은 보다 많은 정보를 제공한다. 집단은 혼자서 모든 결정을 하는 개인이 가질 수 없는 다양한 경험과 의견을 의사결정과정에 반영할 수 있다.
- 집단의사결정에서는 보다 많은 대안이 제시될 수 있다. 집단을 구성하고

있는 개개인으로부터 보다 많고 다양한 정보를 획득함으로써 개인의사결정에 비해 더 많은 대안에 대한 탐색이 가능하다. 이러한 점은 집단구성원 개개인의 전문성이 뚜렷할 경우 그 효과가 확연하게 나타난다.

- 집단의사결정은 해결안에 대한 수용가능성을 높이게 된다. 집단구성원이 의사결정에 참여하고 이를 통해서 결정된 해결안에 의해서 영향을 받게 된다면 집단의사결정의 결과를 수용하고 이행할 가능성이 높아진다. 또한 다른 구성원이 수용하도록 압력을 행사할 가능성 역시 높아진다.
- 집단의사결정은 정당성 혹은 합법성을 강조한다. 집단의사결정은 한 개인에 의하여 내려진 의사결정보다 여러 개인들의 의견이 모아져 집단의 의견으로 나타나 그러한 결정이 합법적이며 또한 정당성을 가지는 것으로 보게 된다.

2) 단점

- 집단의사결정에는 시간이 많이 필요한 과정이다. 특히 문제해결보다는 집단의견을 종합하는데 많은 시간과 노력을 기울이게 된다. 그리고 집단 내에 나타나는 상호작용은 대부분 비효율적이므로 개인이 혼자서 의사결정을 하는데 필요한 시간보다 더 많은 시간이 필요하게 된다.
- 집단의 의견을 일치시키려는 압력이 존재할 수 있다. 집단 내에는 집단의 의견에 동조하도록 하는 사회적 압력이 나타난다. 이러한 압력은 집단의 합의에 대해 다른 의견을 가지고 있는 구성원이 반대의견을 내놓을 때마다 응집력이 있는 집단에 의해 생겨나는 압력으로 집단사고(group think)로 나타날 수 있다.[14] 이러한 집단사고는 집단 내의 비판적인 의견을 배제함으로써 의사결정의 질을 낮게 만든다.

도표 9-17 집단의사결정의 장·단점

장 점	단 점
• 보다 많은 정보와 지식의 획득 (정보의 폭과 넓이) • 다양한 관점 • 해결안에 대한 수용성 증가 (결정안에 대한 수용성) • 의사결정의 정당성 증가 (의사결정과정의 정당성 · 합법성)	• 소수에 의한 지배 • 의사결정에 많은 시간 소요 • 동조에 대한 압력(동조성 : conformity) • 집단사고 • 책임성의 모호함 • 보통인 집단의 집단의사결정은 능력이 높은 개인의 의사결정보다 못할 수 있다.

- 집단의사결정은 의사결정에 대한 책임이 모호하다. 집단 구성원들이 책임을 공유한다고 하지만 누가 실제로 책임을 져야 하는지가 명확하지 못하다. 개인의사결정에서는 누구에게 책임이 있는지 명확하지만 집단의사결정에서는 책임이 누구에게 있는지 명확하게 나타나지 않을 수 있다.

7.3 효과적인 집단의사결정

집단이 개인보다 더 효과적인가 하는 문제는 효과성(effectiveness)을 어떻게 정의하느냐에 따라 달라지지만, 평균적으로 집단이 개인보다 더 나은 의사결정을 할 수 있다.[15] 만일 효과성을 의사결정의 신속성 측면에서 본다면 개인의사결정이 더 효과적이다. 만일 창의성이 중요하다면 정보의 폭과 넓이가 크고 다양한 관점을 가질 수 있는 집단의사결정이 개인의사결정보다 더 효과적인 경향이 있다. 효과성의 기준으로 최종 결정된 해결안이 수용되는 정도를 들 수 있는데 집단의사결정은 보다 많은 구성원의 의견을 반영하는 것이기 때문에 그만큼 수용성이 높다고 할 수 있다.

집단의사결정의 효과성은 집단의 규모에 따라 달라질 수 있다. 집단의 규모가 클수록 다양한 의견을 주고받게 될 기회가 많아진다. 그러나 대규모의 집단의 경우 구성원들로 하여금 의사결정과정에 참여할 수 있도록 보다 많은 조정과 시간이 소요되므로 집단의 크기가 지나치게 커서는 집단의사결정의 효과성이 떨어질 수 있다. 이론적으로는 집단은 5~15명 정도이어야 하고 5~7명으로 이루어진 집단이 가장 효과적이다.[16] 집단의사결정에 대한 이용 여부는 집단의사결정으로 얻게 되는 이점이 효과성의 증대로 잃게 되는 단점, 즉 비효율성을 상쇄할 수 있는지에 대한 충분한 평가에 따라 결정되어야 한다.

도표 9-18 개인과 집단의사결정의 효과성 비교

효과성의 기준	개인의사결정	집단의사결정
의사결정의 신속성	높다	낮다
해결안의 창의성	낮다	높다
결정안에 대한 수용성	낮다	높다

7.4 집단의사결정의 관리방법

- 회의가 개최되기 전에 미리 의제를 준비하고 알려준다. 의제는 참여자들에게 회의의 목적을 확인시켜 준다. 즉, 의제는 참여자들과의 회의 전 대화에 중요한 수단이 된다.
- 회의 전에 올바른 참여를 위한 참여자들과 상의한다. 모든 참석자들의 의견 제시는 가치가 있기 때문에 각자 의견이 있을 경우 말하는 것을 환영한다는 뜻을 이해시켜야 한다.
- 회의를 위한 시간범위를 정해둔다.
- 회의진행 동안 의제에 집중된 토론을 유도한다. 의제와 관련이 없는 항목으로 많은 시간이 할애되어서는 안된다. 만일 그러한 문제가 중요하다면 그 문제를 의제로 하는 다른 회의에서 다루어야 한다.
- 모든 구성원의 참여를 권장하고 지원한다. 참석자들이 어떤 말이라도 할 수 있도록 격려하는 것은 그 자체만으로도 의미가 있다.
- 아이디어 충돌을 권장한다. 주제에 관한 정보를 가능한 많이 얻어야 할 필요가 있다. 서로 다른 의견이 많을수록 바람직하다. 다양한 의견들이 제시되어야 하는데 이러한 의견 차이를 즉시 해결하는 것이 효과적이다.
- 인간적인 면의 충돌은 억제한다. 서로 다른 의견은 의사결정과정을 향상시킬 수 있지만 개인적이거나 감정 등으로 나타나는 의견의 차이는 해가 된다.
- 다루어진 내용을 요약하고, 앞으로 다루어져야 할 내용에 대한 제언을 끝으로 회의를 종료한다. 이는 참석자들이 회의에서 어떠한 내용이 논의되었고 결론은 무엇이며, 다음 회의가 개최되기 전에 무엇을 해야 하는지에 대해 이해하도록 한다.

경영사례

서커스 사양산업? 창조성만 있으면 블루오션!

매일경제, 2011.05.20

"서커스가 사양산업이라고? 노(No)!"

볼거리가 많지 않았던 시절 동네 한복판에 서커스용 천막이 설치되면 하루 종일 기대감에 가득차 근처를 기웃거리던 시절이 있었다. 하지만 최근 들어 유랑 서커스단을 보기란 옛 골동품을 만나기처럼 힘들게 됐다. 많은 사람은 서커스가 사양산업으로 머잖아 사라질 운명에 처했다고 진단한다.

하지만 이런 진단이 맞지 않다며 정면으로 부인하는 사람들이 있다. 지난 4월부터 서울에서 공연을 하고 있는 태양의 서커스(Cirque Du Soleil) 단원들이다. 태양의 서커스의 '바레카이'는 수없이 쏟아지는 뮤지컬 · 연극 공연 가운데, 지난주 예매율 흥행 순위 1위를 차지하며 인기몰이를 하고 있다. 2007년 '퀴담'은 3월부터 5월 말까지 무려 10주간 연속 1위에 오르는 대기록을 세웠고, 2008년 '알레그리아'는 7주 연속 1위를 차지했다.

태양의 서커스는 미국 라스베이거스에 가면 놓쳐서는 안 되는 명물 공연으로 알려진 'O'쇼를 비롯해 수많은 공연으로 전 세계인의 사랑을 받고 있다. 1984년 캐나다 퀘벡에서 설립된 태양의 서커스는 매년 전 세계에서 700만명 이상의 관람객을 동원하고 연매출 1조원을 올리는 5000여 명의 직원을 보유한 거대 엔터테인먼트 기업으로 성장했다.

2001년부터 태양의 서커스의 경영을 책임져온 라마르 CEO는 "태양의 서커스는 서커스가 아니다"고 단언했다. 그는 대신 "태양의 서커스는 지금까지 상상할 수 없었던 '새로운' 엔터테인먼트로 우리만의 방식으로 창조해낸 예술품"이라고 강조했다. 서커스가 아닌 새로운 개념을 만들고자 했던 라마르 CEO의 전략은 우리나라 초등학교에서 서커스는 몰라도 태양의 서커스는 들어봤다는 학생이 나올 정도로 '현실'이 됐다. 이제 태양의 서커스는 '서커스의 재발견'이 아닌 '태양의 서커스' 그 자체가 됐다.

"태양의 서커스는 길거리 공연을 하던 12명의 사람으로 시작해 이제는 체조선수, 수영선수, 다이버, 연기자, 음악인, 코미디언까지 함께하며 변형돼 왔어요. 지금까지의 공연 이후에 어떤 새로운 게 나올 수 있을까요? 무엇을 상상하든 상상 이상입니다. 상상할 수 없는 것을 보여주자는 게 우리의 취지니까요."

1984년 기 랄리베르트(Guy Laliberte)가 세운 태양의 서커스는 2005년 프랑스 인시아드 경영대학원의 김위찬 교수의 저서 '블루오션 전략'을 통해 국내에 알려졌다. 서커스가 사양산업으로 치닫던 80년대 초, 이들은 서커스 공연의 필수 요소로 여겨졌던 동물공연과 스타급 광대의 공연을 과감히 없애며 비용을 절감했다. 대신 '어른들을 위한, 이야기가 있는 공연'이라는 발상의 전환을 통해 새로운 시장을 창출했다. 여러 콩트의 조합이었던 기존 서커스와 달리 태양의 서커스에는 공연을 처음부터 끝까지 끌고가는 하나의 이야기가 있고, 이 이야기를 관통하는 음악이 있다. 대사는 없지만 다양한 무대 장치와 음악, 공연자의 곡예가 이야기를 자연스럽게 전개한다.

"창조성을 두려워하지 말고 너그러이 받아들이세요. 우리만의 창조성으로 관객의 상상에 충격을 주면 그들의 마음은 움직입니다. 우리는 곡예에 연극과 춤, 독특한 의상과 메이크업을 가미해 전혀 새로운 것들을 창조해 냈고 성공했지만 절대 여기서 끝내선 안 되죠. 항상 새로운 창조와 새로운 도전이 필요합니다."

■ 태양의 서커스는 …

거리공연자였던 기 랄리베르트가 12명의 길거리 예술가를 모아 1984년 캐나다 퀘벡에서 창립했다. 춤과 연극, 음악, 체조와 같은 다양한 예술 장르를 종합한 새로운 장르를 개척해 대중의 호응을 얻었다. 미국 라스베이거스에서 진행하고 있는 'O'쇼 등 세계 최고 수준의 공연을 펼치는 단체다. 현재는 1200명의 단원을 포함한 5000명의 직원을 가진 세계 최대 규모 대형 공연 기획사로 성장했다. 전 세계 300개 도시에서 공연을 펼쳤으며 1년 티켓 판매량은 700만장에 이른다.

자료 : 매일경제, 2011. 5. 20

요 약

전략이란 경쟁우위를 지속적으로 확보하기 위한 계획으로, 조직의 기본적인 목표를 달성하기 위한 종합적인 활동계획, 조직의 경쟁우위를 구축하고 구체적인 경쟁방식을 선택하는 의사결정, 고객가치를 창조하는 활동계획, 조직의 한정된 경영자원을 효과적으로 배분하는 의사결정으로 구성된다. 전략은 전략의 수립주체와 전략의 범위, 의사결정의 깊이에 따라 기업전략, 사업전략, 기능전략으로 나누어진다.

기업전략은 사업영역의 설정과 같은 기업의 사업방향과 종합적인 관점에서 무엇을 할 것인가에 대한 것을 수립하는 전략이다. 사업전략은 기업전략에서 의사결정된 사업부문에서 어떻게 경쟁할 것인지에 대한 전략으로 제품이나 서비스의 경쟁적 우위를 유지하는데 초점을 둔다. 기능전략은 사업전략의 하위의 개념의 전략으로서 사업전략에서 제시된 전략 방향에 따라 구체적인 실천방안을 수립하는 전략이다.

경영전략 수립을 위한 환경분석 프로세스는 외부환경 분석의 경우 거시환경 분석, 산업구조-시장분석, 고객분석, 경쟁분석으로 이루어지며, 내부환경 분석의 경우 내부자원의 분류와 확인, 기업의 생산능력 확인, 제 자원의 잠재력 평가, 자사능력의 최대발휘, 피드백으로 이루어진다.

SWOT 분석과정은 사업 종류와 사업영역, 경쟁상황, 최고경영층의 방향에 관한 자료를 준비하는 한편, 외부환경에 대하여는 경제적 · 사회적 · 정치적 · 인구통계학적 · 제품과 기술 · 시장과 경쟁의 6가지 요인에 관하여 기회와 위협을 평가하고 정리하며, 외부환경에 있어서는 장래에 대한 평가와 예측을 준비하여야 한다. 내부조직의 강약점을 관리와 조직, 운영, 재무, 마케팅 등의 측면에서 도출하며, 외부의 기회와 위협, 조직의 강약점을 상호 연계하여 전략 대안을 개발하고 그 대안 중에서 전략적으로 선택하는 과정으로 이루어진다.

가치혁신 전략이란 기업은 경쟁이란 고정관념을 떨쳐버리고 경쟁자들이 보지 못하는 새로운 시장을 개척하는 것으로, 신기술이 구 기술을 파괴하지 않고 기존 시장을 깨뜨리지 않는 것으로 슘페터가 주창한 '창조적 파괴' 개념과도 큰 차이가 있다. 블루오션전략은 기업이 더 많은 가치를 창출하기 위해서는 경쟁시장이 아니라, 경쟁이 없는 새로운 시장을 창출함으로써 싸우지 않고 이길 수 있는 시장을 만들어 내는 전략을 말한다.

의사결정이란 계획수립과정을 통하여 일정한 목표를 설정하고, 그 목표를 효과적으로 달성하기 위하여 여러 가지 대안들 중에서 가장 유리하고 실행가능한 대체안을 선택하는 합리적인 인간행동이다.

토의주제

1. 경영전략의 기초적 요소는 무엇인지를 실제 사례를 들어 설명하시오
2. 전략의 위계에 따른 전략수립의 주체와 구체적인 전략들은 무엇인가?
3. 외부환경 분석과 내부환경 분석에서 하여야 할 내용은 무엇인가?
4. 전통적 전략과 가치혁신 전략의 차이는 무엇인가?
5. 앤소프(H. I. Ansoff)의 전략적 · 관리적 · 업무적 의사결정의 주체와 내용은 무엇인가?

참고문헌

1. A. D. Chandler, 1962, Strategy and Structure, The MIT Press.
2. 장세진, 2010, 글로벌시대의 경영전략(6판), 박영사, p. 10.
3. W. Glueck, 1980, Business Policy and Strategy Management, Mcgraw-Hill.
4. M. Poter, 1996, What is Strategy, Harvard Business Review, Nov.~Dec.
5. K. Ohmae, 1988, The Mind of the Strategy, Harvard Business Review, Nov.~Dec.
6. J. Barney, 1997, Gaining and Sustaining Competitive Advantage, Addison-Wesle Publishing Company.
7. W. Baumol, J. Panzar & R. Willig, 1982, Contestable Markets and the Theory of Industry Structure, New York : Harcourt Brace Jovanovich.
8. 미래와 경영연구소, 2006, 미래와 경영, 미래와 경영연구소.
9. 장세진, 앞의 책, p. 249.
10. 송병선 외 3인, 2010, 경영학원론, 무역경영사, pp. 106~111.
11. W. Pound, 1969, The Process of Problem Finding, Industrial Management Review, Fall, pp. 1~19.
12. H. A. Simon, 1986, Rationality in Psychology and Economics, Journal of Business, October , pp. 209~224.
13. Time, 1985 Dec. 6, This Meeting Will Come to Order.
14. I. L. janis, 1972, Victims of Groupthink, Boston, Houghton.
15. G. Morhead & J. R. Montanari, 1986, An Empirical Investigation of Groupthink Phenomenon, Human Relations, May, pp. 399~410.
16. E. Shull, I. Delbecq & D. Cummings, 1975, Organizational Decision Making, Glenview, Scott, Foreman, p. 151.

Chapter 10

리더십과 동기유발

학습목표

1. 리더십의 개념과 구성요소에 대해 이해할 수 있다.
2. 리더십 기본 이론인 특성이론, 행동이론, 상황이론을 알 수 있다.
3. 현대적 리더십 이론을 대표하는 변혁적 리더십, 셀프리더십, LMX 이론, 서번트 리더십 주제에 대해 알 수 있다.
4. 모티베이션의 개념과 영향 요인에 대해 이해할 수 있다.
5. 모티베이션 작동원리를 설명하는 내용이론과 과정이론을 알 수 있다.
6. 조직에 적용가능한 모티베이션 관리 기법에 대해 알 수 있다.

Key-word 리더십, 특성이론, 행동이론, 상황이론, 변혁적 리더십, 멘토링, 모티베이션, 내용이론, 과정이론, 직무재설계

CHAPTER

10 리더십과 동기유발

제1절 리더십

1.1 리더십의 개념

조직 속의 개인과 집단을 효과적으로 관리하기 발생하는 중요한 주제 중의 하나가 리더십이다. 조직은 다수의 조직구성원들을 분야별로 기능하게 하고 조직의 유지와 발전을 위해 몰입하도록 활성화하며 구성원간의 갈등을 조정하여 조화를 이루게 하는 지휘 활동을 필요로 하게 된다.

리더십이란 '조직적 상황에서 구성원들로 하여금 공동목표를 달성하도록 영향력을 행사하는 것', '정해진 목표를 열정적으로 추구하도록 타인을 설득하는 능력'으로서 목표를 달성하기 위하여 개인 및 집단을 조정하고 동기부여하는 능력으로 볼 수 있다.[1] 리더십은 조직의 응집과 사기를 증대시키고 구성원의 개별적인 발전을 촉진시키므로 관리자의 관리능력을 구성하는 필수적 요건이라 할 수 있다.

일반적으로 리더십은 리더의 관점에서만 생각하기 쉬우나 리더와 조직구성원 간의 상호작용으로 접근하는 것이 옳으며, 이러한 작용은 자발적이며 공동의 목적을 달성한다는 의미에서 협력관계로 설명된다. 따라서 현대적 의미의 리더십이란 지배와 복종의 관계가 아니라 협력과 조화의 관계이며 상명하복의 수직

미국 최초 흑인대통령 버락 오바마

UN 사무총장 반기문

적 개념이 아니라 상호작용의 수평적 개념이 되고 있다.

특히 지식 · 정보화 사회에서는 일방적으로 지시하고 통제하는 리더십 스타일로서는 효율성이 발휘될 수 없다. 합리적인 리더십은 관료주의적 통치 방식에서 벗어나 부하들이 스스로 문제를 파악하고 해결할 수 있는 능력을 키워주는 것이 보다 중요하다. 더불어 리더는 환경을 분석하고 비전을 제시하며 조직의 목표를 효과적으로 달성하기 위한 방법을 제시하는 역할을 행해야 할 것이다.

Leadership is the process of influencing a group or individual to set a goal or achieve a goal.

1.2 리더십의 구성요소

1) 리더

리더십 스타일은 리더의 독특한 성격이나 주변 환경요인에 의해 영향을 받는다. 리더십 스타일에 영향을 미치는 요인으로 가치체계, 부하에 대한 신뢰정도, 리더의 성향 등을 들 수 있다.

2) 부하

부하의 개인차는 리더의 행동에 영향을 미치게 된다. 리더는 부하의 가치체계, 인간관, 문화적 배경, 안정감, 스트레스 등 부하의 특성에 맞는 리더십을 행사하는 것이 필요하다. 또한 부하들은 조직과 리더에 대해 일정한 기대를 가지게 된다. 가령 리더가 자신의 성과평가, 처우, 승진, 근무조건, 보상, 인간관계, 자아실현의 기회 등의 문제에 관해 어떤 방침을 행사할지 예상하여 행동한다.

3) 상황

리더십에서 상황 요인은 매우 중요하다. 어떤 상황에서 성과를 거둔 리더나 효과적인 리더십이 반드시 다른 상황에서도 효과적일 수는 없다. 조직관리를 합리적으로 행하기 위해서는 리더십이 수행되어지는 상황의 특성에 대해 충분히 고려해야 한다. 상황요인에는 조직의 유형 · 규모 · 역사, 구성원의 특성, 과제의 성격, 시간의 긴박성, 자원의 정도, 환경의 우호성 등을 들 수 있다.

1.3 리더십의 원천

리더가 부하에게 영향력을 행사할 수 있는 근거는 리더가 일정한 권력을 가지기 때문이다. 따라서 리더십의 강도는 리더가 가진 권력의 종류와 양에 비례하게 된다. 리더가 보유하는 권력은 합법적 권력, 보상적 권력, 강압적 권력, 준거적 권력, 전문적 권력으로 분류할 수 있다.

1) 합법적 권력(legitimate power)

합법적 권력은 리더가 가진 조직 내의 공식적인 지위에서 비롯되는 권력이다. 리더는 부하에게 명령하거나 지시하는 합당한 권한을 가진다.

2) 보상적 권력(reward power)

보상적 권력은 리더가 금전, 칭찬, 승진, 휴가와 같은 보상을 실시할 수 있음으로 인해 부하에게 일정한 요구와 지시를 행할 수 있는 권력이다.

3) 강압적 권력(coercive power)

강압적 권력은 리더가 부하에게 처벌하거나 불이익을 행사할 수 있을 때 발생하는 권력이다. 그러나 부하의 복종을 얻어내더라도 저항이나 적극성 상실이라는 부작용을 낳을 수 있는 부정적인 권력이다.

4) 준거적 권력(relevant power)

준거적 권력은 부하가 리더를 존경하거나 카리스마에 압도될 때 발생하는

북한 최고 권력자, 김정은 북한 노동당 제1비서

전문가 CEO의 전형, 스티브 잡스

권력이다. 부하는 리더의 행동을 좋아하고, 닮고싶어 하며, 그의 지휘 방향을 기꺼이 수용하게 된다.

5) 전문적 권력(expert power)

전문적 권력은 리더가 전문적이고 깊이 있는 지식과 재능을 가질 때 발생하는 권력으로서 부하가 그러한 전문성과 능력을 인정할 때 수용된다.

1.4 리더십 이론

1) 리더십 기본이론

리더십에 대한 연구는 오랜 역사를 가지고 경영학뿐 아니라 정치학, 사회학, 조직학, 행정학 등에서 다루어져 왔다. 경영학에서의 리더십은 기업을 성공적으로 이끈 경영자의 특성, 행동, 상황 요인 등에 주목하며 특성이론, 행동이론, 상황이론으로 주요 연구 맥락을 형성하고 있다.

① 특성이론

특성 이론은 전통적인 리더십 연구방법으로, 리더의 개인적 자질에 의해 리더십의 성공이 좌우된다고 보는 이론이다. 훌륭한 리더는 일반인이 가지지 않는 특성을 가진다고 보고 리더가 갖춘 자질과 특성에 초점을 맞추는 이론이다. 유능한 리더는 지적 능력, 성격, 신체적 조건, 과업 감독능력 면에서 탁월해야 한다고 보았다.[2] 즉 리더는 신체적으로 우람하고 성격 면에서 믿음직하며 책임감이 있고 기능이 뛰어나야 훌륭하다고 가정하는 것이다.

세종대왕

나폴레옹

링컨 대통령

간디

특성 이론은 사회적으로 훌륭한 것으로 정평이 난 인물을 중심으로 리더의 선천적 자질을 탐구했다는 면에서 위인 이론, 자연적 리더십 이론이라고도 할 수 있다. 역사, 정치, 경영 속에 등장한 위대한 리더의 특성에 대한 연구가 지속적으로 이루어지면서 효과적인 리더의 특성으로 다양한 요소가 거론되어 왔다.

그러나 실제로는 혈통적 배경이나 제한된 몇 가지 개인적 특성이 리더십 발휘능력과 상관관계가 있다는 일관된 증거가 존재하지 않아 한계를 가지는 이론이라고 할 수 있다.

| 도표 10-1 | 리더의 선천적 자질

높은 지능, 강한 의지, 경계심, 직관력, 기회포착 능력, 집념, 추진력, 자신감, 용기, 설득력 등

② 행동이론

행동이론은 리더로서 실제로 표출하는 것은 행동이지 내면에 있는 특성이 아니라고 주장함으로써 특성 이론을 반박하였다. 특성이론과 달리 리더의 기질은 타고나는 것이 아니라 훈련을 통해 습득되는 후천적 특성이라고 보았다.

행동 이론은 리더가 부하에게 보여주는 행동스타일을 리더십이라고 규정하고, 다양한 리더십 스타일을 찾아내어 유형화하고 리더의 행동이 부하나 조직 업적에 미치는 영향을 연구하였다.

■ 독재형 리더 · 민주형 리더 · 자유방임형 리더

리더가 자신의 권한을 어떻게 사용하는가에 근거하여 3개 리더 유형으로 분류할 수 있다.

첫째 리더십 유형은 독재적 리더(autocratic leader)로서 의사결정을 일방적으로 행하며, 명령을 내리고, 보상이나 처벌을 행사할 수 있는 능력을 이용하여 부하를 지휘한다.

둘째 유형은 민주적 리더(democratic leader)로서 의사결정에 부하들을 참여시키고, 목표를 투명하게 밝히고 부하의 의견을 반영하면서 지휘한다.

셋째 유형은 자유방임적 리더(laissez-faire leader)로서 부하에게 권력이

나 영향력을 거의 사용하지 않음으로써 부하에게 자유를 주고, 스스로 의사 결정을 하도록 방치하는 스타일이다.

이들 3가지 리더십 유형에 대한 실험 결과, 구성원 만족도는 민주적 리더에서 가장 높았고, 직무 수행성과는 독재적 리더에서 가장 높았으며, 자유방임형 리더에서는 가장 낮은 것으로 나타났다. 종합적으로는 민주적 리더십 유형의 효과성이 높은 결과가 많았다. 이러한 결과는 장기적으로 부하 중심의 민주적 리더십으로 옮겨가는 것이 바람직함을 시사한다.

■ 직무중심적 리더와 부하중심적 리더

집단성과를 증진시키는 리더 유형을 두 가지로 나누어볼 때,

첫째 유형은 직무중심적 리더(job-centered leader)로서 생산 과업을 중요시하고 생산방법과 절차 등 세부사항에 관심을 가지며 공식 권한과 권력에 의존하면서 부하들을 치밀하게 감독하는 행동스타일이다.

두 번째 유형은 부하중심적 리더(employee-centered leader)로서 부하와의 관계를 중요시하고 권한을 위임하며 지원적 업무환경을 조성하고, 부하의 심리적·사적인 측면을 배려하는 행동스타일이다.

연구에서는 어느 유형이 항상 효과적이라고 결론내리지 않고 있다. 가령 직무중심적 리더십에서는 부하의 만족도가 낮고 이직률이 높아도 생산성이 높은 경우가 있고, 부하중심적 리더십의 경우 부하의 만족은 높지만 조직 성과가 낮은 경우도 나타나기 때문이다.

■ 구조주도형 리더와 인간배려형 리더

리더십 유형이 작업집단의 업적과 만족에 미치는 효과에 있어 리더 유형은 구조주도형과 인간배려형으로 나뉠 수 있다.

첫째 유형은 구조주도형(initiating structure) 리더로서 하급자들을 직무중심으로 이끄는 리더 스타일이다. 이런 유형의 리더는 집단 구성원들 간의 관계를 규정하고, 조직화하며, 공식적 의사소통 경로를 설정하고, 과업을 달성하는 방법을 제시한다.

둘째 유형은 인간배려형(considerate style) 리더로서 부하의 의견을 존중하고 자유로운 대화와 참여를 지원하는 리더 유형이다. 이러한 유형의 리더는 하급자들을 인간적 관계 중심으로 이끌며, 리더와 부하 간 신뢰, 존중, 관계를 중시한다.

앞에서 직무중심적 리더와 부하중심적 리더로의 분류는 2개의 유형을 동일한 비중을 가지는 양극단으로 보았다. 그 의미는 어떤 리더가 직무중심적일 때 부하중심적일 수는 없다는 가정이다. 그러나 구조주도형 리더와 인간배려형 리더로의 분류에서는 2개의 리더십 스타일이 병립가능한 개념으로 보고 있다. 즉, 한 리더가 구조주도적이면서 배려적인 행위를 동시에 보일 수 있다는 것이다.

이러한 관점에 기반하여 미국 오하이오 대학 연구자들은 1800개의 리더 행동을 단순화하여 4가지 리더십 유형을 도출하였다.[3] Ⅰ유형은 고 구조주도-저 배려형, Ⅱ유형은 고 구조주도-고 배려형, Ⅲ유형은 저 구조주도-고 배려형, Ⅳ유형은 저 구조주도-저 배려형이다.

연구 결과, 어떤 경우에는 구조주도 성향이 높은 리더가 효과적임을, 다른 경우에는 배려가 높은 리더가 효과적일 수 있는 것으로 나타났다. 구조주도 성향이 높은 리더는 생산성과 성과 증진을 유도하는 영향력이 크고, 배려가 높은 리더는 결근이나 이직을 막아 조직의 안정과 지속적인 생산성 유지에 기여할 수 있는 것이다. 그러나 대체로 가장 바람직한 리더십 스타일은 고 구조주도-고 배려형 리더인 것으로 밝혀지고 있다.[4]

■ 관리격자(Managerial Grid) 모형

이것은 브레이크(R. Blake)와 모튼(J. Mouton)이 오하이오 대학 연구 개념을 기초로 개발한 리더십 훈련 프로그램이다. '구조 주도'와 '배려' 대신에 '생산에 대한 관심(concern for production)'과 '인간에 대한 관심(concern for people)'이라는 용어를 사용하면서 각 차원을 9등분하여 리더의 주요 행

| 도표 10-2 | 4가지 리더십 유형

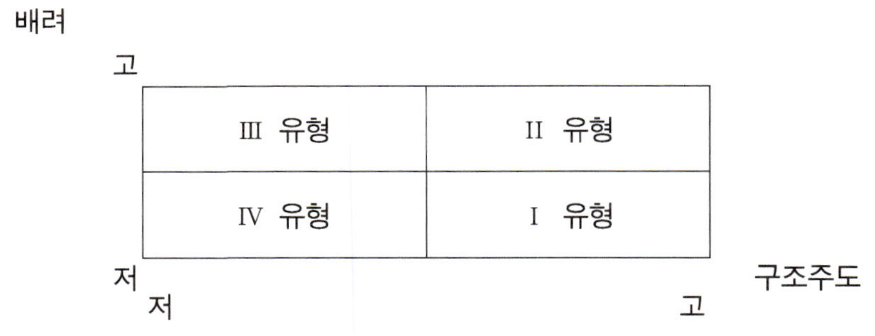

동 유형을 81개로 좌표화 하였다.

이 중 대표적인 5개 유형을 살펴보면, (1.1)형은 '무관심형'으로 업무에 대한 관심도, 인간에 대한 관심도 없는 리더 유형이다. (9.1)형은 '과업지향형'으로 업무에 대한 관심은 지극히 크지만 부하에 대한 관심과 배려는 없는 유형이다. (1.9)형은 '인간관계형'으로 부하에 대한 배려와 관심은 높지만 업무에 대해서는 관심을 가지지 않는 유형이다. (5.5)형은 '중간형'으로 일에 대해서도 사람에 대해서도 적당한 관심과 주의를 기울이는 유형이다. 끝으로 (9.9)형은 '이상형'으로서 업무와 성과에 대한 관심도 매우 높고 부하에 대한 관심과 지지도 높은 바람직한 리더 유형이다.

관리격자 모형은 현실의 리더가 어느 좌표에 해당하는지 부하나 동료, 본인 평가를 해 본 후, 이상형에 이르기까지 부족한 부분을 보충하고자 노력하

| 도표 10-3 | 관리격자의 리더십 유형

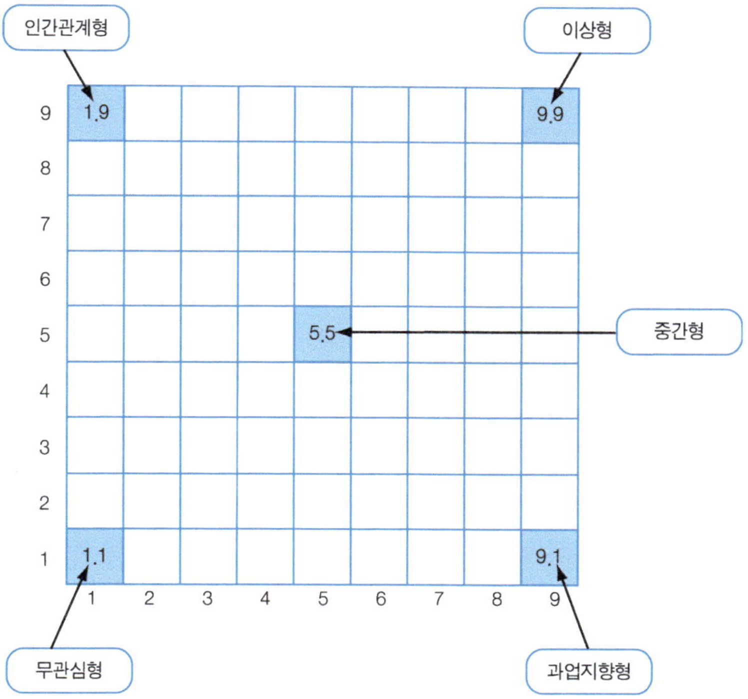

자료 : R. R. Blake and A. A. McCanse, 1991, The Leadership Grid Figure from Leadership Dilemmas, Houston : Gulf Publishing Company, p.29.

는 리더 훈련 프로그램으로 활용해 볼 수 있다. 즉 (9.9)형의 이상형을 목표로 체계적이고 단계적인 리더 행동개발을 유도할 수 있는 것이다.

앞에서 리더십 특성 이론이 리더를 확보함에 있어 선발에 의존할 수밖에 없는 반면 행위 이론에서는 리더십은 개발할 수 있다고 봄으로써 행동 이론에 기반한 리더 훈련 프로그램이 다양하게 등장하게 되었다.

③ 상황이론

리더십 특성 이론과 행동 이론은 어떤 상황에서도 일정한 특성이나 행동만 보여주면 리더십 효과가 높아진다는 개념이었다. 그런데 많은 실증연구 결과 보편적으로 이상적인 리더십이란 존재하지 않고, 리더십의 유효성은 상황 변수의 조건에 따라 달라질 수 있다는 것을 발견할 수 있다.

이러한 맥락에서 리더십은 어느 하나의 변수가 아닌 다양한 요인의 영향을 받을 수 있다는 주장이 피들러(E. Fiedler)에 의해 제기되었다. 이러한 리더십 상황 이론은 리더십의 효과는 리더의 자질이나 태도, 부하의 태도나 능력, 리더십이 이루어지고 있는 조직내외의 환경 등이 상호작용하는 결과로서 나타난다는 것이다.

■ 피들러의 상황이론

이것은 상황을 고려한 최초의 리더십 이론으로서 리더십의 과학적 연구 시도에 중요한 기여를 하였다. 상황 이론에서는 리더의 성격 특성과 상황의 호의성간의 상호작용에 의해 리더십의 효과성과 조직성과가 결정된다고 가정하였다.

피들러는 리더의 유형을 파악하기 위한 방법으로 LPC(Least Preferred Co-worker) 척도를 개발하였다. LPC 척도는 리더로 하여금 가장 함께 일하고 싶지 않은 부하를 떠올리게 하여 18개 항목에 대해 평가하게 하는 기법인데, 여기서 그 동료에 대해 가혹한 평가(57점 이하)를 한다면 그는 '과업지향적인 리더'이고, 관대한 평가(64점 이상)를 한다면 '관계지향적인 리더'라고 간주할 수 있다.[5)]

그런 다음 상황의 우호성 여부를 측정하는 것이 필요하다. 상황 우호성 요소는 3가지 차원에서 접근할 수 있다.

첫째, '리더와 부하 관계'이다. 이것은 리더에 대해 부하가 가지고 있는 신뢰나 존경 정도로서 부하가 리더를 받아들이는 정도이다. 부하들이 리더를

도표 10-4 LPC 조사 항목

귀하가 과거 또는 현재에 함께 일한 동료나 부하들 중 가장 싫은 사람을 떠올려 주십시오. 그리고 다음의 특징에 대해 그(그녀)를 떠올릴 때 드는 느낌을 체크해 주십시오.

										점수
유쾌함	8	7	6	5	4	3	2	1	유쾌하지 않음	------
친근함	8	7	6	5	4	3	2	1	친근하지 못함	------
수용하는 태도	8	7	6	5	4	3	2	1	거부하는 태도	------
여유로운 태도	8	7	6	5	4	3	2	1	긴장하는 태도	------
가깝게 느껴짐	8	7	6	5	4	3	2	1	멀리 느껴짐	------
따뜻함	8	7	6	5	4	3	2	1	냉정함	------
지원적인 태도	8	7	6	5	4	3	2	1	적대적인 태도	------
흥미로움	8	7	6	5	4	3	2	1	권태로움	------
조화로운 태도	8	7	6	5	4	3	2	1	갈등적인 태도	------
명랑함	8	7	6	5	4	3	2	1	우울함	------
개방적인 태도	8	7	6	5	4	3	2	1	폐쇄적인 태도	------
충성함	8	7	6	5	4	3	2	1	배신함	------
믿음직함	8	7	6	5	4	3	2	1	믿을 수 없음	------
배려하는 태도	8	7	6	5	4	3	2	1	이기적인 태도	------
신사적임	8	7	6	5	4	3	2	1	비열함	------
동조적인 태도	8	7	6	5	4	3	2	1	반대하는 태도	------
성실함	8	7	6	5	4	3	2	1	불성실함	------
친절함	8	7	6	5	4	3	2	1	불친절함	------

* 합계가 64점 이상이면 관계지향적 리더 스타일, 57점 이하이면 과업지향적 리더 스타일

자료 : F. E. Fiedler, 1967, A Theory of Leadership Effectiveness, New York : McGraw-Hill

신뢰하거나 따를수록 리더는 부하에게 영향력을 쉽게 행사할 수 있다.

둘째, '과업구조'이다. 이것은 과업의 체계화된 정도를 의미하는 것으로, 과업 요구조건의 명백성, 과업 수행방법의 다양성, 과업 수행 후 결과를 알 수 있는 정도, 과업에 대한 해답이나 결과가 존재하는 정도이다. 과업구조화가 높을수록 리더의 감독과 영향력 행사가 쉽다.

셋째, '지위권력'이다. 이것은 리더의 지위에 따른 권력으로서 부하에 대한 보상과 처벌을 결정할 수 있는 권한이다. 이러한 영향력이 높을수록 리더십 행사가 쉽다.

〈도표 10-5〉에서 보는 것처럼 상황 호의성이 중간(상황 4, 5, 6)일 때는 관용적이고 관계지향적인 리더십이 적절하다는 실증연구가 나타나고 있다. 반대로 상황 호의성이 좋거나(상황 1, 2, 3) 나쁠 때(상황 7, 8)는 과업중심적 리더십이 긍정적인 성과를 가져온다는 연구 결과가 보고되고 있다.

| 도표 10-5 | 피들러의 상황이론 모형

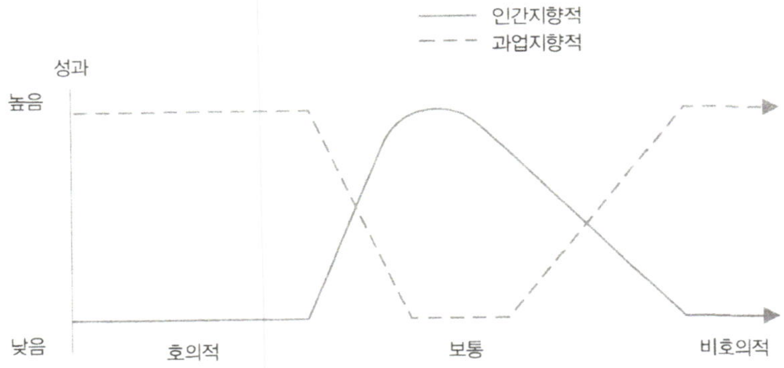

상황요인	I	II	III	IV	V	VI	VII	VIII
리더-구성원 관계	좋음	좋음	좋음	좋음	나쁨	나쁨	나쁨	나쁨
과업구조	높음	높음	낮음	낮음	높음	높음	낮음	낮음
직위권력	강함	약함	강함	약함	강함	약함	강함	약함

자료 : F. E. Fiedler, 1967, A Theory of Leadership Effectiveness, New York : McGraw-Hill

피들러의 주장에 따르면 리더십의 효과를 높이기 위해서는 2가지 선택이 가능하다. 먼저 주어진 상황에 맞게 리더십 스타일을 바꾸는 것으로 리더십 개발을 위한 교육·훈련을 실행하는 것이다. 다음으로 상황을 바꾸는 것이 가능한데 상황에 해당하는 리더-부하의 관계, 과업구조, 지위권력을 변화시키는 것이다.

■ 허쉬와 블랜차드의 성숙도 이론

허쉬(P. Hersey)와 블랜차드(K. Blanchard)는 부하의 성숙 수준을 상황으로 간주하고, 부하의 성숙도에 따라 적합한 리더십 행동을 취해야 한다고 보았다. 이들은 리더의 행위를 과업 중심과 관계 중심으로 설정하여 각 축을 고-저로 나누어 4가지 리더십 스타일을 제시하였다.[6]

첫째, '지시적(telling)' 스타일은 부하에게 기준을 제시하며, 일방적 커뮤니케이션에 의존하고, 리더 중심의 결정을 선호하는 리더 유형이다. 둘째, '지도적(selling)' 스타일은 결정사항을 부하에게 설명해주고, 쌍방적 커뮤니케이션을 추구한다. 셋째, '참여적(participating)' 스타일은 정보를 부하와 함께 공유하고, 부하와의 인간관계를 중시하며, 부하를 의사결정에 참여시킨다. 넷째, '위임적(delegating)' 스타일은 의사결정과 과업 수행에 대한 책임을 부하에게 위임해 주며, 부하의 자율적 행동과 자기통제를 강조한다.

다음으로 상황변수는 부하의 성숙도(maturity)이다. 이것은 부하의 성취욕구, 책임감, 교육과 경험 정도를 일컫는 개념으로 부하의 일에 대한 능력과 의지에 따라 M1, M2, M3, M4로 나타낼 수 있는데 후자로 갈수록 성숙도가 높다는 의미이다.[7)]

〈도표 10-6〉에서 보는 바와 같이 부하의 성숙도에 따라 적합한 리더십 유형은 종 모양의 곡선(bell curve)을 따라 이동한다. M1에서 부하의 상황은 직무를 수행할 능력과 의지가 모두 없는 경우로 '지시형' 리더십이 적합하다. M2는 직무를 수행할 능력은 어느 정도 있으나 의지가 부족한 경우로 '지도형' 리더십이 적절하다. M3의 경우 부하의 직무수행 능력은 상당히 높으나 의지가 부족한 경우로 '참여형' 리더십을 발휘하는 것이 효과적이다. M4의 경우 부하는 능력과 의지를 모두 가지는 상황이므로 부하에게 '위임형' 리더십을 발휘하는 것이 적합하다.

■ 브룸과 예튼의 규범 모형

브룸(V. Vroom)과 예튼(P. Yetton)은 의사결정시 리더가 부하를 어느 정

| 도표 10-6 | 허쉬와 블렌차드의 성숙도 모형

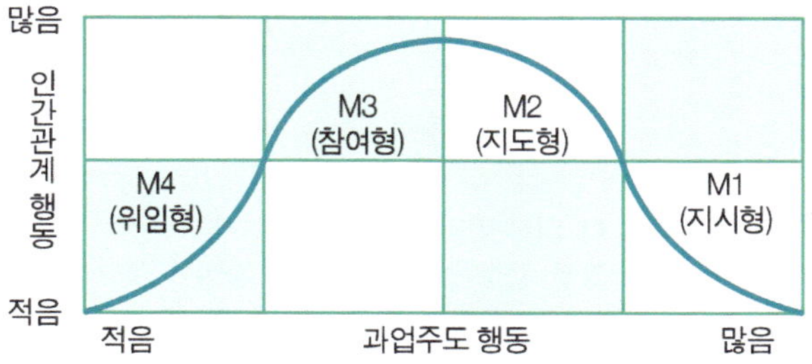

부하성숙도	성숙	중간		미성숙
리더십 행동	책임위임 결정위임	정보공유 공동결정	지도 · 설득	구체적 지시 밀착감독

자료 : J. R. Gordon, 1999, Organizational Behavior-A Aiagnostic Approach, NJ Prentice-Hall, p. 235. 일부 변형

도까지 참여시킬 것인지를 상황에 따라 결정해야 한다고 주장하였다. 먼저 리더가 부하를 의사결정에 참여시키는 정도에 따라 다섯 가지 리더유형으로 나눌 수 있다.

A1형(autocratic 1 ; 독재 1형 또는 순수독재형)은 리더가 자신이 가진 정보를 이용하여 단독으로 결정하거나 문제를 해결하는 유형이다. A2형(autocratic 2 ; 독재 2형 또는 참고독재형)은 리더가 부하로부터 정보를 얻어 단독으로 결정하거나 문제를 해결하는 유형이다. C1형(consultative 1 ; 자문 1형 또는 개별협의형)은 리더가 여러 부하를 일대일로 만나 문제를 공유하고 의견을 들은 후 결정한다. C2형(consultative 2 ; 자문 2형 또는 집단협의형)은 리더는 집단 토론을 통해 아이디어나 제안을 얻고, 문제를 공유하나 결정은 리더가 단독으로 행하는 경우이다. 최종 결정에는 부하의 의견이 반영될 수도 있고 그렇

| 도표 10-7 | 브룸과 예튼의 규범 모형

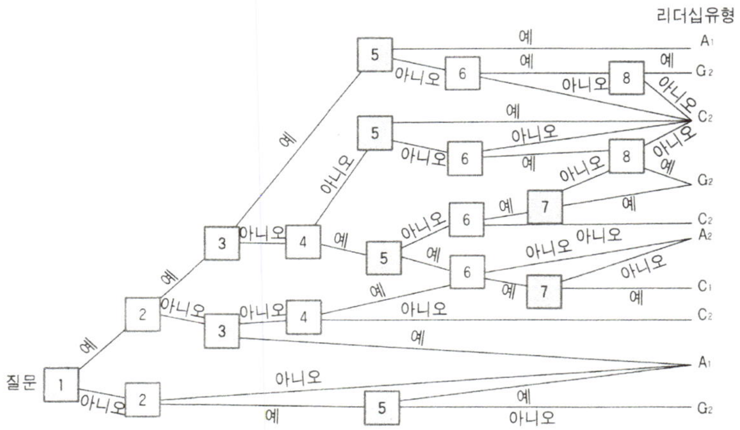

1 이 의사결정은 중요한 것인가?
2 결정 사항에 대한 부하의 참여가 중요한가?
3 리더는 충분한 정보와 기술을 가지고 있나?
4 결정할 문제가 확실히 정의되고 구조화되어 있나?
5 리더의 결정에 대해 부하들이 잘 따를 것인가?
6 이 문제와 관련하여 부하들이 조직의 목표를 잘 이해하고 있나?
7 부하들의 의견 대립이 많은 문제인가?
8 부하들이 결정해도 좋을 정도로 정보가 충분한가?

자료 : V. H. Vroom and P. W. Yetton, 1973, Leadership and Decision Making, The University of Pittsburgh Press

지 않을 수도 있다. G2형(group 2 ; 집단 2형 또는 위임형)은 리더는 부하 그룹과 문제를 공유, 모든 토론자가 대안을 제시, 평가하며, 리더는 압력을 가하지 않고 공동 결정된 사항을 이행한다.

그러면 이러한 리더십 전략 중 어느 것이 가장 효과적일까? 그것은 문제나 상황에 의존하게 된다. 상황 진단과 관련하여 2개의 기준에 따라 4개씩 구성되는 총 8개의 규칙으로 측정할 수 있다. 첫째 기준은 의사결정의 질과 관련된 속성으로 의사결정의 중요성, 리더의 정보수준, 문제의 구조화 여부, 부하의 정보수준과 관계된다. 둘째 기준은 의사결정의 수용과 관련된 속성으로 부하 참여의 필요성, 리더 결정의 수용가능성, 부하의 조직목표 공유, 부하 간 갈등으로 구성된다.

〈도표 10-7〉과 같은 의사결정 나무(decision-making tree)를 활용하여 특정 상황에 가장 적합한 최적의 리더십 스타일에 도달할 수 있다. 이 방식은 상황에 대한 체크를 통해 신속하고 합리적인 의사결정에 이르게 하는데, 리더는 질 높은 대안을 선택하고 선택된 대안을 부하들이 잘 수용할 수 있도록 노력해야 한다.

2) 리더십 현대이론

① 변혁적 리더십

전통적 리더십은 리더의 보상이나 처벌과 같은 유인에 따른 부하의 기여 간의 교환관계를 기본 논리로 하는데 이것을 '거래적 리더십(transactional leadership)'이라고 할 수 있다. 그러나 현대의 리더들은 부하를 근본적으로 변혁시키는 방향으로 가고 있다. 즉, 비전 제시, 개인적인 배려와 지적인 자

스포츠계의 변혁적 리더십 : 히딩크 감독과 김호철 감독(사진 : 동아일보, 2009.2.20)

극을 통해 개인의 창의력이 발휘되도록 하고, 조직의 변화와 성장이 가능하도록 이끄는 '변혁적 리더십(transformational leadership)'이 등장하게 되었다.

변혁적 리더는 과업에 대한 지시와 명령보다는 미래의 비전을 제시하고 부하를 신뢰하며 자긍심을 유발시킨다. 또한 부하들 개개인에 대한 관심을 가지며 각자의 상황에 맞게 리더십을 발휘하며 문제해결 능력을 육성시킨다.

변혁적 리더의 주요 특성은 세 가지로서 첫째, 리더와 부하 간에 감정적 연대감을 형성한다. 둘째, 리더는 부하가 문제해결에 적극적이고 도전적인 자세를 가질 수 있도록 지적 자극을 부여한다. 이러한 자극을 통해 부하들은 자신의 능력과 역량을 새로 발견하게 된다. 셋째, 리더는 부하에 대해 개별적인 배려를 행한다. 이를 통해 부하들은 리더와 특별한 관계를 가지며 격려받고 있다고 믿게 된다.[8)]

또한 변혁적 리더는 스스로 문제 해결 능력을 보여주거나 창의적 아이디어를 제시하면서 조직 구성원으로 하여금 행동에 자극을 주고 변화를 이끌어낸다. 아울러 리더 자신의 관리와 개발에도 적극적이다.[9)]

② 셀프 리더십

이것은 구성원 모두가 스스로를 관리하고 이끌어가는 리더십 능력을 발휘해야 한다는 이론이다. 셀프리더십(self leadership)에서 부하는 자기 방향성과 자기통제에 의해 자신을 리드하는 역할을 하며, 리더는 부하들이 그러한 능력을 가지도록 촉진하고 지원하는 역할을 하게 된다.

이와 같이 부하들을 스스로 판단하고 실천하며 결과에 대한 책임을 질 수 있는 셀프리더로 육성하는 리더를 수퍼리더라고 부른다. 따라서 수퍼리더와

| 도표 10-8 | 셀프리더십의 등장 배경

- 과거의 리더는 정복자였지만 현대의 리더는 일을 촉진하고 쉽게 만드는 사람이다.
- 과거의 리더는 명령하고 통제했지만 현대의 리더는 권력을 위임하고 지도한다.
- 과거의 리더는 존경을 요구했지만 현대의 리더는 자기 스스로 북돋우고 격려한다.
- 과거에는 리더가 결정을 내렸지만 현대는 팀이 결정하고 창의성이 이끌어간다.
- 과거의 부하는 복종을 받는 대상이었지만 현대의 부하는 고객이다.
- 과거의 리더는 지도·감독했지만 현대의 리더는 권한을 위임한다.

자료 : 대니스 웨틀리 저·김동림 역, 1996, 『성공을 부르는 셀프리더십』, 프레스빌

셀프리더는 세트(set) 관계를 형성하게 된다. 수퍼리더는 조직구성원들이 자율경영하는 것이 가능하도록 부하를 육성하고 권한을 위임하는 특성을 가진다. 따라서 수퍼리더는 부하 직원들의 잠재능력이 최대한 발휘될 수 있도록 자극함으로써 궁극적으로는 관리가 필요 없는 수준으로 구성원과 조직의 역량을 키운다.

수퍼리더에게 요구되는 중요한 역할은 부하의 잠재능력을 자극하고 개발하는 동기부여 능력으로서, 구성원의 역량이 충분히 성숙되면 조직은 자율적으로 운영되면서도 더 높은 창의성과 성과를 발휘하는 상태에 이른다.

③ LMX(leader-member exchange) 이론

LMX 이론은 리더와 구성원의 상호작용 과정을 강조하면서 등장한 리더십 이론이다. 즉, 전통적 리더십 이론에서는 리더-구성원 관계를 집단적 관계로 보았다면, LMX 이론에서는 리더와 부하 개개인은 모두 다른 성질의 관계를 형성하는 개별 관계로 이루어졌다고 보는 것이다.

즉, LMX 이론은 한 집단의 리더는 각각의 구성원과 서로 다른 관계를 형성하고 구성원 역시 리더와의 관계를 각각 다르게 지각함으로써 집단 내 구성원 숫자만큼 서로 다른 리더-구성원 관계가 형성된다는 이론이다. 이런 개별적인 관계형성의 결과가 개인과 조직의 성과에 영향을 준다는 이론이다.

LMX 이론에서는 구성원이 자신의 역할을 지각하는 과정에 리더가 가장 큰 역할을 행사한다고 보는데 구성원은 리더가 전달한 역할에 대해서 행동을 통해 반응하고, 구성원의 반응은 다시 피드백되어 리더에게 전달된다. 리더는 모든 구성원에게 동일한 역할을 전달하는 것이 아니라 구성원 간에 차별화된 역할을 부여하는데, 이때 리더와 구성원 간에 다양한 교환관계가 나타나게 되는 것이다.

| 도표 10-9 | 기존 리더십과 LMX 리더십의 비교

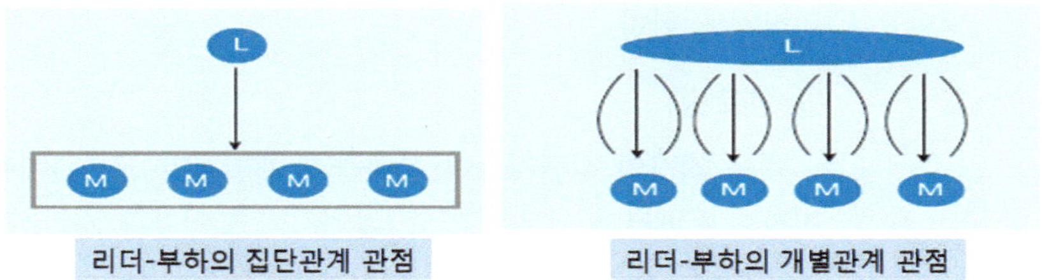

연구자들은 리더와 구성원이 차별화되면서도 성숙한 사회적 교환관계를 발전시킬 때 리더십이 효과적으로 발휘될 수 있고 조직 성과에도 긍정적인 결과를 가져올 수 있다고 본다.

④ 서번트 리더십

서번트 리더십(servant leadership)은 인간존중을 바탕으로 구성원들이 업무수행에서 잠재력과 기량을 충분히 발휘할 수 있도록 도와주는 리더십으로서, 구성원들이 공동의 목표를 이루어 나가는데 있어 정신적, 육체적으로 지치지 않도록 환경을 조성해 주고 도와주는 리더십이라고 할 수 있다.

서번트 리더십을 실천한 마더 테레사 수녀

세계적인 석학인 피터 드러커(Peter Drucker)는 그의 저서 미래경영(Managing for the future)에서 "지식시대에는 기업 내에서 상사와 부하의 구분도 없어지며, 지시와 감독이 더 이상 통하지 않을 것이다."라고 언급하였다. 즉, 리더가 부하들보다 우월하다는 생각을 갖고 일방적으로 부하들을 이끄는 기존의 지시적 리더십 대신 부하들을 위해서 헌신한다는 생각을 가지고 부하의 의견에 경청하고 공감하여 역량을 키워주기 위해 노력하는 서번트 리더십이 부각되고 있다.[10]

서번트 리더는 자신을 서번트(servant) 또는 지원자(supporter)로 인식하며 조직에서 가장 가치 있는 자원을 사람이라고 보고 경청, 설득, 대화로 업무를 추진하고 공동체를 형성하고 권한위임을 하는 리더이다.[11] 서번트 리더는 자신보다는 부하, 고객, 지역사회에 봉사하는 것을 우선으로 한다. 따라서 힘들거나 기피되는 업무를 기꺼이 수행하며 부하의 욕구를 충족시키고 권한을 위임하는 것에 적극적이다. 또한 자신에게 주어진 물질적 보상을 환원하기도 한다.

⑤ 멘토링

최근 직장의 상급자들이 부하들과 개별적인 교류관계를 형성하여 인생과 직장의 선배로서 업무를 지도, 훈련시키고 인간관계와 조직생활에 대한 폭넓은 경험을 전수하는 멘토링(mentoring)을 형성하는 경우가 증가하고 있다.

이때 리더와 하급자와의 관계는 멘터(mentor)-멘티(mentee) 관계를 형성한다. 멘터는 사람들에게 멘티를 알리고 보호하는 후견인 역할을 하는 한편, 때로는 도전적인 일을 부여하고 코칭하는 동기부여자의 역할을 하게 된다. 장기적인 멘토링이 이루어질 때 멘터는 자부심을 가지게 되며, 멘티는 멘터에 대해 감사와 신뢰를 가지게 된다. 또한 멘터가 가진 인적 네트워크에 포함되는 등 혜택을 누리게 된다.

직장 내 멘토링 활동(사진 : 여성신문)

멘터는 멘티의 욕구에 따라 혹은 멘토링 관계의 발전에 따라 여러 가지 역할을 맡게 되는데 주요한 역할은 변화관리인, 경청자, 질문자 등이고, 상황에 따라 동맹자, 촉진자, 카운슬러, 교사, 길잡이, 보호자, 모델이 될 수 있다.[12)]

| 도표 10-10 | 훌륭한 멘터의 조건

- 대화와 경청기술이 좋은 사람
- 조직의 비전과 장기목표에 대해 잘 알고 있는 사람
- 사람관리를 성공적으로 하였거나, 특별 태스크팀 책임자로 일한 경험이 있는 사람
- 한 가지 이상의 전문 분야 스킬을 갖춘 사람
- 구성원의 호의와 존경을 받는 사람
- 여러 분야에 넓은 인적 네트워크를 가진 사람
- 기꺼이 타인의 성장을 책임지고자 하는 의지를 가진 사람

자료 : 마고 머레이 저 · 이용철 역, 2005, 멘토링 : 오래된 지혜의 현대적 적용, 김영사

제 2 절 모티베이션

2.1 모티베이션의 개념

동기부여(motivation)란 '개인이나 집단이 목표지향적 행동을 하도록 인간의 심리적 과정을 이해하고 유인하는 노력'이라고 할 수 있다. 사실 배경과 개성이 다른 다양하고 많은 구성원들을 하나의 목표에 몰입하도록 유인하고, 개인의 목표와 조직의 목표를 일치시켜 조직에 기여하도록 하는 것은 조직과 리더의 입장에서 매우 중요한 관리 행위이다.

Motivation is the extent to which persistent effort is directed toward a goal. Managers can improve their understanding of the forces that energize employees.

조직적이고 체계적인 동기유발은 왜 필요한가? 어떤 사람들은 스스로 지속적인 노력을 하는 것이 가능하나, 또다른 사람들은 한동안은 노력하지만 쉽게 포기하거나 노력을 지속시키지 못하고 노력의 필요성을 못느끼는 경우도 많기 때문이다. 특히 개인의 창의적 노력이 조직성과를 크게 좌우하는 집단이나 조직에서는 동기부여의 역할이 매우 크다고 볼 수 있다.

국민들의 열정적인 응원은 국가대표 축구팀의 최대 동기부여 요인이다

동기부여를 구성하는 요소는 세 가지로서 첫째, '행동의 활성화'이다. 이것은 심리적인 불균형을 균형 상태로 만들거나 결핍된 욕구를 충족시켜 행동을 향한 에너지로 전환시키는 것이다. 둘째, '행동의 유발'이다. 이것은 활성화된 행동을 정해진 목표로 지향하도록 유인하는 것이다. 셋째, '행동의 강화'이다. 이것은 행동을 지속적으로 유지시키도록 작용하는 것이다.

2.2 모티베이션의 영향 요인

동기부여에 영향을 주는 요인을 여러 측면에서 생각할 수 있다. 구성원 개인 특성, 주변인의 영향, 직무특성, 보상 등이 영향을 미친다.[13)]

1) 구성원 개인 특성

구성원은 성장배경, 인성 등의 개인적 차이로 인해 욕구, 가치관, 신념, 태도 등이 각각 다르다. 따라서 금전에 대한 욕구가 일 그 자체의 성취감보다 큰 사람들이 있는가하면, 그 반대인 사람들도 있다. 이 경우 전자는 높은 임금이 동기유발 요인이 될 것이고, 후자는 흥미 있고 도전적인 직무나 자아실현감이 동기부여 요인이 될 것이다.

2) 주변인의 영향

조직구성원은 상급자, 하급자, 동료집단과 같은 주변인으로부터 동기유발되는 경우가 많다. 첫째, 리더의 역할은 개인의 동기 수준에 영향을 미친다. 비전을 제시하고 목표에 이르는 길을 안내하며, 적절한 지원을 행하고, 참여유도를 통해 동기유발을 하는 것이 가능하다. 또한 규칙의 제시와 평가, 자원 분배와 같은 관리를 통해서도 동기유발을 할 수 있다. 둘째, 때로는 부하의 반응과 수용은 리더의 행위를 강화시키거나 약화시킨다. 셋째, 동료의 영향이다. 일반적으로 인간은 자신과 비슷한 자격이나 조건을 갖춘 대상을 경쟁과 비교의 대상으로 선택하는 성향을 가진다. 따라서 동료집단의 규범은 개인의 동기수준에 크게 영향을 미칠 수 있다.

3) 직무의 특성

직무 자체에서 얻는 즐거움이나 유익한 경험은 동기부여에 긍정적인 영향을 미칠 수 있다. 직무가 단순반복적이며 시작과 끝이 불분명할 때, 직무정체성과 직무의미가 없고, 결과피드백이 안되는 직무일 때 동기유발이 일어나기는 힘들다.

4) 보상 체계

직무에 따른 보상이 적절히 이루어지지 않는다면 동기유발이 이루어지지 않음은 말할 것도 없고 비협력적 태도, 생산성 감소, 이직과 같은 부정적 반응이 나타난다. 보상을 통한 동기유발을 적극적으로 하기 위해서는 일반적인 임금 이외에도 성과와 능력에 따른 차별적인 보상, 그리고 임금 이외의 복지후생제도의 도입이 필요하다. 또한 개인주의를 방지하기 위해 팀성과급제 등을 활용하여 집단적 동기를 유발하는 것도 필요하다.

모티베이션 영향 요인 : 동료, 업무, 보상

2.3 동기부여 이론

리더가 개인이나 집단의 행동을 이끌어내기 위해서는 먼저 개인의 욕구(needs)를 규명해야 한다. 개인마다 욕구가 상이하기 때문에 어떤 관리기법이나 유인이 적합한지 추론하고 검증하여 공식화하기 위한 연구가 시도되어 왔다. 동기부여 이론은 동기를 유발시키는 욕구에 초점을 두는 '내용이론'과 동기가 유발되는 과정에 초점을 두는 '과정이론'으로 나뉜다.

1) 내용 이론

이것은 인간의 행동을 유발하고 지도하고 유지하는 요인들이 개인 내부에 있다고 가정하고, 이러한 인간 내부에 존재하는 요인들에 초점을 둔 이론이다. 대표적 이론을 소개하면 다음과 같다.

① 욕구단계설

매슬로우(A. H. Maslow)는 인간의 욕구는 계층화되어 있으며, 저차적 욕구에서 출발하여 순차적으로 고차적 욕구로 나아가고 그에 따라 동기유발 요인도 달라진다고 보았다. 매슬로우에 따른 인간의 욕구단계는 생리적 욕구, 안전욕구, 사회적 욕구, 존경의 욕구, 자아실현의 욕구의 5단계이다. 각 단계의 욕구는 동기유발을 불러일으켜 그것을 충족시키기 위한 행동을 하게 하며, 욕구가 충족되면 다음 단계의 욕구로 이동하게 된다.

중요한 것은 이미 만족된 욕구는 더 이상 동기요인이 되지 못하고, 결핍된 욕구에서 그것을 충족하기 위한 동기가 유발된다고 보았다. 매슬로우의 이론은 관리자가 구성원을 동기유발하기 위해서는 욕구의 단계적 내용을 파악해서 조직 환경에서 적절한 방식으로 충족시켜야 한다는 것을 시사하고 있다.[14)]

도표 10-11 매슬로우에 따른 인간의 욕구단계

② ERG 이론

앨더퍼(C. R. Alderfer)가 주장한 욕구이론으로 E(existence)는 존재의 욕구로서 인간이 자신을 존재를 확보하는데 필요한 욕구를 의미하고, R(relatedness)은 관계의 욕구로서 주변인과 원만한 인간관계를 형성하고 싶은 욕구를 의미하며, G(growth)는 성장욕구로서 개인의 잠재성과 능력을 발휘하고 싶은 욕구를 의미한다.

이 이론은 위의 매슬로우 이론과 달리 개인은 이 세 가지 욕구를 동시에 경험하고 추구한다고 보며, 상위 욕구의 좌절시 하위단계의 욕구 크기가 더 커진다고 보았다. 따라서 조직이 구성원들의 기본적 욕구뿐 아니라 상위 욕구를 적절히 충족시키지 못하면 구성원들의 금전적 보상 요구는 더 커져 조직은 더 큰 비용을 치루게 된다고 보았다.

③ 2요인 이론

허쯔버그(F. Herzberg)는 직무와 관련한 동기요인을 위생요인(hygiene factor)과 동기요인(motivator factor)의 두 가지로 나누었다. 급여, 작업조건, 감독방식과 같은 요인은 위생요인(또는 유지요인)으로서 직무불만족은 줄일 수 있으나 적극적으로 만족을 이끌지 못한다고 보고, 성취감, 인정, 도전성, 책임감과 같은 동기요인이야말로 직무만족에 적극적인 영향을 끼치는 동기유발 요인이라고 주장하였다.

2) 과정 이론

이것은 인간의 행위가 어떤 과정을 통해 유발되고 지시되고 유지되는지를 설명하는 것으로 행동이 활성화되고 유지되는 과정에 초점을 두는 이론이다. 대표적 이론을 소개하면 다음과 같다.

① 기대이론

브룸(V. Vroom)은 인간은 어떤 일에 대한 결과의 가치나 성취가능성에 대한 '기대'를 하게 되는데 이것이 인간의 행동이나 선택을 결정하다고 보았다. 구체적으로 동기는 세 가지 힘에 의해 유발되는데, 첫째, 사람들은 달성할 수 있다고 느끼는 활동을 수행할 때, 둘째, 그에 대한 보상이 매력적일 때, 셋째, 그 보상이 확실히 지급된다고 보장될수록 동기부여 된다고 보았다. 이 세 가지 요인 중 하나라도 부정적으로 판단된다면 행동의 유발은 일어나지 않는다는 것이다.

| 도표 10-12 | 브룸의 기대이론의 원리

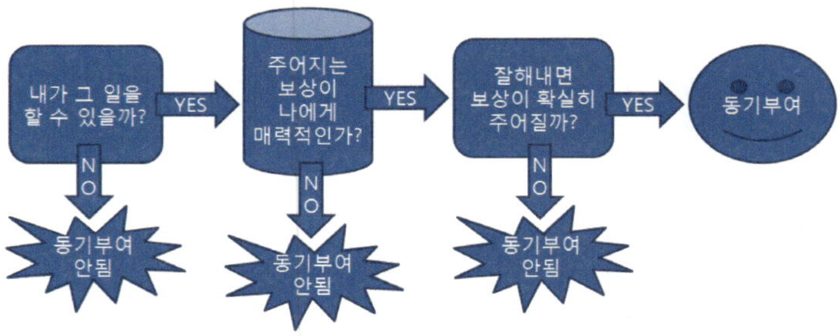

기대이론에 따라 조직이 구성원을 동기부여하기 위해서는 구성원에 대한 훈련, 능력개발을 통해 노력하면 달성할 수 있다는 믿음을 주어야 하며, 구성원이 원하는 보상을 실현하도록 노력해야 한다. 나아가 성과에 따른 보상을 확실히 보장해 주어야 한다.

② 공정성이론

아담스(J. S. Adams)는 '사람들의 행위는 타인과의 관계에서 공정성을 유지하는 쪽으로 동기유발된다'라고 주장하였다. 따라서 자신의 투입(공헌)에 대한 산출(보상)을 타인의 그것과 비교하여 불공정성을 지각할 때 공정성을 회복하기 위해 동기유발된다고 보았다.

자신이 받은 보상이 유사한 업무를 수행한 동료의 보상보다 작다고 느낄 때 동기유발이 일어나는데 구체적 방식은 첫째, 개인은 자신의 노력을 줄이게 된다.[15] 둘째, 인지적으로 왜곡하는 것으로 자신이 받은 부족한 보상에 대해 무시하고 체념하거나 더 큰 가치에 의미를 두는 것이다. 셋째, 비교대상을 변경한다. 나보다 수준이 낮은 사람을 선택하여 위안을 삼는 방법이다. 넷째, 항의하거나 조직을 탈퇴하는 것이다. 나의 노력에 비해 내가 받는 보상이 매우 부당하다고 생각할 때 항의하거나 조직을 이탈할 수 있다.

직장내 차별 대우는 불공정성을 불러일으켜 갈등요인이 된다

반대로, 드문 경우이지만 자신이 받은 보상이 유사한 업무를 수행한 동료의 보상보다 많다고 느낄 때에는 개인은 죄책감을 느끼고 더욱 열심히 일하는 경우도 가능하다.

공정성 이론이 조직관리에 시사하는 바는 구성원의 노력에 대해 공정한 보상이 중요하다는 점이다. 관리자는 구성원에 대한 보상, 배치, 승진 등이 공정하게 관리되고 있는지 점검해야 한다. 또한 관리자는 자신의 판단과 구성원의 생각이 다를 수 있음을 인정하고 구성원의 입장에서 경영관리가 합리적인지 고려해야 할 것이다.

2.4 조직 내 모티베이션 관리 기법

1) 보상 및 평가 시스템 재설계

보상 시스템은 조직구성원에 있어 일차적 모티베이션 기제이다. 보상관리는 기업의 지급 능력 한계로 무한히 지급할 수 없으며, 또한 많은 양을 주더라도 그 산정과 지급 절차가 적정하지 않으면 구성원들은 불만을 가지게 된다. 따라서 보상관리에 있어서는 적정성과 공정성 관리가 중요하다. 적정성을 이루기 위해서는 구성원의 능력과 기여도를 고려한 차등적 보상의 실시가 필요하며, 공정성을 이루기 위해서는 보상의 결정 과정이 투명하고 설득력이 있어야 한다.

또한 개인의 업무 능력과 태도, 성과에 대한 인사평가는 승진, 승급, 임금상승 등과 연결되므로 개인에게 중요한 작용을 한다. 따라서 인사평가의 원칙과 기준이 명확하게 제시되어야 하며, 평가절차가 공정하여야 한다. 평가에 있어서는 평가자의 주관을 배제할 수 있는 객관적이고 과학적인 평가기법을 도입하는 것이 필요하다. 또한 평가 결과도 구성원들에게 피드백하여 구성원들이 보완할 부문을 찾도록 하는 것이 필요하다.

한편, 인사평가의 결과는 보상으로 연결되기 때문에 개인의 능력과 기여도를 객관적으로 충분히 측정하여 보상에 반영하도록 하는 한편, 개인과 팀의 노력과 기여를 높일 수 있는 방안을 같이 모색하여야 한다. 개인과 팀의 노력을 모두 유도하기 위해 개인성과급과 집단성과급의 운영, 상사가 부하를 평가하는 일방적 평가에서 벗어나 동료 간 평가와 부하가 상사를 평가하는 방식을 포함하는 다면평가를 적용하는 것도 필요하다.

2) 직무재설계 및 QWL 운동 전개

앞서 살펴본 욕구이론에서 물질적 요인보다 개인의 성취감, 자아실현과 같은 내면적 요인이 조직구성원을 동기부여시키는데 더 강한 작용을 한다는 사실을 알 수 있었다. 따라서 조직은 구성원들에게 다양한 경로로 업무와 조직에 참여하고 성장할 기회를 제공하여 소속감을 높이는 것이 필요하다.

먼저 업무에 대한 만족도와 성취감을 높이는 것이 필요하다. 다양한 업무 경험을 하게 하는 '직무순환(job rotation)'을 통해 업무에서 느끼는 권태로움과 의욕 저하를 방지하는 것이 필요하다. 또한 수행하는 업무에 대

신한은행의 옥상가든 : 직원들의 휴식 공간 제공(사진 : 아시아투데이, 2008.9.9)

한 자율성과 책임, 권한을 더 확대시키는 '직무확대(job enlargement)'를 통해 개인의 성취감을 증대시키는 것은 구성원의 동기부여에 도움이 될 수 있다.[16)]

한편 개인은 바쁜 직장 생활 속에서 여유를 상실하고 가정을 돌보지 못하는 등 삶의 질이 저하될 수 있는데 이것은 장기적으로 의욕과 동기를 저하시킬 수 있다. 기업은 조직구성원이 개인생활과 직장생활의 조화를 추구할 수 있도록 배려하는 노력을 기울여야 할 것이다. 이른바 '근로생활의 질(QWL : quality of working life) 운동'으로 불리는 실천방안으로는 작업장 안전과 휴식 보장, 관리 · 감독의 완화, 개인 가치관 및 사생활 존중 등으로 직장 환경을 개선하는 것이다.

3) 구성원 자기 개발 기회 증대

조직은 구성원의 노동력을 활용하기도 하지만 다른 한편으로는 그들의 능력을 개발하고 성장을 지원하는 역할도 해야 한다. 구성원이 가진 노동력을 소모하기만 한다면 피로감이 높아지고 의욕이 저하될 뿐 아니라, 기업으로서도 자기가 보유한 인적자원의 가치를 충분히 활용하지 못하는 결과를 초래한다.

따라서 조직은 개인에게 자기개발의 기회를 충분히 제공하여 개인과 조직이 함께 성장하는 길을 모색하는 것이 필요하다. 구체적 방법으로는 다양한 교육훈련 기회를 제공하고 그 비용과 자원을 기업이 지원하며, 경력개발 프로그램

(CDP : Career Development Program)을 도입하여 구성원이 연속성과 목적성을 가지고 자신의 역량과 직업 경력을 개발할 수 있도록 하여야 한다.

구성원에 대한 교육훈련은 단기적으로는 비용을 발생시키지만 장기적으로는 구성원의 능력이 증진되고 자기성장을 통한 동기부여가 이루어져 사업 아이디어와 전문적 업무 기술로 발휘됨으로써 기업에 이익을 가져올 수 있는 투자라는 관점을 가지는 것이 필요하다.

또한 구성원에게 도전감과 성취감을 주기 위해 특별한 미션과 과제를 수시로 부여하는 것도 필요하다. 좋은 아이디어를 제출한 구성원에 대해서 보상하거나 사업화하는 기회를 제공하는 것은 훌륭한 모티베이션의 방법이 될 수 있으며, 기업으로서도 이익이 될 수 있다.

삼성SDS 신입사원 오리엔테이션

대우조선해양 중공업사관학교 수업 현장

4) 조직에 대한 이해 증대로 조직몰입 유도

조직구성원들이 조직의 목표와 비전에 대한 공유가 낮은 경우가 있다. 조직에 대한 이해와 동의가 낮은 구성원들로부터는 높은 수준의 몰입과 공헌을 기대하는 것은 힘든 일이다. 특히 대규모 조직일수록 개인은 한정된 부문의 일에 종사하므로 조직에 대한 이해와 몰입이 더욱 저하될 수 있다.

따라서 기업은 외부 이해관계자에 대해서만 기업을 설명하고 관계관리 노력을 할 것이 아니라 내부 구성원에 대한 비전 공유와 응집성 제고를 위해서도 노력해야 할 것이다. 조직구성원이 자신이 속한 조직의 목표와 전략에 대해 잘 알고 소속감을 느낄수록 조직에 대한 애착이 생겨나고 공헌하고자 하는 동기부여가 이루어지는 것이다.

구성원의 조직에 대한 이해와 몰입도 증진을 위해 기업은 구성원들이 공식적으로 또는 비공식적으로 회합하는 기회를 자주 만들며 기업의 비전과 현재 상황을 공유하여야 한다. 또한 구성원들에게 다양한 참여와 발언의 기회를 줌으로써 상하간, 수평간 소통하는 조직을 지향하는 것이 필요하다. 직원 설명회, 사내 방송 및 사보 발간, 체육대회나 한마음 대회, 토론회, 간담회 개최 등이 그 예가 될 수 있다.

직원 단합을 위한 체육대회와 등반대회

경영사례

긍정에너지를 끌어내는 힘, 감성리더십

최근 직원들의 감성을 이해하고 배려하며 구성원과 긍정적인 관계를 유지하는 감성리더십이 주목받고 있다. 직원들의 고충을 공감하고 배려하는 감성리더십을 발휘해 조직과 구성원이 함께 성장하는 기반을 구축할 수 있다.

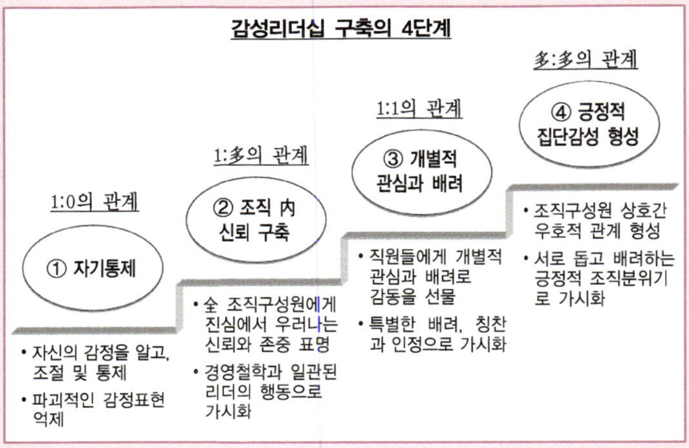

○ **로버트 크렌달의 공포경영**

- 아메리칸에어라인의 전 CEO 로버트 크렌달은 비행기가 연착하는 등의 문제가 발생했을 때 직원들을 거친 말로 몰아붙이는 공포경영으로 유명
- 직원들은 정시운항, 정확한 화물운송, 고객만족에 주력하기보다 문제를 숨기는데 급급
- 결국 아메리칸에어라인은 잦은 파업에 시달리며 재정위기에 빠졌고, 크렌달은 해고됨

○ **그리핀 병원의 긍정적 조직분위기에 의한 위기 극복**

- 뉴잉글랜드 그리핀 병원은 갈등과 구성원 간 적대적 감정, 재정 상태 악화로 위기에 봉착
- 어려운 상황에서 CEO로 취임한 패트릭 카멜은 기회가 있을 때마다 직원들에게 용서와 신뢰, 긍정적 비전, 언행일치, 진실성을 회복하자고 호소
- 그 결과 동료와 환자들을 배려하는 긍정적 조직분위기가 형성되면서 재정위기 극복

○ **웨그먼스푸드마켓의 직원중심 경영**

- 미국 식료품 체인회사인 웨그먼스푸드마켓의 CEO 대니 웨그먼은 '직원이 첫째, 고객이 그 다음'이라는 경영철학을 표방
- 직원 교육과 계발에 투자를 아끼지 않으며 직원들의 전문성 강화에 주력

자료 : 예지은, '긍정에너지를 끌어내는 힘, 감성 리더십', 삼성경제연구소 SERI 경영노트, 2010. 5. 27(제57호)에서 발췌

경영사례

내적 동기부여의 산실, Google

구글은 인종, 취미, 재능, 기술 등 배경이 다른 다양한 사람들을 뽑는다. 대학을 갓 졸업한 신입 사원은 물론 운동선수, 퍼즐 챔피언, 산악인, 과학자, 의사 등도 많이 채용한다. 그렇게 다양한 사람이 함께 일하고 그들이 더 많은 아이디어와 에너지를 창조하고 있다.

이런 다양성 속에서도 협력을 강조하고 있다. 경험과 정보를 공유해야 팀워크를 잘 다질 수 있는데, 직원들에게 맛있는 공짜 점심을 주고, 회사 내에서 당구, 체스, 포커를 즐길 수 있도록 하는 것도 그런 이유에서다. 또한 구글의 근무환경은 창조적이면서 팀지향적이다.

구글에는『20% 타임제』가 있다. 이것은 직원들이 자신의 근무 시간 중 20%를 자신이 가장 관심 있고 하고 싶은 일에 사용할 수 있도록 지원해 주고 있는 제도이다. 그 시간은 업무적인 영역뿐 아니라 개인의 사적인 관심사에 대해 몰두해도 되는 시간이다. 이 시간 동안 나온 아이디어들 가운데 80%를 공식적으로 추진할 프로젝트로 채택한다. 쓸만한 아이디어를 냈다고 인정받은 직원은 전적으로 프로젝트팀 구성과 추진을 맡게 된다. 이러한 과정을 통해 현재 구글을 이끌어가는 혁신적인 서비스들이 탄생했다. 구글 어스, 구글 맵, Gmail, 구글 뉴스는 모두 이런 식의 자기주도적인 개별 프로젝트를 통해 탄생한 아이디어들이다. 회사는 직원들이 주도적으로 연구하고 일할 수 있도록 배려하고 지원해준 것만으로 놀라운 사업 아이디어를 구한 것이다.

이것이 바로 내적 동기부여의 힘이다. 현대 사회과학이 밝혀낸 사실은 재능도, 노력도, 환경도 내적으로 엄청난 동기부여가 된 사람을 이기지 못한다는 것이다. 얼마나 그 일을 하고 싶은가, 얼마나 절박한가에 따라 일의 결과가 달라지는 것이다.

이러한 구글의 힘에 매료된 엔지니어들은 구글을 가장 일하고 싶은 직장으로 선정하고 있으며, 실제 종업원들을 대상으로 한 조사(포춘지 실시, 2007년)에서도 구글은 '가장 일하기 좋은 직장(Best Company to Work for)' 1위에 선정된 바 있다.

자료 : SERI 북리뷰 중에서 발췌(삼성경제연구소 한일영 수석연구원 서평) 및 헬렌 S. 정, 2011,『인라이어』, 랜덤하우스코리아, p.75 참고

요 약

리더십이란 '조직적 상황에서 구성원들로 하여금 공동목표를 달성하도록 영향력을 행사하는 것'으로서 목표를 달성하기 위하여 개인 및 집단을 조정하고 동기부여하는 능력으로 볼 수 있다. 리더십의 3대 요소는 리더, 부하, 상황으로 구성되며, 리더십의 원천은 합법적 권력, 보상적 권력, 강압적 권력, 준거적 권력, 전문적 권력에서 유래된다.

리더십은 기업을 성공적으로 이끈 경영자의 특성, 행동, 상황 요인 등에 주목하며 특성이론, 행동이론, 상황이론으로 주요 연구 맥락을 형성하고 있다. 특성 이론은 리더의 개인적 자질에 의해 리더십의 성공이 좌우된다고 보는 이론이다. 행동 이론은 리더가 부하에게 보여주는 행동스타일을 찾아내어 각각의 유효성을 검증하고자 하였다. 상황 이론은 리더십은 리더의 자질이나 태도, 부하의 태도나 능력, 리더십이 이루어지고 있는 조직내외의 환경 등이 상호작용하는 결과로서 나타난다는 것이다.

현대적 리더십 이론에서는 리더의 다양한 역할과 리더-부하의 새로운 관계와 상호작용을 강조하는 변혁적 리더십, 셀프리더십, LMX 이론, 서번트 리더십, 멘토링 이론 등이 등장하고 있다.

모티베이션이란 '개인이나 집단이 목표지향적 행동을 하도록 인간의 심리적 과정을 이해하고 유인하는 노력'으로 다양한 구성원들을 하나의 목표에 몰입하도록 하고 개인의 목표와 조직의 목표를 일치시켜 조직에 기여하도록 하는 관리활동이다. 이러한 동기부여에 영향을 주는 요인은 구성원 개인특성, 주변인의 영향, 직무특성, 보상 등이다.

동기부여 내용 이론은 인간의 행동을 유발하고 지도하고 유지하는 요인들이 개인 내부에 있다고 가정하고, 이러한 인간 내부에 존재하는 요인들에 초점을 둔 이론이다. 대표적 이론으로는 매슬로우의 욕구단계설, 앨더퍼의 ERG 이론, 허쯔버그의 2요인 이론을 들 수 있다.

동기부여 과정 이론은 인간의 행위가 어떤 과정을 통해 유발되고 지시되고 유지되는지를 설명하는 것으로 행동이 활성화되고 유지되는 과정에 초점을 두는 이론이다. 대표적 이론으로는 기대 이론과 공정성 이론을 들 수 있다.

조직에서 적용해 볼 수 있는 모티베이션 관리 기법은 보상 및 평가 시스템 재설계, 직무재설계 및 QWL 운동 전개, 구성원 자기 개발 기회 증대, 조직에 대한 이해 증대로 조직몰입 유도 등을 들 수 있다.

토의주제

1. 리더십 연구에서 리더 중심 관점과 부하 중심 관점의 차이는 무엇인가?
2. 리더십에서 타인의 감정을 이해하는 '감성 지능'이 부족하면 어떤 현상이 발생하겠는가?
3. 똑같은 리더의 특성과 행동이 상황에 따라 결과가 달라지는 예를 떠올려 보라.
4. 물질적 보상보다 성취감과 같은 내면적 요인이 더 효과적인 동기부여 요인이 될 수 있음을 설명해보자.
5. 실제 조직에서 동기부여 관리를 위해 구성원에 대한 '기대'와 '공정성' 관리를 행할 수 있는 방안을 떠올려 보자.

참고문헌

1. G. Jones, 1996, Organizational Behavior(4th), Harper Collins, p. 309.
2. S. A. Kirpatrick & E. A. Locke, 1991, Leadership: Do Traits matter?, Academy of Management Executive, Vol. 5, No. 2, pp. 48-603.
3. E. A. Fleishman, 1967, Performance Assessment Based on an Empirically Derived Task Taxonomy, Human Factors, 1967, Sep, pp. 349-366.
4. S. P. Robbins, 2005, Organizational Behavior(11th), Pearson Prentice-Hall, p.336.
5. S. P. Robbins, 2005, *Ibid*, p. 339.
6. P. Hersey and K. H. Blanchard, 1996, Management of Organizational Behavior: Utilizing human resources(7th), NJ: Prentice Hall.
7. W. A. Randolph and R. S. Blackburn, 1989, Managing Organizational Behavior: Homewood: Irwin, p. 319.
8. A. Nahavandi 저, 백기복·박홍식·신제구 공역, 2000, 리더십 과학인가 예술인가, 선학사, pp. 241-242.
9. S. P. Robbins, 2005, *op. cit.*, p. 370.
10. 차동옥, 왜 서번트 리더인가, 월간 리더피아 No. 15(2008. 5.)
11. P. Block, 1993, Stewardship: Choosing Service over Self-interest, Berrett-Koehler, San Francisco, CA.
12. 마이클 J. 마쿼드 & 피터 론 저, 원은주 역, 2006, 지식경영 시대의 새로운 리더 멘토, 이른 아침, p. 144.
13. 강일규·고혜원·기영화·조은영·한우섭·황치석, 2008, 직업의 이해, 북코리아, pp. 462-463.
14. L. E. Boone and D. L. Kurtz, 2010, Contemporary Business(14th), John Wiley & Sons, Inc., pp. 268-269.
15. 강정애·권순원·김현아·양혜현·조은영·태정원, 2009, 조직행동론, 시그마프레스, p. 141.
16. J. R. Schermerhorn, Jr., 2010, Introduction to Management, John Wiley & Sons, Inc., p. 364.

Chapter 11

커뮤니케이션, 인간관계, 조직문화

학습목표

1. 커뮤니케이션의 개념과 진행과정, 유형과 매체에 대해 이해할 수 있다.
2. 커뮤니케이션의 장애요인과 활성화 방안을 이해할 수 있다.
3. 인간관계의 개념과 중요성, 영역 및 감성지능의 중요성을 알 수 있다.
4. 갈등의 개념과 유형, 갈등 대처 방식에 대해 이해할 수 있다.
5. 조직문화의 개념과 특성, 중요성, 기능에 대해 이해할 수 있다.
6. 조직문화의 구성 요소와 유형, 개발 과정에 대해 알 수 있다.

Key-word

공식적 · 비공식적 커뮤니케이션, 대화와 경청, 프레젠테이션, 인간관계, 감성지능, 갈등 대처, 죠해리의 창, 조직문화, 7S 모형, 조직문화 개발과정

CHAPTER 11

커뮤니케이션, 인간관계, 조직문화

제 1 절 커뮤니케이션

1.1 커뮤니케이션의 개념

커뮤니케이션(communication)은 둘 이상의 사람들 사이에 사실, 생각, 의견 또는 감정의 교환을 통하여 이해를 공유하는 활동이다. 다르게 표현한다면 의사나 정보를 가지고 있는 자가 그것을 받아들이려는 타인에게 전달하고 해석되어지는 과정을 말한다.

조직에서는 이러한 커뮤니케이션이 이루어짐으로써 조직의 목표달성을 위한 여러 구성원들의 활동이 서로 조정되고 통합될 수 있게 된다. 인체에서의 신경이나 혈관이 잘 작동하지 않으면 인체의 온전한 활동을 기대할 수 없듯이, 조직의 경우에도 의사소통과 정보 전달이 원만히 이루어지지 못하면 여러 가지 마비와 정체현상이 발생한다.[1)]

일반적으로 커뮤니케이션은 조직에서 다음과 같은 네 가지 기능을 수행한다.[2)] 첫째, 조직구성원의 행동을 통제하는 기능을 한다. 조직은 커뮤니케이션

| 도표 11-1 | 과거와 미래의 소통 비교

자료 : SERI 경영노트 제78호(2010. 10. 28), 『직원의 열정을 불러일으키는 '정서적 소통'』

을 통해 구성원들의 의무를 명확히 하고 권한과 책임에 관한 기준을 설정한다. 둘째, 개인과 집단에 정보를 전달해 준다. 커뮤니케이션을 통해 구성원들에게 의사결정의 기준이 제공되고 명령과 지시가 이루어진다. 셋째, 구성원들의 동기를 유발시킨다. 조직은 목표를 지향하는 과정에서 구성원들 간의 협동과 몰입을 불러일으키기 위해 커뮤니케이션을 활용한다. 넷째, 구성원들이 감정과 정서를 표출할 수 있는 기능을 수행한다. 커뮤니케이션을 통하여 자신의 감정을 표출하고 타인과의 교류를 넓혀나간다.

Communication is transfer of information, ideas, understanding, or feelings among people.

1.2 커뮤니케이션 과정

커뮤니케이션은 송신자(또는 전달자)의 생각 · 아이디어 · 정보를 기호화하여 매체를 통해 수신자에게 전달하고, 이 메시지가 수신자에 의해 해독되어 의미가 부여되고 피드백되는 과정으로 이루어진다. 커뮤니케이션 과정의 주요 구성요소는 다음과 같다.

- 송신자(sender, 전달자) : 아이디어를 제공한다든지, 정보를 전하는 등의 의사전달을 시도하는 사람이다. 송신자의 전달의도가 커뮤니케이션의 시발점이 된다.
- 메시지(message) : 전달자가 수신자에게 전하려는 아이디어, 사실, 의미, 요구사항에 해당된다.
- 부호화(encoding) : 송신자가 자신의 생각이나 의도를 보낼 수 있는 도구(언어, 제스처, 상징)로 변화시키는 것이다.
- 수신 및 해석(receiving & decoding) : 수신자는 자신의 과거 경험이나, 준거기준에 근거하여 부호화된 메시지를 해석한다. 이때 해석된 메시지가 송신자의 의도와 일치할수록 커뮤니케이션의 효과는 증대된다.
- 피드백(feedback) : 송신자로 하여금 메시지가 제대로 전달되고 이해되었는지를 알게 해주는 수신자의 반응이다. 피드백은 대화나 표정 등에 의해 직접 표현되기도 하고, 나중의 결과(참여율, 사기, 이익 등)에 의해 간접적으로 나타날 수도 있다.

• 소음(noise) : 원활한 커뮤니케이션을 방해하는 요소로 작용한다. 물리적 방해물, 어의상 문제점, 문화적 차이, 피드백 부재 등과 같이 커뮤니케이션 과정 어디에서나 발생할 수 있다.

❙도표 11-2❙ 커뮤니케이션 과정

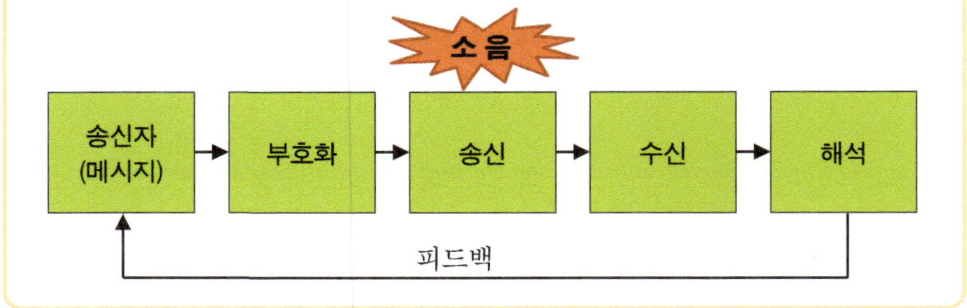

1.3 커뮤니케이션 유형

조직에서의 커뮤니케이션은 공식적 커뮤니케이션과 비공식적 커뮤니케이션으로 나눌 수 있다. 즉 업무와 관련된 커뮤니케이션과 업무 이외의 사적인 만남이나 사교 모임에서의 커뮤니케이션으로 구분한다.[3)]

1) 공식적 커뮤니케이션

업무와 관련한 공식적 커뮤니케이션은 수직적(상향적 · 하향적), 수평적, 대각적 커뮤니케이션으로 나눌 수 있다.

① 하향식 커뮤니케이션

이는 지시적 커뮤니케이션이라고도 하는데 전통적인 커뮤니케이션의 개념으로 업무와 관련된 상급자의 의견이나 전달사항이 공식적인 경로를 거쳐 하급자에게 전달되는 것을 의미한다. 그 예로는 업무지시, 메모, 정책지시, 회사간행물, 안내서 등이 포함된다.

② 상향식 커뮤니케이션

이는 하급자로부터 의견이나 제반 정보가 상급자에게 흘러가는 것으로, 하급자의 상부에 대한 보고나 제안을 그 예로 들 수 있다. 상향적 커뮤니케이션의 목적은 하급자의 자발적인 의사전달과 일선경험을 통한 실무적인 아이디어의 전달이라고 볼 수 있다.

③ 수평적 커뮤니케이션

이것은 조직 내에서 같은 지위에 있는 구성원 간의 또는 동등한 부서 간의 커뮤니케이션을 일컫는다. 수직적 커뮤니케이션이 조직 내에서 주요 커뮤니케이션으로 작용하지만 보다 효과적인 조직이 되기 위해서는 수평적 커뮤니케이션이 원활히 이루어져야 한다. 그것은 정보의 공유에 직접 관련되기 때문이다.

조직내 수평적 커뮤니케이션

④ 대각적 커뮤니케이션

이것은 조직구조상 집단을 달리하고 계층을 달리하는 대상들 간의 커뮤니케이션을 일컫는다. 대각적 커뮤니케이션은 조직 내 커뮤니케이션 방법으로 자주 활용되지는 않지만 다른 방법이 효과적이지 못할 때 사용될 수 있다.

2) 비공식적 커뮤니케이션

조직에서의 모든 커뮤니케이션이 공식적 경로만을 통해 이루어지는 것은 아니다. 비공식적인 경로를 통한 커뮤니케이션도 상당 부분을 차지하고 있다. '포도넝쿨(grapevine)'로 불리는 사적인 대화나, 루머, 잡담, 뒷담화, 비밀이야기, 불평 등이 포함된다.

조직내 동료간 자유로운 대화는 비공식적 커뮤니케이션의 유형이다

이러한 비공식적 커뮤니케이션은 조직문화를 창조하는 매개물이 되며, 집단 응집력을 높이는 역할을 한다. 뿐만 아니라 구성원들 간에 아이디어 전달과 정서적 배출구 역할을 한다. 비공식적 커뮤니케이션은 전달속도가 빠르고, 조직구성원들이 공식 커뮤니케이션보다 더 의존하게 되는 경우도 있다. 그러나 정확성이 떨어지며 사실을 왜곡하는 역기능을 가진다.

1.4 커뮤니케이션 매체

1) 언어

효성그룹 신입사원들의 토론 시간
(사진 : 국민일보, 2012.8.28)

언어(verbal) 커뮤니케이션은 구두(oral) 커뮤니케이션과 문서(written) 커뮤니케이션으로 나뉠 수 있다. 말에 의한 커뮤니케이션은 가장 직접적인 의사소통 매체로 면담, 회의, 전화통화 등이 해당된다. 구두 표현은 즉각성과 효율성의 장점을 가지며 생각을 양적으로 풍부히 전달할 수 있어 오해의 소지가 적다. 문서에 의한 커뮤니케이션은 간접적인 매체로서 보고서, 공문, 편지, 품의서 등의 형태를 띤다. 표현의 정확성이 필요할 때, 수신자가 가까이 없을 때, 기록으로 남길 필요가 있을 때, 수치 · 그래픽 표현을 할 때에는 문서 매체가 더 효과적이다.

2) 비언어

비언어(nonverbal) 커뮤니케이션은 언어를 사용하지 않고 정보를 전달하는 의사소통 방식이다. 표정, 눈접촉, 제스처, 자세, 공간적 거리 등을 포함하는 가시적 측면과 음성의 고저, 크기, 속도, 억양과 같은 준언어적 요소가 포함된다. 어떤 연구에 의하면 커뮤니케이션의 70% 이상이 언어보다는 비언어적 요소에 의해 행해진다고 한다. 그러므로 커뮤니케이션의 효율을 증대시키기 위해서는 언어적 요소 뿐 아니라 비언어적 요소에도 주의해야 한다.

3) 전자매체

오늘날 이동전화, E-mail, 전자결재, 인트라넷, LAN(근거리통신망), WAN(원거리통신망), 화상회의, 전자게시판(web board) 등 각종 전자 커뮤니케이션으로 인하여 대화, 보고, 출퇴근, 지시전달 형태가 빠른 속도로 바뀌고 있다. 시공간의 제약 없이 조직 내외적으로 다양한 커뮤니케이션이 가능해지고 있다. 다만 전자 커뮤니케이션은 비언어적 표현이나 감정과 뉘앙스 전달이 불가능해서 삭막하고 비효율적인 커뮤니케이션이 될 수도 있다.[4)]

KT 직원들이 서울 광화문 사옥과 서초 사옥, 경기 고양시 일산의 스마트워킹센터를 연결해 화상회의를 하는 모습

1.5 커뮤니케이션의 장애요인과 활성화 방안

1) 커뮤니케이션 장애요인

① 매체 해독의 오류

커뮤니케이션에 사용된 매체(언어 또는 비언어)가 어려운 전문용어 또는 애매한 표현이 포함되어 있다면 수신자의 해독이 잘못될 수 있다. 또한 제스처에 대해서도 사람마다 다르게 받아들일 수 있다.

② 여과

어떤 정보를 전달할 때 송신자가 의도적으로 사실의 일부를 누락시키고 나머지만 걸러서(filtering) 수신자에게 보내는 것이다. 이것은 사실 모두를 전달했을 때 송신자 자신에게 불이익이 돌아올 것을 우려하여 조작하려는 의도 때문에 발생한다.

③ 선택지각

이것은 송신자가 전달한 내용을 수신자가 보거나 들으면서 모두 지각하지 않고 일부만 선택하여 받아들이는 현상이다. 이때 무엇이 선택되고 버려지는가는 수신자의 욕구, 경험, 배경과 같은 개인적 특성에 어울리는 것만 수용되는 것이다.

④ 감정상태

어떤 정보를 전달하거나 접할 때 그 사람(송신자, 수신자)이 어떤 감정 상태인가에 따라 커뮤니케이션 활동에 영향을 미친다.

⑤ 시간과 정보량

시간이 촉박하거나 전달되어야 할 메시지의 양이 너무 많다면 송신자도 수신자도 효과적인 전달이나 해석을 할 수 없게 된다.

2) 커뮤니케이션 활성화 방안

① 피드백의 활용

메시지를 전달한 후 수신자에게 질문이나 의견을 제시하도록 함으로써 메시지가 제대로 이해되었는지를 확인하는 것이다. 메시지의 복잡성이 높거나 커뮤니케이션의 정확성이 중요시될 때 피드백의 활용이 유리하다.

② 적절한 매체의 선택

조직 내에서 이용할 수 있는 커뮤니케이션 채널에는 직접 대면, 전화, 음성메시지, E-mail, 메모, 공문, 보고서, 수치와 도표 등 여러 가지가 있는데 긴급성, 비용 등을 고려하여 각 상황에 적합한 매체를 선택해야 한다.

③ 적절한 언어의 사용

수신자의 연령, 배경, 지적 수준, 경험, 감정 등을 고려하여 적합한 표현을 하여야 한다. 전문적 용어나 자기 집단어는 피하고 이해하기 쉬운 말을 사용하는 것이 좋다. 상대의 이해 정도를 고려하면서 표현 방식이나 속도를 조절하는 것도 필요하다.

적극적이고 활발한 의사소통은 조직을 활력있게 만든다

④ 적극적 경청

수신자의 입장에서는 발신자의 말에 귀기울이는 자세가 필요하다. 발신자의 말을 중단하지 않도록 하고, 마음을 편안하게 해 주며, 관심의 영역을 찾아 기록을 하거나 반응을 보이는 등 노력을 기울여야 한다.

| 도표 11-3 | 효과적인 대화

대화란 언어를 주요 수단으로 하여 말하는 사람의 사상, 정보, 생각, 경험, 정서 등을 타인에게 전달하여 이해시키고 반응을 얻는 과정이다. 타인과의 관계를 우호적, 주도적으로 이끌기 위한 대화의 요령은 다음과 같다.

- 대화를 먼저 시작하자. 간단한 화제를 이용해 말을 걸면 쉽게 대화가 시작된다. 그리하여 풍부한 화제로 이어질 수 있다.
- 쉬운 말을 사용하고, 정확하고 분명히 말하며, 적절한 제스처를 활용해보자.
- 자신의 견해나 주장을 차분하지만 강하게 설득시켜 보자.
- 적절한 위트나 유머를 사용하는 것이 필요하다. 또한 시사성이 있으며 건전한 유행어를 사용하는 것이 좋다.
- 상대방에게 간단하거나 흥미 있는 질문을 하는 것이 좋다. 또는 때때로 화제를 상대방에게 돌리는 것이 필요하다.

| 도표 11-4 | 효과적인 경청

우리는 타인의 말을 들음으로써 새로운 사실을 알게 되고 상대의 느낌, 욕구 등을 이해할 수 있다. 그러나 많은 사람들은 주관성과 남을 지배하려는 성향으로 인해 묵묵히 듣는 수동적 입장에 처하는 것은 싫어한다. 그렇지만 잘 듣는 태도는 인간관계를 발전시키는 중요한 요인이 된다. 효과적인 경청 요령은 다음과 같다.

- 자신의 말은 가급적 줄일 것
- 말하는 사람을 편하게 하고 말하는 사람에게 주의를 집중할 것
- 주위의 산만한 요소를 없앨 것
- 논평과 비평을 완곡하게 할 것
- 적절하게 음미할 것

1.6 프레젠테이션

1) 프레젠테이션의 의의

프레젠테이션(presentation)은 '특정의 인원 · 집단에 대하여 여러 장소에

서 한정된 시간 내에 어떤 사실, 통계, 사건 내용을 시청각 자료를 활용하여 언어표현으로 전달함으로써 대상자에게 자신이 전하고자 하는 정보나 주장을 전달하는 것'이라고 정의할 수 있다.

아무리 많은 양의 지식이나 정보를 가지는 경우라도 시간의 제약과 전달과정의 한계로 인해 실제로 청중이 받아들이는 정보는 매우 적을 수 있으며, 심지어 효과적으로 전달되지 못한 경우는 이해하지 못하거나 오해하는 경우도 생겨나게 된다. 따라서 소정의 내용을 효과적이고 설득력 있게 전달하는 프레젠테이션 기술은 개인의 대외적 가치를 높이는 중요한 커뮤니케이션 기술이 될 수 있다.

효과적인 프레젠테이션은 문제제기-요지 전달-결론과 같은 구조를 가지면서 적절히 흥미와 긴장을 유발하고 설득력과 집중력을 유지하면서 내용을 정확히 전달할 수 있어야 하는 것이므로 면밀히 계획하고 설계하여 실시되어야 한다.

2) 프레젠테이션 전략

① 프레젠테이션 구조

효과적인 프레젠테이션은 목적-목표-전략-전술의 구조를 가진다. 첫째, '목적'은 프레젠테이션을 왜 하는지와 그것을 통해 무엇을 달성할 것인지를 결정하는 것이다. 둘째, '목표'는 프레젠테이션을 통해 도달해야 할 상태를 구체적으로 정하는 것이다. 셋째, '전략'은 프레젠테이션의 핵심영역으로 목

도표 11-5 프레젠테이션의 중요성

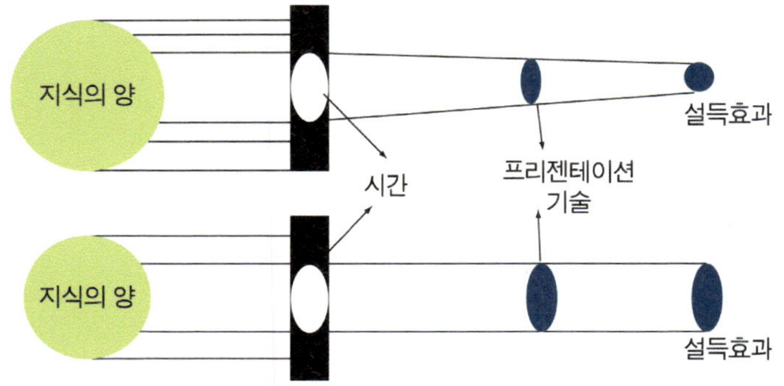

자료 : 김영수 · 정동섭, 2006, 경영사례연구, 학현사, p.122.

표 달성을 위한 종합적 계획을 구성하는 것이다. 넷째, '전술'은 프레젠테이션 절차상의 제반 기법을 마련하는 것이다.

② 프레젠테이션 준비

성공적인 프레젠테이션을 위해서는 3P, 즉 장소(place), 청중(people), 목적(purpose)을 명확히 분석하여야 한다. 어디에서, 어떤 청중을 대상으로, 무엇을 전달할 것인지에 대해 파악하였다면, 프레젠테이션 배경과 결론을 배치하고 그런 다음 본론을 구성하는 것이 필요하다.[5)]

③ 세부 내용 개발

주제가 결정되고 나면 주제를 설명할 자료를 수집해야 한다. 자료가 충분할수록 프레젠테이션은 풍부해지는데, 개인자료, 전문자료, 공식자료 등을 활용할 수 있다. 자료의 전달 방식은 예시, 비교, 인용, 연구결과 소개, 시청각 매체 등 다양하다.

④ 시작과 마무리

시작하는 말은 청중의 상태나 관심사를 반영하여 적절히 구성하되, 부드러운 분위기를 유도하는 멘트나 유머를 활용하는 것도 필요하다. 프레젠테이션이 마무리 단계일 때는 내용을 요약해 줌과 동시에 새로운 변화를 가져올 수 있도록 강조하는 것이 필요하다.

한국어도비시스템즈 신제품 프레젠테이션
(사진 : 베타뉴스 2012.10.16)

HP의 증강현실 기술을 사용한 프레젠테이션
(사진 : 블로터닷넷 2011.02.24)

3) 효과적 프레젠테이션 방안

① 초기 관리와 두려움 극복

프레젠테이션의 초반에 발표자는 청중의 관심과 주의를 자신에게로 집중시켜야 한다. 특히 언어, 음성, 모습에서 좋은 인상이 형성될 수 있도록 노력해야 한다. 또한 발표자가 긴장하면 효과적인 전달이 힘들므로 충분한 준비와 예행연습, 긴장풀기, 자기 암시 등을 통해 발표에 대한 두려움을 극복해야 한다.

② 청중의 관점에서 진행

발표자의 태도는 곧 청중에게 투사된다. 따라서 청중의 표정과 반응을 잘 체크하면서 프레젠테이션의 속도, 강조점 등을 조절하거나 적절한 유머나 질의응답을 통해 청중의 집중과 관심을 유지하는 것이 필요하다.

③ 시청각 자료의 활용

프레젠테이션의 효과를 높이기 위해 적절한 시청각 자료를 활용하여 주목도와 기억을 높이는 것이 필요하다. 파워포인트를 활용한 리포트, 도표, 차트, 그림, 인터뷰나 동영상 삽입 등이 그 예이다.

제 2 절 인간관계 관리

2.1 인간관계의 개념

인간관계란 타인과의 상호작용을 통해서 이루어지는 사회과정으로서 효과적인 인간관계는 그 관계에 참여하는 개인들에게 매우 중요한 역할을 한다. 한 인간으로서 생존하기 위해, 정체감(identity)을 확립하기 위해, 그리고 건전한 성격 발달을 위해 우리는 타인들과 상호작용하는 관계를 필요로 한다.

인간관계 관리는 복잡한 사회생활 속에서 사람들 간에 긍정적이고 건강한 관계 형성의 방법을 모색하는 것으로, 조직이나 사회를 활성화시키고 생산성을

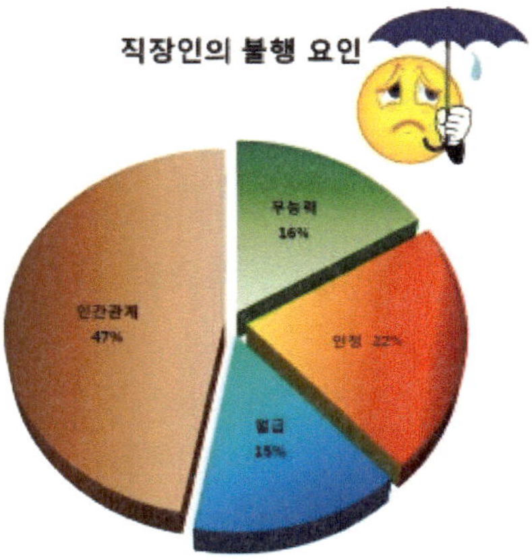

직장인 불행한 이유, 금전보다 인간관계
(자료 : 한경닷컴, 2013.1.7)

높이는데 기여할 수 있다. 그러므로 인간관계 관리는 사람들을 공동의 목표를 향해 통합시키며, 사람들이 '함께, 생산적으로, 경제적 · 심리적 · 사회적 만족을 가지고' 일할 수 있도록 동기를 부여한다.

인간관계 관리의 목표는 사람들을 생산적으로 만들고(to get people productive), 상호관심을 통해 협력하게 하며(to cooperate), 사람들 간의 관계를 통해 만족을 얻게 하는(to gain satisfaction) 것이다.[6)]

2.2 인간관계의 중요성

'인생의 성공은 인간관계의 성공에 달려 있다'라는 말이 있을 정도로 인간관계의 중요성은 크다. 인생에서 성공하기 원한다면 바람직한 인간관계의 형성과 유지를 위해 부단히 노력해야 한다. 인간은 사회적 존재로서 다양한 형태의 인간관계를 형성하게 되며, 다양한 인간관계 경험을 통해 자아를 성숙, 발전시키게 된다.

인간관계에 실패할 경우 개인과 자신이 속한 사회에서 많은 문제를 초래하게 된다. 특히 직장인들에게 있어 인간관계는 직장에의 적응과 부적응, 직업에서의 성공과 실패에 상당한 영향을 미친다. 직장인들에게 직장생활 중 가장 어려운 점을 들라면 초보 직장인은 물론 오랫동안 직장생활을 해 온 사람들 중 상당수도 인간관계의 어려움을 호소한다.

카네기 기술연구소에 따르면 기업에서 해고를 당한 사람들의 20~30%는 자신의 능력 부족으로 해고를 당했다고 생각한 반면, 60~80%는 인간관계의 미숙함 때문에 해고를 당했다고 생각한다는 조사결과가 있다. 하버드대 직업보도국이 졸업생 중 실직자를 대상으로 실직 사유를 조사한 결과 직무수행의 고충으로 그만 둔 사람보다 인간관계가 잘 형성되지 못해 적응하지 못하고 그만 둔 사람의 수가 두 배나 되었다.[7)] 이러한 예들은 직장에서의 인간관계가 얼마나 중요한지를 보여주는 단적인 예이다.

2.3 인간관계 관리 영역[8)]

1) 동료와의 관계

같은 부서나 조직 내 동료는 도움을 주고받는 존재이자, 협력하여 과제를 같이 해결하는 파트너인 동시에 때로는 선의의 경쟁관계를 형성하는 비교의 대상이 되기도 한다. 동료와의 원활한 의사소통을 이루기 위해 대화의 기회를 자주 가지는 것이 필요하며 업무시간 외에도 친목모임을 가지는 것이 좋다. 또한 서로의 주장과 이해관계가 충돌할 때 감정으로 해결하지 말고 설득과 타협을 통해 조정의 방향을 찾아야 한다. 자신에 대해서는 겸손을, 타인에 대해서는 관용을, 상호관계에 대해서는 상식 수준에 맞는 합리적 해결을 모색해야 할 것이다.

2) 상사와의 관계

조직의 업무는 대개 상급자의 명령과 지시를 통하여 시작된다. 이 때 상사의 생각을 정확히 파악하고 요구에 신속히 응해야 한다. 복잡한 사항이나 여러 가지 일을 한꺼번에 요청할 때는 중요도에 따라 안배해서 처리해야 할 것이다. 주어진 일을 마치면 일의 과정과 애로점, 문제점에 대해 보고하는 것이 필요하다. 잘못은 솔직하게 인정하고 상급자의 충고를 받아들이는 자세가 필요하다.

3) 부하와의 관계

상급자가 부하에게 군림하거나 일방적인 지시 · 명령관계를 형성할 때 부하의 존경과 협조를 얻을 수 없다. 부하의 신뢰를 얻고 헌신을 유도하기 위해서는 상사의 인간적 배려와 개방적 의사소통, 적극적 지원과 개발이 필요하다. 또한 리더 스스로 자기개발에 관심을 가지고 부하들의 역할 모델이 되기 위해 노력해야 한다.

직장 내 다양한 관계를 희화적으로 보여준 코미디 프로그램

4) 고객과의 관계

고객은 조직의 존재 기반이다. 따라서 고객이 없는 직원은 있을 수 없음을 알고 고객에 대한 정성과 친절을 실천해야 할 것이다. 고객의 욕구가 무엇인지 불만사항이 무엇인지 수시로 파악하고 이를 해결할 수 있어야 한다.

5) 거래기업과의 관계

직장은 협력사, 외주업체 등 다양한 거래처와 함께 존재한다. 따라서 긴밀한 공생관계를 유지하는 것이 필요하다. 거래 기업의 선정은 공정하게 정해야 하며, 거래관계에 있어서도 불이익이나 일방적 희생을 요구해서는 안 될 것이다. 거래기업은 많을수록 좋다. 유사시에 대체가능성이 커지고 거래처간의 경쟁을 유발할 수 있기 때문이다. 또한 하도급 관계를 형성하는 협력기업의 기술수준이나 서비스 질을 높이기 위한 투자와 지도에도 노력을 기울여야 한다.

6) 공공기관과의 관계

직장인은 직장일과 관련하여 관공서나 공공기관과 일정한 업무관계를 맺는 경우가 있다. 공공기관 관계자를 응대할 때는 직장을 대표하는 자세가 필요하다. 예의를 갖추되 필요 이상의 아부나 부정을 통한 편법적 이익을 얻으려고 해서는 안된다. 시간이 걸리더라도 절차와 규정을 따르는 것이 필요하며, 모든 절차를 투명하게 처리하여 오해의 여지를 만들지 않는 것이 좋다.

2.4 감성 지능과 사회적 지능

다니엘 골만(D. Goleman)

감성 지능(EQ : emotional intelligence quotient)이란 자신의 감정을 이해하고 조절하며, 타인의 감정을 이해하고 동조하는 능력으로 정서와 이성을 통합하는 능력이다. 더 구체적으로는 '자신의 감정 상태를 빨리 인식하는 능력, 자신의 감성을 적절히 관리하고 조절하는 능력, 자신의 성취를 위해 노력하고 자기 스스로 동기화하는 능력, 타인의 감성을 느끼고 이해하는 능력, 타인의 감성을 조정하는 능력'이다.

감성 지능은 다니엘 골만(D. Goleman)이라는 학자가 1995년 '타임즈'지에 『감성지능; 왜 I.Q보다 중요한가?』라는 기사를 소개한 후부터 주목받기 시작하였으며 그 후 많은 학자들이 감성지능의 중요성을 인정하고 연구를 진행하고 있다.

가드너(H. Gardner)는 인간의 지적 능력이 언어능력, 음악능력, 논리능력, 공간이해 능력, 운동능력, 개인 내 능력, 개인 간 능력의 일곱 가지로 구성된다고 주장하며, 이 중 특히 개인 내 능력과 개인 간 능력은 '사회적 지능(social intelligence)'으로서 감성 지능을 포함한다고 주장하였다. 이러한 점에서 자신의 감성과 동기를 잘 파악하고 타인과의 감성적 문제나 갈등을 해결하는 '감성 지능'은 IQ 못지않게 중요한 능력이라고 할 수 있다.

조직에서의 승진이 이성, 감성, 관리 능력 중 무엇으로부터 영향을 받는가를 추적한 연구조사 결과에 의하면 EQ가 36%, IQ가 27%, 관리역량이 16%를 차지하여 EQ가 IQ에 비해 승진과 개인의 경력관리에 더 중요한 것으로 밝혀졌다.

| 도표 11-6 | 감성에 대한 관점의 변화

과거	현대
• 판단을 흐림 • 혼란스러운 것 • 관리를 방해함 • 피해야 할 것 • 사업영역과는 상관없는 것	• 판단을 풍부하게 함 • 창의성과 혁신을 불러일으킴 • 동기를 부여함 • 통합시키고 촉진시킴 • 사업영역에 필수적인 것

쿠퍼와 사와프(R. K. Cooper & A. Sawaf)는 감성지능이 개인의 경력 개발과 조직의 성공에 결정적인 역할을 한다고 보았는데 그 예로서 의사결정, 리더십, 전략과 기술 혁신, 개방적이고 정직한 의사소통, 신뢰관계와 팀워크, 고객만족, 창의성과 같은 영역에서 큰 역할을 한다고 보았다. 즉, 감성은 훌륭한 결정을 내리고, 문제 해결을 위하여 적절한 행동을 취하며, 변화에 대처하는데 도움이 되는 것이다.[9)]

골만이 제시한 감성 지능은 자신의 감성을 다룰 수 있는 영역과 타인의 감정을 이해하고 배려하는 영역으로 구성된다. 자신과 관련된 감성 지능에는 자기인식, 자기 관리, 자기 동기화가 있으며, 타인과 관련된 감성 지능에는 감정이입과 대인관계 기술이 해당된다.

| 도표 11-7 | 골만이 제시한 감성 지능의 5대 영역

영역	내용
자기 인식 (self-awareness)	• 자신의 기분과 정서를 이해하고, 시간 흐름에 따라 그것이 어떻게 변화하며, 과업과 대인관계에 어떤 영향을 미치는지를 이해하는 것
자기 조절 (self-regulation)	• 감정에 치우치지 않고 균형적인 판단을 하는 것 • 긴장 상황에서 정서 안정성과 정보처리를 촉진
자기 동기화 (self-motivation)	• 내재적 동기부여를 통해 자신이 세운 목표 달성을 추구하는 성향 • 성취 욕구, 긍정적 태도와 관련
감정 이입 (empathy)	• 다른 사람의 기분과 정서를 인식하고 다른 사람들이 자신의 정서와 행동에 어떻게 반응하는지를 이해하는 것 • 동료 · 상사 · 부하 · 고객의 감정을 이해하고 자신이 의도한 감정을 이입
대인관계 기술 (social skill)	• 네트워크를 구축하고 관계를 관리하는 능력 • 타인의 감성에 적절히 대처하고 감성 표현을 하는 능력

자료 : D. Goleman, 1995, Emotional Intelligence, New York : Bantam Books

메이어(J. D. Mayer) 등의 학자는 감성지능을 다음의 네 가지 차원으로 분류될 수 있는 상호 관련된 기술이라고 정의하였다.[10] 네 가지 차원은 감성인식(self emotional appraisal), 감성이해(others' emotional appraisal), 감성조절(regulation of emotion), 감성활용(use of emotion)을 의미한다.

- 감성인식은 자신과 타인의 감정을 정확히 인식하고, 표현하는 능력이다.
- 감성이해는 감성과 감성적 지식을 이해하는 능력이다.
- 감성조절은 지적 성장을 위해 감성을 증진하고 조절하는 능력이다.
- 감성활용은 사고를 할 때 감정에 접근하여 감정을 창출하는 능력이다.

메이어 등은 감성 지능을 인간의 중요한 능력으로 간주하는데, 감성을 인지하고 감성을 통해 사고를 촉진하고 감성을 이해하고 감성을 효과적으로 조절하는 등의 능력은 어떤 다른 능력 못지않게 중요하다고 주장한다. 즉, 감성이 사람들의 사고와 의사결정, 계획 수립, 창의에 영향을 미친다고 본다. 또한 감성지능은 IQ 테스트처럼 객관적으로 측정할 수 있다고 보았다.[11]

감성지능에 대한 관심이 증가함에 따라 감성 지능을 효과적으로 관리하고 개발하기 위한 다양한 방법론도 등장하고 있다. 21세기는 물질주의와 기계화된 문명을 극복하고 휴머니즘에 바탕을 둔 풍부한 감성과 스토리텔링, 협업과 소통이 강조되는 시대이다. 따라서 감성 지능에 대한 이해를 새롭게 하고 풍부하게 하고자 노력하는 것은 개인이나 조직 차원에서 중요한 자산이 될 수 있을 것이다.

2.5 갈등 관리

1) 갈등의 개념

갈등이란 제한된 자원을 공유하는 과정이나 작업수행 과정에서 또는 상이한 신분, 목표, 가치관 때문에 두 사람 이상의 개인이나 집단들 사이에서 발생하는 불화나 의견불일치 상태를 의미한다. 특히 의견 불일치는 자신의 입장이나 견해를 타인에게 강요하거나 자신이 강요받는 경우에 발생한다.[12]

전통적인 관점에서는 갈등은 해로운 것이며 원만한 인간관계의 결핍에서 발생하는 현상이며, 집단의 유효성을 저해하는 병리 현상이라고 여겨졌다. 이러한 관점에서 볼 때 갈등은 피해야 할 문제였기 때문에 그 원인의 분석과 역기능의 해소에 대해서는 거의 관심을 두지 않았다.[13]

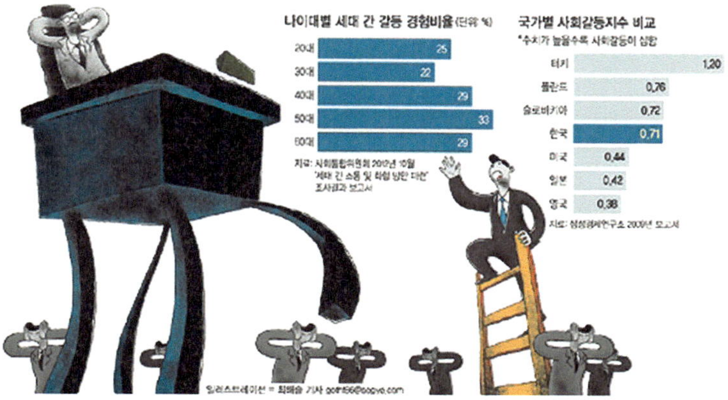

자료 : 세계일보, 2012.10.30

그러나 현대적 관점에서는 갈등은 피할 수 없는 것이고, 조직이나 집단의 구조적 요인에 의해 나타나며, 예측될 수 있고, 변화의 과정에 필연적으로 발생할 수밖에 없다고 본다. 또한 어느 정도의 갈등은 적절한 긴장과 경쟁을 유발하여 조직관리에 활력을 부여하는 요소가 될 수도 있다고 보고 있다.

갈등이 존재하지 않는 것은 불가능하므로 중요한 것은 갈등을 어떻게 처리하느냐이다. 갈등상황에 대한 합리적인 관리를 통해 개인과 조직의 문제를 개선하고 보다 효율적인 상태를 실현하는 것이 중요하다.

Conflict is antagonism or opposition between or among persons. It occurs when there is competition or mutual interference among people.

2) 갈등의 유형

① 개인 갈등

개인은 다양한 욕구와 역할 사이에서 갈등하며, 개인 목표와 조직목표 사이에서 갈등과 충돌을 일으킨다. 개인 갈등은 다시 좌절에 의한 갈등, 목표 갈등, 역할 갈등으로 세분할 수 있다.

▪ 좌절 갈등

개인의 욕구가 목표에 도달하지 못하고 방해를 받을 때 좌절이 나타난다. 좌절을 경험하는 개인은 공격, 포기, 집착, 타협 등의 방어적 행동을 보인다.

■ 목표 갈등

이는 목표가 긍정적인 면과 부정적인 면의 양면성을 가지거나, 둘 이상의 경쟁적인 목표가 상호 충돌할 때 발생한다.

■ 역할 갈등

역할의 모호성과 이중성에서 오는 심리적 불안감과 압박감으로 인해 갈등이 발생할 수 있다. 개인이 동시에 처한 다양하고도 상반된 역할은 그 요구와 기대가 각기 다르기 때문에 갈등이 일어나게 된다.

② 대인 갈등

대인적 갈등은 개인과 개인 간의 인간관계에서 발생하는 갈등을 말하는데, 개인들의 성격, 배경, 경험 등의 차이, 한정된 자원이나 지위 차이 때문에 일어난다.

■ 개인 간 차이

세대, 성별, 태도, 신념, 가치, 경험, 세계관, 인간에 대한 이해 등에서 타인이 자신과 다르다는 점은 갈등의 원인이 된다.

■ 한정된 자원

조직 내에서 재정자원, 인간자원, 기술자원, 시간자원은 언제나 한정되어 있으므로 그것을 차지하기 위한 갈등이 발생한다.

■ 상호의존 관계

둘 이상의 개인이 과업을 완성하기 위해 서로 의존해야 할 때 상호의존성이 생긴다. 이와 같은 상황 하에서 갈등의 잠재성이 높아진다. 특히 어떤 개인의 업무가 완결되고 그것에 연결하여 다음 사람의 작업이 이루어지는 '연속적 상호의존성'에 놓이거나, 2인 이상이 협동을 통해 하나의 업무를 완성해야 하는 '호혜적 상호의존성'을 가질 때 갈등의 잠재성은 더 커진다.[14)]

③ 조직 갈등

전체 조직은 여러 가지 활동 단위, 즉 집단들로 구성되어 있으며, 복잡한 구조와 체계를 가진다. 조직을 구성하는 집단과 집단 간에, 조직의 구성 부문 간에 갈등이 생길 수 있다. 조직 갈등은 다시 계층적 갈등, 기능적 갈등, 공식 · 비공식 조직 간 갈등으로 나눌 수 있다.

■ 계층적 갈등

조직의 여러 계층 간에는 갈등이 발생할 수 있다. 상위 계층의 시각, 가치, 목표는 중간 계층이나 하위 계층의 그것과는 다르다. 계층이 많은 조직에서는 의사소통의 기회가 제한되므로 갈등의 소지가 더 커진다.

■ 기능적 갈등

조직의 여러 기능 부문들 간에도 갈등이 일어난다. 조직의 각 부문은 각자의 목표 달성을 위해 경쟁하게 된다. 기업의 재정부서, 개발부서, 생산부서, 영업부서 간에 일어나는 갈등이 그 전형적인 예다.

■ 공식·비공식 조직 간 갈등

공식조직과 비공식조직 간에도 갈등이 일어날 수 있다. 예를 들면 비공식조직의 규범과 공식조직의 규범이 상충되는 경우에 갈등이 일어나게 된다.

3) 갈등 대처 방식

토마스(K. W. Thomas)와 킬만(R. H. Kilmann)은 갈등에 대처하는 방식을 5개 유형으로 분류하였다. 갈등 당사자의 자기주장 정도와 협조 정도의 차이를 기준으로 갈등을 피하는 '회피형', 상대 의견을 수용하는 '순응형', 자기 의견에 확신을 갖고 강하게 주장하는 '경쟁형', 서로 공정하게 양보해 중간점을 찾아가는 '절충형', 많은 사람의 다양한 의견을 모아 전체가 만족할 만한 답을 찾으려 애쓰는 '협동형'이 있다.

① 회피(avoidance)

갈등의 존재 자체를 부인하고 갈등의 원인을 이해하거나 시정하려는 시도를 하지 않는다.

② 순응(accommodation)

상대방의 주장을 받아들여 자신의 이익을 포기하는 것으로 갈등을 신속히 해결하기 위한 방안의 하나이다(Lose–Win 전략).

③ 경쟁(competition)

상대방을 희생시키고 자신의 목표를 이루고자 노력하는 것이다(Win–Lose 전략).

④ 절충(compromise)

갈등 해결을 위해 당사자가 각자의 목표 일부를 포기하는 것이다(Lose-Lose 전략).

⑤ 협동(collaboration)

각자가 상대방의 목표를 수용하고 양측이 최선의 안을 같이 모색하는 것이다. 협력과정에서 갈등의 원인을 알 수 있고 해결하고자 노력할 수 있다(Win-Win 전략).

대체로 협동형이 바람직한 갈등 해결 방안이 될 수는 있으나, 언제나 이상적인 갈등 해결 유형이라고 말할 수는 없다. 상황에 따라 위의 모든 유형이 갈등해결 방식이 될 수 있으므로 상황을 고려한 적절한 갈등해결 전략이 필요하다.

도표 11-8 토마스-킬만의 갈등대처 유형

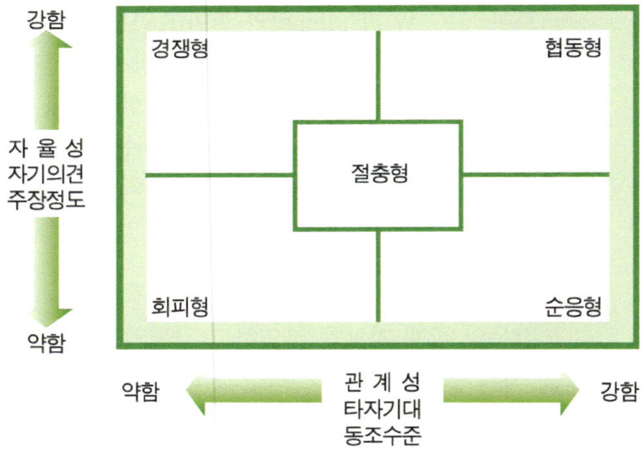

자료 : K. W. Thomas & R. H. Kilmann, 2002, Thomas-Kilmann Conflict Mode Instrument, Palo Alto : CA Xicom, Inc.

2.6 죠해리의 창

죠해리의 창(Johari Window) 또는 자아의식 모델(self-awareness model)은 심리학자인 죠셉(Joseph Luft)과 해리 잉햄(Harry Ingham)에 의해 개발되었다고 해서 두 사람의 이름을 따서 '죠해리'라고 하고, 마음의 문을 연다는 뜻에서 '창'이라고 하였다. 이 모델은 대인관계에 있어서 어떻게 타인들에게 자신을 노출시키고 그들로부터 정보를 피드백 받는가를 제시하는 모형이다.

죠해리의 창은 인간의 내면이 네 개의 영역으로 구성되어 있다고 보았다.

① 공개 영역(open area)

공개 영역은 자신과 타인 모두에게 알려진 영역이다. 자신도 타인도 인식하는 자신의 외모, 성격, 배경, 경력 등이 그 예이다. 이 공개영역이 넓을수록 공감대가 커지기 때문에 오해가 줄어들고 인간관계가 돈독해질 수 있다.

② 은폐 영역(hidden area)

은폐 영역은 자신은 알고 있지만 타인은 모르는 영역이다. 여러 가지 이유로 자신의 정보를 타인에게 노출할 수 없거나 공개하고 싶지 않은 부분이다. 가령 자신의 생활습관과 같은 대수롭지 않은 문제에서부터 자신만 알고 있는 심각한 문제, 남몰래 지은 죄, 중요한 정보에 이르기까지 다양하다.

③ 맹인 영역(blind area)

맹인 영역은 타인은 알고 있지만 자신은 모르고 있는 영역이다. 인간은 자신이 깨닫지 못한 맹점이 있는데, 이상한 습관이나 성격과 같은 내면적인 요소와, 어울리지 않는 외모 스타일, 청결치 못함과 같은 외형적 요소들에 의해 본인은 지각하지 못한 채 타인으로부터 빈축을 사게 된다.[15)]

④ 미지 영역(unknown area)

미지 영역은 자신과 타인 모두 모르는 자신의 영역으로서, 표출되지는 않았지만 심리 치료, 충격적인 자극, 특정 사건 등에 의해 드러나기도 한다.

이러한 네 개의 영역 중 공개적 부분이 클수록 효과적인 커뮤니케이션과 원만한 인간관계가 가능하다. 그러기 위해서는 첫째, 나를 계속 노출하여

| 도표 11-9 | 죠해리의 창

	내가 아는 영역	내가 모르는 영역
타인이 아는 영역	공개 영역	맹인 영역
타인이 모르는 영역	은폐 영역	미지 영역

'은폐 영역'을 줄여야 한다. 둘째, 타인의 평가를 계속 받아들여 자신이 가지고 있는 '맹인 영역'을 줄여야 한다. 타인들의 평가를 통해 외부에 비춰진 자신의 이미지를 비추어 보고 좋지 않은 면은 개선하도록 노력해야 할 것이다. 셋째, '미지 영역'을 열어나가는 것이 필요하다. 이것 역시 자기 자신을 타인에게 적극적으로 표현함으로써 스스로 알지 못하는 점을 타인으로부터 지적받는 노력을 병행해 나갈 때 가능할 수 있다.

이와 같이 자신의 솔직한 자아개방(자기노출; self disclosure)과 타인의 솔직한 피드백(feedback)을 통해 자신에게 존재하는 은폐적 · 맹인적 · 미지적 부분을 줄이고 공개적 영역을 확대시킴으로써 타인과의 갈등을 줄이고 원만한 인간관계를 형성할 수 있다.

제 3 절 조직문화

3.1 조직문화의 개념

1) 조직문화의 정의

문화란 사회를 구성하고 있는 모든 사람들이 공통적으로 지니고 있는 가치관과 신념, 이념, 관습, 그리고 지식과 기술 등을 총칭하는 것으로 그 문화권에 속한 인간의 행동에 영향을 끼치는 법칙들에 대한 가장 거시적인 개념이다.[16] 따라서 문화란 한 사회를 형성하고 나서 그 사회를 유지, 발전시키기 위하여 사회구성원의 행동과 의식을 통합하고 조정하는 종합요소라 할 수 있다.

인간이 태어나 특정 환경에서 성장하면서 그 나름대로의 태도, 가치관, 행동유형을 가꾸어 가듯이 기업조직도 특정한 환경 속에서 적응하고 발전해 나가는 동안에 그 구성원들 대다수가 공유하게 되는 기본 신념이나 가치관, 행동규범, 관습 등 일종의 집합적 의지(collective will)를 취득하게 되는데, 이와 같이 외부환경에 적응과 내부구성원의 통합이라는 중요한 기능을 수행하고 있는 것이 조직문화(organizational culture)이다.

조직문화는 인류학이나 사회학에서 연구되어 왔던 문화이론을 조직이론에 접목시킨 것으로서 미국과 유럽에서는 조직풍토, 조직분위기 등과 같은 개념으로 연구되어 왔고, 일본에서는 사풍이라는 개념으로 연구하기 시작하였으며, 1930년대부터 기업체를 사회문화적인 관점에서 연구하기 시작하면서 태동한 기업문화(corporate culture)에 대한 개념이 경영학에서 사용되기 시작한 것은 1979년 페티그루(A. M. Pettigrew)가 'On Studying Organizational Culture'란 논문을 발표하면서 본격적인 연구가 시작되었다. 페티그루는 조직문화를 '조직이 가지고 있는 상징, 언어, 이념, 의식, 전통 등의 총체적 개념의 원천'이라고 정의하였다.[17)]

샤인(E. H. Shein)은 '문화란 한 집단이 외적인 적응과 내적인 통합의 문제를 극복하기 위해 학습해 나가면서 발견되고 개발된 일련의 기본적인 전제유형(a pattern of a basic assumption)이며, 그것은 이들 제 문제에 관련하여 충분히 타당하고, 그래서 새로운 구성원에게 지각하고 생각하고 또한 느낄 수 있는 옳은 방법을 가르치는 것'으로 설명하고 있다.[18)] 그는 '조직문화란 외부환경에 적응하고 조직내부를 통합하는 문제를 해결하는 과정에서

조직문화 공유노력 : LG엔시스 직원들이 단체로 야구장에 와서 홈팀을 응원하고 있다

특정집단이 고안하고 개발한 기본믿음들로, 이것은 오랫동안 구성원들 사이에서 아무런 의심없이 당연한 것으로 받아들여지고 새로운 구성원들에게는 조직의 대내외 문제를 해결하는 방법으로 학습되어지는 것'으로 보고 있다.

이상의 정의를 종합해 볼 때 조직문화란 '외부환경에 적응하고 조직내부를 통합하는 문제를 해결하는 과정이 반복되면서 구성원들 사이에 당연한 것으로 받아들여지는 기본적인 믿음으로서, 구성원들의 가치관, 태도, 행동에 영향을 주는 기본적인 가정(basic assumption)'으로 정의할 수 있다.

즉, 조직문화는 조직구성원들의 활동의 지침이 되며, 행동규범을 창출하는 공유된 가치관과 신념체계이고, 이는 조직구성원들이 어떻게 행동해야 할지를 명시해 주는 비공식적인 지침으로서 조직을 통합시켜주는 응집력의 원천이 되고 있다.

> **Corporate culture** is the system of shared values, beliefs, and habits within an organization that interacts with the formal structure to produce behavioral norms.

2) 조직문화의 특성

① 개인적 자주성 : 조직에서 개인이 주도권 행사를 할 수 있는 책임과 독립성 및 기회 등의 정도
② 구조 : 직접적인 감독의 한계와 규정 및 규칙 등의 차원
③ 지원 : 지원이나 조력의 정도
④ 동일감 : 전체적 조직차원에서 조직구성원이 가지고 있는 일체감이나 일치성
⑤ 성과 보상 : 조직 내의 보상 할당의 정도
⑥ 갈등의 관용 : 갈등이나 충돌의 정도
⑦ 위험의 관용 : 위험을 불사하는 행위를 격려하는 정도

3) 조직문화의 중요성

조직문화에 관한 연구의 역사가 일치함에도 불구하고 많은 학자들에 의해서 활발한 연구가 진행되고 있으며, 경영자들의 관심이 지대한 이유는 조직문화가 그 특성과 강도에 의해서 기업의 효과성을 결정한다고 믿고 있기 때

문이다. 조직문화가 효과성에 어떻게 영향을 미치는지를 살펴봄으로써 조직문화에 관한 연구의 중요성을 이해할 수 있다. 조직문화가 기업경영의 어떤 측면에서 영향을 미치는지를 구체적으로 살펴보면 다음과 같다.

첫째, 기업의 전략수행에 영향을 미친다(전략에 미치는 영향).

기업이 재무, 생산, 마케팅의 관점에서는 타당한 것으로 판단된 새로운 전략을 수립하였다고 해도 그의 실현이 보장되는 것은 아니다. 왜냐하면 새로운 전략의 수행을 위해서 기존의 문화와 전혀 다른 가치관, 행동양식, 작업방식 등을 필요로 하는 경우에는 새로운 전략의 수립만으로 오랜 세월에 걸쳐 형성되어 온 조직문화를 일시에 변화시킬 수 없으므로 그 전략의 실현을 기대하기는 어렵다. 따라서 기업은 반드시 그 문화를 분석하여 그에 알맞는 방식으로 경영하여야 하며, 만약 필요하다면 문화를 변화시켜야 한다.

둘째, 합병 또는 다각화를 시도하는 경우에는 문화적 요소를 고려하여야 한다(합병에 미치는 영향).

합병이 이루어진 두 기업이 서로 조화될 수 없는 상이한 문화적 특징을 지니고 있으므로 진정한 내부적 통합이 이루어지지 못하고 심각한 어려움을 겪는 사례가 많이 있다. 그럴 경우 유능한 사원들이 합병 후 새로운 회사에 적응하지 못하고 기업을 떠나는 등의 부작용이 발생한다. 또한 다각화를 시도하여 새로운 사업분야에 진출하는 경우에는 새로운 기술과 생산방식이 도입되어야 하고, 새로운 시장에 활동해야 하기 때문에 목적한 바를 달성하기 위해서는 관리방식도 변화해야 한다. 따라서 구성원들은 현재의 문화와는 달리 다른 새로운 문화를 익혀야 하므로 저항하게 되고, 두 문화적 특성이 서로 조화될 수 없는 것일 때, 그 기업은 새로운 사업분야에서의 성공을 기대할 수 없다.

셋째, 조직 내 집단 간의 갈등에 영향을 미친다(갈등에 미치는 영향).

한 집단이 형성되어 시간이 흐르면 그 집단의 문화도 함께 형성되므로 한 기업 내에서도 집단별로 상이한 문화를 가질 수 있다. 기능부서별 · 공장별 · 계층별 하위문화가 존재하는 것은 자연스러운 현상이지만 모든 하위문화를 통합해주는 기업의 공통문화가 존재하지 않는 경우에는 문화적 특성의 차이로 인하여 심각한 집단 간 갈등이 발생하게 된다.

넷째, 의사소통에 영향을 미친다(의사소통에 미치는 영향).

동일 기업 내에서도 상이한 문화적 특성을 지닌 집단의 구성원들 간에는 상황을 해석하는 방식과 지각내용이 달라질 수 있으며, 사용하는 언어의 개념에도 차이가 있게 되므로 상호간의 효율적인 의사소통이 어려워진다.

다섯째, 생산성에 영향을 미친다.

실제 작업현장에서 근무하는 구성원들이 자신의 성장과 기업의 발전을 일체로 생각하는 경우와 그렇지 않은 경우를 생각해보면 문화적 특성이 생산성에 영향을 미친다는 사실을 이해할 수 있다. 이와 같이 한 기업의 문화는 기업 운영의 모든 면에 영향을 미치면서 기업의 효과성을 결정하는 중요한 요소이다.

최근 조직문화 연구에 대한 관심이 매우 급격히 증대되고 있는 이유는 다음과 같다.[19)]

첫째, 전반적인 사회의 변동으로 인하여 새로운 관리모형에 대한 필요성이 증대되었기 때문이다. 역사적으로 볼 때 1950년대 말부터 미국의 경영학이 도입되면서부터 10여 년간 우리나라에는 합리성과 과학적인 분석을 강조하는 관리론적 접근방법이 경영학의 주류를 이루었다. 이후 1970년대에 들어와서 조직을 전체적인 관점에서 보고자 하는 시스템적 접근방법이 새로운 패러다임으로 연구되다가 1980년대에 들어와서 경쟁의 심화 및 환경변화의 급속화로 인하여 전략경영의 개념이 중시되게 되었고 이를 효율적으로 수행함에 있어서 조직문화에 대한 분석이 필연적으로 요청되게 되었다.

둘째, 조직문화 연구가 최근에 급격히 증가된 또 하나의 이유는 조직문화에 대한 실무적인 요청 때문이다. 미국의 경우 미국경영의 퇴조에 대한 해결책을 강구하기 위하여 우수기업에 대한 탐구가 이루어 졌는데, 그 과정에서 우수기업의 공통점으로 강한 조직문화를 가지고 있다는 것을 발견하고 조직문화에 대한 연구를 본격화하기 시작하였다.

셋째, 기업경영이 발달되고 국제화, 개방화 되어 감에 따라 다국적기업이 등장하고, 이에 따라 다국적기업의 활동영역이 각 국가의 문화적 특성에 관심이 높아지게 된 것도 조직문화의 연구가 활발하게 된 요인의 하나로 들 수 있다.

넷째, 전반적인 우리사회의 가치관이 급격히 변화하고 있기 때문이다. 오늘날을 가리켜 「불확실성의 시대」 또는 「변혁의 시대」라고 일컬을 정도로 현대사회는 급변하고 있으며, 이에 발맞추어 사회적인 가치관이나 규범이 변화하므로 경영자들은 이와 같은 변화에 대처할 수 있는 방안을 모색하여야 한다. 오늘날 기업 내 구성원들은 물질적 성공, 즉 부의 축적보다 생활의 질(quality of life)을 중요시 하고 있으므로 기업경영자는 임금, 복리후생 이외에 승진, 우수사원 포상, 기업위상의 제고 등을 통하여 구성원들이 소속 기업에 대한 자부심 및 성취감을 고양시킬 수 있도록 노력하여야 한다.

이와 같이 바람직한 조직문화의 개발 및 관리는 기업의 전략을 성공적으로 수행하고, 조직 내 구성원의 갈등을 완화시키며, 구성원 간 원활한 의사소통을 기하고, 구성원들에게 소속조직에 대한 자부심 및 성취감을 고양시킴으로써 궁극적으로 생산성 향상이나 이직율 감소 등의 조직성과의 증대효과를 가져다준다는 점에서 조직문화의 중요성을 찾아볼 수 있다.

대한항공 : 전체 직원이 메시지 카드를 매다는 '소통나무'로 조화로운 조직문화 이뤄나간다(사진 : 연합뉴스, 2012.2.21)

효성 '조직문화 혁신' 선포식(사진 : 파이낸셜 뉴스, 2008.6.30)

3.2 조직문화의 기능

조직문화의 중요성에서 언급한 바와 같이 조직문화는 조직구성원들을 조직의 목표에 정렬시키고, 조직 내 구성원 간 일체감을 부여하고 조직 내 갈등을 완화시키는 역할을 수행한다. 스미르씨츠(L. Smircich)는 조직문화의 기능을 다음의 네 가지로 설명하고 있다.[20)]

첫째, 조직문화는 조직구성원들에게 조직구성원으로서의 정체성(identity)을 제공한다. 조직정체성이란 조직구성원들이 공유하는 행동적, 심리적 동질성을 의미한다. 우리는 흔히 특정조직내의 구성원들에게서 보여 지는 그들만의 독특한 심리적 · 행동적 특성을 쉽게 발견한다.

예를 들어 삼성인과 현대인의 칼라가 다르다든가, 컨설팅 산업 내에서도 외국컨설팅회사에 근무하는 컨설턴트와 국내컨설팅회사에서 근무하는 컨설턴트 간에 심리적, 행동적 차이를 보여주는 것은 두 조직의 문화가 다르기 때문이다.

둘째, 조직문화는 조직체계의 안정성을 높여준다. 즉 대부분의 조직은 조직이 추구하는 가치를 벗어난 구성원들에게 일정한 제제를 가함으로써 조직질서를 유지하고자 하는데, 이와 같이 조직문화는 간접적으로 규범적 역할을 수행한다.

셋째, 조직문화는 집단구성원에게 집단적 몰입을 이끌어낸다. 조직구성원들은 조직문화를 통하여 구성원 간 동일한 가치관이나 믿음을 인식하게 되고, 이를 통하여 강한 동료애와 집단에 대한 충성심과 몰입을 이끌어내게 된다.

넷째, 조직문화는 조직구성원들에게 일정한 방향으로 이끌어가는 학습도구로서의 기능을 수행한다. 즉 구성원들은 조직구성원들에게 요구되는 가치, 신념이나 믿음이 무엇이고 조직 내에서 어떻게 행동하여야 하는가에 대하여 배울 수 있도록 하는 학습기능을 수행한다.

이 외에도 조직문화는 조직의 안정성을 유지하는데 기여할 뿐만 아니라, 조직이 어려움에 처해있을 때 어려움을 극복하는 힘으로서 작용하며, 많은 연구결과를 보면 강한 조직문화를 가진 기업일수록 기업의 어려움을 잘 극복할 수 있는 결정적인 힘을 제공한다는데 견해가 일치한다.

3.3 조직문화의 구성요소와 형성

1) 조직문화의 구성요소

① 파스칼과 피터스의 7S 모형

파스칼(R. T. Pascale)과 아토스(A. G. Athos),[21] 그리고 피터스(T. J. Peters)와 워터맨(R. H. Waterman)[22] 등은 조직문화의 구성요소로서 〈도표 11-10〉과 같이 7S모형을 제시하였는데, 이들 요소에 대하여 구체적으로 설명하면 다음과 같다.

| 도표 11-10 | 조직문화 구성요소

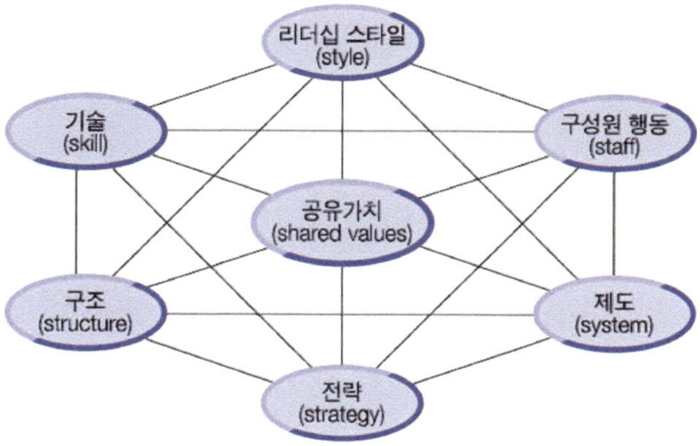

자료 : R. T. Pascale and A. G. Athos, 1981, The Art of Japanese Management, New York : Penguin Books, p.202. ; T. J. Peters and R. H. Waterman, 1982, Jr., In Search of Excellence, New York, Harpers and Row Publishers, p.10.

■ 공유가치(shared value)

공유가치란 7S중 가장 중요한 요소로서 조직구성원들에게 주입시켜 온 가치관, 이념, 전통가치, 기본목적 등을 포함하며, 전략적 목표설정과 구성원의 행동경향 등 다른 요소에 영향을 줌으로써 조직문화 형성에 가장 중요한 위치를 차지하고 있다.

■ 전략(strategy)

전략이란 경쟁우위를 확보하기 위하여 기업 내 제 자원을 배분하는 계획과 행동패턴을 의미한다. 특히 전략은 조직의 기본성격을 지배하는 중요요소로서 조직의 중심가치 또는 상위목적을 중심으로 이를 달성하기 위한 조직운영에 장기적인 틀을 제공함으로써 다른 요소들에게 많은 영향을 주게 된다.

■ 조직구조(structure)

조직구조란 조직의 구성단위 및 이들 사이의 관계를 연결시키는 방식으로서 장기적인 전략을 수행하는데 필요한 조직구조와 직무설계, 권한관계와 방침, 규정 그리고 상호간 관계 및 조직구성원 행동에 영향을 주는 공식요소들을 포함한다.

■ 제도(system)

제도란 조직운영과 경영과정에 관련된 모든 것을 의미한다. 즉, 제도란 매일 수행되는 업무들을 조직에서 어떻게 받아들이고 처리하는지를 보여주는 일련의 프로세스와 업무흐름을 말하며, 여기에는 커뮤니케이션, 의사결정시스템, 보상체계, 인센티브제도, 목표설정제도 등 주어진 조직구조 하에서 조직의 목적과 전략을 실제로 달성하는데 적용되는 모든 제도와 시스템을 포함한다.

■ 구성원(staff)

구성원이란 조직의 인적자원 요소로서 여기에는 직원채용, 교육훈련, 평가시스템, 승진, 임금과 같은 실체적 요인 뿐 아니라 근로의욕, 자세, 동기부여 등과 같은 추상적 요인을 포함한다.

■ 스타일(style)

구성원들의 행동경향과 행동패턴을 말하며, 주로 리더십 스타일, 즉 경영자가 어떻게 자기의 시간과 노력을 투입하고 조직을 어떻게 이끌어 나가는가 하는 방식이 기업의 스타일 결정에 중요한 영향을 미친다.

■ 기술(skill)

기술이란 조직 내에서 구성원 각각의 능력뿐 아니라 조직의 경쟁력으로 승화된 조직 전체의 능력을 의미하며, 여기에는 동기부여, 강화, 통제, 통합, 조정, 갈등관리, 변화관리 등 과업수행상의 구체적인 방법과 기술을 포함한다.

7S는 특성에 따라 하드(hard) 'S'와 소프트(soft) 'S'로 구분할 수 있다. 하드 'S'란 전략, 조직, 제도를 말하는데, 이 요소들은 논리적, 합리적으로 대응이 가능하고, 비교적 쉽게 모방이 가능하며, 변화의 가시화에 중요한 영향을 미치는 특성을 가지고 있다. 한편 소프트 'S'란 공유가치, 기술, 구성원, 스타일을 말하며, 이 요소들의 특성은 인간의 감성이나 감각을 고려하여야 하고, 쉽게 모방이 되지 않는다는 점에 있다.

한편 7S를 활용방법에 따라 구분해 보면 공유가치, 전략 및 기술은 조직이 지향하는 방향성과 목표수준을 결정하는 요소이며, 조직구조, 제도, 구성원, 스타일은 조직이 지향하는 방향성과 목표를 달성하기 위해서 갖추어야 할 조직운영의 인프라(infrastructure) 역할을 한다.

② 딜과 케네디의 구성요소

딜(T. E. Deal)과 케네디(A. Kennedy)는 조직문화 형성에 영향을 미치는 요소로서 사업환경, 가치, 영웅, 의례 및 의식, 문화망 등을 들고 있다.[23)]

사업환경은 조직문화 형성을 위한 가장 중요한 요소로서 각 조직의 성패는 사업환경에 대한 적응능력 정도에 달려 있으므로 사업환경에 적합한 문화유형의 형성이 매우 중요하다고 그들은 보고 있다.

가치는 구성원들이 공유하는 조직의 기본적 신념으로 조직문화의 핵심적 요소로서 조직 내 풍부하고 복잡한 가치체계를 구성원들이 공유하는 정도가 강할수록 강한 조직문화를 형성하게 된다.

영웅은 가치를 인격화하여 구성원들이 귀감이 될 수 있는 역할을 부여한 것이며, 주로 기업체의 창업자나 전문경영자가 이에 해당하며, 그들은 자신의 행동을 통하여 조직구성원 들에게 눈에 보이는 형태로 종업원의 본보기가 되는 역할을 한다.

의례와 의식은 체계적이고 계획된 일상적인 의식으로서 조직의 구성원에게 기대하는 행위를 표출하는 기능을 한다. 이는 조직의 가치를 행동에 옮기고 이를 강화시키는 요소로서 작용한다.

조직내 의사소통 수단인 문화망은 가치와 신화의 확산경로로서 역할을 수행한다. 조직의 리더들은 문화망을 효과적으로 잘 이용할 때 바람직한 조직문화의 형성을 유리하게 도모할 수 있다.

2) 조직문화의 형성

조직이란 환경에 적응하면서 조직목표를 달성하기 위해 필요한 업무를 수직적, 수평적으로 분화하고, 개인에게 주어진 기능을 수행하도록 한다. 이러한 조직의 탄생과 역사, 조직의 목표가 다르고, 조직을 구성하고 있는 구성원들의 니즈가 모두 다르므로 조직마다 상이한 문화가 존재하는 것은 필연적이다. 조직이 존재하고 성장하기 위하여는 좋은 조직문화를 갖는 것이 필요하며 건전한 조직문화를 만들고 이를 확산시킬 수 있는 구체적인 수단과 방법을 갖도록 하여야 한다. 조직문화 형성에 영향을 미치는 요소들을 살펴보면 다음과 같다.

① 창업자 또는 최고경영자의 경영이념이나 경영전략

현대그룹 창업자 고 정주영 회장 : 창업자의 철학은 기업문화 형성에 가장 큰 영향을 미친다

창업자의 경영이념이 그대로 기업이 지향하는 가치로 나타나는 경우가 많고, 그가 기업을 설립하여 역경을 헤쳐 나오는 과정에서 생성된 성공신화나 일화들이 조직문화의 핵심을 이루게 된다. 조직체가 강조하는 문화적 가치가 성장전략과 얼마나 적합성이 있느냐에 따라 독특한 문화개발의 가능성이 결정되는 데 최고경영자의 관리스타일도 문화에 크게 영향을 미치게 된다. 기업이 고도의 성장전략을 추구하거나, 자율적인 사업개발과 분권경영을 이념화하는 것, 도전과 창의성 그리고 개발중심의 문화적 가치를 강조한다거나 또는 최고경영자는 조직의 인사권을 가지고 있어 자기가 뜻하는 문화에 걸맞는 사람은 영입하고 반대되는 사람은 탈퇴시킴으로써 문화를 형성 내지는 변경하게 된다.

② 조직의 역사와 규모

문화라는 개념 자체가 역사성을 내포하고 있는 만큼 조직문화가 형성되려면 어느 정도의 역사와 규모가 전제된다. 따라서 단기간에 조직문화를 개발하는 데에는 상위 경영층과 전문 인력의 투입이 요구되며, 조직문화를 체계적으로 그리고 비교적 단기간에 개발하여 정착시키려면, 집중적인 인력투입과 자원투입이 필요하다.

③ 대체문화의 존재 여부

조직구성원들이 상이한 대체적인 문화에 노출이 되어 있을 경우에는 조직특유의 문화가 형성되기 어려우므로 조직구성원들이 다른 조직문화에 접한 경험이 없이 입사하여 조직사회화(organization's socialization) 과정을 통해 조직특유의 가치를 몸에 익히는 것이 필요하며 가능한 한 동질적 부류의 신규인원을 진입시키고 조직 가치를 주입시키려는 노력을 통하여 조직문화를 공유하도록 하여야 한다.

④ 조직이 속한 사회문화(societal culture)

기업조직은 사회의 한 부분일 뿐 아니라 업종과 산업의 한 부분이며 따라서 기업조직의 문화는 상위시스템인 사회로부터 많은 영향을 받게 된다.

⑤ 산업문화(industry culture)

조직이 속한 산업환경과 사업성격에 따라 기업행동과 문화가 상이하게 된다. 산업문화는 상품과 고객의 성격, 기술과 기술변화, 산업의 수명주기 등에 의해 문화적 특성이 결정된다.

⑥ 제품의 수명주기(product life cycle)

조직문화는 그 기업이 생산하는 제품의 수명주기와도 밀접한 관련이 있다. 제품이 도입기나 성장기에 있을 때에는 독창적인 문화개발이 용이하나 성숙기나 쇠퇴기에 있을수록 오랫동안 습관화·체질화된 조직문화의 변경은 곤란하다. 제품의 특성과 수명주기가 복합적으로 작용하여 조직문화에 영향을 미치고 있다.

⑦ 기업정체성(corporate identity)

조직문화는 조직구성원들이 기업에 대해 갖는 일체감이나 정체성 관련되어 있다. 기업의 정체성(CI : Corporate Identity)은 다음과 같은 과정으로 전개된다.

- 가시적인 정체성(visual identity)의 형성단계 : 기업의 심벌마크나 디자인을 만들어 자사의 존재를 명확하게 하는 것
- 기업부흥의 단계 : 기업이념이나 경영방침의 재구축
- 기업풍토 개선단계 : 조직 내의 의식개혁이나 가치관의 다양화를 업종간 경쟁에 적극 활용
- 활용단계 : 기업정체성을 시장에 대한 경영자원으로 생각하고, 신규개발사업, 사업영역 설정 등에 적극 활용

3.4 조직문화의 유형

1) 딜과 케네디의 분류

딜(T. E. Deal)과 케네디(A. Kennedy)는 조직 활동과 관련된 위험성의 정도와 의사결정 전략의 성공 여부에 관한 피드백의 속도라는 두 가지 차원에서 조직의 문화를 〈도표 11-11〉과 같이 4가지로 분류하여 설명하고 있다.[24)]

도표 11-11 딜과 케네디의 조직문화 유형

위험 \ 피드백	빠 름	느 림
많 음	거친 남성문화	사운을 거는 문화
적 음	열심히 일하고 노는 문화	과정문화

자료 : T. E. Deal and A. Kennedy, 1982, Corporate Culture, Mass : Addison Wesley Pub. Co., pp. 13-15.

① 거친 남성문화(the tough guy, macho culture)

- 모험형 문화로서 사업성격이 고도의 모험성 보유
- 성공 여부를 바로 확인할 수 있음
- 성패의 차이가 분명
- 강력한 지도자를 중심으로 조직 활동을 전개
- 지도자의 경영이념과 행동특성이 조직문화에 강하게 반영

② 열심히 일하고 노는 문화(work hard-play hard culture)

- 어느 한 사업에 큰 모험을 걸지 않고, 일상 업무를 충실히 수행
- 결과에 따라 적절히 대응해 가는 유형
- 팀워크가 좋은 결과를 가져오므로 친절하고 우호적인 사람이 영웅으로 등장.

③ 사운을 거는 문화(bet your company culture)

- 투자형으로 사업성격이 고도의 모험성을 띰
- 성패를 알려면 오랜 시간이 필요
- 성공 여부가 기업의 성패를 좌우
- 업적의 장기평가를 중시하고 상급자의 경험을 중시

④ 과정 문화(the process culture)

- 관료형으로 성과보다는 과정을 중시
- 모험이 없고 비교적 안정되지만 사업의 결과를 잘 알 수 없음
- 업무처리의 정확성과 객관성 그리고 완벽주의를 강조
- 공식적 위계질서를 중시
- 직무가 세분화되어 있고 의사결정은 집권적

2) 해리슨의 분류

해리슨(R. Harrison)은 조직구조의 핵심변수인 공식화와 집권화의 두 차원에서 조직문화의 유형을 〈도표 11-12〉와 같이 4개 유형으로 구분하고 그 내용을 설명하고 있다.

도표 11-12 해리슨의 조직문화 유형

공식화 \ 집권화	높 음	낮 음
높 음	관료 조직문화	행렬 조직문화
낮 음	권력 조직문화	핵 조직문화

① **관료조직 문화**(bureaucracy culture)

- 집권화 · 공식화 정도가 모두 높음.
- 구성원들의 역할이 구체화.
- 업무처리는 과학적 방법에 의해 기계적으로 움직임.
- 직무소외가 심하고 조직몰입도가 낮으며 이기적인 행동이 많음.

② **권력조직 문화**(power-oriented culture)

- 집권화는 강하지만 공식화 정도는 약함.
- 조직 내 실력자 및 측근들이 상황에 따라 역할 배정.
- 구성원 간이나 계층 간에 갈등이 심함.

③ **행렬조직 문화**(matrix culture)

- 집권화의 정도는 약하지만 공식화는 강함.
- 전문가를 중심으로 팀을 구성하여 과업을 수행.
- 구성원 간에 상담, 교섭, 포섭이 많이 이루어지고 창의력도 발휘.

④ **핵조직 문화**(atomized culture)

- 집권화 · 공식화 모두 낮은 대신 분권화 및 비공식성이 높음.
- 공동목표를 중심으로 자발적 협조.
- 참여와 상담이 업무의 중요한 부분임.

3.5 조직문화의 개발

1) 변화의 필요성 인지

① 외적인 환경변화를 진단

일반적으로 조직이 외적인 환경변화를 정확하게 읽지 못하면 그 조직은 도태하게 된다. 따라서 기술개발, 경쟁격화 등 환경변화가 심할 때 기업은 새로운 경영전략을 강구하게 되며, 조직의 분위기 특성과 문화적 특성을 개선하기 위하여 조직문화의 필요성을 인지하게 된다.

② 내적인 변화를 진단

기업이 성장하여 규모가 확대될 때 새로운 구조설계와 권한배분을 통해 조직을 변화시켜야 하며 이러한 조직의 변화에 적응할 수 있도록 구성원의 가치관과 사고틀을 변화시키기 위하여 조직문화변화의 필요성을 인지하게 된다.

2) 조직문화의 개발 과정

① 1단계 : 신조직문화의 탐색

현재의 조직문화에 대한 진단을 통하여 내외적인 환경변화를 예측하고 그에 맞는 적응방안을 모색하는 단계로 조직의 개방성, 창의성, 자율성을 강조한다.

② 2단계 : 새로운 전략의 구상

조직을 변화시키기 위해서는 변화의 폭, 내용, 속도, 기간 등을 설계하는 단계로 변화의 담당자가 역할 결정한다.

③ 3단계 : 행동계획과 개입활동

변화의 담당자는 유인행동을 계획하여 구성원을 자극하고, 관리적 활동계획으로 새로운 문화의 개발을 추진하고, 창의적 행동을 통해서 구성원에게 신문화적 특성을 내재화한다.

3) 조직문화 개발의 성공요인

① 성과지향적인 문화가치로의 변화

전통적으로 개인의 권리와 능력을 존중하는 서구문화에서는 개인의 창의

성과 능력발휘를 중시하고 있으나 동양문화에서는 개인보다 집단과 위계 질서를 강조하고 인화와 성실을 중시하고 있다. 그러나 경쟁의 심화와 환경의 급격한 변화는 성과지향적인 조직으로의 변화가 요구되고 있으며, 이러한 시대적 변화에 따른 요구를 기본가치를 경영전략과 경영방침, 관리제도에 반영하고 교육훈련을 통하여 기본가치를 구성원들에게 의식화 내지 강화하여 구성원들의 규범화된 행동으로까지 연결시켜 성과지향적인 생산적 문화를 갖도록 하여야 한다.

② 창업주를 비롯한 조직체의 중심인물들의 이념이나 신념이 조직문화의 특성에 반영하여 조직구성원들의 공유된 가치를 가지도록 하여야 한다.

③ 조직구성원들은 모두가 조직체의 문화망을 형성하면서 제각기 조직문화 개발의 역할 수행하여 구성원 모두가 새로운 조직문화를 구축하는데 협조적인 역할을 수행하도록 한다.

④ 변화담당자들의 적극적인 신조직문화의 탐색과 개입역할을 통하여 빠른 시일 내에 신조직문화로의 변화를 촉진하여야 한다.

경영사례

캔미팅과 커뮤브레이크

▸ 자유로운 토론문화의 상징 – 캔미팅(Can Meeting)

캔미팅은 캔 음료를 앞에 두고 이야기하는 모임으로 SK의 고유한 문화 중 하나이다. 그 속에는 깡통을 두드리듯 기탄없이 다양한 이야기를 해보라는 의미도 포함되어 있다. 캔미팅에서는 조직 구성원들이 직급 구분없이 회사와 떨어진 독립된 장소에서 수시로 정해진 경영과제에 대해 격의 없이 자유롭게 논의한다. 캔미팅을 통해 회사는 해결해야 할 다양한 과제에 대해 자유로운 의견 개진을 하며, 단순 상의하달식의 해결 방식이 아닌 모두가 동의하는 최상의 해결안과 실행안을 도출하며, 활기찬 조직문화를 이끌어내고 있다.

▸ 다함께 모이는 커뮤브레이크(CommuBreak)

휴렛패커드에서는 매일 오전 10시면 한 장소에 모여 커피를 함께 마신다. 아무런 사무집기도 없는 빈공간에서 모두가 한손에 커피잔을 들고 가볍게 대화를 나누는 것이다. 한쪽 코너에는 커피와 도너츠를 준비해놓고 도너츠를 먹거나 커피를 마시며 아무하고나 자유롭게 이야기를 주고받는다. 이시간이 되면 사장에서부터 여직원에 이르기까지 모두가 일을 멈추고 모인다. 영업사원은 관리팀장과 이야기하고, 사장은 개발실 직원들과 서서 이야기한다. HP의 잉크젯 프린터의 개발 아이디어도 바로 이 커피 브레이크에서 나온 것이다. 매일 열리는 커피 브레이크로 인해 불필요한 회의가 대폭 줄어들었을 뿐만 아니라 회의 때 대화의 부족에서 생기는 커뮤니케이션 실수도 현저히 감소했다고 한다.

자료 : 양창삼, 2005, 『조직혁신과 경영혁신』, 경문사 및 한국능률협회인증원 커뮤니티(cafe.naver.com/kmar)

경영사례

사우스웨스트 항공의 조직문화

사우스웨스트 항공사는 1973년 창립 이래 33년간 연속 흑자 행진을 기록하고 있는 회사이다. 지정좌석제와 기내식을 폐지하는 등 비본질적 요소보다는 저렴한 가격, 운항횟수 증편, 정시 도착과 같이 고객의 니즈에 주목한 것이 주요 원인이다. 그러나 사우스웨스트의 명성을 만든 진정한 요소는 내부적으로 직원을 중시하고 재미를 강조하는 기업문화를 정착시키고 있다는 점이다.

■ 가족주의 경영

사우스웨스트는 행복한 임직원이 최상의 서비스를 창출한다는 것을 경영철학으로 하고 직원에 대한 배려를 최우선적으로 실천하고 있다. 9 · 11 사건으로 항공업계가 전례없는 침체에 빠졌을 때도 한 명의 직원도 해고하지 않고 경영위기를 극복하였다. 직원 해고를 피하기 위해 창립 이래 지속해오던 무차입 경영정책을 포기하고 10억 달러를 차입하였다. 사우스웨스트는 가족적인 업무 협조로 타사에 비해 월등한 효율성을 기록하였다. 비행기 1대에 투입되는 직원수 94명, 직원 1인당 담당 승객수 2,500명이라는 높은 생산성을 가지고 있다.(컨티넨탈, 유나이티드의 경우 1대당 직원수 130명, 직원 1인당 담당 승객수는 1,000명 수준) 1년 중 승객이 가장 많은 추수감사절 직전 수요일에는 CEO도 직접 수하물 처리에 참여하여 현장 직원과 일체감을 공유한다.

■ FUN 경영

사우스웨스트는 반복되는 작업 환경에서 행복할 수 있도록 펀경영, 유머경영을 도입하였다. 승객과 직원이 지루한 비행을 즐기도록 다양한 이벤트를 개최한다.

- 기내 콘테스트 : 양말에 큰 구멍이 있는 고객 선발, 기내 화장실에 최대한 들어가기 등
- 기내 방송 : "비행 중 흡연은 비행기 날개 위 스카이라운지를 이용해 주십시오."
- CEO 허브켈러허 : '일은 재미있어야 한다'는 경영철학을 가지고 출근길에 토끼 복장을 해서 직원을 놀라게 하고, 오찬장에서는 앨비스 프레슬리 복장을 하고 팔씨름을 하는 등 늘 유머러스한 행동을 자처

이처럼 즐거운 조직문화가 정착되자 직원들에게 일터는 놀이터가 되었고, 승객들도 사우스웨스트 항공을 타는 것을 즐거워하게 되었다. 사우스웨스트 항공사가 가격우위 정책으로 성공으로 거두자 여러 항공사가 이를 모방하였으나 거의 실패하였다. 기업문화가 뒷받침되지 못하면서 직원간 의사소통 단절, 신분 장벽으로 원활한 협조관계를 이루지 못한 것이다.

자료 : 김은환, 『좋은 기업문화 만들기』, 삼성경제연구소 CEO Information 제603호(2007. 5. 9), pp.11-12에서 참조

요 약

커뮤니케이션은 둘 이상의 사람들 사이에 사실, 생각, 의견 또는 감정의 교환을 통하여 이해를 공유하는 활동이다. 조직에서는 이러한 커뮤니케이션이 이루어짐으로써 조직의 목표달성을 위한 여러 구성원들의 활동이 서로 조정되고 통합될 수 있게 된다.

커뮤니케이션 과정은 송신자(또는 전달자)의 생각 · 아이디어 · 정보를 기호화하여 매체를 통해 수신자에게 전달하고, 이 메시지가 수신자에 의해 해독되어 의미가 부여되고 피드백되는 과정으로 이루어진다. 커뮤니케이션 유형은 공식적 커뮤니케이션과 비공식적 커뮤니케이션으로 나눌 수 있다. 커뮤니케이션 매체로는 언어, 비언어, 전자매체를 들 수 있다.

커뮤니케이션의 장애요인으로는 매체 해독의 오류, 여과, 선택지각, 감정상태, 시간과 정보량 등이 해당되며, 커뮤니케이션을 활성화하기 위한 방안으로는 피드백의 활용, 적절한 매체의 선택, 적절한 언어의 사용, 적극적 경청이 필요하다.

인간관계란 타인과의 상호작용을 통해서 이루어지는 사회과정으로서 효과적인 인간관계는 그 관계에 참여하는 개인들에게 매우 중요한 역할을 한다. 한 인간으로서 생존하기 위해, 정체감을 확립하기 위해, 그리고 건전한 성격 발달을 위해 우리는 타인들과 상호작용하는 관계를 필요로 한다. 이러한 인간관계는 조직에서 동료, 상사, 부하, 고객, 거래기업, 공공기관 등의 관계에서 발생한다.

갈등이란 제한된 자원을 공유하거나 작업수행 과정에서 또는 상이한 신분, 목표, 가치관 때문에 개인이나 집단들 사이에서 발생하는 불화 상태이다. 갈등이 존재하지 않는 것은 불가능하므로 갈등상황에 대한 합리적인 관리를 통해 개인과 조직의 문제를 개선하고 보다 효율적인 상태를 실현하는 것이 중요하다. 갈등은 개인간, 대인간, 조직 차원에서 발생할 수 있다. 갈등에 대처하는 방식은 회피, 순응, 경쟁, 절충, 협동이 있다. 대체로 협동이 바람직한 갈등 해결 방안이 될 수 있다.

조직문화란 조직구성원이 공통적으로 지니고 있는 가치관과 신념, 이념, 관습, 그리고 지식과 기술 등을 총칭하는 것으로 외부환경에 적응과 내부구성원의 통합이라는 중요한 기능을 수행한다. 조직문화의 구성요소로 전략, 조직, 제도, 공유가치, 기술, 구성원, 스타일을 들 수 있다.

조직문화의 특성으로 개인적 자주성, 구조, 지원, 동일감, 성과 보상, 갈등의 관용, 위험의 관용을 들 수 있으며, 조직문화는 기업에 있어 전략, 합병, 갈등, 의사소통, 생산성에 영향을 미친다. 이러한 조직문화는 조직구성원들을 조직의 목표에 정렬시키고, 조직 내 구성원 간 일체감을 부여하고 조직내 갈등을 완화시키는 역할을 수행한다.

조직문화의 개발은 변화의 필요성을 인지한 후 신조직문화를 탐색하고, 새로운 전략을 구상하며, 행동계획과 개입활동을 통해 실행한다. 조직문화 개발의 성공요인으로는 성과지향적인 문화가치로의 변화, 창업주를 비롯한 조직체의 중심인물들의 이념이나 신념의 반영, 조직구성원들의 협조, 변화담당자들의 적극적인 개입을 들 수 있다.

토의주제

1. 조직 내에서 커뮤니케이션이 부족하거나 왜곡되면 어떤 현상이 발생하겠는가?
2. 비언어적인 매체가 커뮤니케이션의 효과를 좌우하는 예를 들어보자.
3. 감성 지능은 조직 내 인간관계에서 어떤 작용을 할 수 있겠는가?
4. 이미 발생한 갈등이 생산적으로 해결되려면 리더와 구성원은 어떤 노력을 해야 하겠는가?
5. 조직문화가 조직 목표달성에 도움이 되는 경우와 저해되는 경우를 떠올려보자.
6. 7S 모형을 적용하여 우리나라 대기업의 조직문화를 분석해보자.

참고문헌

1. 신유근 · 한인수 · 백삼균, 2002, 조직행위론, 한국방송통신대학교출판부.
2. 박연호, 1998, 현대인간관계론, 박영사.
3. 백기복, 2003, 조직행동연구, 창민사.
4. 임창희, 1999, 조직행동, 학현사.
5. 양춘희 외, 2009, 문화와 커뮤니케이션, 북코리아, p. 200.
6. 김혜숙 · 박선환 · 박숙희 · 신은영 · 이주희 · 정미경, 2001, 인간관계론, 양서원.
7. 양창삼, 1997, 인간관계와 갈등관리, 경문사.
8. 홍용기 · 조국행 · 박양근 · 박종혁, 2003, 인간관계론, 한올출판사.
9. R. K. Cooper and A. Sawaf, 1997, Executive EQ: Emotional Intelligence in Leadership and Organization, New York: Gorsset Putnam.
10. J. D. Mayer and P. Salovey, 1997, What is a Emotional Intelligence? in, P. Salovey & D. Sluyter, New York: Basic Books.
11. 이상림, 2010, 조직구성원의 감성지능과 조직유효성과의 관계: 임파워먼트의 조절효과를 중심으로, 영남대학교 석사학위논문.
12. 김대규 · 이준환 · 정기억, 2001, 리더십, 삼우사.
13. 박연호, 1998, 현대인간관계론, 박영사.
14. 이수도, 2000, 조직행동론, 형설출판사.
15. 이성혜, 1994, 현대인의 인간관계론, 학문사.
16. 권용만 외, 2010, 조직행동론, 무역경영사, p. 406.
17. A. M. Pettigrew, 1979, On Studying Organizational Culture, Administrative Science Quarterly, Vol. 24, p. 574.
18. E. H. Schein, 1985, Organizational Culture and Leadership, Jessy-Bass Pub., p. 9.
19. 박내회 · 김원석, 1994, 조직의 전략적 개발, 한국경제신문사, pp. 22-29.

20. Linda Smircich, 1983, Concepts of Culture and Organizational Analysis, Administrative Science Quarterly, Vol. 28, No. 3, pp. 339-358.
21. R. T. Pascale and A. G. Athos, 1981, The Art of Japanese Management, NewYork: Penguin Book Co., pp. 78-84.
22. T. J. Peters and R. H. Waterman, 1982, In Search of Excellence: Lesson from American's Best Run Companies, New York: Harper & Row Publishers, pp. 8-13.
23. T. E. Deal & A. Kennedy, 1982, Corporate Culture, Reading Mass: Addison Wesley Pub. Co., pp. 13-15.
24. T. E. Deal & A. Kennedy, 1982, op. *cit.*, *pp.* 13-15.

Chapter 12

세계화와 글로벌 경영

학습목표

1. 세계화의 개념과 정의를 설명할 수 있다.
2. 세계화를 촉진시키는 요인들을 설명할 수 있다.
3. 문화적 다양성 관리를 위한 선택적 대안들을 활용할 수 있다.
4. 세계화의 긍정적 영향과 부정적 영향을 설명할 수 있다.
5. 해외투자의 긍정적인 면과 부정적인 면을 투자국과 수용국의 차원에서 설명할 수 있다.

Key-word 세계무역기구(WTO), 자유무역협정(FTA), 글로벌 스탠다드, 국제조직, 다국적 조직, 글로벌 조직, 기업성장이론, 독점적 경쟁이론, 제품수명주기이론, 내부화이론

CHAPTER

12 세계화와 글로벌 경영

제 1 절 세계화의 개념

1.1 세계화의 정의

오늘날 세계화는 생산과 금융 등 경제적 차원에서뿐만 아니라 정치 · 사회 · 문화 · 환경 그리고 더 나아가 정보 · 군사 · 범죄 영역에 이르기까지 매우 광범위한 영역에 걸쳐 빠른 속도로 진행되고 있다.

세계화란 국제화가 진행되는 단계에서 최소한 경제에 관한 한 국경의 의미가 없어지고 전 세계가 하나의 경제권으로 부상하는 과정인데 통신 기술의 발달과 무역 · 자본의 흐름 등으로 세계시장이 공간적 · 제도적으로 통합되고, 각국의 제도 및 정책의 유사성이 증대되는 과정을 말한다.

세계화는 경제적인 측면에서 무한 경쟁을 통하여 효율성을 높이고 문화적인 측면에서 지역 및 국가 간의 다양한 문화 교류를 가져와 문화를 더욱 풍성하게 할 수 있는 기회를 가져다주지만 세계화가 진행되면서 경쟁력이 약한 계층이나

세계 최대 브랜드 컨설팅 그룹 인터브랜드가 선정한 '베스트 글로벌 브랜드 2012'

국가는 무한경쟁에서 뒤처지기 때문에, 그렇지 않은 계층이나 국가와의 빈부격차가 더욱 벌어지게 된다.

또한 선진국의 문화를 제대로 수용하지 못할 경우 고유의 문화가 사라지고 선진국의 문화에 종속될 수 있다. 이러한 이유로 비정부 기구를 중심으로 반세계화운동이 벌어지고 있다. 세계화의 장점만을 보지 말고 단점도 고려하여 적절한 균형을 유지하는 것이 무엇보다 중요하다고 생각된다.

1.2 세계화의 배경

제 2차 세계 대전이 끝나고 경제부흥을 위한 구체적인 방안으로 자유무역에 대한 필요성이 증대되었으며, 1944년 7월 미국에서 이뤄진 브레튼우드 협정에서 국제통화기금(IMF)과 국제부흥개발은행(IBRD) 같은 경제기구가 만들어졌다. 또한 관세와 무역에 대한 제한을 없애는 '관세 및 무역에 관한 일반협정(General Agreement on Tariffs and Trade: GATT)'도 맺어져 각 나라 간의 교류가 활발하게 이뤄지는 계기를 마련했다.

1948년 23개국에서 국가간 무역제약을 완화시키기 위한 국제적 포럼인 GATT를 출범시켜, 제품과 서비스, 아이디어와 문화적인 프로그램들의 상호교환을 촉진하는 무역협약을 체결하여 국가간 무역장벽을 없애기 위한 협약을 체결하였으며, 1994년 우루과이라운드에 참여한 124개국은 GATT의 수정안을 발표하여 세계적으로 관세비율을 평균 38% 이하로 낮추어야 하고 농업, 서비스업, 지적재산권 항목이 추가로 관리대상으로 편입되었다.

우루과이라운드는 1995년 국가 간 무역분쟁을 중재할 기구인 세계무역기구(World Trade Organization: WTO)를 만들었으며 세계무역기구(WTO)는 무역을 중재하기 위하여 만들어진 세계최초의 공식기구로 무역에 관련된 분쟁을 해결하고 있다. 세계무역기구(WTO)는 자유무역과 세계시장의 통합을 상징적으로 대변하는 것으로 이는 자본의 이동의 자유로워짐을 의미하고 있다. 세계무역기구(WTO) 출범 이후 급변하는 국제질서의 특성은 국경 없는 무한경쟁의 개방화라고 말할 수 있다. 일반적으로 이해되고 있는 세계화(globalization)란 국가 간 경제적 상호의존의 통합이 고도로 진전되어 경제활동의 지리적 경계가 전지구로 확산되고 경제활동과 관련된 제도, 정착, 의식이 세계 공통이 것으로 바꾸어 가고 있다.

현대차의 세계 시장 공략 가속화 (사진 : 경향신문, 2011.1.11)

따라서 전 세계를 하나의 시장으로 보고 제품과 서비스를 범세계적으로 표준화하고 마케팅 전략이나 광고활동 등과 같은 기업활동을 하나의 기준으로 하여 모든 나라에 적용시키고 있다. 이러한 세계화의 추진은 '글로벌 스탠다드(global standard)'라는 이름 아래 무역 통상은 물론 각국 정부의 경제정책과 기업의 지배 구조에 이르기까지 확대, 적용되고 있으며, 세계무역기구(WTO) 도하개발아젠다(DDA)를 통하여 전 세계는 농산물에서부터 교육 등 서비스 시장에 이르기까지 완전한 시장개방이 되고 있다.

그 결과 둘 또는 그 이상의 나라들이 서로의 수입물품에서 관세 등 무역 장벽을 없애 더욱 자유롭게 무역을 추진하기 위한 조약(자유무역협정 : FTA · Free Trade Agreement)을 체결하게 되었으며, 우리나라는 2003년 2월에 칠레와 처음으로 자유무역협정을 맺었다. 또한 싱가포르, 유럽자유무역연합(EFTA)과 FTA협약을 맺었으며, 미국과는 2007년 4월 2일 맺었다. 이밖에도 인도, 일본, 멕시코, 캐나다, 중국과 현재 협상 및 체결을 준비 중이다. 자유무역협정을 체결하면 나라 사이의 무역이 더욱 자유롭게 이루어져 상대적으로 앞선 산업의 수출을 촉진시킴으로써 경제성장률을 높여준다는 장점이 있으나, 상대적으로 취약한 산업의 붕괴를 가져올 수 있는 문제점이 있다. 또한 미국 같은 강대국의 문화상품이 우리 시장 깊이 파고들 경우 우리나라의 문화산업 기반이 무너질 수 있는 우려가 있다. 칠레와 FTA를 체결할 때에는 상대적으로 고도화되지 못한 1차 산업의 피해가 불가피해져 많은 농업종사자들의 반발이 있었으며, 미국과의 FTA에서는 미국의 쇠고기가 들어옴에 따라 우리 축산 농가가 피해를 입

| 도표 12-1 | 자유무역 규범의 진화와 주요 특징

구분	GATT(1948~1994)	WTO(1995~2000)	FTA(2000~)
주요목적	다자간 관세인하로 국제무역 확대	다자간 관세 및 비관세 장벽 제거	WTO체제를 바탕으로 뜻 맞는 나라끼리 주기적으로 대폭 관세 및 비관세 장벽 제거
법인 여부	법인격 있는 기구조직 없이 협정체제로 운영	스위스(제네바)에 본부를 둔 법인격 있는 국제기구	협정 당사국 관련부처 간에 협의 하에 운영
주요 대상	주로 공산품	공산품, 농산물, 서비스, 지재권 정부조달, 환경, 노동, 규범 등으로 적용 확대	공산품, 농산물, 서비스, 지재권 등 기본으로 하고, 환경, 노동 등 논란 분야 회피
기본 원칙	최혜국대우의 원칙 + 내국민대우의 원칙	- 좌 동 -	최혜국대우 원칙의 예외 허용 + 상호이익 균형 / 민간성 존중
무역 구제	긴급수량제한(Safeguard) 허용	Safeguard 허용 + 반덤핑관세, 상계관세부과	- 좌 동 - + 세관당국에 의한 원산지 검증

자료 : http : //cafe.naver.com/xhdtkdqjq12/38

게 되고, 안전성 우려로 인한 마찰이 발생하였다.

1.3 한국의 세계화

한국의 세계화를 위한 개방화 측면에서 생각해 보면 준비 없이 실행하는 경향을 볼 수 있다. 준비부족으로 인한 세계화는 계층 간 산업간 많은 갈등을 유발하고 있다. 한국은 외국인들의 투자유치를 위한 연구가 부족과 자유무역에 따라 대외교역의존도가 높아져 외생적인 요인으로 경제의 불확실성이 증대될 우려가 크다.

그럼에도 불구하고 경쟁력 강화를 위해서는 세계화추진이 불가피 하며, 적극적인 대외개방을 통해 경제 선진화를 추구하여 경제뿐만이 아닌 사회 전반에 걸친 개혁으로 경쟁력 향상을 향상하고 외국자본의 투자를 높임으로써 해외 시장을 개척하고 해외 투자 수익을 증대시킴으로써 시장의 범위를 넓히는 것이 필요하다.

한국의 세계화를 위해서는 세계의 기술 강대국의 맞서서 우리나라 독자적인 기술을 확보하고 개발해 나가는 일이라 할 수 있다. 이를 위해 현재 국가에서는 차세대 성장동력산업을 선정하여 주력기간산업, 미래전략산업, 서비스산업별로 지속적인 발전을 추구하고 있으며 많은 돈과 오랜 기간이 투자되어야 창출될 수 있는 바이오산업, 항공산업등 최첨단 산업에 집중투자를 하고 있다.

각 산업별로 추진 전략을 살펴보면 반도체 · 조선 산업은 생산공정뿐만 아니라 원천기술 · 설계 · 경영 · 마케팅 · 표준 등 제반 분야에서 확고하게 세계 1위를 견지하고, 자동차산업은 고부가가치 차량, 환경친화적 지능형 미래 자동차 개발, 자동차 부품 · 소재 강국으로 성장하여 세계 4대 생산 · 수출 국가로 발전할 계획을 가지고 있다. 디지털 전자는 원천기술보유국, 핵심부품 공급기지 및 국제표준 주도국가로 성장하여 세계 2위의 생산국으로 발전하고, 철강, 석유화학, 부품 · 소재 등 여타 주력산업은 생산능력뿐만 아니라 기술 · 디자인 · 브랜드 · 경영 등 무형자산에서도 세계적 경쟁력을 확보하는 것을 목표로 하고 있다.

1.4 주요 국제기구 및 협약

1) 국제기구

① 국제통화기금

(IMF : International Monetary Fund)

IMF 본부(미국 와싱턴D.C 소재)

환율과 국제 수지를 감시함으로써 국제 금융 체계를 감독하는 국제기구로 가입국가는 185개국으로 미국 워싱턴 D.C에 본부를 두고 있다. 국제 경제가 원활하게 이뤄질 수 있도록 일자리와 소득을 늘릴 수 있도록 조력한다.

돈이 급하게 필요한 회원국의 요청이 있을 때는 회원국의 돈을 빌려주는 대신 그 나라의 경제활동을 감독하여 경제 회복을 돕는 일을 하기도 한다. 우리나라도 1997년 외환위기 때 IMF의 도움과 감독을 받아 경제 위기를 극복하기도 했다.

② **경제협력개발기구**(OECD : Organization for Economic Cooperation and Development)

OECD 본부(프랑스 파리 소재)

세계 경제발전과 무역촉진을 위해 설립된 국제기구로 1961년 유럽 18개국과 미국과 캐나다 등이 설립하였다. 1인당 국민소득이 2만 달러가 넘는 국가들이 주 회원국. 경제성장, 개발도상국을 돕고, 각 나라 간의 무역의 확대 등을 목적으로 만들어졌다. 나라 간 경제정책을 조정하고, 무역 문제를 검토할 뿐 아니라 환경문제도 관리한다. 우리나라는 1996년 12월 29번째 회원국으로 가입했다. 현재 회원국은 30개 나라이다.

③ **아시아·태평양 경제협력회의**(APEC : Asia-Pacific Economic Cooperation)

APEC 심볼

아시아와 태평양 국가들의 경제 협력, 무역 자유화를 위해 세운 국제기구로 1989년 11월 5일부터 7일까지 오스트레일리아의 캔버라에서 12개 나라가 모여 결성하였다. 한국, 일본, 중국, 홍콩 등의 아시아 국가뿐 아니라 미국, 캐나다, 호주, 칠레 등 태평양에 인접한 국가도 가입돼 있다.

④ **북미자유무역협정**(NAFTA : North American Free Trade Agreement)

미국, 캐나다, 멕시코 간의 북미자유무역협정은 1992년에 맺어져 1994년부터 효력이 발생했다. 미국, 캐나다, 멕시코 사이에 무역 장벽을 없애고, 자유로운 교역이 늘어나 경제를 발전시켰다.

자동차의 경우를 예로 들면, 미국은 멕시코에서 조립·생산되는 자동차에 대한 수입관세를 철폐했다. 멕시코는 경트럭에 대한 수입관세를, 승용차에 대한 관세를 모두 철폐했다. 그러나 미국의 자본력에 멕시코 내 미국 기업의 진출이 활발해져 멕시코 고유 산업이 붕괴되고, 환경이 악화되는 등 문제도 많다.

제 2 절 세계화의 요인

세계화를 촉진하는 제 요인은 크게 시장적 요인, 비용적 요인, 경쟁적 요인이 있으며 그 내용은 다음과 같다.[1)]

1) 시장적 요인

글로벌시장의 변화는 세계화를 촉진하는 요인으로 작용하게 되는데 국가간 소득수준의 격차해소, 생활패턴과 기호의 국제적인 동조화(삼성 스마트폰의 전세계적인 사용, 에비앙 생수의 국내소비, 맥도날드햄버거의 국내진출과 롯데리아의 중국진출 등), 교통수단의 발달에 따른 국제여행의 증가로 인한 지역격차의 감소, 이로 인한 글로벌 소비자의 증가, 글로벌 브랜드의 구축(코카콜라, 애플, 구글, 삼성 등)과 글로벌 광고의 개발 등으로 세계화가 촉진되고 있으며, 그 구체적인 내용은 다음과 같다.

① 소비자의 공통적 욕구

다른 국가에 살고 있는 고객이 한 산업 내에 있는 제품/서비스 카테고리 면에서 동일한 요구를 가지려는 정도로 경제 발전, 기후 물리적인 환경, 문화의 영향을 받는다.

소비자들의 공통적인 욕구는 기업들의 글로벌 시장참여, 글로벌 제품과 서비스의 제공과 글로벌 경쟁대책 등의 글로벌화를 효과적으로 추진할 수 있는 기회를 제공한다. 전 세계적으로 동일한 소비자의 욕구가 있을 때 기업들은 적은 종류의 제품만으로 여러 시장에 진출 할 수가 있다.

② 글로벌 고객의 존재

글로벌 고객(global customers)이란 세계 여러 곳에서 사용하기 위하여 집중화되거나 조정된 방식에 의하여 구매하는 고객의 존재로서 글로벌 고객의 존재는 공급자들로 하여금 글로벌 표준제품 개발을 유도한다. 글로벌 고객들은 꼭 집중화된 방식은 아니더라도 중앙집권적으로 공급자들을 선택한다.

구입된 물건을 사용하는 국가의 수에 따라 첫째, 단일국가형 글로벌 고객과 둘째, 다국가형 글로벌 고객으로 분류하여 볼 수 있는 데, 단일국가형 글로벌 고객은 공급자들을 전 세계적으로 선택하여 부품이나 제품을 구매하지만, 사용은 한 나라에서만 이루어진다(예 : Apple사는 많은 국가에서 부품을 구매하지만 완성된 제품의 조립은 미국에서 이루어지는 것과 같은 방식). 다국가형 글로벌 고객은 전세계적인 범위에서 공급자를 구하고, 구매된 제품과 서비스도 여러 국가에서 사용한다(예 : 현대자동차와 같이 많은 국가에서 완성차를 생산하고 있으며, 부품의 조달도 본국, 현지국, 제3국 등 다양한 국가에서 조달을 받는 것과 같은 방식).

글로벌 고객의 존재는 기업들로 하여금 글로벌 시장참여, 글로벌 제품과 서비스의 제공, 글로벌 활동입지의 선정과 글로벌 마케팅에 대한 기회를 제공한다.

③ 글로벌 마케팅 요소

이전 가능한 마케팅 요소는 기업의 글로벌 시장참여를 쉽게 해줌으로써 전략 우위의 근거가 된다. 상표와 광고 등과 같은 마케팅 요소는 새롭게 진출하는 시장을 위하여 별도의 수정 없이 범세계적으로 적용할 수 있는 경우가 많다. 코카콜라와 삼성과 같은 상표는 세계적으로 인지도가 매우 높으며 새로운 제품과 서비스를 제공하는 경우에도 인지도를 높이기 위한 별도의 노력이 없이도 시장에 진출할 수 있는 기회를 제공받으며, 동일한 광고를 다양한 언어로 바꾸어 전 세계적으로 활용할 수 있다. 이렇게 이전 가능한 마케팅 요소는 글로벌 시장참여를 더욱 용이하게 해 준다.

삼성전자의 프랑스 법인 전경
(사진 : 연합뉴스, 2011.2.20)

삼성전자, 파리에서 3D TV 마케팅
(사진 : 헤럴드경제, 2011.1.9)

④ 기술혁신의 선도 기업

제품이나 공정상의 기술혁신은 하나 또는 소수의 선도 기업에서만 발생하는 경향이 있으며 혁신의 원천에 쉽게 접근하기 위하여 글로벌 경쟁자들은 특정의 선도시장 진입이 중요하며 해외국가로 진출하는 것이 유리하다.

많은 산업에서 핵심적인 글로벌 경쟁자들이 활동하고 기술혁신이 발생하는 국가들이 존재하고 있으며 이들 지역에 진출하는 것이 필요하다. 예를 들어 섬유와 패션산업의 경우에는 프랑스 파리, 이탈리아 밀라노와 미국의 뉴욕의 경우이며 자동차와 산업제어장비 산업은 독일이 선도적인 역할을 수행하고 있으며, 글로벌화를 추진하는 기업들은 해당 국가의 지역에 진출하는 것이 필요하다.

2) 비용적 요인

삼성전자의 멕시코 공장 (사진 : 뉴시스 2011.2.12)

WTO와 FTA 체제 하의 자유로운 시장의 이동은 국가 간 시장의 경계를 무력화하는 요인으로 작용하였으며, 이로 인하여 국제적인 규모의 경제를 추구하지 못하는 기업은 경쟁열위에 처하게 되었다. 국제적인 규모의 경제의 확보가 필요하게 되었으며, 기술혁신의 가속화, 국제운송수단의 발달로 인하여 운송비를 상쇄하는 저렴한 생산기지로의 이전이 용이하게 되었으며, 제품수명주기에 비하여 급증하는 제품개발 비용 등이 세계화를 촉진하게 되었다.

① 글로벌 규모의 경제

국가별로 시장의 규모가 최적규모를 달성할 수 없을 때 글로벌 규모의 경제가 중요한 경쟁요소가 된다. 경쟁우위의 원천으로 원가우위를 지향하는 기업에서는 규모의 경제를 위한 대량생산을 추구하여야 하지만, 특정국가의 시장 규모로는 규모의 경제에 도달할 수 없는 경우로 제품을 표준화하고 특정가치 활동에만 집중하면서 다수의 시장에 참여함으로써 주어진 입지에서 생산 및 활동규모를 확대하여 규모의 경제를 이룰 수 있다. 글로벌 규모의 경제가 요구되는 산업에서 적은 규모의 특정시장에만 진출하여서는 경쟁우위를 점하기 어렵기 때문에 신규로 진입하기 어려우며, 신규진입장벽의 위협을 낮출 수 있다.

② 글로벌 조달의 효율성

글로벌기업은 국제적 시장에서 조달의 효율성을 높이기 위하여 집중화된 구매를 하기를 원한다. 집중화된 구매는 비용적인 측면에서 유리하게 원재료를 구입할 수 있는 기회를 제공하며 원가우위의 경쟁력을 확보할 수 있다.

효율적인 조달의 효과는 글로벌 규모의 경제가 생산에 있어서 원가우위의 경쟁력을 확보하는 것과 동일한 효과를 가지고 있으며, 신규진입자의 진입을 어렵게 하는 요인으로 작용할 수 있다.

③ 유리한 물류조건

판매가격 중 운송비의 비중이 낮아지면 생산시설에 집중이 가능해져 경쟁력을 확보할 수 있다. 특정 저개발국가의 임금의 수준이 보편적으로 낮으며, 이렇게 낮은 임금수준은 생산시설의 재배치를 통하여 글로벌시장의 물류비용을 획기적으로 줄일 수 있다. 이러한 생산시설의 재배치와 조정에 의하여 선진국에 존재하고 있었던 기업은 획기적으로 생산비용을 줄일 수 있게 된다. 일반적으로 국가별 원가 차이는 외국으로부터의 신규기업의 진입위협을 크게 한다.

④ 높은 제품개발 비용

최근에는 신제품을 개발하는 데 많은 비용이 필요한 경우가 많다. 따라서 국가 단위 제품개발보다 글로벌, 지역적 제품개발로 높은 제품개발 비용을 낮출 수 있다. 다수의 국가단위제품을 개발하기보다 소수의 글로벌 또는 지역적인 제품을 개발함으로써 높은 제품의 개발비용을 줄일 수 있다.

3) 경쟁적 요인

국가 간 교역의 증대는 많은 국가가 점차 주요 경쟁시장으로 변화되고 있으며, 해외기업에 의한 인수·합병의 증가와 전통적으로 자동차 산업에서 우위를 보였던 미국은 최근 일본과 한국의 도전을 받고 있으며, 전자산업에서 우위를 보이던 일본은 최근 한국에 그 위치를 상실하는 등 글로벌 경쟁을 시도하는 새로운 경쟁자들의 등장, 많은 다국적기업들은 글로벌차원에서 생산기지를 결정하는 등 경쟁적 요인의 변화는 기업의 세계화를 촉진하는 요인으로 작용하고 있다.

① 높은 수준의 수출과 수입

수출입은 진입장벽이 낮으므로 교역량이 많을수록 서로 다른 국가에 있는 경쟁자들 간의 경쟁관계가 치열해진다. 더욱이 신규기업의 진출위협은 높은 수준의 무역관계로서 기업 간 경쟁의 본질을 바꾸기도 한다.

② 서로 다른 국가의 다양한 경쟁자들이 나타나는 정도

글로벌화에 영향을 주는 요인으로 서로 다른 국가들로부터 주요 경쟁자들이 나타나는 정도이다. 사업배경이 다르고 사업배경과 사업방식의 차이에 따라 서로 다른 대륙으로부터의 경쟁자들 사이에서 글로벌 경쟁이 심해진다.

③ 국가 간 상호의존성

기업의 글로벌화는 국가들 간의 경쟁적인 상호의존성이 나타나며 상호의존성은 기업으로 하여금 다른 국가시장에서 경쟁자들에 대한 공격을 상호보조 할 수 있게 만든다. 국가들 간의 상호보조에 의한 상호의존성은 신규사업자의 진입을 더욱 어렵게 한다. 기존사업자들은 상호의존적인 시장관계를 보호하기 위하여 신규진입을 한층 더 심하게 방어할 것이다. 한 시장의 점유율 상실은 다른 국가에 위치해 있는 자 회사의 경쟁 입지를 어렵게 한다.

기업	지분율(%)	순이익(원)
연합과기	79.94	7억
DGB금융지주	73.24	857억
하나금융지주	66.74	9054억
새론오토모티브	66.35	52억
신한지주	61.54	1조9743억
이마트	61.33	1156억
NHN	61.00	2371억
KT&G	58.71	3984억
BS금융지주	58.64	2258억
중국원양자원	57.71	684억
현대산업	54.94	723억
삼성전자	51.23	6조2911억
KT	48.20	9758억
POSCO	48.16	2조4650억
신세계	47.43	3조4336억
SK텔레콤	45.78	1조27억
현대모비스	45.34	1조6990억
LG생활건강	45.02	1466억
현대백화점	44.64	2142억
S-Oil	44.37	7904억
현대차	41.46	4조1840억
에스원	41.37	677억

· 순이익은 상반기 기준

※ 연결재무제표 기준 22개사 자료 : 한국거래소

외국인 지분 40% 이상 국내기업
(사진 : 파이낸셜 뉴스 2012.9.25)

④ 글로벌 경쟁자

산업 글로벌화는 잠재력을 실현하기 위해서는 처음으로 글로벌 전략을 사용할 때 기업은 먼저 공격하거나, 최소한 경쟁자의 행동에 대응하여야 한다.

이러한 경쟁자들의 활동으로 표준화된 제품을 최초로 도입하거나 통일된 마케팅프로그램을 사용함으로써 사업 확장을 도모하게 되어 산업전체가 글로벌화 되는 것을 촉진한다. 글로벌화된 기존의 경쟁자들은 경쟁의 지리적 범위를 확대시킴으로써 산업 내 경쟁을 증대한다. 즉, 한 국가 내에서의 경쟁이 아니라 글로벌 범위 내의 모든 자회사들 간의 전면적인 경쟁으로 발전하게 된다.

제 3 절 글로벌 다양성의 관리

글로벌화는 조직구성원들의 구성을 다양하게 한다. 글로벌 조직의 구성원들은 다양한 민족적, 인종적, 문화적 배경을 소유하고 있으며, 이러한 이질적인 배경의 소유는 갈등의 원천이 아니라 시너지 확보를 위하여 다양성을 자원으로 활용할 수 있어야 한다.[2)]

3.1 문화적 차이의 관리

1) 문화의 이질성 관리

이질적인 문화를 관리하기 위해서는 중앙집권적인 조직체계보다는 분권화된 조직체계가 더 효율적이다. 그리고 문화적 이질성이 높은 국가에서는 다양한 소비자 계층의 니즈에 부응하기 위하여 더 세분화된 시장접근이 필요하다.

최근 한국기업의 해외 현지인 채용이 증가하고 있다 (사진 : 매일경제, 2008.8.6)

2) 문화적 적대감 관리

외국기업에 대한 문화적 적대감은 국가별로 정도의 차이는 있으나 어느 나라에서도 존재한다. 문화적 자존감이 높은 국가일수록 진출에 상당한 어려움이 존재하며 이를 극복하기 위해서는 현지국인의 근로를 증대하고 적극적인 사회활동의 참여를 통하여 현재사회에 동화될 수 있도록 하여야 한다.

3) 문화적 복잡성 관리

문화를 분류하는 방법은 다양하나 의사전달에 있어 명시적인 언어에 의해 얼마나 명료하게 이루어지느냐에 따라, 고 배경문화(high context culture)와 저 배경문화(low context culture)로 분류하여 고찰할 수 있다.[3)]

의사소통에 있어 우회적이며 비언어적인 요소들이 많은 고 배경문화권에 있어서는 비즈니스상의 배경적인 부분을 상세히 살펴보아야 하며, 상호오해를 줄일 수 있도록 사전에 치밀한 준비가 필요하다. 문화적 복잡성은 현지국 문화에 대한 치밀한 준비를 필요로 한다.

4) 문화적 독립성 관리

문화적 독립성은 다른 문화에 대해 얼마나 민감하게 반응하고 영향을 받는가를 나타낸다. 문화적 독립성은 의사소통상 장애를 가져올 수 있기 때문에 경영전반에 걸쳐 기업과 현지국간의 긴밀한 협조가 필요하다.

High context culture and the contrasting "low context culture" refers to a culture's tendency to use high context messages over low context messages in routine communication.

3.2 문화적 다양성의 관리

문화적 다양성을 자원화하기 위해서는 문화적 차이를 이해하고 감정이입, 협상, 집단적인 참여와 갈등의 공개적인 해결을 통한 현실을 공유하는 것이 필요하며, 글로벌한 범 기능적인 팀과 상품개발과 서비스 전달 같은 문제해결을 위한 과제 팀을 포함한 다문화적인 팀 관리가 필요하다.

문화적 다양성 관리는 〈도표 12-2〉와 같은 선택적 대안들이 있다.[4)]

1) 문화적 지배(cultural dominance)

문화적 지배는 본국의 방식이 가장 우월하다는 생각에서 시작되는 본국문화에 기초한 방식으로 수행되어지는 연속체로 볼 수 있다. 조직구성원들의 관리에 있어서는 정확한 조직관리 기술과 본국에서 이용되는 기준을 적용하여 현지국인들을 관리하며, 파워를 지닌 기업에 의해서 이용되는 문화적 선

| 도표 12-2 | 글로벌 문화의 선택적 대안

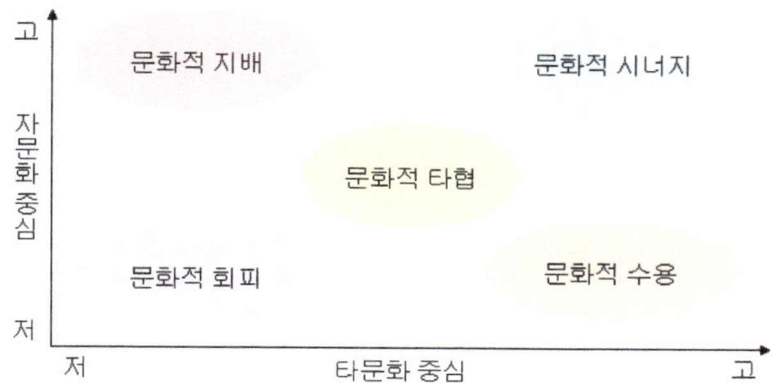

자료 : N. J. Adler, 1991, International Dimensions of Organizational Behavior, Kent Publishers, p. 25에서 재인용

택방식이다.

2) 문화적 수용(cultural accommodation)

문화적 지배와 반대되는 개념으로, 현지국의 조직관리와 관련된 것들을 모방하는 것을 들 수 있다. 진출국가의 언어 습득도 이의 한 형태로 국제적 기업으로의 시작을 의미하기도 한다.

3) 문화적 타협(cultural compromise)

문화적 수용과 지배를 결합을 의미한다. 문화적 수용과 지배의 두 측면이 작업을 효율적으로 이루어내기 위해서 보완할 수 있다는 것을 의미하는 것으로 일반적인 다국적 기업에 적합한 문화적 선택이다.

4) 문화적 회피(cultural avoidance)

문화적 차이점이 없는 것처럼 행동하는 것을 의미한다. 문화적 회피에서는 문화적 요소에 대한 부분을 중요하지 않은 것으로 간주하며, 문화적 다양성을 고려하지 않고 기업정책을 채택하는 것이다.

5) 문화적 시너지(Cultural Synergy)

각각의 수반되는 문화에 대한 새로운 해결책의 개발을 의미한다. 문화적 다양성의 이용을 통한 해결책 수립하고, 다양한 국가의 가장 좋은 정책과 결

합될 수 있는 새롭고 혁신적인 시스템의 개발을 촉진하고 문화적 차이가 다양한 시너지를 창출할 수 있도록 한다.

제 4 절 글로벌 기업의 발전단계

글로벌화는 단계별 또는 진화적인 접근방법에 의하여 이루어지고 있으며 기업의 글로벌화는 수출에서 영업을 위한 자회사의 설립으로, 국외생산을 시장하는 단계에서, 국제부문의 설립하였던 것처럼 몇 개의 조직발전단계를 통하여 이루어진다고 하고 있다.[5] Adler는 글로벌 조직의 발전 단계를 〈도표 12-3〉과 같이 순수한 국내조직에서 국제적인(international) 조직, 다국가적(multi-national) 조직, 글로벌(global)조직으로 이동한다고 설명하고 있다.[6]

도표 12-3 글로벌 기업의 발전 단계

기업행동	제1단계	제2단계	제3단계	제4단계
	국내	국제적	다국적	글로벌
전략	국내	국제적	다국적	세계적
지배적 구조	집권화	분권화	집권화	국제적 제휴 및 네트워크
주요관심	제품과 서비스	시장	가격	전략
경쟁자	거의 없음	조금 있음	많음	아주 많은
제조 입지	국내	국내, 주요 시장	다국적(최소비용)	세계적(최소비용)
수출	무	증가추세	많음	수입과 지출
문화적 관점	편협적임	상대적임	본국 중심형	문화 중심적

자료 : N. J. Adler, 1991, International Dimensions of Organizational Behavior, Kent Publishers, p. 9

4.1 국내지향 단계

국내지향의 기업은 집권화된 구조와 기능적인 구분에 초점을 두는 특징이 있다. 기업의 경영은 가족중심적인 관점에서 이루어지고 있으며, 제조입지의 대부분을 국내에서 수행한다. 국제적으로의 시장의 확대나 제품의 수출이 이루어지고 있지 않고 제품과 서비스의 개선과 제공이 주요 관심사이다.

자민족중심적인 관점을 취하고 문화적 차이를 고려하지 않아도 됨으로 문화적인 관점은 편협적인 편으로 이루어진다.

4.2 국제지향 단계

국제지향 단계의 기업은 국제적인 시장에 주요관심이 있으며, 수출을 통하여 시장의 확대를 도모하는 단계이다. 시장상황에 따른 분권화된 조직으로 운영되고 국제부문의 활동에 집중하는 경향이 있다. 국제부문에의 집중하는 경향은 국내부문의 소외로 연결되어 본류에서 고립 가능성이 있으며, 국제부문과 여타 다른 부문간 상호교환이나 커뮤니케이션이 이루어지지 않고 상호대립하는 경우가 발생할 수 있다.

이 단계에서는 각 국가별 문화적 차이를 고려한 제품의 생산과 수출이 이루어지므로 문화적인 관점에 대한 깊은 통찰이 필요하다.

4.3 다국적 지향 단계

다국가 지향 단계의 기업은 분권화된 조직과 다국가적인 사업영역을 만들어 냄으로써 시장적 한계를 뛰어 넘으려고 한다. 조직이 진화함에 따라 조직은 점점 세계적인 제휴를 하거나 다양한 조직의 능력을 제고하기 위한 다양한 방안을 시도하게 된다.

수출이 많아지고 다양한 국가의 시장에서 많은 경쟁자가 만들어 지고 가격경쟁이 심화되고 이를 통제하기 위한 많은 조치들이 시행되고, 조직을 관리하고 구조화하는데 있어서는 최상의 하나의 방법이 있다고 생각하여 집권적인 통제방식이 시행된다.

4.4 글로벌 지향 단계

글로벌 지향 단계의 조직은 더욱 발전된 다원적인 관점을 가지고 조직을 관리한다. 조직관리에 있어서도 동시에 많은 적절한 방법이 있다는 시각을 가지고 있기 때문에 다양한 국가의 다양한 문화를 중요시 한다.

문화와 관련된 문제는 글로벌화의 각 단계에서 중요성이 증대되고 있다.

제 5 절 세계화의 영향

5.1 긍정적인 영향

세계화는 이를 통해 세계적으로 부를 축적시킬 수 있다. 비교우위의 상품 무역이 증대되어 모든 국가가 상호이익을 얻게 되기 때문이라 하며, 이로써 국가 경쟁력을 높이고 빈곤과 실업 문제를 해결할 수 있으며, 세계적으로 정치, 사회, 문화적 상호 의존성이 심화되면서 평화의식이 확산되고 이에 따라 전쟁이나 무력 갈등이 최소화 될 수 있다.

뿐만 아니라 환경 문제나 인권 문제와 같은 전세계적 관심이 필요한 지구적인 쟁점 문제를 해결하는데도 긍정적 영향을 끼친다.

5.2 부정적인 영향

세계화는 국경 없는 자유 무역과 정치적 · 사회적 · 문화적 상호 의존성을 심화시킨다는 사실은 오히려 국가 간 격차를 심화시키는 결과를 초래한다. 또한 세계화는 각국 문화의 정체성을 상실하게 된다. 현재 세계화를 주도하는 집단이 미국을 비롯한 서구 선진국들이기 때문에 세계화가 곧 서구화를 의미하는 것으로 변질되었다. 모든 것이 서구 중심으로 획일화되어 가고 있으며 그로 인해 서구화를 의미하는 세계화는 국가 간 갈등이 발생할 수 있으며 경제적 양극화는 결국 인종 차별 및 갈등을 초래할 수 있다.

세계화는 지구 환경의 파괴와 훼손, 부존자원의 남획 등을 야기한다. 각국은 자신들의 국가에 부족한 자원을 타국에서 얻고 있는데 이때 타국의 자연환경이나 생태계 파괴에 대해선 관심을 기울이지 않고 무분별한 이익만을 추구할 수 있기 때문이다.

제 6 절 해외투자 이론

6.1 기업성장 이론

기업성장 이론(theory of business growth)은 기업의 국제화의 한 단계로서 기업의 성장과정에서 자연발생적인 결과로 해외투자가 이루어진다는 이론이다. 콜데(E. Kolde)는 기업의 경영활동이 단계적으로 확장됨에 따라 기업이 해외로 진출하는 과정을 설명하고 있다.

기업은 1단계 수출, 2단계 현지판매 및 저장시설 확장, 3단계 해외직접투자에 의한 현지생산의 과정을 거쳐 조직 확대 · 발전해 나간다는 것이다.

기업성장 이론은 직접투자의 계기를 국제적 자본의 이동의 관점이 아닌 기업이 성장함에 따라 사업영역이 확대되어 간다는 점에 초점을 맞추고 있다.

6.2 독점적 경쟁 이론

기업의 유리한 경영자원을 최대한 이용하려는 동기에서 해외에 직접투자하려는 것을 말한다. 하이머(S. Hymer) 등에 의하여 주장된 독점적 경쟁이론(theory of monopolistic competition)에서 해외진출기업은 소비자 기호, 법률 규제, 사회적 관습의 차이, 거리상 발생하는 비용 등 불리한 여러 가지 조건이 있으나, 저렴한 자본 조달 비용, 상표 및 기술에 관한 노하우, 특수한 마케팅 능력, 경영기법, 규모의 경제에서 독점적 우위를 점할 수 있으며 이러한 경쟁우위를 위하여 경영의 다각화, 거대화, 다국적화가 추진된다.

6.3 제품수명주기 이론

제품수명주기 이론(theory of product life cycle)은 각국의 무역패턴을 시간의 흐름에 따라 명확히 밝히는 입장으로 제품의 수명주기에 따라 해외직접 투자 필요하게 된다는 것이다.[7)]

1) 신제품 단계

신제품단계에서는 신제품개발에 따른 독점적 우위와 제품 차별화로 가격탄력성이 비교적 작으며, 생산지에 따른 비용차이가 크지 않음에 따라 생산입지의 중요성이 적으므로 해외투자를 고려하지 않고 국내 생산을 선호한다.

2) 성숙 제품단계

성숙단계에서는 제품 표준화와 기존기술에 의한 장기 안정적인 생산이 가능한 단계이다. 수요증대 및 시장 확대에 따른 생산량의 증대가 요구되며, 규모의 경제이익이 가능해 지고 생산비용에 대한 관심이 높아진다. 현지기업의 모방제품의 생산과 다른 국제기업에 의해서 기존 수출시장 위협을 받게 되며, 수출입에 따른 관세장벽과 생산입지의 경제성(생산요소의 비용)을 높이는 것이 필요하게 되며 이에 따라 현지생산을 고려하게 된다.

3) 표준화 제품단계

표준화 제품단계에서는 생산기술 정체와 제품 표준화가 이루어지는 단계이다. 생산비용 절감에 의한 비용우위의 필요성이 높아지고 생산요소비용이 저렴한 입지로의 이동된다. 따라서 선진국은 후진국에 고급품을, 후진국은 선진국에 저급품을 수출하는 교차무역이 발생하게 되며 일부 제품은 본국으로의 제품 역수입이 일어나게 된다.

제품수명주기 이론은 주로 임금격차에서 오는 생산요소비용의 우위를 가지고 설명하고 있으며 자본집약적인 산업의 경우는 설명이 부적합하다.

6.4 내부화 이론

내부화 이론(internalization theory)은 시장이 불완전하고 과점기업이 경쟁적 우위를 가진다고 해서 해외 직접투자가 일어나는 것이 아니라 생산외적인 R&D, 마케팅, 교육훈련 등의 역할을 강조하고 있다. 기업의 중간생산물은 단순한 반제품이 아니라, 인적자본 등에 의한 체계화된 지식의 형태가 많고 이같은 중간생산물이 불완전한 경우 이를 자체 조직 내에서 흡수하려는 시도를 하게 되며, 이러한 내부화 과정이 국경을 초월하여 발생할 경우 해외투자가 발생한다는 것이다.

무형자본인 기술과 같은 요소는 하나의 상품으로 판매가격을 산정하기도 어렵고 판매자와 구매자간의 정보유통도 매우 곤란하다. 이러한 기술이 독점적인 경쟁우위를 확보할 수 잇는 원천이 된다면 기술을 외부화(판매나 해외 라이센싱)하는 것보다는 해외 직접투자를 통하여 해외 현지회사를 만들고 현지 자회사를 통하여 국제 분업에 참여시키는 동시에 계약을 통하여 로얄티를 받으면서 특정기술의 교역을 내부화할 수 있다. 즉, 특정기업이 국경을 초월하여 무형중간재 내부시장을 만듦으로써 해외직접투자가 이루어진다.

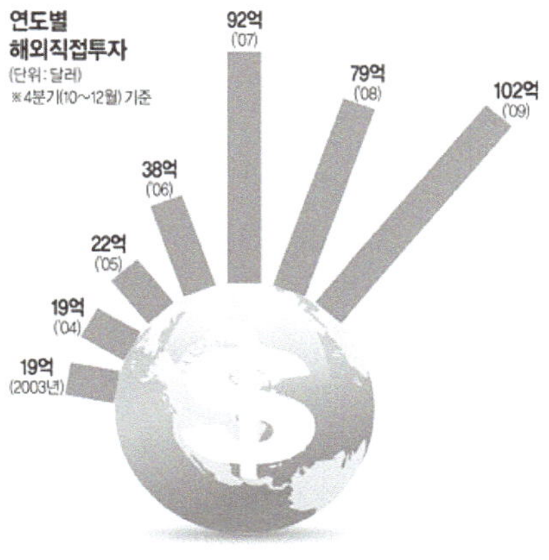

2003~2009년도 해외직접투자 현황
(사진 : 문화일보 2010.2.24)

제7절 해외 직접투자의 영향[8)]

7.1 투자국에 미치는 영향

1) 긍정적 효과

① 생산요소의 확보

해외 직접투자는 투자국에서 획득하기 어려운 천연자원과 노동력 같은 생산요소를 확보할 수 있는 기회를 증진시킨다. 포스코가 안정적인 철광석과 유연탄을 확보하기 위하여 호주의 광산에 투자한다거나, SK(주)가 안정적인 원유공급을 확보하기 위하여 유전개발 사업에 참여하는 것 같은 경우이다.

② 글로벌 시장의 확보

해외 현지에 생산공장을 설립하여 제품을 생산 · 판매함으로써 현지 시장과 제3국 시장을 확보할 수 있는 토대를 마련하게 된다.

이러한 시장 확보는 기술시장, 자본시장, 상품시장으로 구분되는 데 기술시장은 기술료의 취득효과를, 자본시장은 현지금융 등의 외자확보를, 그리고 상품시장에서는 완제품, 원료와 중간재 및 시설재를 확보할 수 있도록 하여 준다.

③ 고용증대와 질적 개선

해외투자는 국내적으로는 고용을 감소시키는 측면이 있으나, 국내에서는 경쟁력의 약화로 시장이 형성되는 것이 제한적이거나, 또는 국내의 유휴자원이 유출되는 것이므로 오히려 수출유발에 따른 고용증대와 기회를 확대시킨다.

④ 국제수지의 개선

해외투자는 단기적으로는 자본의 해외유출과 현지투자기업으로부터의 제품수입으로 국제수지의 악화가 초래될 수 있지만, 장기적으로는 시장확보에 따른 수출확대와 과실송금 등으로 국제수지의 개선에 도움이 된다.

2) 부정적 효과

① 국제경쟁력의 약화

투자국이 보유하고 있던 기술이나 자본이 해외 수용국으로 이전할 경우 이로 인하여 투자국의 국제경쟁력이 약화될 수 있다. 미국은 일본과 EU에 무수한 기술을 많이 전수하였으나, 그 반대로 미국의 경쟁력을 약화시키는 요인으로 작용하였다.

② 조세손실과 조세회피

투자국의 기업들이 수용국을 조세피난처로 활용하여 기업간 내부거래를 통하여 이전가격을 조작하는 경우 투자국의 조세수입의 감소를 초래할 수 있다.

③ 단기적인 국제수지의 악화

해외투자는 단기적으로 자본의 해외유출과 현지 투자기업으로부터의 제품수입, 수출의 이전 그리고 현지법인에 자금의 대여 등으로 국제수지에 부정적인 영향을 초래할 수 있다.

7.2 수용국에 미치는 영향

1) 긍정적 효과

① 고용과 소득의 증대 효과

해외직접투자는 진출국의 취업기회를 확대시킬 뿐만 아니라 소득증대에 기여한다. 국제기업은 진보된 경영기법을 가지고 기업경영을 함으로서 해외 진출국의 노동생산성 향상시키는 역할을 수행한다. 신설된 생산시설은 고용을 유발시키고 기술교육 등을 통하여 숙련 노동자를 배출함으로서 진출국의 노동인력의 능력을 향상시키고 기술자 부족 해소하게 하며, 고용증대와 더불어 임금수준의 향상으로 소득 증대의 효과를 가지게 된다.

② 산업구조에 미치는 효과

국제기업의 양질의 신제품을 생산함으로서 진출국 국민에게 만족스러운 소비효용을 증대시키고 국내기업의 경쟁력 향상을 통한 원가절감 효과를 가짐으로서 산업경쟁력을 향상시키고 산업구조를 고도화시키는 등의 효과를 가져 온다.

③ 국제수지 및 국제무역에 미치는 효과

직접투자는 선진국으로부터 자본유입, 원자재 수입, 수입대체, 수출소득증가, 국내자본의 유보 등의 과정을 거쳐 진출국의 국제수지 개선에 직접적인 영향을 미치게 된다. 이러한 자본의 유보는 다른 산업분야의 발전을 촉진할 수 있다.

④ 기술이전 효과

국제기업의 진보된 산업기술 이전과 생산인력에 대한 기술능력이 높아지는 효과를 가진다. 해외 직접투자는 통상적으로 투자에 수반하여 생산기술과 경영노하우 등이 함께 이전되기 때문이다. 이는 연관 산업의 발전을 초래하고 산업전반의 기술수준을 높임으로써 국가전체의 발전과 역량을 증대시키는 역할을 수행한다.

2) 부정적 효과

① 경제종속

해외투자의 진출국은 대부분이 개발도상국이기 때문에 투자가 주로 기간산업부문과 첨단기술 분야에 집중되는 경향이 있다. 이에 따라 진출국 기업은 물론 국민들조차 투자국에 의해 국내기업이 소유나 지배당한다는 우려를 낳게 한다.

② 국내기업의 발전기회 상실

선진 외국기업에 의한 진출국의 산업지배는 진출국 기업의 경쟁력을 약화시켜 결과적으로 내수시장의 점유율까지 감소시켜 기업발전을 저해시킬 우려가 있다. 또한 선진기술의 무분별한 도입으로 인하여 진출국기업의 R&D 의욕을 저하시킬 수 있다.

③ 정치, 사회적 문제의 야기

해외투자기업들은 대부분 거대 다국적기업들인데 이들이 지닌 초국가적 성격과 거대한 규모로 인하여 기업의 경영활동 과정에서 투자국 및 진출국의 정치에 영향을 미칠 수 있다.

사회적 측면에서도 이질적인 문화의 무분별한 유입으로 인하여 진출국의 전통적 가치와 문화의 파괴 그리고 공해의 유발이라는 측면의 부정적 영향을 고려하여야 한다.

경영사례

이건희 회장 삼성경영 25년, 휴대폰 세계 정상에 오르다

- 인재 · 기술에 올인… 애플 산 넘고 노키아 물 건너 -

1995년 3월 삼성전자 구미 사업장. 이건희 회장이 지켜보는 가운데 15만대의 불량 무선전화기를 불태우는 '화형식'이 진행됐다. 제품 가격이 500억원에 달했지만 고객의 외면을 받는 저품질 제품은 절대 만들지 않겠다는 각오로 불량 제품을 전량 폐기했다. 그로부터 16년이 흐른 2011년, 삼성은 애플을 제치고 스마트폰 1위에 올랐다. 올해는 '휴대전화 왕국' 노키아마저 몰락시키고 전체 휴대전화 시장 1위에 등극해 '애니콜 신화'를 다시 써내려가고 있다.

◆ 휴대전화 세계 정상에 서다

삼성의 휴대전화 역사를 얘기할 때 빼놓을 수 없는 것이 애니콜이다. 지금은 추억 속의 제품이지만 1984년 무전기만 한 속칭 '흉기폰' 모토로라 카폰이 등장한 이후 국내 휴대전화 시장은 모토로라가 철옹성을 구축했다. 삼성이 1988년 국내 최초로 자체 개발 휴대전화(SH-100)를 시장에 내놓았지만 벽을 넘기는 쉽지 않았다.

그러나 1993년 이 회장이 "마누라와 자식 빼고 다 바꾸라"며 독일 프랑크푸르트에서 신경영을 선언한 이후 사정은 달라졌다. 이 회장은 "반드시 1명당 1대의 무선 단말기를 가지는 시대가 온다. 전화기를 중시해야 한다"며 신수종 사업으로 휴대전화를 지목했다. 제품 개발에 박차를 가한 삼성은 1994년 10월 애니콜 브랜드의 첫 제품인 'SH-770'을 출시했고 시장 반응은 폭발적이었다.

삼성 휴대전화 역사

1988	국내 최초 자체 휴대전화(SH-100)개발
1994	애니콜(SH-770) 출시
1995	모토로라 제치고 국내 1위 등극
1996	세계 최초 CDMA 상용화
1997	국내 최초 PCS 단말기(SCH-1100) 출시
1999	세계 최초 IMT-2000 휴대전화 및 시스템 개발
2001	세계 휴대전화 시장 3위 등극
2002	세계 최초 IMT-2000 상용 서비스 시작
2003	세계 최초 R4 WCDMA 출시
2004	세계 2위 등극(매출액 기준)
2005	세계 최초 상용화 수준 HSDPA 전용 단말기 개발
2006	미국 진출 10년만에 누적 판매량 1억대 돌파
2009	미국 휴대전화 시장점유율 첫 1위
2010	스마트폰 갤럭시S 출시
2011	세계 스마트폰 시장 점유율 1위 등극
2012	세계 휴대전화 시장 점유율 1위 등극. 분기 판매량 1억대 돌파

1995년 8월 마침내 애니콜은 세계 휴대전화 시장 1위인 모토로라를 제치고, 51.5%의 점유율로 국내 정상에 올라섰다. 당시 한국은 모토로라가 시장점유율 1위 자리를 차지하지 못한 유일한 국가였다.

삼성의 애니콜 신화 이후 우리나라의 무선통신기기 수출도 급증하게 된다. 삼성이 자체 휴대전화를 개발하기 전인 1987년 우리나라의 무선통신기기 수출 실적은 5억3800만달러에 불과했다. 하지만, 삼성이 세계 최초로 CDMA를 상용화한 1996년 수출은 12억2900만달러로 확대됐고 삼성이 세계 2위에 오른 2004년 수출은 262억2300만달러로 확대됐다. 지난해 무선통신기기 수출 실적은 273억2500만달러로 TV 등 가전제품 수출(133억2800만달러)의 두 배가 넘을 정도다. 휴대전화는 이제 한국 수출의 효자 종목으로 자리매김했다.

◆ 애니콜 신화 계속된다

삼성의 휴대전화 사업은 애플의 아이폰이 나오면서 한때 주춤했다. 불과 3년 전인 2009년만 해도 삼성의 스마트폰 점유율은 고작 3.7%에 불과했다. 시장은 노키아(38.8%)와 애플(14.4%)이 장악하고 있었다.

하지만, 정확한 시장 흐름 예측과 과감한 투자로 삼성은 2010년 글로벌 전략 스마트폰 갤럭시S를 탄생시켰고 7개월 만에 1000만대를 돌파하는 기염을 토했다. 2011년 후속작 갤럭시S2도 5개월 만에 1000만대 판매를 돌파하는 성공에 힘입어 삼성은 그해 단숨에 애플(19%)과 노키아(15.8%)를 제치고 스마트폰 시장에 1위에 올랐다.

올해 들어서도 갤럭시S3가 5개월 만에 3000만대 판매를 돌파, 독주체제를 구축하며 빠르게 시장을 장악하고 있다. 시장조사기관 스트래티지애널리틱스(SA)에 따르면 올 3분기 삼성의 스마트폰 시장점유율은 33.9%까지 확대돼 2위 애플(16%)을 더블스코어 차이로 압도하고 있다. 또 애플, 소니(5.2%), HTC(4.8%), 노키아(3.8%)를 합친 점유율(29.8%)보다 많다. 전체 휴대전화시장에서도 3분기 1억300만대를 팔아 시장점유율 27.2%로 휴대전화 왕국 노키아(21.9%)마저 무너뜨렸다.

스마트폰 사업은 이건희 회장의 경영철학인 '인간중시'와 '기술중시'가 잘 드러나는 성공사례로 분석된다. 이 회장은 2011년 7월 선진제품 비교 전시회에서 5년, 10년 후를 위해 당장 소프트웨어, 디자인, 서비스 등 소프트기술과 S급 인재, 특허를 확보할 것을 주문했다. 특히 "경쟁사보다 앞선 제품을 만들 자신이 없으면 아예 시작도 하지 말아야 한다"며 혁신제품을 주문했고 이는 갤럭시S 시리즈와 신개념 스마트폰 갤럭시 노트의 탄생으로 이어졌다. 최근 미국의 경제 주간지 블룸버그 비즈니스위크 인터넷판은 삼성의 성공 배경을 ▲정확한 시장 흐름 예측 ▲신속 개발 · 대량 생산 ▲막대한 마케팅 자금력 ▲이동통신업체와 원활한 협조관계 등으로 분석했다.

삼성전자의 전략 스마트폰 갤럭시S3가 출시 5개월 만에 3000만대 판매를 돌파한 지난 4일 삼성전자 직원들이 3000만대를 뜻하는 숫자판으로 퍼포먼스를 연출하고 있다.

이처럼 삼성의 휴대전화 사업이 쾌속질주하면서 삼성의 브랜드 가치도 함께 높아지고 있다. 브랜드컨설팅그룹 인터브랜드의 브랜드가치 조사에 따르면 삼성 휴대전화 점유율이 5.5%에 머물던 2000년 브랜드 가치는 52억2000만달러로 43위에 머물렀다. 올해 삼성은 3분기 휴대전화 점유율 27.2%, 스마트폰 점유율 33.9%로 1위를 지키면서 브랜드 가치가 328억9000만달러로 껑충 뛰었고 처음으로 톱10(9위)에 진입하는 쾌거를 이뤘다.

자료 : 세계일보, 2012.11.23

요 약

세계화란 국제화가 진행되는 단계에서 최소한 경제에 관한 한 국경의 의미가 없어지고 전 세계가 하나의 경제권으로 부상하는 과정인데 통신 기술의 발달과 무역 · 자본의 흐름 등으로 세계시장이 공간적 · 제도적으로 통합되고, 각국의 제도 및 정책의 유사성이 증대되는 과정을 말한다.

세계화를 촉진하는 요인은 시장적 요인, 비용적 요인, 경쟁적 요인이 있다. 시장적 요인으로는 소비자의 공통적 욕구의 존재, 집중 방식으로 구매하는 글로벌 고객과 이전 가능한 글로벌 마케팅 요소, 제품과 공정 혁신이 소수의 선도 기업에서만 발생하는 경향 등이다. 비용적 요인으로는 글로벌 규모의 경제, 국제 시장에서 집중화된 구매를 통한 원가우위 경쟁력 확보와 신규진입 장벽으로의 작용을 통한 경쟁우위 확보, 글로벌 또는 지역적인 제품을 개발함으로써 높은 제품의 개발비용을 절감이 세계화를 촉진하고 있다. 경쟁적 요인으로는 국가 간 교역의 증대로 인한 경쟁의 심화, 다양한 경쟁국의 출현 증가, 시장에서 상호의존적인 관계의 증진으로 인한 경쟁의 심화는 세계화를 촉진하고 있다.

문화적 다양성의 관리는 자국문화중심의 시각과 타문화 중심의 시각에 따라 문화적 지배, 문화적 수용, 문화적 타협, 문화적 회피, 문화적 시너지로 나누어 볼 수 있다.

기업성장 이론은 기업의 성장과정에서 자연발생적인 결과로 해외투자가 이루어진다는 이론으로 기업은 1단계 수출, 2단계 현지판매 및 저장시설 확장, 3단계 해외직접투자에 의한 현지생산의 과정을 거쳐 조직 확대 · 발전해 나간다는 것이다.

독점적 경쟁이론은 유리한 경영자원을 이용하기 위해 해외에 직접투자하려는 것으로 저렴한 자본 조달 비용, 상표와 기술 노하우, 특수 마케팅 능력, 경영기법, 규모의 경제로 독점적 우위를 점하며, 경쟁우위를 위해 경영 다각화, 거대화, 다국적화가 추진된다.

제품수명주기 이론은 각국의 무역패턴을 시간의 흐름에 따라 밝히는 입장으로 성숙제품 단계에서 생산기술 정체와 제품 표준화가 이루어지는 단계로 생산비용 절감에 의한 비용우위의 필요성이 높아지고 생산요소비용이 저렴한 입지로의 이동을 위하여 해외투자가 일어난다.

내부화이론은 시장이 불완전하고 과점기업이 경쟁적 우위를 가진다고 해서 해외 직접투자가 일어나는 것이 아니라 생산외적인 것을 자체 조직내에서 흡수하려는 시도를 하는 과정에서 해외투자가 이루어진다.

토의주제

1. 세계화를 촉진하는 요인들 중에서 가장 중요한 요인은 무엇인가?
2. 우리나라의 FTA 체결에 대한 긍정적인 면과 부정적인 면은 무엇인가?
3. 세계화에 있어서 국제기구들의 역할과 필요성은 무엇인가?
4. 문화적 다양성을 관리하기 위하여 가장 바람직한 시각은 무엇인가?
5. 해외직접투자를 투자국과 수용국의 입장에서 긍정적인 면과 부정적인 면은 무엇인가?

참고문헌

1. 김성수, 2008, 21세기형 글로벌경영전략-이론과 사례-, 삼영사, pp. 78~88.
2. 이강헌, 2008, 국제경영학, 무역경영사, pp. 120~121.
3. 고 배경문화에서는 언어의 사용이 직관적이고 관조적 이며 모호한 메시지를 사용하는 경향이 있으며 집단중심적인 사회인 중국, 일본, 한국, 베트남 등 아시아 국가들이 여기에 속하며, 저 배경문화에서는 분석적이고 행동지향적이며 직접적이면서 분명한 메시지를 사용하는 경향이 있으며 개인 중심적인 사회로 독일, 스칸디나비아 국가, 스위스, 미국, 캐나다 등이 이 범주에 속하는 대표적인 국가이다.
4. 정재훈, 2011, 인적자원관리 3th, 북넷, pp. 468~469.
5. 정재훈, 앞의 책, pp. 450~454.
6. N. J. Adler, 1991, International Dimensions of Organizational Behavior, Kent Publishers, p. 9.
7. R. Vernon, 1966, International Investment and International Trade in Product Cycle, Quarterly Journal of Economics, Vol. 80, pp. 190~207.
8. 이강헌, 앞의 책, pp. 120~121.

Chapter 13

경영혁신과 혁신적 경영기법

학습목표

1. 경영혁신의 개념과 유형에 대해 알 수 있다.
2. 경영혁신이 전개되는 과정에 대해 이해할 수 있다.
3. 조직 구조를 혁신하는 리엔지니어링과 리스트럭처링, 다운사이징, 워크아웃 기법을 알 수 있다.
4. 조직 운영과정을 혁신하는 BSC, 학습조직과 지식경영을 이해한다.
5. 환경변화에 따른 조직의 적응을 돕는 벤치마킹, 전략적 제휴, 가상기업, 그린마케팅에 대해 이해한다.

Key-word 경영혁신, 벤치마킹, 리엔지니어링과 리스트럭처링, 다운사이징, BSC, 학습조직과 지식경영, 워크아웃, 전략적 제휴, 가상기업, 그린마케팅

CHAPTER 13

경영혁신과 혁신적 경영기법

제1절 경영혁신의 개념

산업의 글로벌화와 국경없는 경쟁, 급속한 기술발전, 소비자의 욕구 세분화로 인한 제품의 수명주기 단축 등과 같은 급변하는 경영환경은 오늘날 기업의 생존에 위기 요인이자 동시에 기회 요인으로 작용하고 있다. 기업은 새로운 추세를 읽고 경쟁조직에 대응하는 한편, 새로운 제품과 서비스, 경영기법을 개발하고 실행함으로써 시장을 선도하고자 하는 노력을 병행하고 있다.

60년 이상 자동차 시장의 1위였던 미국의 GM(General Motors)은 파산 위기를 맞이했던 적도 있고, 120년간 콜라 시장을 장악해왔던 코카콜라도 만년 2위였던 펩시에 글로벌 음료 업계 1위 자리를 추월당하는 수모를 겪고 있다.

조직이 성장하고 거대화된 반면 현실에 안주하고 혁신 노력을 게을리 한 결과라고 할 수 있다. 환경변화에 부응하여 제품과 조직, 경영을 혁신하지 않은 기업은 곧 고객으로부터 외면받게 되고 사업이 침체되거나 시장에서 퇴출되는 위기에 봉착하게 된다.

영원한 라이벌 펩시와 코카콜라

경영혁신(management innovation)은 변화하는 환경에 생존하기 위하여 조직이 새로운 아이디어를 창출하고 그것을 개발 · 실용화하는 과정이다. 즉, 새로운 제품이나 서비스, 새로운 생산공정 기술, 새로운 구조나 관리시스템, 조직구성원을 변화시키는 새로운 계획이나 프로그램을 의도적으로 실행함으로써 기업의 중요한 부분을 본질적으로 변화시키는 것을 의미한다.

따라서 경영혁신을 촉진시키기 위해서는 기존의 체계와 가치관에서 탈피하는 것이 필요하다. 혁신적 경영풍토의 조성을 위해서는 새로운 아이디어를 끌어낼 수 있는 창조성, 참가자가 다양하게 행동할 수 있는 자율성, 정형화된 관성을 파괴할 수 있는 유연성 등의 조건을 갖추어야 한다.[1)]

Innovation is the process of taking a new idea and putting it into practice. Creativity exerts its influence in organizations through innovation, the process of coming up with new ideas and putting them into practice.

경영혁신 기법은 시대에 따라 특정 방식이 나타났다가 사라지기도 하고, 유명 기업에서 성공을 거둔 방식을 많은 기업에서 따르는 등 유행을 타기도 하는데 기업이 추구하는 목적과 내부능력, 처한 상황이 다르므로 특정 기업에서 적합했던 기법이 모든 기업에서 효과를 거둔다고 볼 수는 없다. 경영자는 조직 내외의 여건을 충분히 분석하여 자신의 기업에 맞는 경영혁신 방법을 선택하거나 개발하는 능력을 발휘해야 한다.

변화와 혁신의 과정에는 많은 도전과 비용이 초래되며 구성원들의 저항이 발생할 수 있다. 경영혁신이 성공을 거두기 위해서는 첫째, 변화하지 않으면 도태할 수 있다는 긴박감과 위기감을 조성하는 것이 필요하다. 둘째, 최고경영자의 강력한 의지와 지원이 필요하다. 셋째, 경영혁신의 목표와 방법, 기대효과에 대해 충분히 설명한다. 넷째, 변화관리를 위한 전문적인 체계와 기법, 전문가나 전담부서를 활용한다. 다섯째, 세밀한 사전 준비와 사후 관리 등을 통해 혁신이 계획대로 추진되고 정착될 수 있도록 노력해야 한다.

삼성전자와 LG전자 등 국내 기업과 대학 등 7곳이 2012년 세계 100대 혁신기업 (2012 Top 100 Global Innovators)에 선정됐다

제 2 절 경영혁신의 유형

2.1 변화의 대상에 따른 분류

나이트(K. Knight)는 조직 안에서 발생하는 혁신을 제품 혁신, 프로세스 혁신, 인간 혁신, 구조 혁신의 네 가지로 구분하였다.[2] 제품 혁신은 기능, 용도, 가격 등에서 새로운 제품과 서비스를 개발하는 것이다. 프로세스 혁신은 전체적인 업무 처리과정과 일하는 방식 개선을 이루는 것이고, 인간 혁신은 조직구성원의 사고나 문화의 변화를 의미한다. 구조 혁신은 기업의 사업, 조직, 재무 등 구조적 측면의 혁신을 의미한다.

대프트(R. L. Daft)는 경영혁신을 기술혁신, 관리혁신, 인적자원 혁신으로 나누었다. 기술혁신은 주로 제품과 서비스 자체 또는 그것의 생산 및 관리 과정에서 새로운 변화를 도입하는 것이다. 관리혁신은 조직 구조와 관리 방식에 있어 새로운 변화를 도입하는 것이다. 인적자원 혁신은 조직구성원의 행동방식에서 새로운 변화를 도입하는 것을 일컫는다.[3] 대프트는 혁신 노력을 성공적으로 이끌어내기 위해서는 그 과정에 개입되는 다양한 요소들의 역동적 관계를 이해하고 이를 잘 운영하는 혁신역량을 키워야한다고 보았다.

2.2 변화의 수준에 따른 분류

경영혁신은 그 진행 정도에 따라 점진적 개선, 가시적 혁신, 획기적 혁신의 수준으로 나눌 수 있다.[4] 점진적 개선은 현재의 기술수준에서 약간의 변화를 가져오는 것으로 제품이나 서비스를 일부 개선하는 것, 동일 사업의 틀에서 고객가치나 공급망 관리에 다소의 변화를 일으키는 것이 그 예이다. 가시적 혁신은 기술의 진보나 사업의 독창성 차원 중 한 부분에서 상당히 큰 변화가 일어나는 것이다. 획기적 혁신은 기술이나 사업 측면 모두에서 중대한 변화가 일어나는 혁신이다. 즉, 완전히 새로운 신제품이나 서비스 개발, 기존의 사업 틀을 넘어서는 새로운 고객가치 제공이나 공급망 관리 등이 그 예이다.

혁신도시 : 국가균형발전위원회가 주도하여 지방의 거점지역에 조성되는 새로운 차원의 미래형 도시로, 기업과 대학, 연구소 등이 한 곳에 모여 서로 협력하면서 지식기반사회를 이끌어 가는 첨단도시로 구성된다 (그림 : 전국 10개 혁신도시 현황, 국토해양부)

제 3 절 경영혁신의 과정

3.1 실행체계 정비

경영혁신이 경영진에 의해 일방적으로 추진된다면 성공을 거둘 수 없다. 경영혁신의 필요성과 새로운 조직 비전, 혁신으로 인한 기대효과 등을 구성원들에 설득시키는 작업이 선행되어야 한다. 경영혁신과 관련한 설문조사, 설명회와 토론, 교육 등을 통해 구성원과 공유하는 기회를 충분히 마련해야 한다.

또한 경영혁신을 추진할 체계를 구성해야 한다. 컨설턴트와 같은 외부 전문가를 활용하는 동시에 변화를 주도적으로 담당하는 사내 전담 부서(change agent)를 구성하는 것이 좋다. 또한 추진 전략과 실행과제, 추진일정 등을 제시하며 체계적인 혁신관리 시스템을 마련하는 것이 필요하다.

3.2 사업 및 조직 구조의 재편성

경영혁신의 핵심은 사업을 재구축하고 조직구조를 변화하는 것이다. 침체되어 있는 사업을 축소 또는 철수하고 신성장 사업 분야로 진출하는 등 사업구조를 재편성하는 것이다. 이러한 사업 재구성을 통해 조직은 새로운 시장환경에 적응하고 경쟁력을 높이는 등 활성화의 계기를 마련할 수 있다. 조직 재구축은 사업구조의 변화 없이도 가능하며 비효율적인 조직을 간소화하고 인원을 재배치하여 기업의 체질을 바꾸는 것이다.

중소기업청에서 주최하는 중소기업기술혁신대전 포스터

3.3 업무와 일하는 방식의 개선

사업과 조직 구조가 큰 틀에서 개편되면 다음으로 업무하는 방식을 개선하여야 한다. 기존의 업무 내용과 업무수행 방식에 대한 세밀한 진단(직무 분석)을 통해 낭비와 비효율이 발생하는 부문을 발굴, 제거하는 것이 필요하다. 또한 핵심업무와 핵심 경로를 정의하고 과업 간 관계를 지능적으로 재설계하는 등 생산성과 부가가치, 품질을 높일 수 있는 방향으로 업무방식을 개선한다.

3.4 조직문화 변화

경영혁신은 제도와 기술적인 요소를 많이 수반하지만 결국 사람에 의해 수용되고 활용되어야 하기 때문에 의식과 관련된 요소를 동시에 관리하는 것이 필요하다. 혁신의 가치에 대해 기업 이념으로 체계화하고 변화된 시스템이 구성원의 행동과 태도에도 통합될 수 있도록 조직문화 운동이 병행된다면 경영혁신은 더욱 효과적으로 실행될 수 있다.

3.5 사후 관리

힘들게 경영혁신을 이룬 경우라도 사후에 정착이 잘 되지 않을 경우 실패할 가능성이 있다. 아직 새로운 제도와 경영방식에 익숙하지 않은 상태에서는 언제든지 과거의 시스템으로 회귀하려는 경향이 있다. 조직은 경영혁신의 추진 상태를 모니터링하고 성과를 빠른 시간 내에 가시화하여 조직 내에 안정적으로 정착되도록 하여야 한다.

제 4 절 혁신적 경영기법

4.1 벤치마킹

1) 벤치마킹의 개념과 등장배경

벤치마킹(benchmarking)이란 어느 특정한 분야에서 우수한 대상을 찾아 뛰어난 운영 프로세스를 창의적으로 모방하는 것을 의미한다. 즉, 선도 조직이나 경쟁 조직의 우수관행(best practices)을 분석하고 자기 조직의 체계와 비교함으로써 조직의 발전에 활용하는 체계적인 과정이다.

벤치마킹은 미국의 복사기 회사인 제록스(Xerox)가 신생기업인 일본의 캐논(Cannon)의 비용절감 성공요인을 분석하고 생산성 혁신을 이룸으로써 시작되었다. 제록스는 벤치마킹을 경쟁 상대나 우수업체와 비교하여 생산 · 서비스 · 일하는 방식을 평가하는 지속적인 과정이라고 보았다.

2) 벤치마킹의 분류

벤치마킹은 대상에 따라 내부 벤치마킹과 경쟁 벤치마킹, 기능 벤치마킹, 전략 벤치마킹으로 나누어 볼 수 있다.

첫째, 내부 벤치마킹은 조직 내부 또는 계열 기업 간 업무나 기능을 비교하여 최고의 방식에 대한 정보를 기업 내 다른 부서로 전달하여 성과를 개선하도록 하는 활동이다. 둘째, 경쟁 벤치마킹은 경쟁기업의 제품이나 서비스, 업무 수행 프로세스, 유통경로, 경영성과에 대한 정보를 알아내어 자사의 전략을 수립하는데 반영하는 것이다. 셋째, 기능 벤치마킹은 제품, 서비스, 프로세스 별로 가장 우수한 기업을 비교대상으로 하여 최상의 것을 추구하려는 것이다. 넷째, 전략 벤치마킹은 부분적 개선이 아니라 장기적으로 기업가치 창출에 기여할 수 있는 경영전략에 대한 변화를 시도하는 것이다.

3) 벤치마킹의 추진 과정

벤치마킹의 진행은 먼저 벤치마킹 대상 영역을 정의하고, 벤치마킹을 수행하기 위한 내부의 조직을 구성한 다음, 최고의 활동을 하는 기업을 찾아내어 자료를 수집하고 분석한 다음 추구하고자 하는 개선 목표를 설정한다. 그런 다음 목표를 달성하기 위한 실행 계획을 수립하여 추진하며, 성과를 평가한다.

① 벤치마킹 목표와 대상기업 선정

벤치마킹을 실시하고자 하는 문제의식과 벤치마킹을 통해 달성하고자 하는 목표를 구체적으로 설정한 다음, 벤치마킹하고자 하는 대상 기업을 선정해야 한다. 또한 상품, 서비스, 운영노하우, 프로세스나 조직구조 등 대상 기업의 어떤 부분을 벤치마킹할 것인지 정해야 한다.

② 자사의 수준 파악 및 대상 기업의 정보 수집

본격적인 벤치마킹에 앞서 현재 조직의 수준을 파악하여 격차를 분석하여야 한다. 그런 다음 벤치마킹 대상 기업에 대한 직접·간접조사를 실시한다. 직접조사는 현장방문과 견학, 실무자 면담 등이 해당되고, 간접조사는 대상 기업의 제품 분석 및 제조 공정과 마케팅 등에 대한 매뉴얼 분석 등이다.

Benchmarking is the process of identifying "best practice" in relation to both products and the processes by which those products are created and delivered. The search for "best practice" can take place both inside a particular industry and also in other industries.

③ 벤치마킹의 실행과 평가

대상 기업에서 파악한 내용을 자사의 수준과 전략에 맞게 실천하기 위한 방안을 마련한 후 단계별로 실행해 나간다. 수시로 중간점검을 거쳐 계획대로 진척되고 있는지 파악하고 필요한 수정조치를 한다. 벤치마킹이 완료된 후에는 계획대로 추진되었는지, 그리고 자사의 상태와 대상 기업의 상태를 비교하는 등 평가를 실시한다.

세계소셜벤처대회(2011.4.22-23, 미국 버클리, 혁신기업들의 아이디어 올림픽) : 참가자들이 사회에 기여하면서 수익도 내는 비즈니즈 모델에 대해 발표하고 있다

4.2 리엔지니어링과 리스트럭처링

1) 리엔지니어링

리엔지니어링(reengineering)은 비용, 품질, 서비스, 속도와 같은 기업의 핵심적 성과에 극적인 향상을 이루기 위해 기업 업무 프로세스를 근본적으로 다시 생각하고 재설계하는 것[5]으로 미국 MIT 대학의 마이클 해머(Michael Hammer) 교수가 오랫동안의 기업 컨설팅 경험을 통해 창안해낸 것으로 1990년에 처음 소개한 개념이다.[6]

리엔지니어링은 프로세스를 구성하는 업무들이 여러 부분에 산재되어 있어 업무처리 단계별로 의사결정 소요시간과 대기시간이 길어 프로세스 전체

가 비효율적으로 이루어지는 것을 개선하는 것이다.

과거와 같은 기능식 위계조직으로는 제품의 품질, 서비스, 속도 등에 까다로워진 고객을 만족시킬 수 없다는 사고에서 출발하여 기존 경영방식을 무시하고 백지상태에서 새롭게 설계하는 경영혁신 기법이다.[7] 즉, 의사결정을 지연시키는 기능 중심의 수직적 사고에서 고객에게 신속히 반응하는 프로세스 중심의 수평적 사고로 전환하는 것이다.

2) 리스트럭처링

리스트럭처링(restructuring)은 시스템이나 조직을 새로운 방향으로 조정하는 것을 의미한다. 조직에서 성장 정체 현상이 나타나거나, 국내외 환경변화, 경쟁자의 동향, 기술혁신, 고객의 욕구변화 등을 고려하거나 현재의 전략이나 기존 업종으로는 미래 보장이 어렵다고 판단할 때 기존의 사업구조를 근본적으로 개혁 · 재편하는 것이다.

리엔지니어링이 미시적 프로세스나 공정을 개혁하는 차원이라면 리스트럭처링은 기업의 미래 모습을 새로이 만들어나가는 기업 전체 차원의 혁신기법이다. 가령 기존 사업을 계속 확대할 것인가, 축소하거나 철수할 것인가 또는 어떤 신규사업에 진출할 것인가 등에 대해 방향을 정하는 것이다.

따라서 리스트럭처링은 사업의 통폐합, 재편, 철수, 특정부문의 분리, 독립, 기존 사업 분야의 포기, 또는 새로운 사업 분야의 개척 등을 포함하며, 넓은 의미로는 타기업의 인수합병, 글로벌화에 따른 구조적 변화와 새로운 조직문화의 창조 등도 포함하는 개념이다.[8]

리스트럭처링 실시 이전과 실시 이후

4.3 다운사이징

1) 다운사이징의 개념과 배경

다운사이징(downsizing)은 의도적으로 조직 내의 인력, 계층, 직무, 부서 등의 규모를 축소시킴으로써 낭비 요소를 제거하여 기업의 효율성을 개선시키려는 경영혁신 기법이다.

다운사이징의 배경은 경기 위축이나 경쟁 강화로 인한 기업 이익 감소를 타개하기 위한 목적이 1차적이며, 2차적으로는 조직을 변화에 보다 유연하게 적응하기 쉽게 하기 위해서 핵심인력 위주로 운영하고 중요치 않은 부분은 외주화하기 위해서는 작은 조직이 더 유리하기 때문이다.

다운사이징은 단순한 조직구성원의 해고나 비용 절감만이 아니라 조직의 비효율적인 요소를 제거하여 기업의 강점을 살리는 핵심 주력사업에 집중하고 신규사업 창출을 통해 경쟁력을 강화시키려는 것을 목적으로 한다. 다운사이징에서는 비효율·고비용의 영역과 부가가치가 높지 않은 사업을 규명하고 조직의 경영전략과 연계하여 구성원들의 공감대를 형성하여 개편을 실행하는 것이 필요하다.

그러나 다운사이징은 장점만 있는 것은 아니다. 일하는 방식은 변화하지 않고 지나친 슬림화나 인력 감원만을 수반할 경우 생산성 향상은 달성될 수 없고, 기업 분위기를 침체시키고 구성원들의 사기를 저하시킨다는 부작용도 고려해야 한다.[9)]

2) 다운사이징의 실행 유형

다운사이징의 유형은 사업축소, 조직 재설계, 시스템의 변화가 일반적이다. 첫째, 사업축소란 경영전략 차원에서 핵심 사업을 제외한 나머지 영역에서 철수하기 위해 조직을 정리하고 인력을 감축, 이동시키는 것이다. 둘째, 조직 재설계는 사업 축소에 따라 조직구조를 개편하는 것으로, 유사 부문조직의 통폐합이나 계층 축소 등을 실행하는 것이다. 셋째, 시스템 변화는 기존의 불합리한 관행과 구성원의 나태한 태도를 개선하여 보다 실용적이고 참여적인 조직문화로 바꾸는 것이다.

4.4 BSC(균형성과표 : Balanced Score Card)

1) BSC의 의의

일반적으로 기업의 성과는 매출액이나 순수익 등 회계 개념을 기초로 한 재무적 성과 위주로 평가되어 왔다. 이것은 단기적 성과에 불과하고 기업의 종합적 요소를 평가하는 데는 한계를 가진다. 즉, 재무적 가치 뿐 아니라 다른 성과지표를 상호보완적으로 활용하여 균형된 성과평가를 할 필요가 있다.

평가의 목적은 궁극적으로 계획과 전략의 실행수준을 점검하고 향후 사업성과를 높이기 위한 개선방안을 찾는데 있다. 그러나 재무지표에 의한 평가는 사후적인 결과만 제시할 뿐 미래지향적인 관점에서 기업이 나아가야 할 전략적 방향에 대한 정보나 시사점을 제공하고 있지는 못하다.

이러한 점에서 탄생한 것이 카플란(R. Kaplan)과 노턴(D. Norton)에 의해 창시된 BSC(균형성과경영시스템)이다. 이는 기업의 성과를 제대로 평가하려면 재무적 측면, 고객 측면, 프로세스 측면, 기업의 성장 및 혁신노력 정도의 네 가지 측면을 균형있게 평가해야 한다는 새로운 평가모델이다. 학습과 성장은 내부 프로세스를 향상시키기 위해 필요하고, 내부 프로세스의 개선은 고객만족 향상에 필요하며, 고객만족은 재무적 성과 향상에 필요하다고 보는 연결된 관점을 취하고 있다.

2) BSC의 4대 관점

BSC의 핵심을 이루는 4대 관점은 기업의 가치 창출 근원에 대한 시각을 제시한다. 또한 네 가지 관점은 서로 긴밀하게 연계되어 상호 관련성을 파악할 수 있어야 하며 균형을 이루어야 한다. 균형된 관점들 간의 상호작용 결과에 의해 조직의 가치는 극대화될 수 있기 때문이다.[10)]

① 재무적 관점(financial perspective)

재무적 관점은 주주의 입장에서 기업이라는 투자대상을 바라보는 관점이다. 대표적인 재무적 성과지표로는 투자수익률, 경제적 부가가치(EVA : Economic Value Added), 수익성 등이 있다.

② 고객 관점(customer perspective)

고객 관점은 기업이 경쟁할 표적시장을 선정하고 그 시장에서의 성과와

| 도표 13-1 | BSC 4대 관점

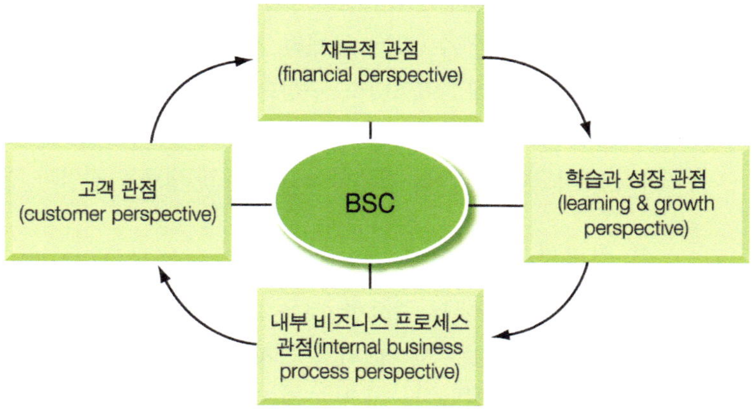

관련된 관점이다. 대표적인 고객관점의 성과지표로는 시장점유율, 고객확보율, 고객유지율, 고객만족도 등이 있다.

③ **내부 프로세스 관점**(internal process perspective)

내부 프로세스 관점은 성과를 극대화하기 위하여 기업의 핵심 프로세스 및 핵심 역량을 규명하는 과정에 관련한 관점이다. 기업은 고객의 욕구를 신속하게 파악하고 충족시켜줄 수 있는 내부 프로세스를 보유함으로써 환경변화와 경쟁에 대응할 수 있다.

④ **학습 및 성장 관점**(learning and growth perspective)

학습과 성장 관점은 네 가지 관점 중 가장 미래지향적 관점이자 다른 세 가지 관점의 성과를 이끌어내는 원동력이다. 기업이 장기적인 성장과 개선을 유도하기 위해 지식자원을 구축하고 구성원의 학습과 개발을 촉진시키는 것과 관련된 관점이다.

3) BSC의 구성요소

① 비전 : 기업이 추구하는 장기적인 목표와 바람직한 미래상

② 전략 : 고객 지향성과 경쟁 우위의 창출을 위한 핵심

③ 관점 : 기업의 가치 창출 근원에 대한 시각을 제시

④ 핵심 성공요인(CSF; critical success factors) : 기업이 진출한 시장 내

에서 지속적인 경쟁우위를 유지하기 위해 필요한 우선적 요건

⑤ 핵심 성과지표(KPI; key performance indicators) : 조직의 전략과 비전을 달성할 수 있는 구체적 지표로서 성과를 평가하기 위한 도구 역할

⑥ 인과 관계 : 비즈니스 구성요소들 간의 연계성

⑦ 목표 : 활동의 기준으로 자원 할당과 예산 편성 및 성과평가의 잣대

⑧ 피드백 : 성과를 검토하여 보상하고 새로운 전략과 경영목표를 수립하는 것

4) 인과관계

BSC 구축에서 중요한 것은 BSC 구성요소들 간의 인과관계를 규명하는 것이다. BSC는 시작에서 끝까지의 연계성을 강조한다. 전략과 연결되지 않는 지표를 관리하는 것은 조직의 힘을 낭비하는 것이다. BSC의 핵심 구성요소들인 비전과 전략, 관점, 핵심성공요인 및 성과지표들은 긴밀한 인과관계로 연계되어 있어야 한다.

먼저 조직의 비전과 전략 사이의 인과관계가 긴밀하게 형성되어 있어야 조직의 비전을 달성할 수 있다. 더불어 조직 내 수립되는 전략의 경우 같은 수준에 있는 전략들은 수평적으로 정렬되어야 하며, 상위전략에서 하위전략으로 세분화될 때 수직적인 인과관계를 형성하여야 한다.

또한 관점들 간에도 인과관계가 구축되어야 한다. 〈도표 13-2〉는 관점들 간의 인과관계를 나타낸 예이다. 재무적 관점과 다른 세 가지 관점들이 인과관계를 가지고 있으며, 학습과 성장 관점은 내부 프로세스 관점에 영향을 미치고, 내부 프로세스 관점은 고객 관점에 영향을 미친다.

그런 다음 분야별 핵심성공요인들은 전략을 달성하기 위한 인과관계를 가지고 있어야 한다. 다시 핵심성공요인과 핵심성과지표 간에도 인과관계가 형성되어야 하며, 핵심성과지표들은 개별적인 인과관계를 형성하게 된다. BSC 구축의 마지막 단계인 목표설정에서는 각 지표들에 설정되는 목표들이 상위목표를 달성할 수 있도록 형성되어야 한다.

BSC를 구성하는 각 구성요소들을 모두 인과관계로 파악하는 것은 BSC의 구성요소 하나하나가 성공적인 BSC를 위해 중요하다는 것을 인식시켜 준다. BSC가 제시하는 인과관계는 BSC를 구축하는 전 과정이 논리적이고 상호 연계적이어야 한다는 것을 의미한다. 또한 개인의 성과가 팀이나 사업부의 성과와 연결되고 부서의 성과는 기업의 성과와 연결된다는 순환구조를

┃도표 13-2┃ 지표별 인과관계 예시

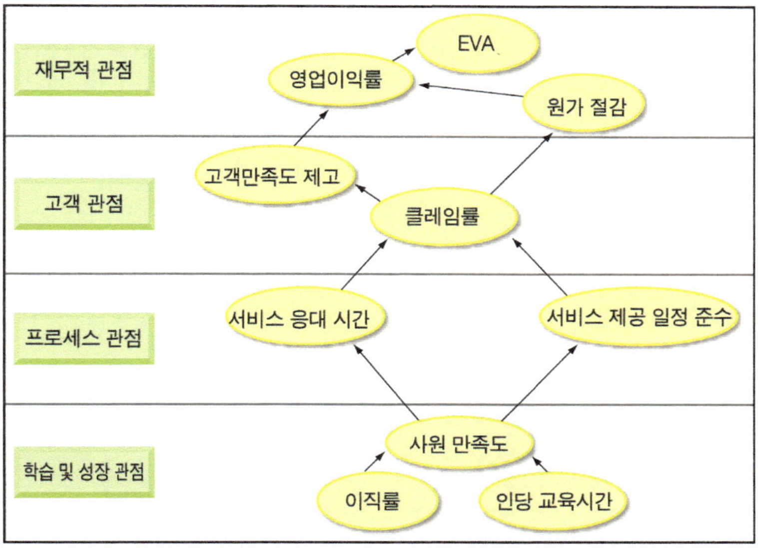

자료 : 김희경 · 성은숙, 2004, 『BSC 실천매뉴얼』, 시그마 인사이트, p. 41.

도식화해 보여줌으로써 어디로 가야할지 모르는 구성원들에게 가야 할 길을 알려주며, 자신의 업무가 다른 구성원의 성과와 어떻게 연결되어 있는지를 제시해준다.[11)]

4.5 학습조직과 지식경영

1) 학습조직

① 학습조직의 개념과 목적

단기간에 가시적인 성과를 거두는 혁신 기법만으로는 장기적인 조직 변화를 가져올 수 없고 과거보다 많은 양의 정보를 지속적이고 신속하게 학습하는 조직만이 장기적인 조직의 경쟁력을 확보할 수 있다는 인식이 확산되면서 학습조직 개념이 등장하게 되었다. 학습조직(learning organization)은 조직 전체 차원에서 지식이 창출되고 이에 기초하여 환경 적응력과 경쟁력을 증대시켜 나가는 조직을 의미한다. 학습조직은 21세기의 경쟁력이 단지 상품의 질보다 지식 창출과 지식의 생산력에 의해 좌우되며, 지식 인프라 구축이 기업 성패를 좌우한다고 보는 것이다.

학습조직에서의 학습은 업무 방식이나 결과에 대한 의문을 제기하고 개선점을 도출하여 이를 실천에 옮기는 순환적인 과정을 중시하며, 단지 무엇을 배우는 것 뿐 아니라 변화에 적응하고 변화를 이끌어나가는 것을 포함한다. 조직적인 차원에서 습관적으로 학습이 반복되는 수준에 이르게 되어 혁신능력 그 자체가 조직의 핵심역량이 되었을 때 이를 학습조직이라고 할 수 있다. 따라서 학습조직은 일정한 시점에 완료되는 것이 아니라 조직구성원들 간에 끊임없이 학습을 통해 변화해나가는 것을 추구한다.

두산건설, 'Happy Hour, 학습조직' 시간
(사진 : 아시아투데이, 2012.1.5)

부산도시가스, 3R 학습조직 경진대회 개최
(사진 : 이투뉴스, 2011.12.8)

도표 13-3 개인학습과 조직학습

	개인 학습	조직 학습
학습의 주체	개 인	조 직
학습의 원리	- 인간만이 생각하고 행동하며 학습한다. - 조직에서 실제로 행동하고 학습하는 것은 개인이다.	- 조직은 뇌가 없지만 인지시스템과 기억을 가지므로 학습할 수 있다. - 개인이 떠나도 조직의 지식은 남는다.

② 학습조직의 구성 요인

학습조직 연구의 대가인 센게(P. Senge)는 일반조직이 학습조직으로 전환되기 위한 다섯 가지 조건을 제시하였다.[12)]

첫째, 비전의 공유(shared vision)이다. 조직이 추구하는 방향이 무엇이며, 왜 그것이 중요한지에 대해 조직구성원들이 공감대를 형성하는 것이 필요하다. 리더의 비전과 구성원들의 비전은 부단한 대화와 일체감 속에서 통합되어 형성된다.

둘째, 팀 학습(team learning)이다. 타인의 관점이나 의견을 존중하면서 자신의 의견을 제시하는 가운데 서로의 생각이 자유롭고 유연하게 교감될 수 있다. 팀 학습을 촉진하기 위해서는 건설적인 비판과 질문을 장려하고 동등하고 수평적인 관계 속에서 토론이 이루어져야 한다.

셋째, 사고 모형(thinking model)이다. 이것은 학습조직의 기반을 구성하는 인식과 사고의 내면에 놓여있는 준거의 틀로서, 개인과 조직의 사고체계와 행동양식에 직접적인 영향을 미치며, 인식과 발상의 전환을 통해 새로운 문제해결 능력을 창출한다.

넷째, 자아 완성(personal mastery)이다. 팀이나 조직 수준의 학습도 개인 수준의 학습을 기초로 한다는 것을 고려할 때 개인이 자신의 비전을 명확히 하고 지속적인 학습활동을 전개하며 자신의 업무 분야에서 전문가가 되어야 한다.

다섯째, 시스템 사고(system thinking)이다. 부분적인 현상을 보기보다는 전체를 보고 전체에 포함된 부분들 사이의 역동적 관계를 이해하고 이를 바탕으로 문제를 해결하려는 접근법이 필요하다. 시스템 사고 원리는 인과관계들 간의 고리를 연결해 사안을 총체적으로 파악하게 한다.

이와 같이 학습조직이 이루어지기 위해서는 기존의 선입견을 버리고(사고 모형), 열린 생각을 하기 위해 스스로 노력하며(자아 완성), 조직의 시스템에 대한 이해를 바탕으로(시스템 사고), 다같이 동의하는 비전을 이루기 위해(비전 공유) 함께 노력해야 한다는(팀 학습) 것을 알 수 있다. 센게는 다섯 가지 중 어느 하나라도 결여되면 학습조직은 이루어질 수 없다고 지적하며 총체적 사고를 강조하였다.

③ 학습조직의 성공 요건

학습조직이 성공하기 위해서는 다음의 요건들을 필요로 한다.

첫째, 구성원 역할의 변화이다. 관리자와 구성원들은 스스로를 학습담당자로 인식해야 한다. 학습에 대한 높은 의식화는 학습의 필요와 효과를 높이는 필수요인이다.

둘째, 폐기 학습과 공유과정의 활성화이다. 과거의 지식과 경험에 얽매이면 새로운 지식의 창출을 방해한다. 기존의 지식을 과감히 폐기하고 새로운 내용을 학습하는 개방적 자세를 가져야 한다. 또한 학습과정에서 구성원들은 자신과 타인의 학습을 서로 공유하고 확산하고자 하는 노력이 필요하다.

셋째, 학습조직의 정례화와 제도화이다. 학습조직의 절차, 조직, 운영을 공식화하여 조직의 경영체제를 학습조직 체계로 전환하는 것이 필요하다. 학습조직의 정착을 위해 최고경영자의 의지와 지원이 중요하다.

넷째, 보상체계를 확립하여야 한다. 학습 노력과 학습의 성과를 합리적으로 평가하여 적절한 보상을 실시한다면 학습에 대한 참여가 촉진될 수 있다.

다섯째, 학습조직을 촉진하는 문화적 풍토를 조성하여야 한다. 개방적 분위기와 공동체 의식, 신뢰, 학습에 대한 구성원들의 자발적 참여와 적극적 태도는 학습조직의 형성과 운영에 중요한 환경이 된다.

| 도표 13-4 | 대표적인 학습조직 『3M』

3M은 아이디어와 연구개발을 중시하는 대표적인 학습조직이다. 학습을 장려하는 기업 가치관을 내세우고 학습을 통해 축적된 아이디어를 실행하도록 촉진한다. 회사에서는 개인 연구를 할 수 있으며(개인 학습), 아이디어가 생산성이 있다고 판단되면 조직은 인력과 자원을 지원하고, 연구 성과를 부서마다 회람하고 학습한다.(조직 학습) 아이디어가 구체화된 프로젝트는 최고 50,000달러까지 자금을 지원하여 학습결과를 실현하고자 한다.

3M은 구성원의 학습과 아이디어를 촉진하기 위한 다양한 조직과 제도를 운영함으로써 조직의 학습 의지와 학습역량을 강화시키고 있다. 학습과 창의를 촉진시키기 위한 대표적인 방식으로 15% rule과 30% rule을 운영하고 있다. 15% rule은 구성원 누구나 업무시간의 15%를 하고 싶은 일을 할 수 있도록 하는 것이며, 30% rule은 최근 4년간 출시한 제품으로만 매출의 30%를 달성하도록 하는 것이다. 그 외에 유연한 사고, 지식과 아이디어 공유, 실패를 용인하는 조직 문화는 구성원들을 지속적으로 학습하도록 하는 주요한 원천이 되고 있다.

2) 지식경영

① 지식경영의 개념과 목적

지식경영(knowledge-based management)은 조직이 지니는 지적 자산뿐 아니라 구성원 개개인의 지식이나 노하우를 체계적으로 발굴하여 조직 내부의 보편적인 지식으로 공유하고, 이의 활용을 통해 조직 전체의 경쟁력을 향상시키려는 경영방식을 말한다. 즉, 조직 구성원 개개인이 가지고 있는 지식이나 경험, 노하우를 조직적으로 체계화시켜 이를 조직 전체에 활용하려는 것이다.[13] 지식경영 분야에서 저명한 일본 히토치바시 대학의 노나카(I. Nonaka) 교수는 "성공적인 기업은 끊임없이 지식을 창출하고 전 조직에 이를 확산시키며 이것을 새로운 제품과 기술에 신속하게 실현시키는 기업이다."라고 밝힌 바 있다.

지식경영의 목적을 살펴보면 첫째, 업무를 수행하는데 필요한 지식을 축적하고, 둘째, 업무를 더 효과적으로 수행하기 위한 지식을 축적할 수 있으며, 셋째, 업무방식을 보다 효과적으로 만들기 위해 지식을 응용하고자 하며, 넷째, 제품과 서비스에 대한 지식을 구성원들이 공유하고 조직에 내재화하기 위함이다.

② 지식의 분류

노나카 교수는 지식을 형식지(explicit knowledge)와 암묵지(implicit knowledge)로 나누고 있다. 형식지는 말과 글로서 상대방에게 쉽게 전달할 수 있는 정형화·체계화될 수 있는 지식이며, 암묵지는 내부적으로 지니고 있는 지식으로 밖으로 표현하기 어렵다. 즉 개인 차원에서 체득하고 있는 지식으로 타인에게 전달하거나 정형화·체계화하는 것이 쉽지 않은 지식이다.[14]

③ 지식 변환과정

노나카 교수는 조직 내 지식이 순환 과정을 거치며 변화하고, 개인에서 시작하여 집단, 조직의 차원으로 공유된다고 보았다. 즉 암묵지와 형식지라는 두 종류의 지식이 사회화, 외부화, 종합화, 내면화라는 네 가지 변환과정을 거쳐 지식이 창출된다는 이론을 제시하고 있다. 이러한 과정이 순차적으로 한 번만 일어나지는 않고 개인의 지식창조에서 시작해서 집단, 조직의 차원으로 나선형으로 회전하면서 공유되고 발전하게 된다.

| 도표 13-5 | 노나카 교수가 주장하는 지식변환 과정

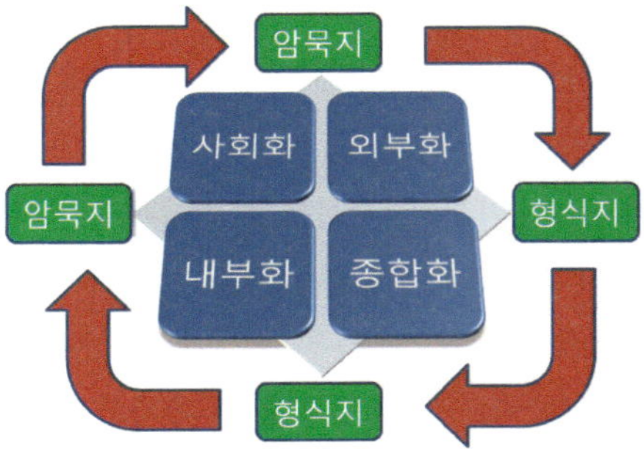

- 사회화 : 암묵지에서 암묵지로 변화하는 과정(한 구성원이 다른 구성원에게 자신의 지식이나 경험을 개별적으로 전수하는 것)
- 외부화 : 암묵지에서 형식지로 변화하는 과정(개인이 습득하고 있는 지식과 기술을 조직 전체에 걸쳐 공유할 수 있도록 문서 등의 형태로 변환하여 공유하는 것으로, 지식창조의 핵심)
- 종합화 : 형식지에서 형식지로 변화하는 과정(기존의 형식지식들을 연결 및 체계화하여 더 발전된 형태의 형식지로 결합하고 종합하는 것)
- 내면화 : 형식지에서 암묵지로 변화하는 과정(형식을 가지는 지식이 구성원 내면에 체화되는 것)

④ 지식관리 과정

조직의 지식관리 과정은 4단계로 설명할 수 있다.

1단계는 외부와 내부로부터 지식의 습득이다. 조직은 개선과 아이디어 수집을 위해 다양한 방법으로 외부에서 정보를 획득해야 하며, 조직 내 다른

우리은행, 업무지식 경연대회 개최
(사진 : EBN산업뉴스, 2012.12.5)

충북지식경영포럼 개최
(사진 : 대전일보, 2012.12.30)

부문과 직원으로부터 지식과 경험을 습득할 수 있다.

2단계는 지식을 창출하는 것이다. 조직은 암묵적 지식과 형식적 지식의 역동적인 상호작용과 지식 변환을 통해 지식의 창출이 가능하다.

3단계는 지식의 저장과 검색이다. 조직은 기술적 과정과 집합적이고 개인적인 기억과 합의에 의한 절차를 통해 지식을 저장하게 된다. 이러한 지식은 명확화된 형태로 구분, 저장, 이동시킬 수 있도록 체계화되어야 한다.

4단계는 지식의 이전과 활용이다. 조직 전체에 지식이 적절하고 신속하게 확산, 유포되는 것이다. 지식의 이전 방식은 문서화, 전자화, 대인적 방식에 의해 가능하다.

⑤ **지식관리시스템**

조직 내 부문별로 보유하고 있는 정보나 지식을 구성원들이 적절히 활용하기 위해서는 체계화된 지식관리시스템(KMS; knowledge management system)을 구축하는 것이 필요하다. 즉, 조직 내에 존재하는 각종 유용한 업무지식과 핵심지식을 구조화하고 검색, 활용하는 시스템을 IT 시스템으로 구축하는 것이다.

4.6 워크아웃

1) 워크아웃의 개념과 등장배경

워크아웃(work-out)은 '일(work)을 몰아낸다(out)'는 의미로, GE의 기업문화를 개선하기 위해 잭웰치(Jack Welch) 회장이 1989년 추진한 프로그램으로, '매일 더 좋은 방안을 찾는다(Find a better way everyday)'는 슬로건 하에 업무 프로세스 개선, 불필요한 업무 제거, 구성원들의 참여를 촉진시키는 단기 목표를 추진하고 동시에 조직 구성원들에게 동기를 부여하고 자발적인 참여를 유도하는 기법이다. 즉, 직원들의 자발적 참여를 유도하고 벽없는 조직문화를 형성하여 변화를 주도할 고품질 아이디어를 창출하고, 신속한 개선을 가져올 수 있는 실행가능한 행동을 계획하는 것이다.

워크아웃의 3대 원칙은 첫째, 구성원들의 자신감과 자발적인 참여, 둘째, 낭비요소의 제거, 셋째, 스피드 경영과 간결한 조직의 구현인데 이것을 통해 각 사업부의 생산성을 높이고, 자신감을 가지며, 업무의 단순화와 장벽없는 조직을 이루어 조직문화를 변화시킴으로써 조직의 비대화와 관료주의를 근절하고 문제점들을 신속히 해결하는 실행력을 확보하고자 하는 방법론이다.[15)]

2) 워크아웃의 수행 절차

워크아웃의 추진은 사전 점검, 설계, 실행의 3단계를 거친다.

첫째, 사전 점검(pre-meeting) 단계에서는 해당 조직에서 필요한 워크아웃의 주제를 도출하고 구체화시키며, 주제별로 참가자를 정하여 팀을 편성한다.

둘째, 설계(workout session) 단계에서는 다양한 부문에서 선발된 팀원들이 문제점에 대해 충분한 사고와 토론을 거쳐 아이디어를 도출한다. 이 때 팀 구성원들이 업무나 직위 여하를 막론하고 자유스러운 분위기에서 공통 문제에 대해 토론하고 해결방안을 마련하는 과정을 거치는데 이것을 타운미팅(town meeting)이라고 한다. 발표된 아이디어를 평가하여 실행 가치가 높은 베스트 아이디어를 3~4개 선정한다. 그런 다음 각 팀의 리더들이 개선을 위한 실행 계획을 마련하여 밝힌다.

셋째, 실행(implementation) 단계에서는 직원들의 적극적인 참여와 열성적인 의견을 실질적인 조직의 변화로 바꾸는 것이다. 실행을 담당할 주체를 정하고 세부계획을 세운 후 행동으로 옮긴다. 이 과정에서 어려움이나 장애물을 극복해야 하며, 경영진의 적극적인 지원이 필요하다.

4.7 전략적 제휴

1) 전략적 제휴의 개념

전략적 제휴(strategic alliance)란 급변하는 경영환경에 대응함에 있어 필요한 능력과 자원의 한계를 극복하고자 둘 이상의 기업들이 서로 독립성을 유지하면서 특정 사업이나 업무 분야에서 비교적 장기적인 협력관계를 구축하는 것이다. 특히 범세계적 경쟁에 공동으로 대응하기 위해 여러 국가의 복수 기업들이 협력하는 글로벌 수준의 전략적 제휴도 증가하고 있다.

기업 간 제휴의 영역은 공동연구, 기술이나 특허 공유, 생산시설의 공동사용, 공동 마케팅, 부품이나 완제품의 공동생산 등과 같이 기업 활동의 전

분야에 걸쳐 이루어지고 있다.[16)]

전략적 제휴는 쌍방향적 협력관계라는 점에서 기술전수, 공급계약, 프랜차이징, 라이센싱과 같은 다른 형태의 협력과는 구별되는데,[17)] 전략적 제휴의 일반적 속성은 다음과 같다.

첫째, 각 제휴기업은 제휴 대상 분야에서의 성과와 위험을 공유한다.

둘째, 제휴에 참여하는 파트너들의 독립성은 유지된다.

셋째, 각 제휴기업은 의존적이거나 종속적 관계가 아닌 수평적 관계를 형성한다.

넷째, 제휴 관계의 지속은 비교적 장기간에 걸쳐 이루어진다.

2) 전략적 제휴의 동기

① 자원의 공유와 위험의 분산

전략적 제휴는 파트너 간에 자원을 공유할 수 있고 위험을 분산함으로써 상호의 강점을 극대화하고, 약점을 보완하고자 하는 동기에서 이루어진다. 단일 기업이 시장을 충족시키기 위한 제반 요소를 갖추는 것은 거의 불가능하기 때문에 초기 투자비용과 위험을 서로 공유하기 위한 전략적 제휴는 자원이 취약한 기업들에게 적합한 대안이 되고 있다.[18)]

② 제품 개발과 시장진입의 속도 단축

경쟁기업보다 더 빨리 시장에 제품을 출시할수록 높은 수익을 보장받고, 초기 진입자의 다양한 혜택을 누릴 수 있다. 이와 같이 시간에 의한 경쟁우위가 중요해짐에 따라 기업은 부족한 자원을 제휴기업으로부터 상호 보완하여 시장진입 능력을 확대시킬 수 있다.

GS칼텍스-삼성물산 전략적 제휴 협정

LG전자-마이크로소프트 전략적 파트너십 체결

③ 규모의 경제 실현

전략적 제휴를 통해 생산비, 연구개발비, 투자액 등의 대규모화를 이룰 수 있으며 제휴기업들은 분업체제를 통해 전체적으로 규모의 경제(economy of scale) 효과를 달성할 수 있다.

④ 산업표준의 선택

산업표준이 확립되지 못한 경우에는 기업과 소비자 모두가 혼란을 겪기 때문에 기업들은 산업표준에 따르는 신제품을 만들기 위해서 전략적 제휴를 맺는 경우가 많다.

⑤ 경쟁방식의 조정

경쟁기업 간의 과도한 경쟁을 방지하기 위해 경쟁기업 간의 경쟁방식에 대해 합의하는 제휴도 증가하고 있다.

⑥ 해외 진출을 위한 교두보 확보

기업의 해외활동에 있어 진출국 정부의 진입장벽이나 규제 때문에 현지기업과의 협력 없이는 진출할 수 없는 경우가 많다. 따라서 시장 진입장벽을 극복하기 위해 현지 사업체와 제휴를 통해 진출하게 된다.[19)]

3) 전략적 제휴의 유형

① 합작투자(joint venture)

자본 제휴 형태로서 제휴 참가자들이 상호 지분 참여를 하거나, 자본을 공동투자하여 독립된 합작기업을 설립하는 것이다.

② 기술 제휴

파트너 기업의 기술, 노하우, 특허를 전수받거나(라이센싱), 공동개발함으로써 기술 개발의 부담을 줄이고 기술력을 높이고자 하는 협력 방식이다.

③ 영업 제휴

판매 조건, 유통망, 광고활동 등의 마케팅 업무 분야에서 계약에 의한 협력을 의미한다. 상대방의 판매능력을 활용하는 위탁판매, 공동브랜드 사용 등도 포함된다.

현대제철–독일 TKS와 기술제휴
(사진 : 경향신문, 2007.12.6)

④ 조달 제휴

부품이나 완제품의 안정적 공급원을 확보하기 위한 목적으로 제휴 상대 기업에 부품 조달이나 OEM(original equipment manufacturing, 주문자 상표부착생산)을 통해 제품 생산을 위탁하는 장기적인 관계를 형성하는 방식이다.

⑤ 컨소시엄(consortium)

사업의 내용이 독자적으로 추진하기 어려운 경우 이 특정 사업을 수행하기 위해 다수 사업자들 간 협정을 맺는 형태이다. 컨소시엄 참가자들은 해당 사업 영역 밖에서는 자유롭게 행동할 수 있다.

4.8 가상기업

1) 가상기업의 개념과 등장 배경

가상기업(virtual corporation)은 독립적인 기업들이 전략적인 제휴나 합작관계를 통해 형성하는 기업네트워크를 말하는 것으로, '상호보완적인 핵심역량을 보유한 독립된 의사결정 주체들이 네트워크로 연결되어 통합된 하나의 기업처럼 운영되는 기업군'으로 정의된다.[20)] 가상기업은 'CALS(continuous acquisition and life cycle support, 컴퓨터에 의한 조달 및 물류 지원)'의 개념이 확립되고 네트워크 및 인터넷 기술이 보편화되면서 태동한 개념이다.

가상기업에서는 시간과 공간의 제약이 없는 사이버 공간을 통해 생산이나 재무, 인사관리와 같은 내부적인 기능은 물론, 조달이나 운송, 물류와 같은

| 도표 13-6 | 가상기업 모형

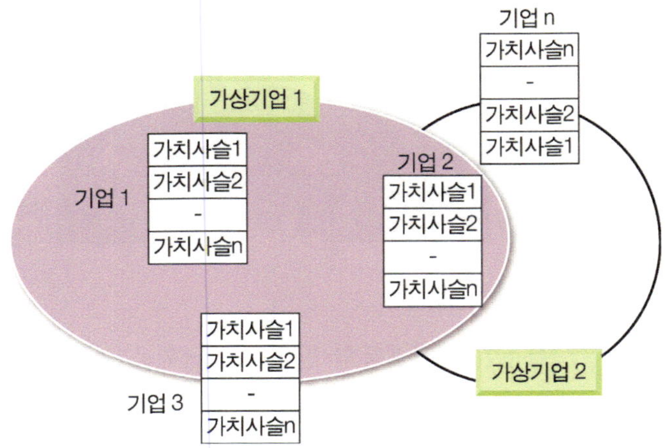

자료 : 황화진, 2005, 유비쿼터스 시대의 경영정보시스템, 경문사, p.340

외부적 기능까지도 포함하는 기업 활동의 부분 또는 전부를 협업에 의해 통합적으로 추진하는 방식을 취한다.[21)]

따라서 환경과 고객의 욕구 변화에 대한 적응력이 뛰어나면서도 외부 자원을 효과적으로 활용할 수 있는 유연한 조직형태를 취하게 된다. 그러므로 물리적 공간이나 직급체계도 없으며 수시로 그 모습을 변경할 수 있는 미래의 기업형태라 할 수 있다.

특히 1990년대 후반부터 전세계적인 통신망의 발달과 전자상거래의 확산으로 가상기업에 대한 관심이 크게 증가하였다. 가상 기업은 독립적인 기업들, 즉 생산업체, 공급업체, 디자인, 유통업체들 간에 제휴나 합작을 통해 네트워킹을 형성하고 특정 목적을 달성한 후에는 해체되는 한시적인 기업형태이다.

가상 기업에서는 훌륭한 파트너를 선정하는 것이 핵심적인데, 비용과 핵심기술을 공유하는 등 각 기업의 장점을 접합하여 그 상승효과를 도모함으로써 단일 기업으로서는 얻을 수 없는 최고의 성과를 창출하는 것이 목표이다.

2) 가상기업의 특징

가상기업은 대규모 기업에서 결핍되기 쉬운 창조적 역량과 급변하는 상황에 재빨리 대처할 수 있는 능력을 제공하는 동적인 조직인 동시에 새로운 시장 기회에 의해 추진되는 임시적이고 비공식적인 조직이다. 구체적 특징은 다음과 같다.

중개에 특화한 가상기업, 옥션과 11번가 : 구매자와 제조기업을 연결

첫째, 가상기업은 시간, 공간, 조직, 업종, 국가의 경계를 초월하여 핵심역량간의 결합을 추구한다. 경쟁이 심화되면서 기업이 모든 분야에 있어 경쟁우위를 가지기에는 한계가 있으므로, 가상기업은 핵심역량에만 집중하고 부품, 자원, 기술 등의 취약성을 타기업으로부터 보완받는 관계를 형성한다.[22] 이때 가상기업에 참여하는 기업들은 상호 보완적인 핵심역량을 가지고 있어야 한다.

둘째, 가상기업은 시장의 기회에 따라 가상 기업 네트워크의 참여기업을 바꾸는 호환성을 추구한다. 즉, 사업기회에 변화를 주는 요인이 발생하면 그것에 적합한 역량을 가진 기업으로 교체(switching)하여 변화에 유연하게 대응한다.

셋째, 가상기업은 참여기업들 간에 동등한 관계를 형성한다. 가상기업에 참여하는 기업들의 규모나 자금력, 기술력 정도에 따라 종속적 관계를 맺지 않고, 상호 의존성과 신뢰라는 윈-윈(win-win) 전략을 선택하게 된다.

넷째, 정보기술의 활용이다. 날로 발전하는 정보기술은 조직의 근본 형태를 변화시키면서 시장 기회의 적극적인 활용이 가능한 가상기업을 존재하게 하는 필수적인 요소라고 할 수 있다.

3) 가상기업의 운영 방식

가상기업은 외부로부터 새로운 제품에 대한 요구가 있거나 새로운 시장기회가 발견될 때 조직화된다. 가상기업은 일반적으로 시장기회 포착, 참여기업 선택, 가상기업 구성, 운영 및 해체라는 다섯 단계에 따라 결성되고 해산된다.

첫째, 기회포착 단계는 시장분석에 의한 사업기회의 발생이나 고객의 요

도표 13-7 가상기업 성공요인

자료 : 박경혜 · 최세연, 2006, 가상기업의 성과요인에 관한 연구, Journal of Information Technology Application and Management, p. 123

구에 의해 시작된다. 새로운 사업기회에 대한 비전과 개념, 전략 체계를 구조화하고 대략적인 비용과 기대효과를 평가하여 타당성을 검토한다. 타당성이 확인되면 사업계획을 작성하게 된다.

둘째, 파트너 선택단계는 가상기업에 참여할 기업을 선정하는 것이다. 기업 운영에 필요한 핵심역량을 정의한 후, 그러한 핵심역량을 보유한 기업들에 의한 정보를 수집하고 비교분석한다. 그런 다음 해당 기업들에 참여의사를 확인하고 협력기업을 선택하게 된다.

셋째, 구성 단계는 참여기업들 간에 기업목표와 전략을 공유하고, 역할분담과 협력 수행 방식에 대한 합의를 도출하는 것이다. 업무 방침과 업무처리 절차, 정보통신 기술 표준화, 각종 준수사항을 정하고 확인하는 것이다.

넷째, 운영 단계는 중계 역할이나 선도 역할을 하는 기업을 중심으로 참여기업들의 역할을 점검하고 참여기업들 간의 분쟁을 최소화하며, 전체 흐름이나 시장의 추세를 파악하여 운영을 조정하거나 일부 파트너를 교체하는 등의 조치를 취한다.

다섯째, 해체 단계로서 시장기회가 소멸하면 참여기업들 간에 성과를 배분하고 채산하는 것이다. 이 단계에서는 기업 해체 후 고객에 대한 책임을 어떻게 할지에 대한 고려를 해야 한다. 해체 후 일정한 기간 동안 고객에게 행할 유지보수 책임에 대한 역할분담을 결정해야 한다.

4.9 그린 마케팅

1) 그린 마케팅의 개념

오늘날 환경 문제는 기업의 제반 활동 뿐 아니라 기업의 생존 자체에도 심각한 영향을 미치고 있다. 소비자들은 쾌적한 환경 조성에 대해 관심을 가지고 기업의 환경파괴 활동을 감시하며, 기업이 친환경적 관점에서 생산과 판매 활동을 하도록 압력을 행사하고 있다.

이러한 배경에서 등장한 그린 마케팅(green marketing)은 생태학적으로 보다 안전하고, 재활용이 가능하며, 에너지를 보다 효율적으로 활용하는 등 환경의 효율적 관리를 통해 인간의 삶의 질을 향상시키는데 초점을 둔 마케팅 활동을 지칭한다.[23)]

2) 그린 마케팅의 범위

그린 마케팅은 제품의 개발, 생산, 유통 등의 전 단계에 걸쳐 환경에 대한 기업의 사회적 책임을 강조하는 것이다. 구체적으로 살펴보면 상품이나 서비스의 기획 단계에서 출발하여 개발, 생산, 물류, 판매와 광고, 나아가 최종적으로 소비된 뒤의 폐기물 처리와 재생 등 환원 과정까지 포함하는 것이다.

그린 마케팅의 목적이 달성되기 위해서는 마케팅 관리도구인 4P(제품 · 가격 · 유통 · 촉진) 요소에 반영될 필요가 있다.

기업의 친환경 경영 노력

첫째, 그린 제품(green product) 전략이다. 그린제품은 '환경보전'을 고려하여 자연원료를 사용하거나, 재활용이 가능한 포장재를 사용하거나, 공해요인을 제거한 환경친화적인 제품을 의미한다. 그린 제품과 관련하여 '환경마크 제도'가 활용되고 있다. 환경마크(environmental labelling)란 다른 제품에 비해 생산, 유통, 사용, 폐기 과정에서 환경오염을 줄이거나 에너지와 자원을 절약하는 상품임을 공인하는 표시제도이다.[24)]

둘째, 그린 가격(green price) 전략이다. 현실적으로 그린 제품은 재활용 소재 사용 등으로 제품의 품질이 떨어지면서 가공과 생산 비용이 높아져서 제품가격이 높아지는 경향이 있다. 기업은 낮은 비용으로 그린제품을 생산할 수 있는 기술을 개발하여 가격을 인하하고 디자인을 고급화하여 그린제품에 대한 소비자의 수용을 증대시켜야 할 것이다.

셋째, 그린 유통(green place) 전략이다. 그린 유통은 생산된 제품을 소비자에게 전달하는 과정에서 발생하는 환경 영향을 최소화하는 한편, 소비되고 난 후의 폐기물이 기업이나 자원 재생업자에게 전달되도록 하는 과정이다.

넷째, 그린 촉진(green promotion) 전략이다. 환경 문제를 주제로 한 기업 광고나 홍보, 캠페인, 이벤트, 소비자 교육 등과 같은 그린 커뮤니케이션 활동을 기업의 부담으로 진행하는 것을 말한다.

경영사례

혁신으로 젊음을 유지하는 기업, 미쉐린

창업 121주년을 맞은 미쉐린은 타이어 제조라는 본업을 유지하면서 역동성과 성장 잠재력도 보유한 독특한 장수기업이다. 프랑스 지방기업에서 출발해 타이어산업 세계 1, 2위를 다투는 글로벌 업체로 성장한 미쉐린은 브랜드 이미지, 품질, 수익성 등에서 업계 최고 수준을 자랑한다. 100년 역사가 넘은 기업이 보여주는 이같은 활력은 기술, 마케팅, 사업 부문에서 다음과 같은 '3차원 혁신'을 부단히 추구한 것에서 기인한다.

첫째, '하이테크 기술 혁신'이다. 미쉐린은 1891년 착탈식 자전거용 타이어를 시작으로 래디얼 타이어(1946년), 그린 타이어(1992년)와 같이 당대 타이어 업계 주도권을 재편한 와해성 혁신제품을 지속적으로 선보였다.

둘째, '하이터치 마케팅 혁신'이다. 1898년 타이어 업계 최초로 브랜드 마스코트인 '비벤덤(Bibendum)'을 도입한 미쉐린은 시대에 따라 달라지는 메시지를 고객에게 부드럽게 전달하는 대변인으로서 캐릭터를 효과적으로 활용하고 있다.

셋째, '사업 도메인 혁신'이다. 자사의 사업을 타이어 제조 및 판매가 아니라 자동차 문화를 파는 것으로 한 단계 높게 재정의한 미쉐린은 창업 초기부터 도로 표지판 설치, 지도 및 레스토랑 안내서 발간 등 차별화된 자동차 관련 문화 사업을 전개해왔다.

미쉐린이 이처럼 지속적 · 입체적 혁신을 달성할 수 있었던 비결은 기업가 정신을 지속적으로 발현시키는 3대 안티에이징 메커니즘(anti-aging mechanism)이 작동하기 때문이다. 첫째, '정신적 안정' 관점에서 10년 후를 내다보며 전문적 시각에서 경영에 몰두할 수 있게 하는 '경영 파트너 제도' 등을 통해 장 · 단기적 안목을 겸비한 경영리더십을 보유하고 있다. 둘째, '균형있는 섭생' 관점에서 프랑스 장인정신과 미국식 효율경영의 장점을 조화시켜 고유한 경영스타일로 소화해냈다. 셋째, '꾸준한 운동' 관점에서 호불황에 흔들리지 않는 도전을 지속하고 있다. 위기일수록 패러다임을 바꿔놓을 수 있는 비장의 카드로 승부하는 '배수진 전략'을 구사해왔으며, 단기적 성공 여부에 일희일비하지 않고 10년 이상 지속적으로 도전하는 기업체질을 보유하고 있다.

자료 : 이정호, 『늙지 않는 100년 기업, 미쉐린』, 삼성경제연구소 SERI 경영노트 제47호(2010.3.18)

경영사례

창조경영의 열쇠 "트리즈(TRIZ)"

#1 : 새로 산 청바지가 구겨지는 게 걱정된다면 트리즈의 원리 중 '미리 조치하기'를 활용해 보자. 어차피 구겨기는 청바지라면 예쁘게 구겨보자. 주름 청바지를 발명한 원리다.

#2 : 자명종 시계를 꺼버려 못 일어나게 될 것이 걱정된다면 트리즈의 원리 중 '중간 매개체 활용'을 해 보자. 알람이 울리면 퍼즐이 사방으로 흩어지고 다 맞춰야 시계 울림이 꺼진다. 안 일어날 재간이 없다.

앞선 사례는 생각의 전환을 통해 문제를 해결한 예다. 이 방법들은 각각 트리즈(TRIZ)가 제시하는 40가지 창의적 문제 해결 방법에 들어 있다. 트리즈는 옛 소련의 겐리히 알츠슐러가 개발한 '창의적 문제 해결 이론'으로 러시아어 'Teoriya Resheniya Izobretatelskih Zadach'의 약자다. 알츠슐러는 20만 건 이상의 전 세계 특허를 분석한 후 공통점을 추출했다. 결국 창의성은 모순을 극복한 결과이며, 주변의 자원을 최대한 활용하는 특징이 있다는 점을 밝혀냈다.

트리즈는 요즘 생산 현장에서 적용되는데서 벗어나 전략 경영 활동으로 적용 범위가 넓어지는 추세다. 전사품질관리(TQM), 6시그마 등 기존 혁신기법이 생산현장의 품질 개선과 원가 절감에 초점을 맞추고 있는 반면 트리즈는 제품 구성이나 생산라인, 작업 시스템 등을 통째로 바꾸는 경영혁신 기법이다.

트리즈의 사고과정

- 주어진 문제에 대해 가장 바람직한 결과를 정의하고 그 결과를 얻는데 발생하는 모순을 찾아내고, 그 모순을 극복하는 해결안을 생각
- 주어진 문제를 추상화하여 일반적 문제 모형으로 나타낸 후, 그 일반적 문제모형에 대한 일반적 해결안 모형을 찾아 주어진 실제 문제에 적용하여 개념적 해결안을 얻음

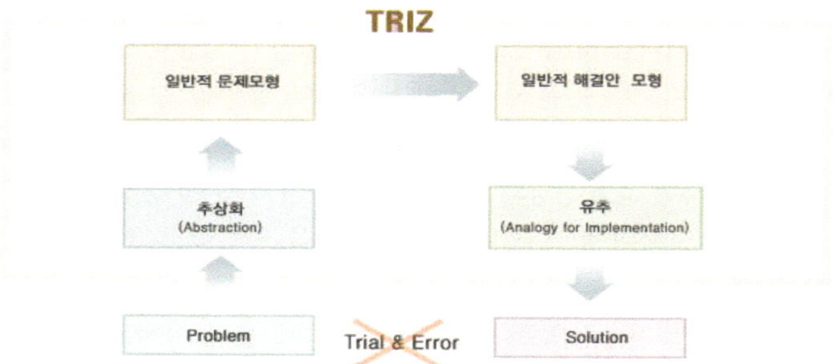

그림 출처 : 트리즈센터(www.trizcenter.co.kr) 홈페이지

김세현 한국트리즈학회장 겸 포스코 생산성연구센터장은 "정보사회에서 창조사회로 패러다임이 변화하면서 구성원의 창의력이 기업의 경쟁력으로 이어지는 '창조경영'이 중요해지고 있다"고 주장

한다. 정준양 포스코 회장은 2012 국제트리즈 콘퍼런스에서 "도요타는 히말라야를 넘는 두루미를 연구해 차체 무게를 줄였고, 나비의 원리를 보고 차량용 내비게이션을 개발했다. 남들이 가지 않는 길을 걷는 도전의식에 뿌리를 두고 세계로 나아가야 할 것"이라고 강조했다. '트리즈 전도사'로 불리는 손욱 서울대 교수는 "인류가 도구의 발견을 통해 발전했듯 트리즈와 같은 생각의 도구가 있어야 창조적인 혁신이 가능하다"고 말했다.

자료 : 한국경제신문, 2012-07-19(부분 발췌)

경영사례

혁신 DNA에 주목하라

지속적으로 성장했던 기업들은 공통적으로 혁신 DNA를 가지고 있었다!

어떤 기업도 과거의 성공 방법을 고수해서는 지속적으로 성공할 수 없다. 과거의 성공이 발목을 잡아 현재의 실패를 초래한다는 교훈은 최근 노키아의 몰락에서 똑똑히 목격할 수 있다.

그렇다면 조직에 시의적절한 변화의 혁신을 불어 넣는 창의적인 최고경영자는 어떤 사람들일까. 할 그레거슨 인시아드대 교수와 제프리 다이어 브리검영대 교수, 클레이튼 크리스텐슨 하버드대 교수가 혁신 CEO 3500명을 6년간 조사한 결과를 담은 연구논문 '혁신가의 DNA'에는 5가지 특징이 제시됐다.

이 논문에 따르면 파괴적 혁신가들은 △질문하고(questioning) △관찰하고(observing) △다양한 종류의 사람들과 교류하고(networking) △실험하며(experimenting) △서로 관련이 없는 분야를 연결(associating)시키는 사고능력을 가지고 있었다. 사물에 대한 끊임없는 호기심, 실패를 두려워하지 않는 과감한 실행력, 자기만의 아집에 사로잡히지 않는 열린 사고, 여러 경로를 통해 습득한 정보와 지식을 결합하여 새로운 종류의 아이디어를 엮어내는 탁월함은 이러한 혁신 DNA의 산물이다.

자료 : 머니투데이, 글로벌 비즈&트렌드, 2011.7.25자

요 약

경영혁신은 변화하는 환경에 생존하기 위하여 조직이 새로운 아이디어를 창출하고 그것을 개발·실용화하는 과정이다. 경영혁신을 촉진시키기 위해서는 기존의 체계와 가치관에서 탈피하는 것이 필요하다. 경영혁신 기법은 특정 방식이 유행을 하기도 하지만 기업 목적과 내부능력, 처한 상황이 다르므로 경영자는 조직 내외의 여건을 충분히 분석하여 자신의 기업에 맞는 경영혁신 방법을 선택하여야 한다.

경영혁신의 유형은 변화의 대상에 따라 제품·프로세스·인간·구조 혁신이나 기술·관리·인적자원 혁신으로 나누어지고, 변화의 수준에 따라 점진적 개선, 가시적 혁신, 획기적 혁신의 수준으로 나눌 수 있다. 경영혁신의 과정은 실행체계의 정비, 사업 및 조직구조의 재편성, 업무 방식의 개선, 조직문화 변화, 사후관리로 구성된다.

벤치마킹은 선도 조직이나 경쟁 조직의 우수관행을 분석하고 자기 조직의 체계와 비교하여 조직의 발전에 활용하는 체계적인 과정이다. 리엔지니어링은 비용, 품질, 서비스, 속도의 극적인 향상을 이루고자 기업 업무 프로세스를 근본적으로 재설계하는 것이며, 리스트럭처링은 시스템이나 조직을 새로운 방향으로 조정하는 것이다.

다운사이징은 의도적으로 조직 내의 인력, 계층, 직무, 부서 등의 규모를 축소시킴으로써 낭비 요소를 제거하여 기업의 효율성을 개선시키려는 경영혁신 기법이다. BSC는 기업의 성과를 재무적 측면, 고객 측면, 프로세스 측면, 기업의 성장 및 혁신노력 정도의 네 가지 측면에서 균형있게 평가하는 새로운 평가모델이다.

학습조직은 조직 전체 차원에서 지식이 창출되고 이에 기초하여 환경 적응력과 경쟁력을 증대시켜 나가는 조직이고, 지식경영은 조직이 지니는 지적 자산과 구성원의 지식과 노하우를 체계적으로 발굴하여 조직 내부의 보편적인 지식으로 공유하고 활용하는 경영방식이다. 워크아웃은 업무 프로세스 개선, 불필요한 업무 제거, 구성원들의 참여를 촉진시키는 단기 목표를 추진하고 동시에 조직 구성원들에게 동기를 부여하고 자발적인 참여를 유도하는 기법이다.

전략적 제휴는 경영환경에 대응하는 능력과 자원의 한계를 극복하고자 둘 이상의 기업들이 독립성을 유지하면서 특정 사업이나 업무 분야에서 장기적 협력관계를 구축하는 것이다. 가상기업은 상호보완적인 핵심역량을 보유한 독립된 의사결정 주체들이 네트워크로 연결되어 통합된 하나의 기업으로 운영되는 것이다. 그린 마케팅은 생태학적으로 안전하고, 재활용이 가능하며, 에너지를 효율적으로 활용하는 등 환경의 효율적 관리와 인간의 삶의 질을 향상시키는데 초점을 둔 마케팅 활동이다.

토의주제

1. 기업이 적절한 시점에 변화와 혁신을 하지 못하면 어떤 문제점이 발생하겠는가?
2. 리엔지니어링과 리스트럭처링, 다운사이징을 성공적으로 실시하여 기업의 성장과 안정을 도모한 기업의 예를 찾아보자.
3. 학습조직과 지식경영이 기업조직과 구성원을 어떻게 변화시킬지 예측해보자.
4. 전략적 제휴와 가상기업의 공통점과 차이점을 설명해보자
5. 그린마케팅 활동이 기업에 어떤 비용과 혜택을 발생시킬 수 있는지 떠올려보자.

참고문헌

1. 이승종·이윤선·유태평·정상철, 2002, 21세기 기업성장을 위한 경영정책과 전략, 청목출판사, p. 510.
2. K. Knight, 1967, A Descriptive Model of the Intra-Firm Innovation Process, Journal of Business 10(2).
3. 김인수, 2007, 거시조직이론(개정 4판), 무역경영사, p. 419.
4. 남영학, 2009, 린 경영혁신, ㈜미래와 경영.
5. 안중호 · 박찬구 역, 1993, 리엔지니어링 기업혁명, 김영사, pp. 50-56.
6. 김영수 · 정동섭, 경영사례연구, 학현사, 2006, p. 355.
7. 이승종 · 이윤선 · 유태평 · 정상철, 2002, 위의 책, pp. 521-522.
8. 김영수 · 정동섭, 2006, 위의 책, pp. 355-356.
9. 송병선 · 전외술, 2010, 경영혁신기법을 중심으로 한 전략경영, 도서출판 청람.
10. 김희경 · 성은숙, 2004, BSC 실천매뉴얼, 시그마 인사이트, p. 41.
11. 김희경 · 성은숙, 2004, 위의 책, p. 65.
12. P. M. Senge, 2006, The Fifth Discipline; The Art & Practice of the Learning Organization, Bantam Dell Pub Group.
13. 황안숙, 2005, 혁신경영 사례집, 학현사, p. 64.
14. Nonaka Ikujiro, 1991, The Knowledge Creating Company, Harvard Business Review, Nov-Dec.
15. 데이브 울리치 · 스티브 커 · 론 애쉬케나스, 이태복 역, 2002, The GE Work-out, 도서출판 물푸레.
16. 허문구·정종진, 2003, 경영전략론, 한국방송통신대학교출판부, p. 221.
17. D Faulkner, 1992, Strategic Alliance: Cooperation of Competition, eds., The Challenge of Strategic Management, London: Kogan Page, p. 123.

18. P. Lorange and J. Ross, 1992, Strategic Alliances, Blackwell Books Company.
19. D. C. Mowery, 1988, International Collaborative Venture in U.S. Manufacturing, Cambridge, MA Ballinger Publishing Company.
20. 미즈타 히로시, 1996, CALS 트렌드, 21세기 북스 새날, p. 99.
21. 최용록, 2003, 전자상거래와 e-business 개론, 두남, pp. 607-611.
22. Ray Grenier & George Metes, 1995, Going Virtual, Prentice Hall.
23. 한동여, 1999, 환경제품에 대한 소비자의 선호성향과 구매의도의 영향요인 연구, 숙명여대 대학원 박사학위 논문.
24. 마이네트 편, 1995, 마케팅 신조류, 경문사.

찾아보기

ㄱ

ㅇ

ㅎ

저자약력

양 춘 희

- 숙명여대 대학원(경영학박사, 조직 · 인사관리 전공)
- 현재) 남서울대 경영학과 교수, 한국기업경영학회 상임이사
- 주요 경력) 미 UNLV 객원교수, 한국능률협회 직능교육부 전문위원
  충남여성정책개발원 이사, 충남 서북부 상공회의소 지역경제연구소 연구위원
- 저서 및 논문) 경영학원론, 비즈니스 커뮤니케이션, 문화와 커뮤니케이션
  눈높이와 후속관리로 성공한 지식경영
  대학경영방식의 새 지평 외

권 용 만

- 경희대 대학원(경영학박사, 조직 · 인사관리 전공)
- 현재) 남서울대 경영학과 교수, 한국인적자원개발학회 상임이사
- 주요 경력) 대한생명 인재개발원 교수, 국무총리실 실내대학(OPC School) 전담교수
  경희대 사회과학연구원 전문연구원
- 저서 및 논문) 비즈니스 커뮤니케이션, 인적자원관리론, 조직행동론
  기업의 윤리정책이 윤리적 의사결정에 미치는 영향에 관한 연구
  Influence of Ethical Corporate Decision-Making on Organizational Performance 외

김 효 진

- 건국대 대학원(경영학박사, 국제경영 및 마케팅 전공)
- 현재) 건국대 경영대학원 외래교수, 남서울대 겸임교수, 콜택코리아 Advisor
- 주요 경력) MITSUBISHI, BROTHER 해외본부장, 프랜차이즈 협회 대통령상 심사위원
  세종대 경영대학원 및 산업대학원, 세종사이버대, 한세대 출강
- 저서 및 논문) 경영학 원론, 마케팅정보시스템(MKIS), 마케팅, 무역실무론
  마케팅환경 특성에 따른 전략유형과 성과에 관한 연구
  우리나라 중소 수출업체의 마케팅 전략에 대한 연구 외

조 은 영

- 숙명여대 대학원(경영학박사, 조직 · 인사관리 전공)
- 현재) 삼육대, 고려대 평생교육원, 광운원격평생교육원 외래교수
- 주요 경력) 한국학중앙연구원, 행정자치부, 교육과학기술부 근무
  세종대 교육대학원, 숙명여대, 남서울대, 서울과학기술대, 서울여대 출강
- 저서 및 논문) 직업의 이해, 인적자원관리론, 조직행동론, 리더십론
  팀제조직의 인사관리 시스템의 특성에 관한 고찰
  외국의 경영참가제도 운영 특성과 한국기업 적용 방향 외

저자와의
협의하에
인지생략

경영학의 이해

2013년 2월 25일 1판 1쇄 발행
2023년 2월 5일 1판 4쇄 발행

저 자 양춘희 · 권용만
김효진 · 조은영
발행인 고 성 익

05027
발행처 서울특별시 광진구 아차산로 335 삼영빌딩
도서출판 三英社
등 록 1972년 4월 27일 제2013-21호
전 화 737-1052 · 734-8979 FAX 739-2386

정가 28,000원

ISBN 978-89-445-0301-6-93320